Bettina M. Jasper

Gerontologie – Lehrbuch Altenpflege

eike Eulert
urs 18

Bettina M. Jasper

Gerontologie

Vincentz Verlag

Die Deutsche Bibliothek – CIP-Einheitsaufnahme

Ein Titeldatensatz für diese Publikation ist bei Der Deutschen Bibliothek erhältlich

Zur Entlastung unserer Umwelt auf chlorfrei gebleichtem Papier gedruckt.

Kleines Titelfoto oben: Werner Krüper, Steinhagen

Druck: Kösel GmbH & Co. KG, Kempten

Gestaltung: BöHM Druckvorstufe, Ronnenberg

ISBN 3-87870-650-2

Inhaltsverzeichnis

Gerontologie – was ist das?

DAS ZIEL IST ...

Das Ziel ist,

- → *einen Überblick über ein neues Unterrichtsfach zu gewinnen,*
- → *Tätigkeitsbereiche gerontologischer Forschung und die Anwendung ihrer Ergebnisse im täglichen Leben zu erkennen,*
- → *Verbindungen zwischen gerontologischer Forschung und Lehre und eigener praktischer Arbeit zu entdecken.*

Entwicklung und Aufgaben

Wissenschaft vom Altern

Gerontologie ist die Wissenschaft vom Altern. Es heißt ganz bewusst Wissenschaft vom Altern und nicht vom Alter. Damit soll deutlich werden, dass das Altern ein Prozess ist, der bei der Geburt beginnt und mit dem Tod endet. Das heißt, Alter beginnt nicht zu einem bestimmten Zeitpunkt X, und **den** alten Menschen gibt es nicht. Jeder Mensch altert auf höchst individuelle *(einzigartige)* Weise.

Die Gerontologie ist – im Verhältnis zu vielen anderen – eine noch junge Wissenschaft. Unter der Bezeichnung Gerontologie wurde sie erstmals 1929 von N.A. Rybnikov als Lehre vom Altern erwähnt.* In den letzten drei bis vier Jahrzehnten hat sie einen enormen Entwicklungsschub erhalten. Die Veränderungen in der Bevölkerungsstruktur mit erheblicher Zunahme des Anteils alter Menschen an der Gesamtbevölkerung war sicherlich ein wesentlicher Grund dafür.

Die Gerontologie hat einen multidisziplinären *(lat. multi = viele)* Charakter, d.h. viele Disziplinen oder Wissenschaftsbereiche sind als Teilwissenschaften in die Forschung einbezogen. Sowohl Natur- als auch Sozial- und Geisteswissenschaften etc. liefern ihre Beiträge dazu. Es handelt sich bei der Gerontologie nicht etwa um eine bloße Addition, d.h. um die Aneinanderreihung von Erkenntnissen verschiedener Wissenschaften, sondern es findet ein Zusammenspiel statt. Die Gerontologie in ihrer Gesamtheit schafft ein ganzheitliches Bild vom Altern und von der Situation alter Menschen. Gerontologie lässt sich nicht auseinanderdividieren, nicht zerteilen und als Summe von Inhalten etwa der Soziologie und der Psychologie beschreiben.

Ganzheitliches Bild vom Altern

Die Gerontologie ist eine interdisziplinäre *(lat. inter = zwischen)* Wissenschaft, d.h. verschiedene Wissenschaftdisziplinen oder -bereiche tauschen ihre Erkenntnisse und Informationen, die das Altern betreffen, untereinander aus. Heute wird in diesem Zusammenhang vielfach von Vernetzung gesprochen. Die Ausgestaltung

*) vgl. Rybnikov, N.A. 1929; K vopruso o Psikhologii Starosti (Das Problem der Psychologie des Alterns). Zhurnal Psikhologii i Psikhotekniki, 2, 16-32

immer neuer Wissenschaftsbereiche und die sich ständig ändernden Lebensbedingungen machen eine fortlaufende Zunahme der Interdisziplinarität erforderlich. Immer mehr Teilaspekte entwickeln sich, zum Beispiel

- Geriatrie *(Heilkunde von den Krankheiten im Alter)*,
- Geronto-Psychologie *(Alterns-Psychologie als Zweig der Entwicklungspsychologie)*,
- Geronto-Soziologie *(Alternssoziologie, Lehre von den Formen des Zusammenlebens)*,
- *Geragogik* (Alten-Bildung),
- Interventionssoziologie *(Sozialpsychologische und ökologische Aspekte der Wissenschaft vom Altern)*,
- Alterssport *(als Teilbereich der Sportwissenschaft)*,
- ...

Als AltenpflegerIn müssen Sie die o.a. Begriffe nicht zwingend wie Vokabeln einer Fremdsprache beherrschen. Sie sollen sie nur als Beispiele hören bzw. lesen. Darüber hinaus soll Ihnen mit dieser Auflistung verdeutlicht werden, dass es nicht nur ein oder zwei Gesichtspunkte sind, die die Gerontologie ausmachen. Die Wissenschaft ist in Bewegung, verändert sich ständig in ihrer Ausrichtung und Schwerpunktsetzung. Sie passt sich den Erfordernissen ihrer Zeit an und wird laufend ergänzt. Was Sie heute lernen, kann schon morgen durch neuere Erkenntnisse überholt sein. Bleiben Sie also offen für alle Aspekte und Veränderungen in der Gerontologie, auch hinsichtlich der Art und der Anzahl der beteiligten Teilwissenschaften!

Gerontologie verändert sich

Die Gerontologie hat sich in den Jahrzehnten ihres Bestehens zwangsläufig immer wieder verändert und den Erfordernissen der jeweiligen Zeit angepasst.

Ursprünglich ging die wissenschaftliche Erforschung der Alternsvorgänge von der Frage aus, ob und wodurch sich das menschliche Leben verlängern lässt.

Heute gilt es im Wesentlichen, die folgenden drei Fragen zu klären:

Fragen der Gerontologie

1. Wie vollziehen sich Veränderungen im menschlichen Leben?

2. Was sind mögliche Gründe für diese Veränderungen?
3. Wie lassen sich die Veränderungen beeinflussen?

»Von der Alternsforschung wird erhofft, dass sie zu ihrem Teil die Fragen untersucht und beantwortet, die sich mit der höheren Lebenserwartung von immer mehr Menschen stellen, und dass sie zur sachgemäßen Unterrichtung von Politik und Gesellschaft beiträgt, damit diese sich in ihren Funktionen auf die unabweislichen Veränderungen einstellen können.«*

Forschungsschwerpunkte

»Die Forschungs- und Entwicklungsvorhaben lassen sich den folgenden Forschungsschwerpunkten zuordnen:

1. Selbstständigkeit, Selbstbestimmung, Möglichkeiten der Aufrechterhaltung von Kompetenzen *[lat. competere = ausreichen, kräftig sein, →Fähigkeiten]* bis ins hohe Alter ...
2. Gesellschaftliche Partizipation *[lat. participere = teilen lassen, teilhaben, →Teilhabe]*, nachberufliche Tätigkeitsfelder, Miteinander der Generationen ...
3. Lebenslagen älterer Menschen ...
4. Multimorbidität *[lat. multi = viele; morbus = Krankheit]*, chronische Erkrankung, Rehabilitationsmaßnahmen, Versorgungsstrukturen für Ältere ...
5. Alternsfreundliche Umwelten ...
6. Demografischer *[gr.-nlat. = die Beschreibung der wirtschafts- und sozialpolitischen Bevölkerungsbewegung, Teil der Bevölkerungslehre betreffend]* Wandel ....«**

Partizipation Teilhaben am menschl. Leben

Intervention

Intervention *(lat. intervenire = dazwischentreten, aufhalten, unterbrechen, eingreifen)*, d.h. Therapie, Aktivierung und Rehabilitation, wurde zu Beginn der gerontologischen Forschung noch als zweitran-

---

*) aus: Bundesministerium für Familie, Senioren, Frauen und Jugend; Forschungs- und Modellvorhaben im Familien-, Alterns- und Sozialbereich in der 12. Legislaturperiode, Schriftenreihe Band 114, Verlag W. Kohlhammer, Stuttgart Berlin Köln, 1996, S. 129

**) a.a.O., S. 129ff

gig betrachtet. Der Schwerpunkt lag mehr in der Diagnostik (Feststellen, Erkennen). Menschen wollten früher eher wissen, was alles mit zunehmendem Alter abnimmt, was schlechter wird, welche Fähigkeiten nachlassen. Lange Zeit wurde versäumt, danach zu fragen, wie dagegen anzugehen ist, wie interveniert werden kann. Heute – nach geänderter Aufgaben- und Fragestellung der Gerontologie – werden zahlreiche Erscheinungen, die mit dem Altern auftreten können, nicht immer als alternsbedingt betrachtet und nicht mehr immer für unbeeinflussbar gehalten. Die Bedeutung gezielter Therapie, Aktivierung und Rehabilitation wird zunehmend erkannt und immer höher geschätzt.

Das Schaubild auf Seite 14 zeigt an einigen Beispielen noch einmal den bereits erwähnten Inhalt: viele Wissenschaftsdisziplinen wirken auf die Gerontologie ein. Die Ergebnisse der Gerontologie werden in verschiedensten Bereichen konkret praktisch angewandt.

Gerontologie – eine interdisziplinäre Wissenschaft

Die Wissenschaftsdisziplinen und Anwendungsbereiche werden ständig erweitert und vervollständigt. Die hier dargestellten sind nur als Beispiele zu verstehen!*

Stand anfangs die Quantität *(lat. quantum = wie viel, Menge)*, also die Menge an Jahren, die Lebensdauer, im Mittelpunkt des gerontologischen Interesses, so ist die Zielrichtung heute verstärkt die Verbesserung der Lebens-Qualität *(lat. qualis = wie beschaffen?)*.

Verbesserung der Lebens-Qualität

Daraus ergibt sich beinahe logisch, dass nicht immer Einigkeit unter denjenigen bestand und besteht, die sich mit Fragen des Alterns auseinandersetzen bzw. -setzten. Zwar haben schon die alten Griechen verschiedentlich darauf hingewiesen, dass Alternsprozesse nicht nur biologisch bedingt sind, aber einige VertreterInnen der Medizin glaubten und glauben sich bis in die heutige Zeit hinein allein für die Klärung gerontologischer Fragen verantwort-

*) vgl. Reimann, Helga und Horst; Das Alter, Stuttgart 1994, S. 11

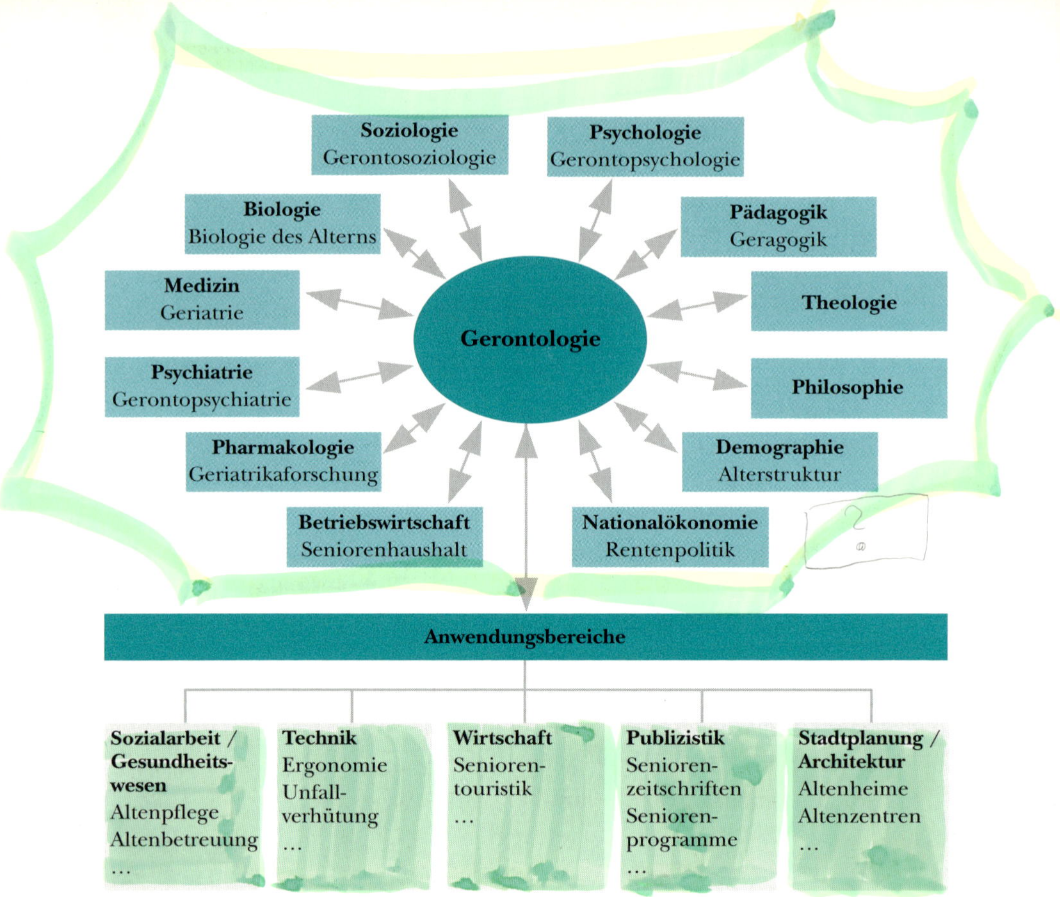

lich.* So wird häufig der Begriff Geriatrie mit dem Wort Gerontologie synonym *(bedeutungsgleich)* in der Literatur und im allgemeinen Sprachgebrauch verwendet.

Wichtig ist, dass die sich ständig verändernden Erkenntnisse der Gerontologie tatsächlich in die Praxis einfließen. In dem für Sie wichtigen Bereich, in der Altenpflege mit all ihren verschiedenen

*) vgl. Lehr, Prof. Dr. Ursula; 30 Jahre Gerontologie, Rückblick und Ausblick, Die Entwicklung einer Wissenschaft, in: Kruse, A. / Lehr, U. / Oswald, F. / Rott, Chr.; Gerontologie, Wissenschaftliche Erkenntnisse und Folgerungen für die Praxis, Beiträge zur II. Gerontologischen Woche, Heidelberg, 1987, Bayerischer Monatsspiegel Verlagsgesellschaft mbH, München 1988, S. 1ff

Arbeitsfeldern, ist das Einbringen von Inhalten der Gerontologie ebenso wichtig wie in den Wissenschaftdisziplinen, die Sie im Schaubild auf Seite 14 gesehen haben. Die Gerontologie soll Ihnen verdeutlichen, warum bestimmte Entwicklungen eingetreten sind, soll die Situation alter Menschen erklären und für Sie durchschaubar machen und Ihnen aus verschiedener Sicht vor Augen führen, warum Sie in der Altenpflege wie mit alten Menschen umgehen.

Fragen Sie in Zukunft bei allen Unterrichtsinhalten: was hat das mit meiner praktischen Tätigkeit in der Altenpflege zu tun?!

Wichtig

- **Die Gerontologie ist eine noch junge Wissenschaft, die Ursachen und Bedingungen des Alterns erforscht.**
- **Die Gerontologie besteht aus vielen Teilwissenschaften, die ihre Erkenntnisse miteinander austauschen.**
- **Früher stand bei der Gerontologie die Lebensverlängerung im Mittelpunkt. Heute gewinnen Aspekte der Lebensqualität immer mehr an Bedeutung.**
- **Die wesentlichen drei Fragen der Gerontologie lauten heute:**
  1. **Wie vollziehen sich Veränderungen im menschlichen Leben?**
  2. **Was sind die Gründe für diese Veränderungen?**
  3. **Wie lassen sich diese Veränderungen beeinflussen?**
- **Die Alternsforschung soll heute Fragen untersuchen und beantworten, die mit der immer höheren Lebenserwartung der Menschen zusammenhängen. Sie soll dazu beitragen, dass Politik und Gesellschaft sich auf unausweichliche Veränderungen einstellen können.**

- **Das Wissen über die Situation alter Menschen und deren Ursachen sowie über Bedingungen und Zusammenhänge des Alterns ist für die Altenpflege wichtig, um Erkenntnisse der Forschung konkret in die Praxis einzubringen. Dabei geht es auch um Möglichkeiten der Einflussnahme (Interventionsgerontologie).**

Die folgenden Fragen und Aufgaben dienen Ihnen zur Wiederholung des voranstehenden Stoffs. Sie sind bewusst so gestellt, dass sich Inhalte mehrerer Fragen und Aufgaben überschneiden. Die Reihenfolge ist absichtlich nicht entsprechend der Darstellung im Voranstehenden, damit Sie Inhalte auch losgelöst von der Folge der Vermittlung abzurufen lernen. Die Fragen und Aufgaben sollen Ihnen helfen, mit immer wieder anderer Herangehensweise und mit immer anderen Worten die Inhalte auszudrücken und zu verstehen. Können Sie sich einmal etwas überhaupt nicht merken, probieren Sie´s mit Zetteln, die Sie überall in der Wohnung verteilen. Schreiben Sie das Wort, die Definition oder was immer nicht im Gedächtnis bleiben will auf eine Karteikarte und kleben Sie diese an den Küchenschrank, an den Spiegel im Bad ..., so dass Sie ständig daran erinnert werden.
Versuchen Sie, eigene Formulierungen für einzelne Fragestellungen zu finden und diese auch aufzuschreiben. Beantworten Sie aber auch die eine oder andere Frage mündlich. Üben Sie, sich mit Ihren eigenen Worten auszudrücken! Lernen Sie nicht den Wortlaut des Gelesenen auswendig, sondern denken Sie über das Gehörte und Gelesene nach, machen Sie es für sich verständlich. Die Punkte, von denen Sie glauben, dass Sie sie verstanden und in Ihrem Gedächtnis so abgespeichert haben, dass Sie sie jederzeit wieder abrufen können, können Sie mit einem Haken versehen.

Übung

1. Schildern Sie an einem konkreten Beispiel, wo Ihnen in der Altenpflege Kenntnisse aus der Gerontologie hilfreich sein können!
2. Stellen Sie sich vor: Eine Freundin erkundigt sich nach Ihren ersten Eindrücken von Ihrer Altenpflegeausbildung. Sie erzählen ihr von den zahlreichen Unterrichtsfächern, mit denen Sie sich künftig beschäftigen werden. Beim Fach Gerontologie horcht sie auf. Darunter kann sie sich überhaupt nichts vorstellen. Was erklären Sie ihr?

Wiederholungsfragen

1. Wie lauten die drei wesentlichen Fragen für die Gerontologie heute?
2. Wie hat sich die Aufgabenstellung der Gerontologie im Lauf der Jahrzehnte verändert?
3. Was kennzeichnet die Gerontologie?

Literatur

Brauchbar, Mathis / Heer, Heinz; Zukunft Alter, Herausforderung und Chance, Reinbek 1995

Bundesministerium für Familie, Senioren, Frauen und Jugend; Forschungs- und Modellvorhaben im Familien-, Alterns- und Sozialbereich in der 12. Legislaturperiode, Schriftenreihe Band 114, Verlag W. Kohlhammer, Stuttgart Berlin Köln, 1996

Hirsch, Anna Maria; Psychologie für Altenpfleger, Band I, Probleme des Alterns, 2. aktualisierte Aufl., München, 2001

Lehr, Ursula; Psychologie des Alterns, Heidelberg 1977

Reimann, Helga und Horst; Das Alter, 3. neu bearbeitete Aufl., Stuttgart 1994

Willig, Wolfgang; Psychologie, Soziologie, Gesprächsführung für Altenpfleger, Balingen 1984

Wirsing, Kurt; Psychologisches Grundwissen für Altenpflegeberufe, Ein praktisches Lehrbuch, Weinheim 1987

Alles Ballast! ...oder unerlässliche Grundlage für die Altenpflege-Praxis?

DAS ZIEL IST...

Das Ziel ist,

- *Arbeitsweisen der Wissenschaft verstehen,*
- *Forschungsergebnisse einordnen können,*
- *Beziehungen zwischen Wissenschaft und Praxis erkennen,*
- *Forschungsmethoden verstehen lernen, vor allem im Hinblick auf Motivation zur späteren Fort- und Weiterbildung,*
- *konkrete Theorien und Modelle der Alternsforschung kennen lernen und kritisch betrachten.*

Theorien und Modelle der Alternsforschung

Wissen ist Macht

Das sagt der Volksmund und gibt so gesammeltes Alltags-Wissen weiter. Im Unterschied dazu gibt es die Wissen-Schaft und das sich daraus ergebende Fach-Wissen. Fachkenntnisse gehören eindeutig zur professionellen Altenpflege, denn dadurch unterscheidet diese sich von der Laienpflege. Ohne Wissenserwerb auf der Grundlage wissenschaftlicher Erkenntnisse kommt moderne und kompetente Altenpflege nicht aus.

Fachkenntnisse

Der gesunde Menschenverstand

Im Lauf des Lebens erwirbt der Mensch in der Auseinandersetzung mit seiner Umwelt umfangreiches Wissen in verschiedenen Bereichen. Er beobachtet Ereignisse in der Natur und Umwelt ebenso wie die Menschen in seiner Umgebung und deren Verhalten. Diese Beobachtungen und persönlichen Erfahrungen werden gesammelt, erklärt und gedeutet. Sie werden in Sinnzusammenhänge gestellt.

Wissenserwerb

Solcher Wissenserwerb gehört zur Anpassung des Menschen an seine Umwelt. Ohne dieses Wissen könnte er in seiner Umwelt nicht existieren. Ein gewisses Maß an sozialem, psychologischem, biologischem, technischem ... Wissen ist beim heutigen Stand menschlicher Entwicklung eine der Voraussetzungen für das Überleben. Den meisten Menschen wird unterstellt, so etwas wie einen gesunden Menschenverstand und Menschenkenntnis – wenn auch in unterschiedlichem Umfang – zu besitzen. Beides dient dem zweckmäßigen Umgang mit Menschen und Situationen, ermöglicht eine gewisse Treffsicherheit bei der Einschätzung, Bewertung und Vorhersage von Ereignissen und menschlichem Verhalten. Es handelt sich dabei um Wissen, das im Alltag erworben und nicht aus Fachbüchern angelesen wird.

Das Wissen aus dem Alltag wird gesammelt, gespeichert, genutzt und weitergegeben. Die Weitergabe erfolgt über Bezugspersonen, Organisationen und Medien. Redewendungen, Sprichworte etc. sind zum Beispiel Ausdruck solch gesammelten Alltags-Wissens. So werden Erfahrungen verallgemeinert und verarbeitet, für den Alltag anwendbar gemacht. Über die Inhalte dieses Alltags-Wissens wird meist nicht mehr intensiv nachgedacht, sondern es wird allgemein als wahr empfunden und oft handlungsleitend umgesetzt. Bestätigt sich der Inhalt, verfestigen sich Erwartungen, und es kommt zu Vorurteilen.

Alltags-Wissen

Alltags-Wissen
- wird von Laien gesammelt, gespeichert, genutzt und weitergegeben,
- entsteht unsystematisch und mehr oder weniger zufällig,
- ist nicht überprüfbar,
- beruht auf subjektiven Deutungen,
- ist allgemein bzw. verallgemeinernd.

Eine Wissenschaft für sich ...

Damit meint der Volksmund in der Regel etwas, das schwierig zu verstehen und zu begreifen ist. Tatsächlich aber bedeutet der Begriff Wissenschaft die Forschung auf einem bestimmten Gebiet, die ein nachvollziehbares Wissen erarbeitet, und die dazugehörige Weitergabe des Wissens durch entsprechende Lehre.

Wissen-Schaft arbeitet systematisch

Die Wissen-Schaft unterscheidet sich vom Alltags-Wissen weniger in ihren Inhalten als in ihrem Vorgehen. Die Wissen-Schaft beschäftigt sich systematisch mit den Inhalten, mit denen sich der einzelne Mensch intuitiv *(lat. intueor = ansehen, hinschauen, betrachten = durch unmittelbare Anschauung erkennbar)* auseinandersetzt.

Die Wissen-Schaft sammelt Daten und Fakten mit dem Ziel, allgemein gültige Aussagen zu bestimmten Themen treffen zu können. Sie will zum Beispiel menschliches Verhalten, aber ebenso Situationen, Ereignisse, Abläufe und Zusammenhänge
- verstehen,
- erklären,

- vorhersagen und
- beeinflussen bzw. steuern.

Wissenschaft

- entsteht auf der Basis systematischer Arbeit,
- ist Kontrollen unterworfen und daher nachvollziehbar und überprüfbar,
- beruht auf objektiven Verfahren und Methoden,
- ist konkret und erlaubt allgemein gültige Aussagen und Vorhersagen
- wird von Professionellen, also Fachleuten, gesammelt, gespeichert, genutzt und weitergegeben.

Aus den Resultaten wissenschaftlicher Forschung ergeben sich Theorien und Modelle. Diese stellen die Realität des Alltags in abstrakter *(lat. wegreißen, trennen, entfernen = vom Dinglichen gelöst, nur gedacht)* Form dar.

→ Theorie

Vielfalt von Ereignissen wird reduziert

Theorien sind Gedankengebilde, die sich auf einen bestimmten Bereich der Realität, zum Beispiel das Altern oder einen Teilaspekt davon, beziehen. Sie versuchen, diesen unter übergeordneten Gesichtspunkten verständlich zu machen. Dabei wird die Vielfalt von Ereignissen auf die Übersichtlichkeit einer Theorie reduziert, die vereinfacht und übersichtlich ein gemeinsames Prinzip darstellt, das vielen Alltagsereignissen zugrunde liegt.
Eine Theorie fasst wissenschaftlich begründete Ergebnisse zusammen. Sie beschränkt sich dabei in ihren Aussagen auf Wichtiges. Sie soll einen hohen Erklärungswert besitzen und in sich stimmig sein.

→ Modell

Unter Modellen wird die vereinfachte und bildhafte Darstellung von Theorien verstanden.

Anwendbarkeit wissenschaftlicher Erkenntnisse

Theorien und Modelle sollen die Anwendbarkeit wissenschaftlicher Erkenntnisse in praktischen Handlungsfeldern, zum Beispiel in der Altenpflege, erleichtern und die Beziehung zwischen Theorie und Praxis verbessern.

Alles graue Theorie ...?

Die Vernetzung zwischen Theorie und Praxis wird gerade in der (Alten-)Pflege immer intensiver. Einrichtung und Ausweitung von Pflegewissenschaften als eigene Studiengänge an Hochschulen unterstreichen dies.

Vernetzung zwischen Theorie und Praxis

Theorie und Praxis stehen in einer Wechselbeziehung. Sie beeinflussen und verändern sich gegenseitig.

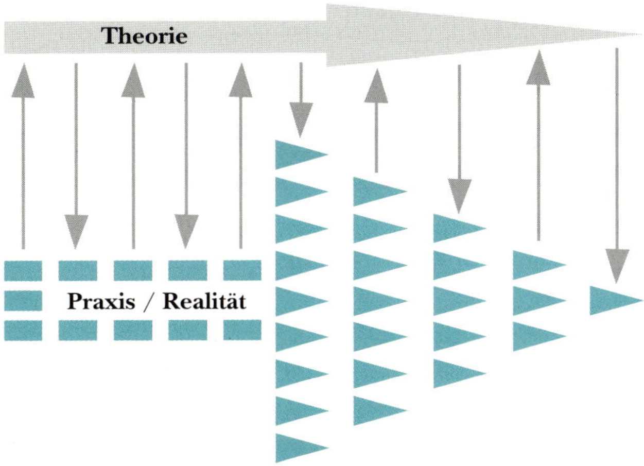

Theoretische Erkenntnisse werden auf das Geschehen in der Praxis, zum Beispiel der Altenpflege, übertragen. Umgekehrt wirken Praxis-Erfahrungen auf wissenschaftliche Arbeit – und damit auf die Theorie – ein.

- Praxis bzw. Realität entwickelt sich vieldimensional, d.h. viele Einflussfaktoren werden wirksam. Theorie entwickelt sich eindimensional, d.h. sie bleibt im Bereich des Vorherseh- und Berechenbaren.
- Mit der Theorie geht die Individualität von Ereignissen verloren. Erfahrungen und Begebenheiten werden gebündelt und nach

verschiedenen Kriterien geordnet, um sie beschreibbar und vergleichbar zu machen.

- Theorie ist nur begrenzt auf Praxis/Realität anwendbar, da Störfaktoren und Unvorhergesehenes eintreten können.

Reale Ereignisse sind mehrdimensional, d.h. viele verschiedene Faktoren wirken darauf ein. Die Praxis muss aber – um sie vergleichbar und auswertbar zu machen – für die Theorie stark vereinfacht werden. Das bedeutet, dass die Theorie zwar logisch aufgebaut und wohl durchdacht sein kann und muss, diese aber niemals alle Einflussfaktoren, die in der Praxis wirksam werden können, in vollem Umfang berücksichtigen kann.

Objektive Fakten

Ein großer Vorzug der Theorie gegenüber der Praxis ist, dass sie Ereignissen ihre subjektive Betrachtungsweise und Bewertung nimmt. Sie sammelt individuelle Erfahrungen, bündelt sie nach objektiven Kriterien und macht so objektive Fakten daraus.

Die Anwendbarkeit solcher Fakten und Regeln aus wissenschaftlichen Theorien ist jedoch begrenzt, weil sie einheitliche Aussagen für oft voneinander abweichende spezielle Situationen schaffen.

Trotzdem braucht die Altenpflege ebenso wie andere praktische Handlungsfelder Wissenschaft und Theorie, um die Pflege alter Menschen weiter zu entwickeln und zeitgemäß, den heutigen Erkenntnissen entsprechend, Fortschritt gestalten zu können.

AltenpflegerInnen in der Öffentlichkeit

Im Sinn einer gelungenen Vernetzung von Theorie und Praxis sollten AltenpflegerInnen sich zunehmend in die Wissenschaft einmischen. Nur dann kann die Praxis dort genügend Berücksichtigung von kompetenter praxiserfahrener Seite finden. Das setzt voraus, dass AltenplegerInnen sich ständig fort- und weiterbilden, sich als ExpertInnen für die Pflege alter Menschen verstehen und darstellen. Zu einer solchen Darstellung gehört auch das Auftreten in der Öffentlichkeit, das Sich-zu-Wort-Melden mit Vorträgen, Artikeln in Fachzeitschriften usw. Nur so kann es gelingen, dass Altenpflege tatsächlich von AltenpflegerInnen in der Öffentlichkeit präsentiert wird und nicht von anderen Berufsgruppen.

Methoden der Alternsforschung

Die Methoden der Alternsforschung unterscheiden sich nicht grundsätzlich von denen anderer Wissenschaften. Auf Grund der Multidisziplinarität der Gerontologie kommen hier jedoch unterschiedliche Forschungsmethoden verschiedener Bereiche, zum Beispiel der Natur- und der Sozialwissenschaften, zusammen. So gestaltet sich gerontologische Forschung äußerst vielseitig.

Multidisziplinarität der Gerontologie

Beim wissenschaftlichen Arbeiten werden verschiedene Methoden eingesetzt, um damit zu allgemein gültigen Aussagen über das jeweilige Fachgebiet zu gelangen.

→ Methode

wissenschaftliches, planmäßiges und folgerichtiges Vorgehen.

Im Folgenden werden beispielhaft einige u.a. in der Gerontologie angewandte Methoden und Begriffe vorgestellt.

→ Beobachtung

»Die Beobachtung gehört zu den wichtigsten methodischen Ansätzen der Psychologie. Im Gegensatz zur gelegentlichen Alltagsbeobachtung versteht man unter wissenschaftlicher Beobachtung die aufmerksame und planmäßige oder systematische Wahrnehmung bestimmter Sachverhalte, Ereignisse oder Verhaltensweisen, die mit der Zielvorstellung verbunden ist, den jeweiligen Untersuchungsgegenstand möglichst genau zu erfassen, des öfteren unter Einsatz technischer Hilfsmittel (Video-Aufzeichnungen u.a.). Die Ergebnisse der Beobachtung werden mit entsprechenden Methoden dokumentiert und ausgewertet. In der Psychologie werden Selbstbeobachtung *(Introspektion)* und Fremdbeobachtung *(Verhaltensbeobachtung)* unterschieden.«*

*) aus: Meyers Lexikonredaktion (Hg.); Schüler-Duden: Die Psychologie, Bibliographisches Institut & F. A. Brockhaus, Mannheim 1996, S. 49

→ **Selbstbeobachtung**
Methode zur gezielten Wahrnehmung eigenen Verhaltens und Erlebens.

→ **Fremdbeobachtung**
Methode zur gezielten Wahrnehmung fremden Verhaltens und Erlebens.

Die Beobachtung ist in der Altenpflege – wie in allen Berufsfeldern, in denen es um die Arbeit mit Menschen geht – eine äußerst wichtige Methode.

Selbstbeobachtung

Die Selbstbeobachtung ist dabei unerlässlich für den Umgang mit anderen Menschen. Es geht darum, dass der/die AltenpflegerIn eigenes Verhalten immer wieder in verschiedenen Situationen einer kritischen Überprüfung unterzieht. Dies kann sowohl rückblickend auf eine Situation als auch gleichzeitig mit dem Erleben geschehen.

Erlebt ein(e) AltenpflegerIn eine Heimbewohnerin zum Beispiel als äußerst unwirsch und ungewöhnlich verständnislos als sie ihr mitteilt, dass ein für heute versprochenes Wannenbad ausfallen muss, kann hier die Selbstbeobachtung einsetzen. Entweder direkt in der Situation oder am Abend zu Hause kann er bzw. sie eigenes Verhalten überprüfen: War der Ton gegenüber der Bewohnerin bei der Mitteilung freundlich und sachlich? War er bzw. sie im Moment der Nachricht tatsächlich der betroffenen Bewohnerin zugewandt? Wäre vielleicht anstelle der ersatzlosen Absage ein Kompromiss oder eine Alternative möglich gewesen? ...

Selbstbeobachtung ist im Hinblick auf wissenschaftlich verwertbare Ergebnisse jedoch nur eingeschränkt brauchbar, da sie mit zahlreichen Fehlern behaftet sein kann. So kann eigenes Verhalten zum Beispiel zu positiv gesehen und eingeschätzt werden. Hier spielt auch Unbewusstes mit, das die eigene Erlebniswelt beeinflusst. Ein weiteres Problem kann die Gefühlswiedergabe durch Worte sein. Der Wortschatz reicht oft nicht aus, um ein genaues Abbild der Gefühlswelt zu geben und Erleben exakt zu beschreiben.

Die Fremdbeobachtung als Beobachtung von Verhalten der zu pflegenden alten Menschen gehört zur täglichen Arbeit der AltenpflegerInnen. Dabei wird unterschieden zwischen der sogenannten teilnehmenden und der nicht teilnehmenden Fremdbeobachtung. Bei der teilnehmenden Fremdbeobachtung ist die beobachtete Person sich der Beobachtungssituation bewusst. Der bzw. die BeobachterIn ist dabei aktiv in das Geschehen einbezogen.

Fremdbeobachtung

Kehrt zum Beispiel ein Pflegeheimbewohner aus dem Krankenhaus zurück und ist zunächst nicht mehr gehfähig, so kann eine Pflegekraft gemeinsam mit dem Bewohner regelmäßige Mobilisation und eventuell ein Gehtraining durchführen. Dabei kann sie beobachten, welche Übungen ausgeführt werden können, welche Veränderungen im Lauf der Zeit auftreten usw.

Eine nicht teilnehmende Beobachtung könnte zum Beispiel sinnvoll sein, wenn eine neue Bewohnerin aufgenommen und in der ersten Zeit ihres Heimaufenthalts begleitet wird. Dabei kann es darum gehen, Interessen, Gewohnheiten, Vorlieben und Abneigungen herauszufinden und ebenso Fähigkeiten und Unterstützungsbedarf zu erkennen.

Die Fremdbeobachtung kann systematisch oder unsystematisch erfolgen. Wird ohne ein bestimmtes Ziel beobachtet, so geschieht dies unsystematisch. Liegt der Beobachtung dagegen eine bestimmte Fragestellung zugrunde, – zum Beispiel: warum beteiligt sich Frau X neuerdings nicht mehr an Aktivierungs-Angeboten? – so wird gezielt und damit systematisch beobachtet.

Bei der Fremdbeobachtung können sich – ebenso wie bei der Selbstbeobachtung – Fehler einschleichen, die die wissenschaftliche Aussagefähigkeit einschränken. Ein großes Problem ist dabei die Subjektivität der beobachtenden Person, die auf Grund von Vorerfahrungen, Einstellungen und Vorurteilen entsteht. Unterschiedliche Beobachtungsergebnisse desselben Verhaltens, derselben Situation oder Person von verschiedenen BeobachterInnen lassen sich so erklären.

Subjektivität der beobachtenden Person

Weitere Beeinträchtigung von Beobachtungsergebnissen kann durch Verhaltensbeeinflussung entstehen. Ist sich die beobachtete

Person der Beobachtung bewusst, kann sie ihr Verhalten eventuell ändern. Wird zum Beispiel ein alter Mensch für die Einstufung in die Pflegeversicherung begutachtet, kann es sein, dass er sich im Beisein des Gutachters bzw. der Gutachterin völlig anders verhält als gewöhnlich im Alltag.

Wissenschaftlich brauchbare Ergebnisse können durch Fremdbeobachtung am besten dann erzielt werden, wenn systematisch und nicht teilnehmend gearbeitet wird, viele BeobachterInnen im Einsatz sind und die Ergebnisse dokumentiert werden.

Experiment

Eine weitere Methode in der Gerontologie ist das Experiment. Dabei wird unterschieden zwischen dem Laborexperiment und dem Feldexperiment.

→ **Experiment**

»ein vom Forscher absichtlich in Gang gesetztes Geschehen, das nach einem bestimmten Versuchsplan abläuft, prinzipiell wiederholbar ist und bei dem gezielt und kontrolliert bestimmte Bedingungen variiert werden, deren Einfluss als unabhängige Variable *(lat. variar = abwechselnd machen, verändern; veränderliche Größe)* auf interessierende abhängige Variable geklärt werden soll; hierbei sind mögliche Störfaktoren auszuschalten.«*

- **Laborexperiment**

»unter den speziellen Bedingungen eines Laboratoriums durchgeführte Experimente, die u.a. eine bessere Kontrollierbarkeit und Wiederholbarkeit ermöglichen. Ein Nachteil sind die meist reduzierten und andersartigen Laboratoriumsbedingungen im Vergleich zu natürlichen Lebenssituationen, so dass nur in eingeschränktem Maße auf das (zu prüfende) reale Verhalten geschlossen werden kann.«**

---

*) aus: Meyers Lexikonredaktion (Hg.); Schüler-Duden: Die Psychologie, Bibliographisches Institut & F. A. Brockhaus, Mannheim 1996, S. 106

**) aus: Meyers Lexikonredaktion (Hg.); Schüler-Duden: Die Psychologie, Bibliographisches Institut & F. A. Brockhaus, Mannheim 1996, S. 220

- **Feldexperiment**

»experimentelle Studien, die unter natürlichen Bedingungen (im Feld) durchgeführt werden.«* z. B. Hein

Verglichen mit der Beobachtung, ist das Experiment eine genauere Methode im Hinblick auf wissenschaftliche Ergebnisse. Dennoch sind auch Experimente nicht völlig objektiv. Hier sind es vor allen Dingen die Erwartungen der Versuchsleitung, die als Fehlerquelle Ergebnisse beeinflussen können. Die Erwartungen können Versuchsaufbau und -ablauf prägen, die Beobachtungen filtern und dazu beitragen, dass Ergebnisse entsprechend subjektiv interpretiert werden. Erst wenn sich bei mehreren Experimenten übereinstimmende Versuchsergebnisse zeigen, können diese als allgemein gültig und wissenschaftlich fundiert bezeichnet werden.

Eine verbreitete und bekannte Methode wissenschaftlichen Arbeitens ist die Befragung.

→ **Befragung**

»in der empirischen *(gr.-lat. erfahrungsgemäß, aus der Erfahrung/Beobachtung, dem Experiment entnommen)* Sozialforschung, besonders in der Markt- und Meinungsforschung am häufigsten angewendete Methode der Datenerhebung. ... Hauptformen der Befragung sind die meistens mit Hilfe eines Leitfadens oder Fragebogens erfolgende mündliche Befragung durch Interviewer sowie die schriftliche Befragung, bei welcher die Befragten Fragebögen ausfüllen bzw. bestimmte Antworten ankreuzen. Ermittelt werden sowohl objektive als auch subjektive Daten. Tatsachenfragen beziehen sich auf Wissen, Erlebnisse und Erfahrungen, Meinungsfragen auf Werthaltungen, Einstellungen, Vorurteile, Gefühle, Motive, Wünsche, Interessen, Ansprüche und Zukunftserwartungen.«**

---

*) aus: Meyers Lexikonredaktion (Hg.); Schüler-Duden: Die Psychologie, Bibliographisches Institut & F. A. Brockhaus, Mannheim 1996, S. 112

**) aus: Meyers Lexikonredaktion (Hg.); Schüler-Duden: Die Psychologie, Bibliographisches Institut & F. A. Brockhaus, Mannheim 1996, S. 46

Es wird unterschieden zwischen zwei Formen, der so genannten offenen und der standardisierten Befragung.

Offene Befragung

Bei der offenen Befragung sind keine Antworten vorgegeben, und die Befragten können völlig frei die gestellten Fragen beantworten.

Standardisierte Befragung

Bei der standardisierten Befragung sind zu jeder Frage bzw. Aussage mehrere Möglichkeiten vorgegeben, und die Befragten können zwischen diesen Antworten wählen.

Das Problem der offenen Befragung liegt in der Schwierigkeit bei Auswertung und Vergleichbarkeit von Antworten. Den befragten Personen ist die Möglichkeit einer sehr individuellen und ausführlichen Beantwortung gegeben, die sich später nur schwer zusammenfassen und zu greifbaren Aussagen bündeln lässt.

Die standardisierte Befragung dagegen ist problemlos auszuwerten und zu vergleichen. Aber die Antwort-Möglichkeiten sind stark formalisiert und eingegrenzt.

Fehler können bei der Befragung ebenso wie bei anderen Methoden die Ergebnisse beeinträchtigen. Beim Einsatz von InterviewerInnen ist durch diese Personen eine Beeinflussung der Befragten möglich. Die Formulierung und Auswahl von Fragen können ebenso wie die Auswertung der Antworten und die Interpretation von Ergebnissen Fehlerquellen sein.

Um subjektive Einflüsse möglichst gering zu halten, werden in der Praxis meist viele InterviewerInnen eingesetzt und oft beide Befragungsformen miteinander kombiniert.

Empirische Untersuchungen werden häufig als »repräsentativ« *(lat.-fr. eine [Personen-]Menge nach Beschaffenheit und Zusammensetzung vertretend, stellvertretend, zum Beispiel repräsentativer Querschnitt, repräsentative Befragung)* bezeichnet. Diese kommen zustande, weil in der Regel nicht sämtliche Angehörigen der betroffenen Personengruppe – zum Beispiel alle BundesbürgerInnen über 65 Jahre – befragt werden können, sondern nur ein Teil davon. Diese Teilgruppe bildet eine Stichprobe der so genannten Grundgesamtheit. Um verlässliche Informationen über die Zielgruppe auf Grund der Stichprobe zu erhalten, muss deren Auswahl so erfolgen, dass sie für die Grundgesamtheit repräsentativ ist. Wenn dies auf Grund bestimmter Kriterien der Fall ist, wird von einer repräsentativen Erhebung oder einer Repräsentativerhebung gesprochen. Die Stichprobe braucht bei entsprechender Auswahl nur einen kleinen Teil der jeweiligen Bevölkerungsgruppe zu umfassen. Im folgenden Beispiel wurden 2.190 Personen befragt, um eine Aussage für »die Deutschen«, also mehr als 80 Millionen Menschen, zu treffen.

Repräsentativerhebung

»Wenig Sehnsucht nach hohem Alter
Allensbach (dpa). Die Sehnsucht nach einem hohen Alter ist in der Bundesrepublik offenbar nicht so verbreitet wie angenommen. Das hat das Institut für Demoskopie in Allensbach in einer gestern veröffentlichten Umfrage festgestellt. Danach würden generell nur rund 43 Prozent der Deutschen gern hundert Jahre alt werden. 41 sagten »nicht so gern«, und 16 Prozent mochten sich nicht entscheiden.
Bei den 60-Jährigen sind es vor allem die Frauen, die dem Uraltwerden nur wenig abgewinnen können (33 Prozent). Bei den Männern in der gleichen Altersgruppe können sich immerhin noch 44 Prozent vorstellen, den 100. Geburtstag zu feiern. Die Demoskopen befragten dazu 2190 Bürger.«*

In der Altenpflege wird die Befragung oft in Verbindung mit zu pflegenden alten Menschen und deren Angehörigen eingesetzt, zum Beispiel bei der Aufnahme neuer HeimbewohnerInnen.

Eine weitere Methode ist der Test. Er wird vor allen Dingen in der psychologischen und pädagogischen Diagnostik angewandt.

→ **Test**
»wissenschaftliches Routineverfahren zur Untersuchung eines oder mehrerer empirisch abgrenzbarer Persönlichkeitsmerkmale (z.B. die Fähigkeit eines Schülers, Aufgaben einer bestimmten Aufgaben-

*) dpa, 08.03.2000

klasse zu lösen, oder die sprachlichen Fähigkeiten eines Vorschulkindes relativ zu seinen Altersgenossen), wobei oftmals eine quantitative Aussage über den relativen Grad der Merkmalausprägung angestrebt wird. Neben dem Testverfahren werden auch das Material und der Vorgang des Testens als Test bezeichnet. ...

Die Bezeichnung Test hat in den letzten Jahren eine gewisse Ausweitung erfahren, so dass mittlerweile z.B. auch Klassenarbeiten in der Schule als Tests etikettiert werden. Da insbesondere über die Hauptgütekriterien dieser Verfahren in der Regel keine Belege existieren, ist für sie die Bezeichnung Test ungerechtfertigt und insofern sogar problematisch, als mit ihr suggeriert werden könnte, es handele sich dabei um nach wissenschaftlichen Methoden konstruierte diagnostische Instrumente.«*

Tests werden heute zunehmend bei erwachsenen, auch alten, Menschen eingesetzt. Hier geht es meist darum, Ressourcen und Defizite – oft in Verbindung mit dementiellen Erkrankungen – und Krankheitsverläufe besser zu erkennen.

Probleme bei der Verwendung von Tests entstehen zum Beispiel bei der Art der Durchführung, bei der Beobachtung und bei der Einschätzung der Ergebnisse.

Um Fehler möglichst zu vermeiden, werden für wissenschaftlich angelegte Tests so genannte Gütekriterien festgelegt. Dazu gehören

- die Standardisierung, u.a. von Testmaterial und Durchführungshinweisen,
- die Normierung, die vergleichbare Ergebnisse von mehreren Personen notwendig macht,
- die Gültigkeit, d.h. es muss ein Nachweis erbracht werden, dass getestete und reale Fähigkeiten übereinstimmen,
- die Zuverlässigkeit, d.h. mehrmaliger Einsatz desselben Tests muss weitgehend einheitliche Ergebnisse bringen,

*) aus: Meyers Lexikonredaktion (Hg.); Schüler-Duden: Die Psychologie, Bibliographisches Institut & F. A. Brockhaus, Mannheim 1996, S. 405f

- Einflussmöglichkeiten der testenden Person müssen weitgehend vermieden werden, um ein möglichst hohes Maß an Objektivität herzustellen.

Hier noch einmal die Methoden wissenschaftlichen Arbeitens in der Übersicht:

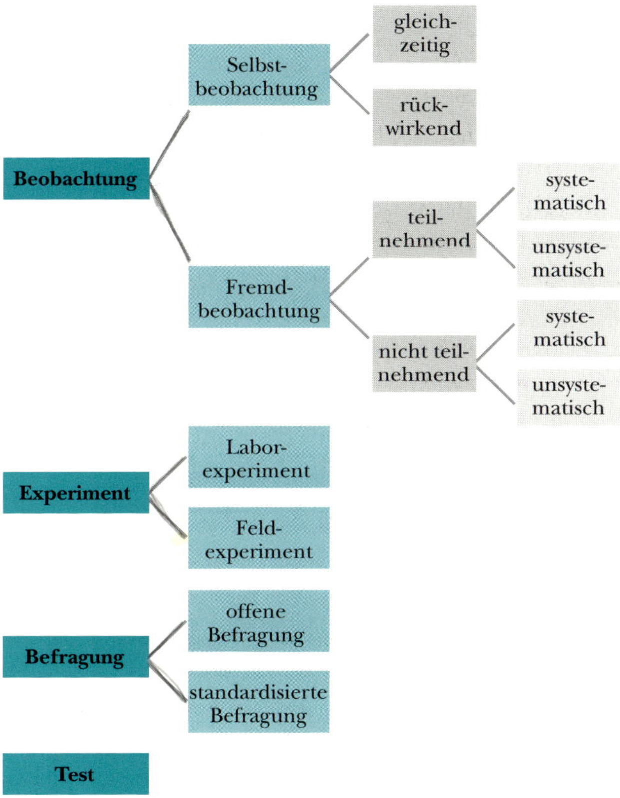

Einige wichtige Begriffe tauchen in Verbindung mit der Darstellung von Forschungsergebnissen immer wieder auf:

Nennen Sie Methoden wissenschaftlichen Arbeitens

→ Proband

Versuchsperson, mit der ein Experiment, ein Test o.Ä. durchgeführt wird *(lat. probare = untersuchen, besichtigen, prüfen)*.

→ Längsschnittuntersuchung

»psychologische Forschungsmethode, bei der ... von einer Person (oder von mehreren Personen) zu verschiedenen Zeitpunkten nach demselben oder einem vergleichbaren Vorgehen (z.B. Tests) Merkmale erhoben werden, um die individuelle bzw. im Gruppenvergleich interessierende Entwicklung verfolgen zu können.«*

Sprachentwicklung bei Kinder wichtig

→ Querschnittuntersuchung

»Im Unterschied zur Längsschnittuntersuchung werden bei einer Querschnittuntersuchung Stichproben aus verschiedenen Altersgruppen mit demselben oder einem vergleichbaren Messinstrument untersucht, die Merkmale der untersuchten Personen also nur zu einem bestimmten Zeitpunkt erfasst. ...«**

Meinungsumfrage
Wahlen

Modelle und Theorien

Altern als mehrdimensionaler Prozess

Altern ist ein mehrdimensionaler Prozess. So sind unter Einsatz wissenschaftlicher Methoden eine Reihe von Modellen und Theorien aus der Sicht verschiedener Wissenschafts-Bereiche entstanden. Es gibt z.B. biologische Ansätze (→Einteilung des Alters, Altersbegriffe, S. 58 f.), Modelle und Theorien aus pädagogischer, soziologischer, psychologischer Sicht.

Fragen wie

- Welche Faktoren bestimmen die Lebenssituation eines Menschen im Alter?
- Wovon ist es abhängig, ob ein Mensch zufrieden altern kann?

---

*) aus: Meyers Lexikonredaktion (Hg.); Schüler-Duden: Die Psychologie, Bibliographisches Institut & F. A. Brockhaus, Mannheim 1996, S. 222

**) aus: Meyers Lexikonredaktion (Hg.); Schüler-Duden: Die Psychologie, Bibliographisches Institut & F. A. Brockhaus, Mannheim 1996, S. 326

werden u.a. in Modellen und Theorien behandelt, um wissenschaftliche Erkenntnisse praktisch anwendbar zu machen und damit die Lebensqualität der Menschen im Alter zu steigern.

Eine Auswahl von Modellen und Theorien aus der Sicht verschiedener Wissenschafts-Bereiche, die die Situation alter Menschen – und damit die Altenpflege – betreffen, wird nachfolgend beschrieben.

Schichtenmodelle

In jeder Gesellschaft ergeben sich – abhängig von der Gesellschaftsform – Einteilungen in Schichten. Dabei werden im Wesentlichen drei verschiedene Modelle unterschieden.

Das dichotomische *(gr. = zweigeteilt, gegabelt)* Modell

Es wurde von den Sozialphilosophen Karl Marx (1818-1883) und Friedrich Engels (1820-1895) entwickelt. Sie bezeichneten die Gesellschaft als Klassengesellschaft. Danach stehen sich die herrschende Klasse – gekennzeichnet durch Eigentum und Produktionsmittel – und die beherrschte Klasse, die nichts besitzt als ihre Arbeitskraft, gegenüber. Die beherrschte Klasse muss ihre Arbeitskraft an die Herrschenden verkaufen und ist damit abhängig.

Klassengesellschaft

Entgegengesetzte Interessen zweier Schichten bzw. Klassen stehen sich nach diesem Modell gegenüber.

Das funktionale Modell

Hier wird die Gesellschaft nach unterschiedlichen Funktionen eingeteilt, z.B. in Handwerker, Kaufleute und Bauern. Es ist eine Gliederung in soziale Stände, eine so genannte Ständegesellschaft, mit festgefügter Ordnung, abhängig vom sozialen Stand.

Ständegesellschaft

Das Rangordnungs-Modell

In Leistungsgesellschaften wie in der heutigen Bundesrepublik Deutschland haben sich als Merkmal für die Unterscheidung sozialer Schichten andere Regeln eingebürgert. Hier steht die Leistung im Mittelpunkt. Die Gesellschaft teilt ihre Mitglieder nach Leis-

Leistungsgesellschaft

tungsunterschieden ein, die sich zum Beispiel bemerkbar machen in Einkommen, Besitz, beruflicher Position oder Bildung.*

Dem Gedanken nach Einteilung von Gesellschaften in verschiedene Schichten folgend, haben sich im Sprachgebrauch Begriffe wie Ober-, Mittel- und Unterschicht durchgesetzt. Oft wird in Deutschland zusätzlich unterteilt zwischen gehobener und unterer Mittelschicht. Doch die Zuordnung zu den einzelnen Schichten kann nur sehr pauschal vorgenommen werden.

Soziale Ungleichheiten

Allgemein unbestritten ist die Tatsache, dass es soziale Ungleichheiten gibt. Bei alten Menschen treten solche sozialen Ungleichheiten ebenso zu Tage wie bei jüngeren.

Die Altenpflege kommt mit Menschen aller sozialen Schichten in Berührung, wenn auch meist in unterschiedlichen Einrichtungen bei unterschiedlichen Trägerorganisationen. Kaufen sich wohlhabendere alte Menschen in stationäre Einrichtungen der gehobenen Kategorie ein, so sind SozialhilfeempfängerInnen auf solche Häuser angewiesen, die der Regelsatzversorgung entsprechen. Die Zugehörigkeit zur einen oder anderen Gruppierung ist in Deutschland heute keineswegs mehr nur eine Frage der Famlienherkunft. Viele andere Faktoren spielen dabei eine Rolle und bestimmen wesentlich die Lebenssituation eines Menschen im Alter.

Ewig jung?

Das Phänomen des Jungbrunnens bleibt ein ewiger Menschheitstraum. Als unsterblich galten schon in der Antike nur die Götter. Den Menschen dagegen ist eine begrenzte Lebensspanne gegeben.

Biologische Alternstheorien

NaturwissenschaftlerInnen beschäftigen sich bereits seit langer Zeit mit der Frage, ob das Altern wirklich unumgänglich ist. Biologische Alternstheorien sind auf diese Weise entstanden.

»Die meisten Tabellen über das Altern beginnen bei 30, einem Alter, das traditionell für die Blütezeit des Menschen gehalten wird

*) vgl.: Stanjek, Karl (Hrg.); Altenpflege konkret: Sozialwissenschaften, Gustav Fischer Verlag, Lübeck, Stuttgart, Ulm, Jena 1998, S. 174

– wenigstens physiologisch. Aber heute herrscht allgemeine Übereinstimmung darüber, dass der Abbau dann bereits begonnen hat, und dass diese äußeren Anzeichen lediglich tiefer reichende Veränderungen widerspiegeln, die im Innern vor sich gehen.

Äußere Anzeichen

Es braucht natürlich seine Zeit, bevor die verräterischen Zeichen des Alterns unverkennbar werden: das allmähliche Dünnerwerden und Ergrauen des Haars, die Falten und Runzeln der Haut, die Beeinträchtigungen von Sehen und Hören, das Nachlassen von Straffheit und Kraft. Fast unmerklich verliert der Organismus einen bedeutenden Anteil seiner Zellsubstanz, ein Verlust, der schließlich als regelrechtes Schrumpfen ins Auge fällt. Mit 60 sind wir um zwei Zentimeter oder mehr kleiner und schmaler in den Schultern geworden, was nicht immer zu einem Gewichtsverlust führt, weil sich oft Fett ansammelt.«*

Biologische Alternstheorien lassen sich grob in drei Gruppen gliedern

- Theorien auf molekularer Basis
- Theorien auf zellularer Ebene
- Theorien auf der Ebene des Organismus.**

Ältere biologische Theorien des Alterns können weitgehend als Abnutzungstheorien zusammengefasst werden. Doch der Mensch als lebender Organismus hat – im Unterschied zu Maschinen – quasi die Fähigkeit zur Selbstreparatur. So werden zum Beispiel viele der Körperzellen immer wieder erneuert, indem Zellen sich teilen und alte durch neue ersetzt werden. Dies gilt jedoch nicht für alle Zellen, zum Beispiel nicht für Hirn- und Herzzellen.

Abnutzungstheorien

Dennoch gibt es streng genommen eigentlich keinen Grund, warum Menschen nicht unendlich weiter leben sollten, solange alle Systeme optimal und irrtumsfrei arbeiten. In der Realität funktio-

*) aus: Rosenfeld, Albert; Warum sind wir nicht unsterblich?, in: Geo o.J., S. 82ff

**) vgl.: Grüneberg, Lutz / Hauser, Paul; Gerontologie für Altenpflegeberufe, Stam Verlag, Köln 1997, S. 228f

empirisch: wissentschaftlich gestützt

niert dies jedoch nicht. Es entstehen Schäden, die nicht oder nicht in der Häufigkeit, in der sie auftreten, behoben werden können.

Genetische Bestimmung

Die Alternstheorien aus der Sicht der Biologie gehen heute eher von genetischer Bestimmung aus. Danach trägt jeder Mensch quasi eine Uhr des Alterns in sich, die in groben Zügen das Tempo bestimmt, in dem der Einzelne altert.

Zurückgezogen am Rand oder aktiv mitten im Leben?

Zufriedenheit im Alter

In den sechziger Jahren entstanden in USA zwei einander widersprechende Alternstheorien aus soziologischer Betrachtung: die Disengagement-Theorie und die Aktivitätstheorie. Bei beiden Theorien ging es um die Frage, welche Form des Alterns für den Menschen die optimale sei, die erfolgreichste, die ihm ein Höchstmaß an Zufriedenheit gewährt.

Für beide Theorien wurden in der so genannten Bonner Längsschnittstudie von Thomae und Lehr 1987 Belege gefunden. Das heißt beide Theorien konnten empirisch gestützt werden.

Die Aktivitätstheorie

Die Aktivitätstheorie, in Deutschland vor allem vertreten von Tartler (1961), geht von der Annahme aus, »dass nur derjenige Mensch glücklich und zufrieden sei, der aktiv ist, der etwas leisten kann und von anderen Menschen gebraucht wird. Hingegen sei derjenige Mensch, der nicht mehr gebraucht werde, der keine Funktion mehr in der Gesellschaft habe, unglücklich und unzufrieden.«*

Ausgangspunkt bei diesen Überlegungen ist die Tatsache, dass in Industriegesellschaften mit zunehmendem Lebensalter die gesellschaftlichen Rollen einem Wandel unterliegen, sie in der Regel in ihrer Anzahl weniger werden und sich in ihrer Bedeutung verändern (→siehe Kapitel »Miteinander leben, Rollen verändern sich«, S. 105 ff.).Die Vorstellung war geprägt von der Idee zunehmender

*) aus: Lehr, Ursula; Psychologie des Alterns, Heidelberg 1977, S. 218

Inaktivität durch Veränderungen der beruflichen und familiären Situation und die damit verbundenen Aufgaben- und Verantwortungsverluste. Damit ginge – so die AktivitätstheoretikerInnen – dem Menschen das Gefühl verloren, gebraucht zu werden und es entstehe ein negatives Selbsterleben.

Veränderungen der beruflichen und familiären Situation

Deshalb sollte der Mensch – quasi als Gegenmaßnahme – Aktivitäten mittlerer Lebensjahre beibehalten und/oder neue Interessen und Aktivitäten im fortgeschrittenen Alter entwickeln. Nützlichkeit und Sinnhaftigkeit der Aktivität waren dabei vor dem Hintergrund der Leistungsorientierung wichtiger Maßstab für sinnvolles Altern.

Neue Interessen im Alter entwickeln

Voraussetzungen für erfolgreiches und zufriedenes Altern im Sinn der Aktivitätstheorie sind daher

- Beibehalten früherer Interessen und Aktivitäten,
- Aufnahme neuer Tätigkeiten als Ausgleich für verlorene,
- Pflege bestehender und Aufnahme neuer Kontakte und Beziehungen,
- Übernahme von Funktionen und Verantwortung.

Daraus ergab sich die Erkenntnis, dass ein Mensch sich rechtzeitig auf sein Altern vorbereiten und dabei neue Interessen entwickeln sowie alte aufleben lassen und bewusst Kontakte fördern sollte.

Kontakte fördern

Die Aktivitätstheorie hat in der Altenpflege wesentlich dazu beigetragen, betreuende und versorgende Aspekte in den Hintergrund zu rücken und der Aktivität im Pflegeverständnis einen höheren Stellenwert einzuräumen. Gleichzeitig hat sie aber vielerorts zu einem Aktivieren um jeden Preis geführt.

Die Disengagement-Theorie

Cumming und Henry (1961) entwickelten die Disengagement-Theorie *(Rückzugs-Theorie)* vor dem Hintergrund ihrer Beobachtungen, dass Alternsprobleme und Unzufriedenheit mit der Lebenssituation im Alter sich begründen lassen mit einem Ungleichgewicht zwischen gesellschaftlichen Anforderungen und persönlichen individuellen Bedürfnissen.

Rückzugs-Theorie

Gegenposition zur Aktivitätstheorie

Sie hielten es für einen natürlichen Prozess, dass bei Menschen ab ca. dem 60./65. Lebensjahr – also im Renten- und Pensionsalter – der Wunsch aufkommt, sich aus bisherigen Lebensbezügen zu lösen und sich auf sich selbst zu besinnen, den Lebens- und Wahrnehmungsraum zu reduzieren. So baute die Disengagement-Theorie eine direkte Gegenposition zur Aktivitätstheorie auf.

Dazu gehörten

- Rückzug aus sozialen Rollen und den damit verbundenen Verpflichtungen, z. B. ehrenamtl. Tätigkeiten
- Abgeben von Verantwortung,
- Rückzug aus sozialen Beziehungen,
- Einschränken von Kontakten, Pflege von Beziehungen vorzugsweise mit Gleichaltrigen,
- Hinwenden zur eigenen Persönlichkeit,
- Einstellen auf die Endlichkeit des Lebens und Vorbereiten auf den eigenen Tod.

Bei derartigem Verhalten, so Cumming und Henry, fühlen sich alte Menschen regelrecht erleichtert, und es können Konflikte bei und mit älteren Menschen verhindert bzw. vermindert werden.*

Nach der Disengagement-Theorie bedeutet erfolgreiche Vorbereitung auf das Altern, sich mit zunehmendem Lebensalter langsam aus dem aktiven Leben zurückzuziehen, Verpflichtungen abzugeben und Kontakte abzubauen.

Beide Theorien generalisieren stark, vertreten eine sehr absolute Betrachtungsweise und lassen Persönlichkeitsstruktur und biografische Aspekte weitgehend außer Acht.

---

*) vgl.: Backes, Gertrud/Schmachtenberg, Wolfram; Schichten- und geschlechtsspezifische Aspekte der Vorbereitung auf Alter und Ruhestand, Kohlhammer Verlag Stuttgart, Berlin, Köln, Mainz 1981, S. 18f

vgl.: Witterstätter, Kurt; Soziologie für die Altenarbeit, Freiburg 1981, 7. Aufl. 1991, S. 86ff

Von nun an geht's bergab? Das Defizit-Modell

Das Entwickeln von Verfahren zur Messung geistiger Leistungsfähigkeit war wesentliches Tätigkeitsfeld der Psychologie zu Beginn des 20. Jahrhunderts. Die so entstandenen Intelligenztests wurden in USA auf breiter Ebene immer wieder eingesetzt, um die Entwicklung von Intelligenz bei zunehmendem Lebensalter zu messen. Die Untersuchungen zeigten damals immer wieder ähnliche Ergebnisse: je älter die Versuchspersonen waren, desto schlechter schnitten sie bei den Tests ab. Daraus wurde der Schluss gezogen, dass die geistige Leistungsfähigkeit eines Menschen bis zum 18. Lebensjahr ansteigt, bis zum Beginn des dritten Lebensjahrzehnts auf ihrem einmal erreichten Höhepunkt bleibe und sich ab dann – anfangs langsam, später immer schneller – kontinuierlich verringere. Damit war das heute nicht mehr haltbare Defizit-Modell des Alterns geboren. Es besagte, dass die Intelligenzleistung des Menschen mit zunehmendem Alter abnimmt.

Intelligenztest

Die Ergebnisse aus der Intelligenzforschung wurden schnell verallgemeinert, zumal sie das in der Öffentlichkeit verbreitete negative Fremdbild vom alten Menschen zu bestätigen schienen. Es wurden eher die Defizite – was kann eine Person nicht mehr? – gesehen als die Ressourcen – das kann dieselbe Person gut! Es ergab sich ein reduktionistisches Altenbild mit Infantilisierung *(lat. infans = kindisch)* des alten Menschen, geprägt von Verlust, Mangel, Defizit, Reduktion, Verfall, Bedürftigkeit, Einschränkung …

Reduktionistisches Altenbild

Die Lebenszeit

Als Gott die Welt geschaffen hatte, bestimmte er für jede Kreatur die Lebenszeit. Der Esel erhielt achtzehn Jahre, der Hund zwölf, der Affe zehn Jahre. Dem Menschen waren dreißig Jahre zugedacht. Damit war der Mensch aber nicht zufrieden. »Welch eine kurze Zeit«, rief der Mensch. Also gab ihm Gott nacheinander die achtzehn Jahre des Esels, die zwölf Jahre des Hundes und schließlich die zehn Jahre des Affen.

> Also lebt der Mensch siebzig Jahr. Die ersten dreißig sind seine menschlichen Jahre, die gehen schnell dahin; da ist er gesund, heiter, arbeitet mit Lust und freut sich seines Daseins. Hierauf folgen die achtzehn Jahre des Esels, da wird ihm eine Last nach der anderen aufgelegt: ... Dann kommen die zwölf Jahre des Hundes, da liegt er in den Ecken, knurrt und hat keine Zähne mehr zum Beißen. Und wenn diese Zeit vorüber ist, so machen die zehn Jahre des Affen den Beschluss. Da ist der Mensch schwachköpfig und närrisch, treibt alberne Dinge und wird ein Spott der Kinder. *Brüder Grimm*
>
> (Jakob und Wilhelm Grimm schufen ihre Kinder- und Hausmärchen 1812-1822.)

Das Defizit-Modell stand schon sehr bald im Kreuzfeuer der Kritik und wurde seitdem mehrfach widerlegt. Es gilt heute als überholt. (siehe Kapitel →»Was Hänschen nicht lernt, Kognitives Lernen«, S. 393 ff.).

Defizit-Modell

Die Kritik am Defizit-Modell betrifft unterschiedliche Aspekte, zum Beispiel

- »die angewandte Methode,
- das zu Grunde liegende Intelligenzkonzept,
- die Aussagekraft der Testintelligenz,
- die Nichtbeachtung biografischer Unterschiede zwischen jüngeren und älteren Probanden.«*

Wesentlicher Kritikpunkt am Defizit-Modell bzw. den ihm zu Grunde liegenden Untersuchungsergebnissen war vor allen Dingen die Tatsache, dass Querschnittuntersuchungen die Grundlage bildeten. Veränderungen geistiger Leistungsfähigkeit ließen sich aber streng genommen nur durch Längsschnittuntersuchungen nachweisen. Weitere Zweifel und Einschränkungen ergaben sich aus den Rah-

*) aus: Hirsch, Anna Maria; Psychologie für Altenpfleger, Band I, Probleme des Alterns, 2. aktualisierte Aufl., München 2001, S. 78

menbedingungen der Testdurchführung, bei der einige aus heutiger Sicht wichtige Punkte nicht berücksichtigt wurden. In diesem Zusammenhang sind zum Beispiel Zeitfaktor und Trainingszustand zu nennen. Wird älteren Menschen ausreichend Zeit gewährt und sind sie in puncto Denken und Lernen in Übung, sind ihre Testergebnisse weitgehend identisch mit denen jüngerer Menschen.

Kompetenzmodell

Zum Begriff der Kompetenz, der bereits seit den 60er Jahren in der Psychologie gebräuchlich ist, gibt es mehrere Theorien bzw. Modelle im Zusammenhang mit dem Altern. Kompetenzmodelle sind vielfach Antworten auf das heute als falsch erkannte Defizit-Modell.

→ Kompetenz

»Bezeichnung für die Fähigkeit einer Person, Anforderungen in einem bestimmten Bereich gewachsen zu sein. So meint z.B. kognitive Kompetenz die Fähigkeit zur Bewältigung intellektueller Aufgaben, soziale Kompetenz die Fähigkeit, sozialen Anforderungen zu genügen oder mit anderen Menschen zu kommunizieren.«*

Kompetenzbegriff ist vielseitig

Der Kompetenzbegriff ist vielseitig – und oft sehr eng begrenzt auf einen Teilbereich der Kompetenz – verwendet worden.

Kompetenz wird von alten Menschen benötigt zur

- Bewältigung der Alltagsanforderungen,
- Erhaltung und Entfaltung von Selbstständigkeit,
- Vermeidung von Pflegebedürftigkeit.**

Hinter den Kompetenztheorien steht die Erkenntnis, dass Funktionen und Fähigkeiten sich beim Älter werden in unterschiedlicher Weise verändern, in ihrer Summe aber nicht automatisch abnehmen müssen.

---

*) aus: Meyers Lexikonredaktion (Hg.); Schüler-Duden: Die Psychologie, Bibliographisches Institut & F. A. Brockhaus, Mannheim 1996, S. 206

**) vgl.: Fischer, Bernd / Greß-Heister, Markus; Rehabilitation, Prävention und Gesundheitsfürsorge im Alter, G. Braun Fachverlage, Karlsruhe 1994, S. 91

Kompetenz lässt sich untergliedern in

- eine generelle Handlungskompetenz,
- Teilkompetenzen in verschiedenen Bereichen,
- Kompetenzgefühl.

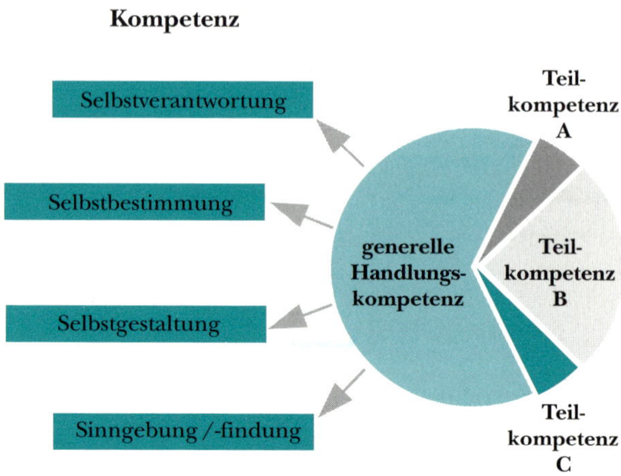

Handlungskompetenz

Die generelle Handlungskompetenz ermöglicht eine selbstverantwortliche, selbstbestimmte, selbst gestaltete und Sinn gebende bzw. -findende Lebensgestaltung.*

Die generelle Handlungskompetenz setzt sich zusammen aus verschiedenen Teilkompetenzen, zum Beispiel kognitiver, psychischer, emotionaler, sozialer, senso-motorischer ... Kompetenz, Orientierungskompetenz usw.** Die Zusammensetzung, Ausprägung und Kombination der einzelnen Teilkompetenzen ist dabei individuell verschieden.

Die Teilkompetenzen hängen mit bestimmten Schlüsselqualifikationen in Form von Fähigkeiten und Fertigkeiten zusammen, die

*) vgl: Fischer, Bernd / Greß-Heister, Markus; Rehabilitation, Prävention und Gesundheitsfürsorge im Alter, G. Braun Fachverlage, Karlsruhe 1994, S. 96

**) vgl.: Stanjek, Karl (Hrg.); Altenpflege konkret: Sozialwissenschaften, Gustav Fischer Verlag, Lübeck, Stuttgart, Ulm, Jena 1998, S. 93f.

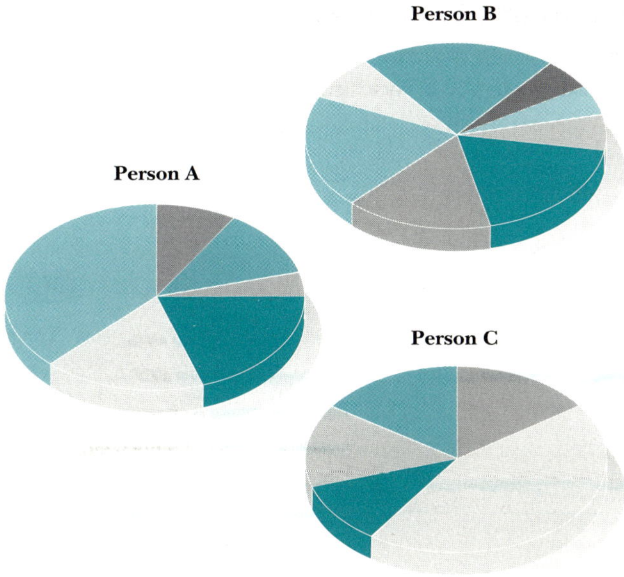

Zusammensetzung von Teilkompetenzen

– je nach Aufteilung der Teilkompetenzen – unterschiedlich zugeordnet werden.

So können zum Beispiel Fähigkeiten wie kreatives Denken, Abstraktionsfähigkeit, Problemlösungsfähigkeit, Entscheidungsfähigkeit, Urteilsfähigkeit usw. der kognitiven Kompetenz als einem Teilbereich der generellen Handlungskompetenz zugeordnet werden.

Kooperationsfähigkeit, Verantwortungsfähigkeit, Konfliktfähigkeit etc. sind Schlüsselqualifikationen für den Teilbereich der sozialen Kompetenz usw.

Kompetenztheorien

Kompetenztheorien gehen davon aus, dass der Mensch bis ins hohe Alter entwicklungsfähig und damit in seinem Erleben und Verhalten veränderbar ist.

Es gibt nicht **die** Kompetenz, sondern in den einzelnen menschlichen Funktionen und Teilkompetenzen finden sich unterschiedliche Kompetenzgrade und Entwicklungsverläufe. Das heißt Kompetenzen bilden in ihrer Gesamtheit ein individuell ausgeprägtes Gefüge.

Bei der Untersuchung und Bewertung von Kompetenzen eines alten Menschen und der Festlegung von Maßnahmen zur Kompetenzförderung darf daher nicht nur die Person allein betrachtet werden, sondern Faktoren aus dessen Lebensumwelt sind mit zu berücksichtigen.[*]

Betreuungsgesetz

Die Erkenntnisse der Kompetenztheorien finden u.a. ihre konkreten Auswirkungen im Betreuungsgesetz, das genau die Tatsache berücksichtigt, dass dem Menschen nicht die Kompetenz schlechthin verloren geht, sondern einzelne Teilbereiche davon. So kann nach heutiger Rechtslage kein Mensch mehr »entmündigt« werden, sondern er erhält eine Betreuung für bestimmte Bereiche, in denen Teilkompetenzen bzw. die dazu gehörigen Schlüsselqualifikationen nicht (mehr) vorhanden sind.

Kompetenz-Balance

Für den alten Menschen ist die Kompetenz-Balance von entscheidender Bedeutung, ein ausgeglichenes Verhältnis zwischen den Anforderungen der Umwelt und den eigenen Fähigkeiten auf der einen Seite sowie zwischen Sicherheit und Autonomie *(gr. Selbstständigkeit, Unabhängigkeit)* auf der anderen Seite.[**]

Kompetenzförderung

Wichtige Aufgabe der Altenpflege ist es, den alten Menschen beim Erhalt bzw. bei der Wiederherstellung der Kompetenz-Balance zu unterstützen. Dies kann u.a. durch verschiedene Maßnahmen zur Kompetenzförderung geschehen. Gezielter Einsatz von Möglichkeiten zur Aktivierung und Rehabilitation ist deshalb wichtig.

Hat ein alter pflegebedürftiger Mensch einzelne Fähigkeiten zur selbstständigen Bewältigung der Aktivitäten des täglichen Lebens nicht mehr, so sollte ihm durch entsprechendes Verhalten der Pflegekräfte zumindest die Möglichkeit zum Erhalt eines gewissen Kompetenzgefühls erhalten werden.

---

*) vgl.: Grüneberg, Lutz / Hauser, Paul; Gerontologie für Altenpflegeberufe, Stam Verlag, Köln 1997, S. 236

** vgl.: Hirsch, Rolf; Notwendigkeit einer geronto-psychiatrischen Rehabilitation, in: Hartmannbund/ Arbeiterwohlfahrt, Ambulante geriatrische Rehabilitation, Bonn 1996, S. 72

Kompetenz-Balance des alten Menschen

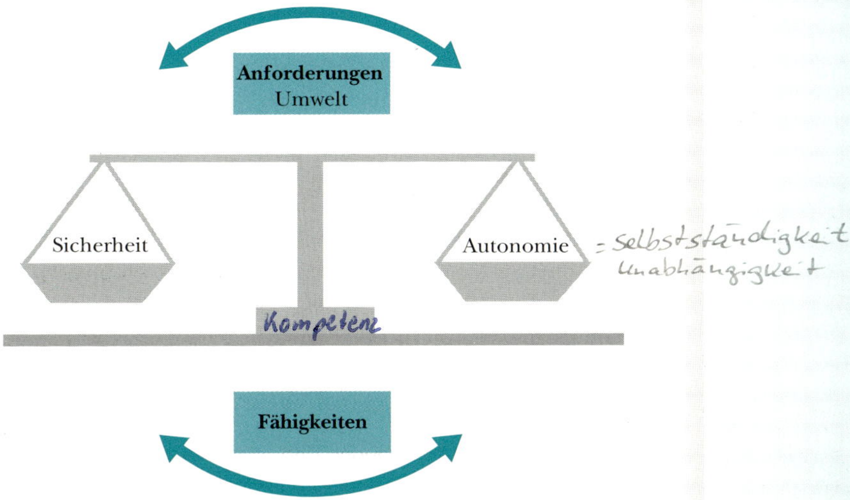

Wichtig

- **Über Inhalte von Alltagswissen wird meist nicht mehr intensiv nachgedacht. Es wird allgemein als wahr empfunden und oft handlungsleitend umgesetzt. Bestätigt sich der Inhalt, verfestigen sich Erwartungen, und es kommt zu Vorurteilen.**
- **Wissenschaft unterscheidet sich von Alltagswissen weniger in den Inhalten als im Vorgehen. Wissenschaft beschäftigt sich systematisch mit den Inhalten, mit denen der einzelne Mensch sich intuitiv auseinandersetzt.**
- **Aus den Resultaten wissenschaftlicher Forschung ergeben sich Theorien und Modelle. Diese stellen die Realität des Alltags in abstrakter Form dar.**

Wichtig

- **Theorie und Praxis stehen in einer Wechselbeziehung. Sie beeinflussen und verändern sich gegenseitig.**
- **Die Anwendbarkeit von Fakten und Regeln aus wissenschaftlichen Theorien ist auf Grund der Vieldimensionalität der Praxis begrenzt.**
- **Wissenschaftliche Methoden beinhalten immer eine Reihe von Fehlerquellen, die die Aussagekraft von Untersuchungsergebnissen beeinträchtigen.**
- **Altern ist ein mehrdimensionaler Prozess. So sind unter Einsatz wissenschaftlicher Methoden eine Reihe von Modellen und Theorien aus der Sicht verschiedener Wissenschafts-Bereiche entstanden.**
- **Theorien und Modelle können – trotz empirisch gestützter Erkenntnisse – nicht nur unterschiedliche Ansätze, sondern oft völlig gegensätzliche Auffassungen vertreten und stark voneinander abweichende Aussagen treffen.**

Übungen

1. Erklären Sie einer Kollegin oder einem Kollegen, was eine Längsschnitt- und was eine Querschnittuntersuchung ist. Gehen Sie dabei auf Unterschiede und Gemeinsamkeiten ein!
2. Erstellen Sie ein Lernplakat, das die Aktivitätstheorie und die Disengagement-Theorie bildhaft einander gegenüber stellt!
3. Stellen Sie bildhaft/zeichnerisch die Beziehung zwischen Wissenschaft und Praxis – Gerontologie und Altenpflege – dar! In welchem Verhältnis stehen beide zueinander? Gehen Sie auf Unterschiede und Gemeinsamkeiten ein, jeweilige Vorzüge und Nachteile etc. ein!

Wiederholungfragen

1. Wie unterscheidet sich wissenschaftliches Wissen von Alltagswissen?
2. Was ist gemeint mit dem Begriff »Kompetenz«?
3. Welche sind die wesentlichen Merkmale von Alltagswissen?
4. Warum braucht die Altenpflege Wissenschaft?
5. Wie lässt sich wissenschaftliches Wissen beschreiben?
6. Auf welchen Ideen basiert die Disengagement-Theorie?
7. Was ist unter »Beobachtung« im Sinn wissenschaftlichen Arbeitens zu verstehen?
8. Welche Erkenntnis steht hinter den Kompetenztheorien?
9. Wofür benötigt der Mensch sein Alltagswissen?
10. Wie entstand das Defizit-Modell, und wie wird es heute eingeschätzt?
11. Mit welchen Zielen arbeitet allgemein die Wissenschaft?
12. Womit beschäftigen sich biologische Alternstheorien?
13. Welche Methoden werden in der Gerontologie angewandt? Beobachtung, Test, Befragung, Experiment
14. Welche Grundgedanken liegen der Aktivitätstheorie zu Grunde?
15. Wozu dienen wissenschaftliche Theorien und Modelle?
16. Was bedeutet die so genannte »Vernetzung« von Theorie und Praxis? Wie hängen beide zusammen, und wo liegen die Unterschiede zwischen beiden?
17. Was ist unter so genannter »Kompetenz-Balance« des alten Menschen zu verstehen, und in welchem Zusammenhang steht sie mit der praktischen Arbeit von AltenpflegerInnen?
18. Finden Sie Beispiele aus Ihrer Praxis in der Altenpflege, bei denen die verschiedenen Formen der Beobachtung angewandt werden!

19. **Wodurch kann die Aussagekraft wissenschaftlicher Untersuchungsergebnisse beeinträchtigt werden? Erläutern Sie dies einzeln für die Beobachtung, das Experiment, die Befragung und den Test!**

Literatur:

Backes, Gertrud/Schmachtenberg, Wolfram; Schichten- und geschlechtsspezifische Aspekte der Vorbereitung auf Alter und Ruhestand, Kohlhammer Verlag Stuttgart, Berlin, Köln, Mainz 1981

Fischer, Bernd / Greß-Heister, Markus; Rehabilitation, Prävention und Gesundheitsfürsorge im Alter, G. Braun Fachverlage, Karlsruhe 1994

Grüneberg, Lutz / Hauser, Paul; Gerontologie für Altenpflegeberufe, Stam Verlag, Köln 1997

Heidlindemann, Till; Der Praxisbezug von Alternsmodellen. Unterrichtseinheit in der Altenpflegeausbildung, Reihe: Thema 85, Kuratorium Deutsche Altershilfe, Köln 1993

Hirsch, Anna Maria; Psychologie für Altenpfleger, Band I, Probleme des Alterns, 2. aktualisierte Aufl., München, 2001

Kauffeldt, Silvia/Kühnert, Sabine/Wittrahm, Andreas; Deutsches Rotes Kreuz (Hrsg.), Psychologische Grundlagen der Altenarbeit. Gerontologische Grundlagen, Handlungskonzepte, aktuelle Spannungsfelder, Dümmler Verlag, Bonn 1994

Kaulen, Hildegard; Auf der Suche nach dem Geheimnis des Alterns, in: Future Nr. 3/98

Lehr, Ursula; Psychologie des Alterns, Heidelberg 1977

Reimann, Helga + Reimann, Horst; Das Alter, Enke Verlag, Stuttgart, 3. neu bearbeitete Auflage, 1994

Rosenfeld, Albert; Warum sind wir nicht unsterblich?, in: Geo o.J., S. 82ff

Stanjek, Karl (Hrg.); Altenpflege konkret: Sozialwissenschaften, Gustav Fischer Verlag, Lübeck, Stuttgart, Ulm, Jena 1998

Stracke-Mertes, Ansgar; Soziologie. Der Blick auf soziale Beziehungen, 2. vollständig überarbeitete und erweiterte Auflage, Vincentz Verlag, Hannover 1998

Willig, Wolfgang / Ebel, Thomas / Erben, Monika / Pulvermüller, Gerhard; Psychologie – Soziologie – Gesprächsführung in der Altenpflege, Balingen, 4. überarbeitete Auflage, 1996

Wirsing, Kurt; Psychologisches Grundwissen für Altenpflegeberufe, Psychologie Verlags Union, München – Weinheim, 3. Auflage 1987

Witterstätter, Kurt; Soziologie für die Altenarbeit, Freiburg 1981, 7. Aufl. 1991

Alt – langlebig – Methusalem

DAS ZIEL IST ...

Das Ziel ist,

- *verstehen, dass die Einschätzung, wer oder was alt ist, subjektiv ist,*
- *erfahren, dass die durchschnittliche Lebenserwartung von den Lebensbedingungen abhängig ist,*
- *erkennen, dass das chronologische oder kalendarische Alter eines Menschen wenig aussagt über sein funktionales Alter,*
- *die prägende Bedeutung von Vorurteilen für die Einschätzung von Menschen und Menschengruppen erkennen,*
- *erleben, dass Selbst- und Fremdbeurteilung eines Menschen nicht immer übereinstimmen und sich gegenseitig beeinflussen.*

Wer sind die Alten?

Altern als Prozess

Wie bereits im ersten Kapitel erwähnt, beschäftigt sich die Gerontologie mit Fragen des Alterns. Und altern – das tun wir alle, von Geburt an. Das Altern also, das einen Prozess *(lat. procedere = vorwärtsschreiten, auch: Fortschritte machen, Erfolg haben)* beschreibt, scheint nichts eigentlich Schlimmes oder Gefürchtetes zu sein.

Probleme macht uns mehr das Alt-Sein als ein Zustand. Daher erscheint das Alt-Sein oder das Alter, also der Zustand, als ein Phänomen, das wir offensichtlich niemals selbst erreichen.

Der Volksmund fasst diese Weisheit in Verse:
Alter – was ist das?
das sage mir einer!
Alt werden will jeder,
alt sein – das will keiner.

Alt sind also ganz offensichtlich immer nur die Anderen. Damit wir selbst nicht in die Gefahr geraten, alt zu werden, nutzen wir unsere Sprache als Ausweg. Da sind wir sehr erfinderisch, und es gibt eine Vielzahl von Begriffen, die anstelle von »alt« oder daneben benutzt werden.

Übung

Überlegen Sie bitte, welche anderen Begriffe Ihnen einfallen, die gleichbedeutend mit »Alte« benutzt werden. Tragen Sie in den nachstehenden Kopf ein, was Ihnen dazu in den Kopf kommt!

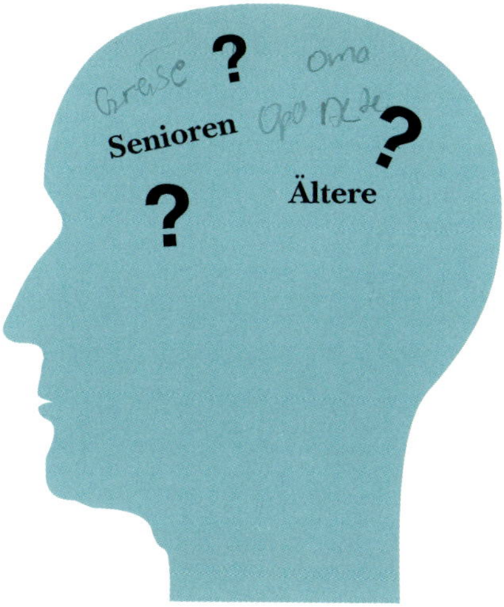

Sie haben jetzt vermutlich einige Begriffe zusammengetragen. Beobachten Sie in nächster Zeit einmal aufmerksam Zeitungen und notieren Sie sich, wie alte Menschen noch betitelt werden. Ergänzen Sie dann Ihre Zusammenstellung mit diesen weiteren Begriffen!

Unterschiedliche Bezeichnungen

Sie werden vermutlich Bezeichnungen finden, die unterschiedlich gebräuchlich sind in unserer Zeit. Zum Beispiel spricht heute kaum noch jemand von Greisen. Aber als Cicero – er lebte 106 bis 43 v. Chr. – zu seiner Zeit über das Alter nachdachte und sein Werk »De Senectute« *(lat., über das Greisenalter)* verfasste, war das ein gebräuchlicher Begriff. Und gemeint waren die damals alten Menchen, die eine Lebenserwartung von bis zu 30 Jahren hatten.

Zielgruppe der Altenarbeit

Lange Zeit war die Zielgruppe der Altenarbeit relativ klar definiert. Gemeint waren Menschen im Renten- bzw. Pensionsalter, d.h. jenseits der gesetzlichen Altergrenze von 65 Jahren. Heute ist die so genannte flexible Altersgrenze zum geflügelten Wort geworden. Die Altersgrenze, die früher meistens mit der Berufsaufgabe in Verbindung gebracht wurde, hat sich längst anders entwickelt. Arbeitslosigkeit, vorzeitige Pensionierung und FrührentnerInnen sind dazu nur einige Stichworte.

Altersgrenze

Die Altenarbeit hat – nachdem diese lange Zeit anscheinend klar geregelte Altersgrenze nicht mehr so eindeutig festzulegen war – ihre Zielgruppe verändert. Viele Träger von Altenarbeit richten ihre Aktivitäten an Menschen in der zweiten Lebenshälfte, an die Neuen oder die Jungen Alten oder an die Fünfzig-Plus-Generation. Seitdem nun anscheinend alle Menschen zwischen fünfzig und über hundert Jahren zur älteren Generation geworden sind, lässt sich nicht mehr von den Alten schlechthin sprechen. Es handelt sich in der Tat um mehrere Generationen.

Eine Unterscheidung erscheint sinnvoll und notwendig. Aber – nach welchen Kriterien soll unterschieden werden? Eine sprachliche Unterscheidung legte die Weltgesundheitsorganisation (WHO) 1980 fest:

51 – 60 Jahre	alternde Menschen
61 – 75 Jahre	ältere Menschen
76 – 90 Jahre	alte Menschen
91 – 100 Jahre	sehr alte Menschen
über 100 Jahre	Langlebige*.

Aus dieser Einteilung wird deutlich, wie sehr solche sprachlichen Bezeichnungen wertend sein können. Sicherlich ist der Begriff Langlebige in unserem heutigen Sprachgebrauch weitaus positiver besetzt als das Wort alt. Entsprechend schwierig ist es, über Sprache eine Einteilung der Zielgruppe von Altenarbeit regeln zu wollen. Die Anzahl der Menschen, die der Zielgruppe alte Menschen zuzurechnen ist, weicht daher – je nach Festlegung der Altersgrenze zum Beispiel bei 50, 60 oder 65 Jahren – in verschiedenen Veröffentlichungen stark voneinander ab.

Der Inbegriff des uralten Menschen ist noch heute Methusalem. Der biblische Urvater soll das höchste Lebensalter von 969 Jahren** erreicht haben. Diese Angabe ist sicherlich symbolisch zu sehen. Tatsächlich macht es auch heute noch Probleme, zum Bei-

*) vgl. Fischer, Bernd / Greß-Heister, Markus; Rehabilitation, Prävention und Gesundheitsfürsorge im Alter, Karlsruhe 1994, S. 4

**) DTV-Lexikon, Band 12, München 1971, S. 182

spiel den ältesten Menschen der Welt zu ermitteln. Immer wieder werden Personen als »die Älteste Europas« oder als »der Älteste der Welt« gepriesen. Doch unterschiedliche Angaben in Zeitungen sind ein Indiz dafür, dass solche Informationen auch heute noch fragwürdig sind. Die Aufzeichnungen über das genaue Geburtsdatum sind einfach nicht überall eindeutig zurück zu verfolgen. Aber trotz aller widersprüchlichen Veröffentlichungen: die Menschen werden immer älter.

Potentielle Altershöchstgrenze

Nach neueren Forschungsergebnissen kann der Mensch möglicherweise über 130 Jahre alt werden.* Am Zentrum für Demografische Studien der Duke Universität in USA wurden Sterbestatistiken der Vereinigten Staaten aus den Jahren 1960 bis 1990 analysiert, um herauszufinden, welche Faktoren die Lebensspanne beeinflussen. Im untersuchten Zeitraum von 30 Jahren ergab sich eine stetige Abnahme der Mortalität *(lat. mors = Tod, Mortalität = Sterblichkeit)*. Die Autoren der Studie, Kenneth G. Manton und Eric Stallard betonen, dass es schwierig sei, das biologisch höchstmögliche Alter des Menschen zu bestimmen. Krankheiten, Unfälle, schlechte Umweltbedingungen etc. führen dazu, dass der Mensch vor dem Erreichen seiner potentiellen *(nlat.-fr. = möglich, denkbar)* Altershöchstgrenze stirbt.

Die Verlängerung der Lebensdauer gilt sowohl für diejenigen, die den Rekord halten, ältester Mensch zu sein, als auch für das allgemeine Durchschnittsalter. Die folgenden Zahlen mögen dies unterstreichen.

Durchschnittliche Lebenserwartung in Jahren:		
	Neandertaler	18 bis 29 Jahre
	Römer 600 v. Chr.	30 Jahre
	Griechen 400 v. Chr.	30 Jahre
	Briten um 1250	35 Jahre
	Deutsche 1870	37 Jahre
	Deutsche 1910	49 Jahre
	Deutsche 1990	75 Jahre

*) vgl. Wie alt kann der Mensch werden? in: Geriatrie Praxis, Nr. 06/97

Unsere durchschnittliche Lebenserwartung ist heute zweieinhalb bis viermal so hoch wie die der Neandertaler. Über mehrere Jahrtausende blieb die Lebenserwartung fast stabil. Der entscheidende Sprung nach vorn gelang erst Ende des vergangenen Jahrhunderts. Von 1870 bis 1910 erhöhte sich die durchschnittliche Lebenszeit der Deutschen um ein Drittel, in den folgenden 80 Jahren noch einmal um die Hälfte.

Dies gilt in ähnlicher Weise auch für andere Industrieländer. Nach Auffassung der DemografInnen ist die Lebenserwartung noch nicht ausgereizt. Die Kalifornische Universität Berkeley errechnete für die Generationen, die Mitte des 21. Jahrhunderts in Industrieländern geboren werden, eine durchschnittliche Lebenserwartung von 85 Jahren. Für die Erhöhung der durchschnittlichen Lebenserwartung hat die Lebenserhaltung im fortgeschrittenen Alter weniger Einfluss als der Rückgang von Todesfällen bei Kindern und Jugendlichen – vor allem durch bessere Ernährung und medizinische Versorgung.*

Dagegen erreichen die Menschen in vielen wirtschaftlich und technisch weniger entwickelten Ländern auch heute noch nur ein wesentlich niedrigeres Lebensalter. In Äthiopien zum Beispiel wird ein Mensch heute durchschnittlich 43 Jahre alt.** Und jüngsten Studien zu Folge wird die grassierende Aidsepidemie vor allem im südlichen Afrika die Lebenserwartung um bis zu 30 Jahre vermindern. Danach werden die Menschen dort im Jahr 2010 durchschnittlich im Alter von etwa 30 Jahren sterben.***

Lebenserwartung abhängig von Bedingungen

Die Lebenserwartung ist also auch heute noch sehr stark von den Bedingungen abhängig, unter denen wir leben. Für Deutschland und andere Industrienationen liegt sie heute durchschnittlich schon über 75 Jahren. Dabei sind es die Frauen, die älter werden als

*) vgl.: dpa, 07.09.1998

**) vgl.: Medical Tribune Nr. 45, Freitag, 08.11.1991, S. 10; in: Fischer, B. / Mosmann, H.; GTPRAXB, 1994, 1. Aufl., S. 116

***)vgl: dpa, 11.07.2000

die Männer; heute geborene Mädchen können damit rechnen, 80,5 Jahre alt zu werden, die Jungen 74,4.*

Neuere Untersuchungen für die Mitgliedsnationen der Europäischen Union (EU) ergaben, dass hier die Frauen durchschnittlich ein Lebensalter von 80 Jahren erreichen. Die Lebenserwartung der Männer liegt hier ebenfalls sechs Jahre niedriger.**

In Europa sinkt erstmals seit Ende des Zweiten Weltkriegs 1945 wieder die durchschnittliche Lebenserwartung. Die Weltgesundheitsorganisation WHO begründet dies mit der katastrophalen Entwicklung der Gesundheitslage in weiten Teilen Osteuropas.***

Weltgesundheitsorganisation

Altern als Prozess

Alt sind wir – wie aus dem Voranstehenden deutlich wird – nicht von einem bestimmten Stichtag an. Das Altwerden, das Altern, ist ein Prozess, der bereits bei der Geburt beginnt. Die folgende Darstellung verdeutlicht dies.°

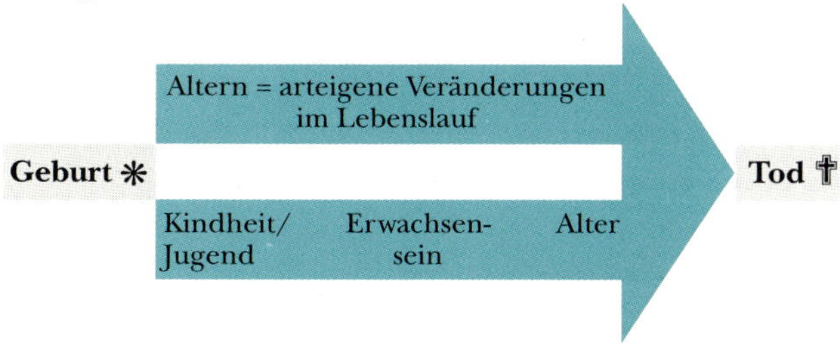

Wann die jeweiligen Lebensabschnitte beginnen, dafür gibt es keine festen Regeln. Die Entwicklung ist bei jedem Menschen unterschiedlich. (Siehe dazu auch: Sozialisation, Seite 93 ff.).

---

*) vgl: Statistisches Bundesamt, über dpa 20.07.00

**) vgl. Pro Alter; KDA-Magazin, Heft 3/97, S. 60

***)vgl: dpa, 15.09.1998

°) vgl: Fischer, B. / Greß-Heister, M. / Greß-Heister, E.; Rehabilitation, Prävention und Gesundheitsfürsorge im Alter, Karlsruhe 1994, S. 5

Einteilung des Alters

Kalendarisches oder chronologisches Alter

Bei Angaben zum Alter orientieren wir uns in der Regel am so genannten kalendarischen oder auch chronologischen Alter. Es gibt die Anzahl der Lebensjahre an. Diese Form der Altersangabe ist wohl die am meisten verbreitete und gleichzeitig die eindeutigste. Dennoch sagt diese Altersangabe in Jahren äußerst wenig aus über den körperlichen oder geistig-seelischen Zustand eines Menschen, seine Fähigkeiten und Fertigkeiten, seine Persönlichkeit.*

So werden mit Erreichen bestimmter kalendarischer oder chronologischer Altergrenzen Rechte und Pflichten erworben, unabhängig davon, ob die geistigen, körperlichen und sozialen Fähigkeiten einer Person entsprechend entwickelt sind. Die Schulpflicht beginnt frühestens ab dem sechsten Lebensjahr, die Volljährigkeit mit 18, die gesetzliche Altersgrenze zum Rentenbezug mit 65 usw.

Funktionales Alter

Bedeutender für alte Menschen selbst und für den Umgang mit alten Menschen ist das so genannte funktionale Alter. Damit wird die Summe der menschlichen Funktionen beschrieben. Diese menschlichen Funktionen werden aus der Sicht verschiedener Wissenschaften dargestellt, zum Beispiel:

- **Biologisches Alter:**

Biologisch-physiologische Veränderungen, Zellalterung; körperliche Alterungsprozesse, die sich im Aussehen zeigen (Falten, graue Haare ...), aber auch in der Bewegungsfähigkeit (Art des Ganges, körperliche Belastbarkeit ...) etc. Jemand ist schnell oder langsam gealtert im Vergleich zu Gleichaltrigen.

- **Soziales Alter:**

Diese Form der Altersbewertung ist stark von Erwartungen unserer sozialen Umgebung geprägt. Kultur und Zeitgeist spielen dabei ebenso eine Rolle wie Wünsche und Hoffnungen der Generationen. Die bestehende Gesellschaftsstruktur schreibt bestimmten Lebens-

*) vgl. Lehr, Prof. Dr. Ursula; 30 Jahre Gerontologie, Rückblick und Ausblick, a.a.O., S. 11

abschnitten entsprechende Verhaltensweisen zu. Vom Eintritt ins Rentenalter an, also zur Zeit offiziell mit 65 Jahren, wird ein Mensch von seinen Mitmenschen als alt eingestuft. Es werden nun oft andere Verhaltensweisen von ihm erwartet als von einem jungen Menschen.

- **Psychologisch-geistiges Alter:**

Eigene Einschätzung auf Grund von Selbstbeobachtung, das Auffassen und Umgehen mit dem eigenen Lebensstadium. »Man ist so alt wie man sich fühlt«, so drückt der Volksmund dieses Phänomen aus. Es fließen Aspekte ein wie Was kann ich noch leisten? Wie schnell kann ich mich an neue Verhältnisse anpassen? Kann ich mich auf bestimmte Ziele konzentrieren? Kann ich meine Ziele über längere Zeit verfolgen? Setze ich mich bewusst mit meiner Lebensplanung und Lebensführung auseinander? usw. Das biologische und das soziale Alter sowie andere Bewertungs- und Bestimmungsmerkmale spielen beim psychologischen Alter eine große Rolle.

- **Subjektives Alter:**

Darunter wird eine Art Eigenbewertung oder Lebensbilanz verstanden. Fragen an die eigene Vergangenheit, die Gegenwart und die Zukunft können das persönliche Empfinden ermitteln und bewerten. Was habe ich in meinem Leben bisher geleistet, erlebt, erfahren, gelernt? Wie bin ich mit Belastungen umgegangen? Konnte ich sie bewältigen? Bin ich mit meiner heutigen Lebenssituation zufrieden? Was möchte ich mit meiner Zukunft machen? Die Antworten ergeben eine subjektive Einschätzung des eigenen Alters einer Person.*

- Weitere Wissenschaftsbereiche, zum Beispiel die Medizin, die Sportwissenschaft usw. können ihre Sichtweisen hinzufügen. Sie alle ergeben gemeinsam das funktionale Alter.

Das funktionale Alter eines Menschen ist veränderbar und beeinflussbar!

*) vgl.: Fischer, Bernd/Dickreiter, Bernhard/Mosmann, Hannjette; Vitalitätskonzept nach Prof. Fischer. Fit ab fünfzig. Teil I, Haslach, 1996

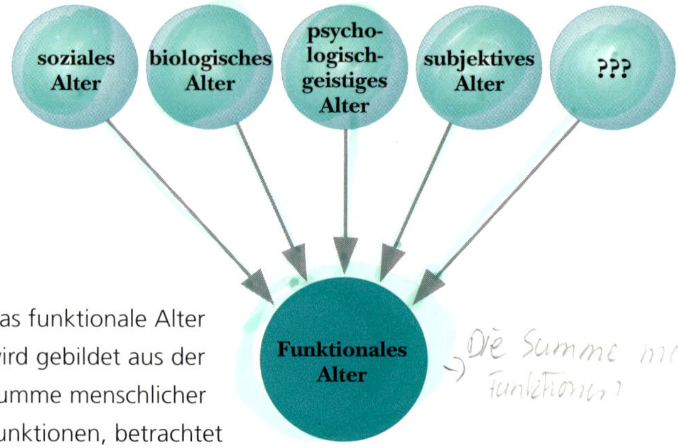

Funktionales Alter

Das funktionale Alter wird gebildet aus der Summe menschlicher Funktionen, betrachtet aus verschiedenen Bereichen der Wissenschaft.

Altersbild

Äußere Einflüsse

Das Bild vom alten Menschen ist also stark von äußeren Einflüssen geprägt. Versuchen Sie einmal selbst, Ihr persönliches Bild vom alten Menschen zu erstellen, indem Sie ihm bestimmte Eigenschaften zuschreiben.

Übung

Aus den nachfolgend aufgelisteten Eigenschaften suchen Sie bitte zehn heraus, die nach Ihrer Meinung auf die meisten alten Menschen zutreffen. Sobald Sie sich für zehn Eigenschaften entschieden haben, bringen Sie diese bitte in eine Rangfolge. Glauben Sie also zum Beispiel, dass die Mehrheit alter Menschen an erster Stelle weise ist, so wäre weise Ihre Nr. 1; würde nach Ihrer Ansicht auf dem nächsten Rang die Eigenschaft geduldig folgen, so wäre das die Nr. 2 usw.
Haben Sie die von Ihnen ausgewählten Eigenschaften in Ihre persönliche Rangfolge gebracht, diskutieren Sie Ihr Ergebnis mit anderen AltenpflegeschülerInnen, die dieselbe Übung gemacht haben. Bilden Sie Gruppen von ca. fünf Personen. Kommen Sie am Ende Ihrer Diskussion zu einem gemeinsamen Gruppenergebnis. Tragen Sie dies ebenfalls in Ihr Übungsblatt ein!

10 aus 66: Alte Menschen sind oft …

Nr.	Eigenschaft	Einzel	Gruppe	Nr.	Eigenschaft	Einzel	Gruppe
1	hilfsbedürftig			34	langsam		
2	erfahren			35	genügsam		
3	klapprig			36	großzügig		
4	krank			37	wehleidig	X	
5	weise			38	unzufrieden		
6	geduldig			39	geizig	X	
7	verwirrt	X		40	hilfsbereit		
8	verständnisvoll			41	vertrauensvoll		
9	ruhig			42	unsauber		
10	unbeweglich	X		43	vereinnahmend		
11	bestimmend			44	aktiv		
12	fröhlich			45	ängstlich		
13	fit			46	gelassen		
14	nörgelig	X		47	eigensinnig		
15	liebevoll			48	sportlich		
16	offen			49	verschlossen		
17	desinteressiert			50	vergesslich	X	
18	zurückgezogen	X		51	selbständig		
19	ausgeglichen			52	unruhig	X	
20	launisch			53	schläfrig		
21	vermögend			54	rechthaberisch		
22	nachdenklich			55	uneinsichtig		
23	liebebedürftig			56	traurig		
24	teilnahmslos	X		57	neugierig		
25	verbohrt			58	kindisch		
26	hässlich			59	schwerhörig	X	
27	ausdrucksvoll			60	ungesellig		
28	mitteilsam			61	gutgläubig	X	
29	unvorsichtig			62	beharrlich		
30	verschlagen			63	faul		
31	fleißig			64	strebsam		
32	sparsam	X		65	zimperlich		
33	kritisch			66	freundlich		

Ist Ihr Bild vom Alter eher positiv oder eher negativ ausgefallen? Nach dieser Einschätzung richtet sich meist, ob wir selbst mit dem Altern selbstverständlich umgehen können oder ob wir Ängste vor dem Altwerden entwickeln.

Solche Bilder von anderen Menschen bzw. Menschengruppen ergeben sich im Lauf unseres Lebens. Sie entstehen aus dem tägli-

Vorannahmen und Bewertungskategorien

chen Zusammenleben in immer neuen Situationen. Wir sind ständig gezwungen, durch Äußerungen oder Verhalten Stellung zu beziehen. Oft geschieht dies, ohne dass wir uns vorher ausreichend informieren können. Folglich benutzen wir ein System von Vorannahmen und Bewertungskategorien (Einstellungen), die uns schnelle Orientierung und schnelles Handeln erlauben. So ersetzen wir häufig einen Mangel an persönlichen Erfahrungen.

Stereotype

Auf diese Weise entwickeln wir in verschiedenen Lebensbereichen klischeehafte Vorurteile, so genannte Stereotype. Je mehr persönliche Erfahrungen und konkretes Wissen wir zu einem Bereich haben, desto weniger setzt sich unser Bild aus Stereotypen zusammen.

Eine Person, die viel Kontakt mit verschiedenen alten Menschen hat oder hatte und daher über umfangreiche persönliche Erfahrungen mit diesen Generationen verfügt, entwirft in der Regel ein differenzierteres Bild von alten Menschen als solche Personen, die die persönliche Erfahrung durch Stereotype ersetzen.

Ein Stereotyp ist ein klischeehaftes Vorurteil. Es bezeichnet eine feststehende Meinung, eine immer wiederkehrende Denkschablone, die durch neue Erfahrungen nur schwer verändert werden kann. In Stereotypen drücken sich bestimmte Vorstellungen von Einzelpersonen oder Personengruppen aus.*

In der Gesellschaft verbreitete Stereotype drücken oft ganzen Personengruppen einen bestimmten Stempel auf. Dies gilt – wenn auch mit abnehmender Tendenz – u.a. für die Gruppe der alten Menschen.

Stigmatisierung

In diesem Zusammenhang wird heute häufig von der so genannten Stigmatisierung *(lat. stigma = Brandmal)* des Alters gesprochen. Ein Stigma ist ein soziales Vorurteil, bei dem einer Person oder einer Personengruppe negative Eigenschaften zugeschrieben werden. Typisch ist, dass oft von einem negativen Merkmal – zum Beispiel Gebrechlichkeit – bei den Merkmaltragenden auf weitere negative Eigenschaften geschlossen wird. Das kann für das Bei-

*) vgl.: Stracke-Mertes, Ansgar; Soziologie, Reihe: Lehrbuch Altenpflege, Vincentz Verlag, Hannover 1994, S. 42

spiel Gebrechlichkeit heißen – wer gebrechlich ist, ist gleichzeitig uneinsichtig, verwirrt, starrsinnig usw.

Differenziertes Altersbild

Lange Zeit war das Bild vom alten Menschen sehr negativ geprägt. In den Vorstellungen der Mitglieder unserer Gesellschaft waren Verluste und Abbau in jeder Hinsicht kennzeichnend für den letzten Lebensabschnitt. Heute ist das Bild differenzierter. Zahlreiche Beispiele Einzelner, die positives und erfülltes Leben im fortgeschrittenen Alter verkörpern, haben wohl ebenso dazu beigetragen wie objektive Veränderungen, die die Bedingungen des Altseins in unserer Gesellschaft verbessern. Dennoch ist auch heute das Bild vom alten Menschen keineswegs nur positiv. Noch immer fürchten sich viele vor dem Altwerden und verschieben es.

Selbstbild – Fremdbild

Dieses Phänomen, dass ich selbst von mir oft ein anderes Bild habe als andere, lässt sich mit den Fachbegriffen Selbstbild und Fremdbild beschreiben. Beide beziehen sich auf dieselbe Person, aber das Selbstbild ist die Selbsteinschätzung der eigenen Person, das Fremdbild die Bewertung derselben Person durch andere.*

Selbstbild
So sehe ich mich.
So möchte ich gesehen werden.

↔

Fremdbild
So werde ich gesehen.
So glaube ich gesehen zu werden.

Wechselwirkungsprozess

Selbstbild und Fremdbild klaffen oft auseinander. Sie beeinflussen sich aber auch gegenseitig. Es handelt sich um einen Wechselwirkungsprozess.

Es kann zu Überschneidungen von Selbst- und Fremdbild kommen.

*) Lehr, Prof. Dr. Ursula; Psychologie des Alterns, Heidelberg 1977, 3. Auflage, S. 251f

Fremdbild
So werde ich gesehen.
So glaube ich gesehen zu werden.

Selbstbild
So sehe ich mich.
So möchte ich gesehen werden.

Positives Fremdbild

In der Altenpflege sollte die Chance der Beziehung zwischen Selbstbild und Fremdbild unbedingt genutzt werden. Ein positives Fremdbild der Pflegekraft kann gegebenenfalls ein negatives Selbstbild des alten Menschen beeinflussen und motivierend wirken. Trauen Sie einem alten Menschen etwas zu, dann wird er oder sie möglicherweise mehr Selbstvertrauen gewinnen und etwas probieren und womöglich schaffen. Hat zum Beispiel ein alter Mensch sich lange nicht mehr selbst gewaschen und kommentiert die Aufforderung dazu immer mit »...das kann ich ja doch nicht mehr...«, so kann die Tatsache, dass ein(e) AltenpflegerIn voller Überzeugung ihm bzw. ihr zutraut, sich selbst das Gesicht und später andere Körperteile selbst zu waschen, dazu führen dass solche Tätigkeiten eines Tages wieder ausgeübt werden können. Ähnliches gilt für geistige Beanspruchung. Lässt sich jemand den Brief von Verwandten vorlesen oder versucht er bzw. sie, ihn selbst – vielleicht zunächst mit Hilfe – zu lesen?

Beschäftigen Sie sich jetzt einmal mit Ihrem eigenen Selbstbild und mit dem Fremdbild, das jemand anderes von Ihnen hat!

Übung

Entscheiden Sie sich dazu auf dem folgenden Arbeitsblatt, welche Eigenschaft nach Ihrem eigenen Eindruck bei Ihnen wie stark ausgeprägt ist. Halten Sie sich zum Beispiel für wenig temperamentvoll, dann sollten Sie die 1 einkreisen. Denken Sie dagegen, dass Sie vor Temperament nur so sprühen, dann markieren Sie die 5.

Anschließend ziehen Sie per Los eine(n) PartnerIn. Für diese bzw. diesen füllen Sie dann den gleichen Bewertungsbogen noch einmal aus als Ihr Fremdbild von der anderen Person. Tauschen Sie dann die Arbeitsblätter wieder aus, so dass jede(r) ein Blatt mit der eigenen und eines mit der fremden Einschätzung vorliegen hat. Lassen Sie sich beim Ziehen der PartnerInnen und der Zuordnung der ausgefüllten Bogen von einer neutralen Person unterstützen, damit niemand weiß, wer wessen Fremdbild gezeichnet hat. (Es geht hier nicht um tiefenpsychologische Analysen!)

Zählen Sie nun, um wie viele Punkte bei den einzelnen Eigenschaften die Einschätzung voneinander abweicht! Haben Sie zum Beispiel Ihr Temperament mit 2 bewertet, Ihr(e) PartnerIn mit 4, so vermerken Sie am Rand 2 Differenzpunkte. Setzen Sie diese Auswertung bei allen aufgeführten Eigenschaften fort und zählen Sie die Differenzpunkte am Ende zusammen.

Waren Selbstbild und Fremdbild übereinstimmend oder gab es Abweichungen?

Meine Eigenschaften! – Meine Eigenschaften?

sachlich-nüchtern	1	2	3	4	5
selbstbewusst	1	2	3	4	5
tatkräftig, aktiv	1	2	3	4	5
temperamentvoll	1	2	3	4	5
aufgeschlossen	1	2	3	4	5
schlagfertig	1	2	3	4	5
begeisterungsfähig	1	2	3	4	5
vielseitig	1	2	3	4	5
ehrgeizig	1	2	3	4	5
impulsiv	1	2	3	4	5
kontaktfreudig	1	2	3	4	5
tolerant	1	2	3	4	5
ausgeglichen	1	2	3	4	5
kompromissbereit	1	2	3	4	5
optimistisch	1	2	3	4	5
ungeduldig	1	2	3	4	5
fähig, andere zu beeinflussen	1	2	3	4	5
beherrschend	1	2	3	4	5
unsicher	1	2	3	4	5
aggressiv	1	2	3	4	5

1 = wenig
3 = mittelmäßig
5 = sehr stark

Das Bild, das ein Mensch von sich selbst hat, ist oft entscheidend dafür, was er sich zutraut und wie er sich verhält.

Es bestehen große Unterschiede zwischen dem, was ein alter Mensch noch tun möchte und zum Teil durchaus tun kann und dem, was Andere von ihm erwarten. Eine Reihe von Untersuchungen zeigt, dass es vorwiegend die Einstellung anderer Menschen ist, die einen oft zu »altersgemäßen« Verhaltensweisen zwingt, weniger die eigenen Wünsche oder das Nachlassen von Fähigkeiten. Die

Reaktion darauf ist oft die Anpassung an die Verhaltenserwartungen der Gesellschaft. Das Image des alten Menschen beeinflusst die eigene Erwartungshaltung der Älterwerdenden und bestimmt damit das eigene Erleben im Alter. Damit ist Altern an erster Stelle soziales Schicksal und erst zweitrangig funktionelle oder organische Veränderung.*

Verhaltenserwartungen der Gesellschaft

Wichtig

- **Altern ist ein Prozess, kein Zustand! Es beginnt mit der Geburt und endet mit dem Tod.**
- **Es gibt eine Vielzahl von Begriffen für Personen, Eigenschaften und Zustände im Zusammenhang mit Alter. Diese sprachlichen Bezeichnungen verändern sich im Lauf der Zeit. Sie sind auch Ausdruck von Zeitgeist und Einschätzung bzw. Wertschätzung des Alterns.**
- **Die Zielgruppen der Altenarbeit allgemein – und damit auch der Altenpflege im Speziellen – sind veränderlich und werden immer stärker ausdifferenziert *(lat. differentia = Unterschied, Verschiedenheit).* Das heißt es entstehen immer mehr und immer speziellere Zielgruppen für die Arbeit in diesem Bereich.**
- **Die Alterspyramide verändert sich. Einer steigenden Anzahl Älterer stehen immer weniger junge Menschen gegenüber.**
- **Die durchschnittliche Lebenserwartung der Menschen liegt heute in Deutschland bei ca. 75 Jahren. Frauen werden im Durchschnitt etwa sechs Jahre älter als Männer.**
- **Über mehrere Jahrtausende blieb die Lebenserwartung fast stabil. Die entscheidende Erhöhung**

*) Thomae 1968

des durchschnittlichen Lebensalters gelang erst Ende des 19. Jahrhunderts.

- Alter ist auch subjektiv und situationsabhängig. So kann derselbe Mensch sich einmal relativ jung fühlen, ein anderes Mal relativ alt.
- Es gibt verschiedene Formen von Altersangaben. Am weitesten verbreitet ist die Orientierung am kalendarischen oder chronologischen Alter. Dies sagt jedoch nichts aus über den Zustand des Menschen oder über seine Persönlichkeit, seine Fähigkeiten und Fertigkeiten etc. Es ist nicht beeinflussbar.
- Bedeutend für den Umgang mit alten Menschen ist das funktionale Alter. Damit wird die Summe menschlicher Funktionen beschrieben.
  Zahlreiche Wissenschaften beschreiben Alter jeweils aus ihrer Sicht. So gibt es u.a. das biologische, das soziale, das psychologisch-geistige Alter.
  Das funktionale Alter ist veränderbar und beeinflussbar.
- Das Bild vom alten Menschen ist nicht nur vom Menschen selbst bestimmt, sondern wird stark durch äußere Einflüsse geprägt.
- Beim Bild von jedem – nicht nur alten – Menschen wird unterschieden zwischen einem Selbstbild und einem Fremdbild. Beide beziehen sich auf dieselbe Person. Sie können stark voneinander abweichen, sich aber auch überschneiden. Gleichzeitig beeinflussen sie sich gegenseitig.

Wiederholungsfragen

1. Was bedeuten die Begriffe »Selbstbild« und »Fremdbild«?
2. Was ist unter der so genannten Stigmatisierung des Alters zu verstehen?
3. Wie hoch ist heute in Deutschland die durchschnittliche Lebenserwartung in Jahren?
4. Wie erklären Sie sich die Vielfalt an Begriffen, die für alte Menschen gebräuchlich sind?
5. Erklären Sie den Begriff »Stereotyp«! Warum und wie entsteht es?
6. Wie hat sich die durchschnittliche Lebenserwartung der Menschen entwickelt?
7. Was ist unter »kalendarischem« Alter zu verstehen? Welche andere Bezeichnung gibt es noch dafür?
8. In welchem Verhältnis stehen Selbstbild und Fremdbild eines Menschen zueinander?
9. Welche Eigenschaften sind bei alten Menschen zu beobachten? Wie lässt sich das Bild vom alten Menschen in der Gesellschaft beschreiben?
10. Aus wie vielen Faktoren ergibt sich das funktionale Alter?
11. In welchem Zusammenhang stehen die folgenden Begriffe: chronologisches Alter, biologisches Alter, funktionales Alter, soziales Alter, psychologisch-geistiges Alter?

Literatur:

Brauchbar, Mathis / Heer, Heinz; Zukunft Alter, Herausforderung und Chance, Reinbek 1995

Delany, Sarah und A. Elisabeth / Hearth, Amy Hill; Unsere ersten hundert Jahre. Die Delany-Schwestern erzählen (Biographie), München 1995

Fischer, Bernd/Dickreiter, Bernhard/Mosmann, Hannjette; Vitalitätskonzept nach Prof. Fischer. Fit ab fünfzig. Teil I, Haslach, 1996

Geriatrie Praxis, Nr. 06/1997; Wie alt kann der Mensch werden?

Hirsch, Anna Maria; Psychologie für Altenpfleger, Band I, Probleme des Alterns, 2. aktualisierte Aufl., München, 2001

Lehr, Ursula; Psychologie des Alterns, Heidelberg 1977

Reimann, Helga und Horst; Das Alter, 3. neu bearbeitete Aufl., Stuttgart 1994

Stracke-Mertes, Ansgar; Soziologie, Reihe: Lehrbuch Altenpflege, Vincentz Verlag, Hannover 1994

Willig, Wolfgang; Psychologie, Soziologie, Gesprächsführung für Altenpfleger, Balingen 1984

Wirsing, Kurt; Psychologisches Grundwissen für Altenpflegeberufe, Ein praktisches Lehrbuch, Weinheim 1987

Von der Pyramide zum Pilz

DAS ZIEL IST...

Das Ziel ist,

- *Einflussfaktoren der Bevölkerungsentwicklung kennen,*
- *demografischen Wandel beschreiben können,*
- *Merkmale gesellschaftlicher Alterung konkretisieren,*
- *Folgen des demografischen Wandels für das System der sozialen Sicherung verstehen,*
- *Zusammenhänge zwischen demografischen Veränderungen und Familienstruktur herstellen,*
- *Bedeutung außerfamilialer Netzwerker erkennen.*

Demografische Entwicklung und Familienstruktur

Bevölkerungsstruktur im Wandel

Der demografische Wandel ist seit Jahren einer der Forschungsschwerpunkte, die Politik und Gerontologie beschäftigen.

→ Demografie

(gr.-nlat., demos gr. = Volk, graphium lat. = Schreibgriffel) Bevölkerungswissenschaft, die sich mit der Aufzeichnung und Beschreibung der Bevölkerungsstruktur, zum Beispiel dem Altersaufbau, der Geschlechterverteilung, der Bevölkerungsentwicklung durch Geburten- und Sterberate sowie Wanderungsbewegungen befasst.

Die grafische Darstellung der Bevölkerungsstruktur in der Bundesrepublik Deutschland nach Alter und Geschlecht ergibt heute das folgende Bild:

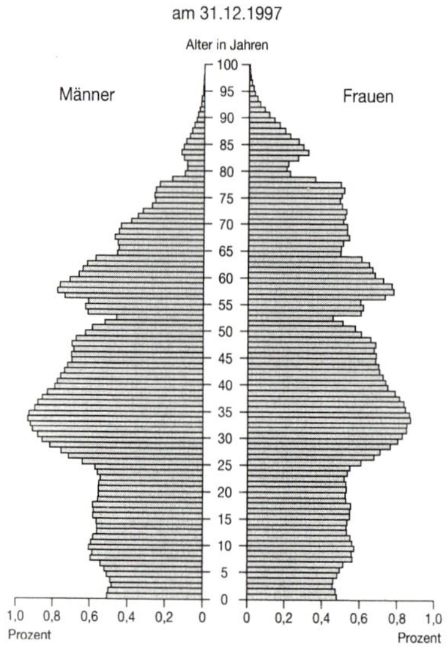

Altersaufbau der Bevölkerung (Basis 31.12.1997), aus: CD-ROM Bevölkerungsentwicklung Deutschlands bis 2050, Ergebnisse der 9. Koordinierten Bevölkerungsvorausberechnung; Statistisches Bundesamt, Wiesbaden, 2000.

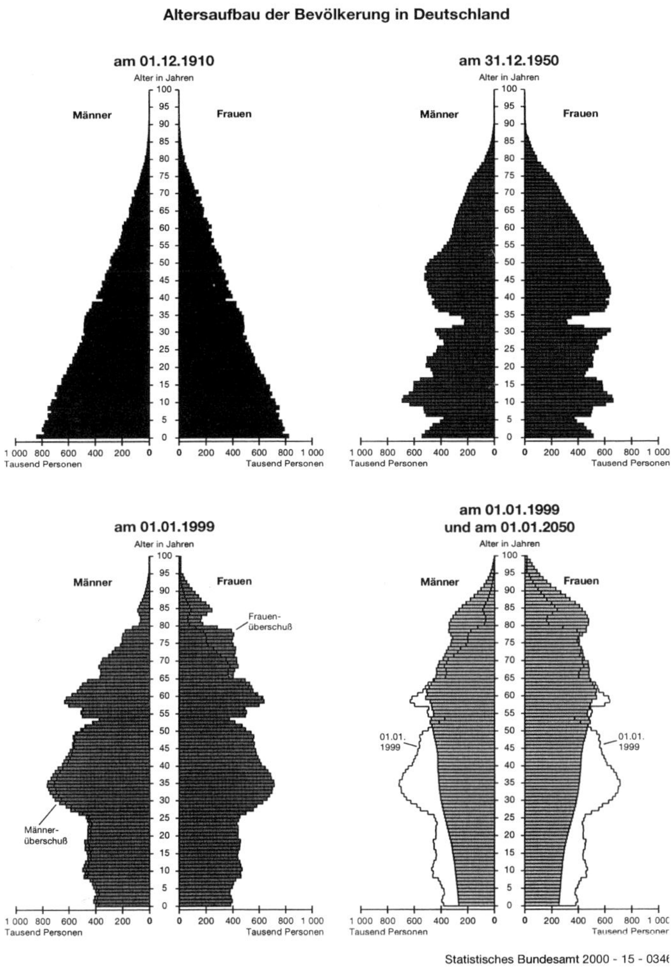

Das Entstehen des Alterspilzes von 1910 bis 2050, aus: Bevölkerungsentwicklung Deutschlands bis zum Jahr 2050, Ergebnisse der 9. Koordinierten Bevölkerungsvorausberechnung; Statistisches Bundesamt, Wiesbaden, 2000.

Das Schaubild zeigt die Einflüsse des Ersten Weltkrieges, der Weltwirtschaftskrise und des Zweiten Weltkrieges durch Geburtenausfälle in den entsprechenden Jahrgängen.

Alterspyramide oder Lebensbaum

Diese grafische Darstellung wird auch als Alterspyramide oder Lebensbaum bezeichnet. Der Begriff stammt noch aus der Zeit des Deutschen Reiches (vor 1933). Die gleiche Darstellung der Bevölkerungsstruktur aus dem Jahr 1910 erklärt diese Namensgebung. Damals glich das Bild exakt einer Pyramide bzw. einem stilisierten Tannenbaum.

1910 war die Pyramide an der Basis breit, d.h. von vielen Kindern und Jugendlichen getragen, und spitzte sich gleichmäßig nach oben hin zu mit immer weniger Menschen in den hohen Altersgruppen. Dieses Bild prägte den Begriff.

Für die heutige Situation und die künftige Entwicklung ist das Bild nicht mehr zutreffend. Die folgenden Grafiken zeigen, wie sich die Alterspyramide oder der Lebensbaum allmählich zum Pilz entwickelt.

Bevölkerungsentwicklung – Einflussgrößen

Die Berechnung der künftigen Bevölkerungsentwicklung einer Nation hängt von drei Einflussgrößen ab:

- Fertilität – Geburtenrate (lat. fertilitas = Fruchtbarkeit),
- Mortalität – Sterberate (lat. mortalitas = Vergänglichkeit, Sterblichkeit),
- Migration – Wanderungsbewegung (lat. migratio = Wanderung).

Prüfungsfrage

Geburtenrate

»Die Entwicklung der Geburtenrate hängt von der Familienplanung der heute und künftig lebenden Frauen beziehungsweise Paare ab. Zwar können familienfreundliche Maßnahmen des Staates und ein entsprechendes gesellschaftliches Klima die Geburtenrate in begrenztem Umfang positiv beeinflussen; das zeigen internationale Vergleiche und die früher in der DDR wesentlich höheren Geburtenraten. Doch die Alterszusammensetzung der Gesellschaft verändert sich dadurch kaum – und wenn sie es doch tut, nur auf lange Sicht. Heute geht man davon aus, dass sich das generative Verhalten der in Deutschland lebenden Bevölkerung in absehbarer Zukunft dem angepasst haben wird, das sich in der alten Bundesrepublik bereits herausgebildet hatte: Trotz der Unterschiede zwischen verschiedenen Regionen und Bevölkerungsgruppen bleibt es bei insgesamt niedrigen Geburtenraten.«*

Für den Erhalt der derzeit vorhandenen Bevölkerung müssten auf jede Frau im Durchschnitt 2,1 Kinder kommen. Wird dieser Wert unterschritten, sinkt die Bevölkerungszahl. 1856 kamen auf eine Frau durchschnittlich über fünf Kinder; heute sind es 1,4.**

Sterberate

Die Sterberate wird sich – sofern die erreichten Verbesserungen des allgemeinen Lebensniveaus, der medizinischen Versorgung und der Altenhilfe weiterhin bestehen bleiben und keine Ereignisse mit Auswirkungen wie Kriege und Katastrophen eintreten – voraussichtlich nicht drastisch ändern.

Zuwanderungen

»Die Aussagen über die Entwicklung der Bevölkerungszahl basieren wesentlich auf Annahmen über den Umfang der Zuwanderungen. Seit 1972 wäre die Bevölkerung in der Bundesrepublik [Deutschland] um 2,05 Millionen Menschen geschrumpft, wäre dies nicht durch Zuwanderungen von 2,4 Millionen ausgeglichen worden.«***

»In den 50er und 60er Jahren konnte man durch die Anwerbung ausländischer Arbeitskräfte und in den 80er und 90er Jahren durch die starke Zuwanderung deutschstämmiger Aussiedler aus Osteuropa und den Zustrom von Asylbewerbern und Bürgerkriegsflüchtlingen positive Wanderungssalden verzeichnen. Ende der 90er Jahre überstiegen aber – als Folge der Rückführung von Bürgerkriegsflüchtlingen – die Fortzüge die Zuwanderungen. Das statistische Bundesamt berechnete, dass die deutsche Bevölkerung in

*) aus: Tews, Hans Peter; Demografische Veränderungen in der Gesellschaft, in: Deutsches Institut für Fernstudienforschung an der Universität Tübingen, Funkkolleg Altern, Studienbrief 2, Tübingen 1996, S. 4/1ff.

**) vgl.: Statistisches Bundesamt; Bevölkerungsentwicklung Deutschlands bis zum Jahr 2050, in: Ferber, Martin, Die Zahl der Deutschen sinkt dramatisch, Badische Neueste Nachrichten, 20.07.00

***)aus: Tews, Hans Peter; a.a.O., S. 4/11

50 Jahren selbst bei Zuwanderungsgewinnen zahlenmäßig geschrumpft sein wird.«*

Deutschlands Bevölkerung altert

In Deutschland leben heute 82 Millionen Menschen. In 50 Jahren werden zwischen Alpen und Nordsee nur noch zwischen 65 und 70 Millionen, also 15 bis 20 Prozent weniger, leben – so viele wie zuletzt 1950.**

Zusätzlich zur Verringerung der Bevölkerung wird eine drastische Alterung prognostiziert. Die Gesellschaft altert in dreifacher Hinsicht:

- Es wird in Zukunft insgesamt absolut mehr ältere Menschen geben. Die absolute Anzahl der Menschen über 60 Jahre beträgt heute 17,5 Millionen und wird drastisch ansteigen.
  Der prozentuale Anteil Älterer an der Gesamtbevölkerung von heute etwas mehr als 21 Prozent wird Berechnungen zu Folge auf 35,8 Prozent bis zum Jahr 2050 ansteigen. Heute ist jede(r) fünfte BürgerIn, 2050 jede(r) dritte der Altersgruppe der über 60-jährigen zuzuordnen.
- Der relative Anteil alter Menschen wächst. In bevölkerungsstatistischen Vergleichen werden hier üblicherweise die Gruppen der unter 20-jährigen, die 21- bis 59-jährigen und die über 60-jährigen einander gegenüber gestellt.
  Der Anteil der Kinder und Jugendlichen und der der Älteren werden ins Verhältnis gesetzt zur Anzahl der Personen im Erwerbsalter. Daraus ergibt sich der so genannte Lastenquotient. Dieser wird zusätzlich unterteilt in einen so genannten Jugendquotienten und einen Altenquotienten, die gemeinsam den Gesamtquotienten ergeben.

---

*) aus: Reuß, Monika; Bevölkerungsentwicklung in Deutschland, in: Pro Alter Nr. 2/2000, S. 5.

**) vgl.: Statistisches Bundesamt; Bevölkerungsentwicklung Deutschlands bis zum Jahr 2050, in: Ferber, Martin, a.a.O.

Altersquotient + Jugendquotient = Lastenquotient

Der so genannte Altenquotient, d.h. das zahlenmäßige Verhältnis zwischen RentnerInnen und Erwerbstätigen, wird sich bis 2050 voraussichtlich verdoppeln. Kommen heute 40 Personen von 60 Jahren und älter auf 100 Erwerbstätige zwischen 20 und 59, so werden dann nahezu 80 Ältere den erwerbstätigen Generationen gegenüber stehen. Der Gesamt-Lastenquotient wird noch weit höher liegen, denn der – wenn auch sinkende – Jugendquotient ist hier noch hinzu zu addieren.*
Die Veränderung des zahlenmäßigen Verhältnisses der unter 20-jährigen zu den über 60-jährigen wird aus der folgenden Grafik ersichtlich.

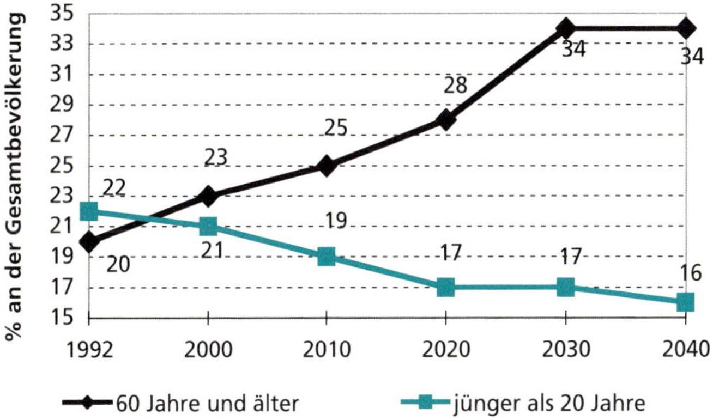

Bevölkerungsentwicklung in Deutschland bis zum Jahr 2040, aus Bundesarbeitsgemeinschaft der Senioren-Organisationen (BAGSO) Hrsg.; Fakten und Felder der freien Seniorenarbeit. Ältere Menschen in Deutschland, Bonn 1999, ISBN 3-9806065-2-X, S. 15

Wie sich der Altenquotient – und damit ein wesentlicher Teil des Lastenquotienten – nach oben entwickelt, zeigt die folgende Grafik. Daraus wird deutlich, dass die Belastung der

*) vgl.: Tews, Hans Peter; a.a.O.

erwerbstätigen Generationen innerhalb des sozialen Systems weiter steigen wird.

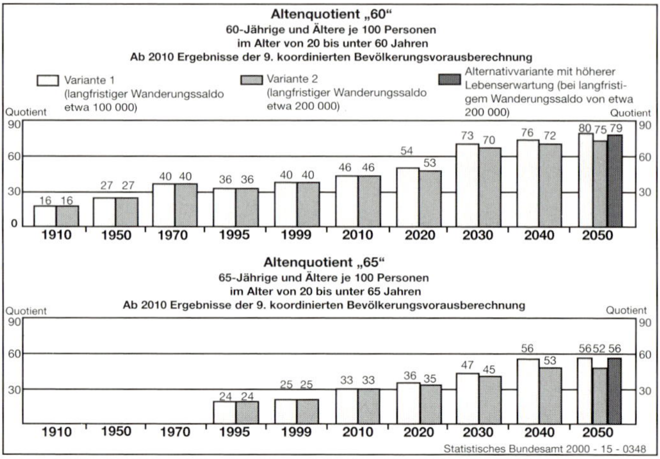

Altenquotient »60« in der Entwicklung von 1910 bis 2050, aus: Bevölkerungsentwicklung Deutschlands bis zum Jahr 2050, Ergebnisse der 9. Koordinierten Bevölkerungsvorausberechnung; Statistisches Bundesamt, Wiesbaden, 2000.

- Die durchschnittliche Lebenserwartung von Männern steigt bis 2050 auf 78, die von Frauen auf 85 Jahre. Gleichzeitig wird ein überproportionaler Anstieg der Langlebigen erwartet.*

*) vgl: Tews, Hans Peter; a.a.O.

vgl.: Reuß, Monika; a.a.O.

vgl.: Reimann, Helga + Reimann, Horst; Das Alter, Enke Verlag, Stuttgart, 3. neu bearbeitete Auflage, 1994, S. 42f.

vgl.: Bundesarbeitsgemeinschaft der Senioren-Organisationen (BAGSO) Hrsg.; Fakten und Felder der freien Seniorenarbeit. Ältere Menschen in Deutschland, Bonn 1999, S. 13ff.

Merkmale des demografischen Wandels

Verjüngung des Alters

Zu den positiven Effekten des Strukturwandels wird die Tatsache gerechnet, dass ältere Menschen sich selbst heute sehr viel jünger einschätzen als das früher der Fall war. Hielt sich noch vor 25 bis 30 Jahren die Mehrheit der über 70-jährigen für alt, so gilt dies heute nur noch für weniger als ein Drittel der über 75-jährigen. Nicht nur die Selbsteinschätzung, sondern auch das Erscheinungsbild älterer Menschen hat sich im Sinn einer Verjüngung verändert.

Selbsteinschätzung

Gründe dafür können u.a. in der Verringerung schwerer körperlicher Arbeit, in verändertem Gesundheitsbewusstsein, erhöhter sportlicher Aktivität, bewusster Freizeitgestaltung, gewandelter Mode usw. liegen.

Entberuflichung des Alters

Erwerbstätigkeit älterer Menschen verringert sich immer weiter. Der Ausstieg aus dem Berufsleben erfolgt immer früher. Schon 40- bis 45-jährige werden heute zu den älteren ArbeitnehmerInnen gezählt, und Menschen ab 50 sind oft von (Langzeit-)Arbeitslosigkeit bedroht. (Siehe dazu auch Kapitel »Ruhe im Ruhestand?«, S. 209 ff.). Die frei zu gestaltende Lebenszeit im Alter wird immer länger.

Feminisierung des Alters

Der Ausspruch »das Alter ist weiblich« ist heute beinahe zum geflügelten Wort geworden. Gab es noch vor 100 Jahren in allen Generationen etwa gleich viele Männer und Frauen, so hat sich unsere heutige Gesellschaft unter den alten Menschen in eine Frauengesellschaft verwandelt. Die über 60-jährigen sind zu zwei Drittel, die über 75-jährigen zu drei Viertel weiblich.

Frauengesellschaft

Eine biologisch höhere Lebenserwartung gilt hier ebenso als Erklärungszusammenhang wie die Tatsache, dass sehr viele Männer, die heute in diesen Altersgruppen wären, in den beiden Weltkriegen gefallen sind. Auch soziokulturelle Zusammenhänge wie vergleichsweise höhere Einbindung von Frauen gegenüber Männern in soziale Beziehungsnetze, wird als Begründung heran gezogen, größere Anzahl von Arbeitsunfällen oder berufsbedingten Erkrankungen bei Männern der betreffenden Jahrgänge gegenüber den Frauen.

Die Situation bringt für die Frauen eine Reihe von Problemen mit sich, insbesondere im Hinblick auf die finanzielle Situation – Altersarmut hat zwar abgenommen, aber zu den Armen gehören deutlich mehr alte Frauen als Männer – und hinsichtlich ihrer Lebens- und Wohnsituation, denn viele leben allein.

Singularisierung im Alter

Leben als Single

Durch alle Generationen hindurch ist heute ein Trend zum Alleinleben zu beobachten. Die bewusste Entscheidung für ein Leben als Single schon in jungen Jahren, und steigende Scheidungsraten tragen zu dieser Entwicklung bei. Insbesondere mit zunehmendem Lebensalter wird die Singularisierung zum Lebensstil, auch bedingt durch Verwitwung. Obwohl Frauen generell leichter mit dem Alleinleben zurecht kommen als Männer, ist es für viele von ihnen dennoch mit Problemen verbunden, insbesondere bei niedrigen Einkommen. Aber auch der Grad bzw. die Wahrscheinlichkeit des Hilfebedarfs steht deutlich in Beziehung mit dem Alleinleben. Ausgeprägte soziale Kontaktnetze Alleinlebender ändern daran nichts.

Die beiden folgenden Grafiken geben einen Überblick über die Verteilung der Ein- und Mehr-Personen-Haushalte nach Altersgruppen.

Hochaltrigkeit

Die Begrifflichkeit im Zusammenhang mit alten Menschen wurde bereits im Kapitel »Alt – langlebig – Methusalem«, siehe S. 51 ff., behandelt. Wie dort beschrieben, ist eine Differenzierung der Generationen zwischen 50 und über 100 Jahren notwendig. Die Grenzen sind zwar fließend, und es gibt keine genaue Festlegung, wer den Hochaltrigen zuzurechnen ist, aber in der Regel sind damit die Altersgruppen jenseits des 80. Lebensjahres oder noch älteren gemeint.

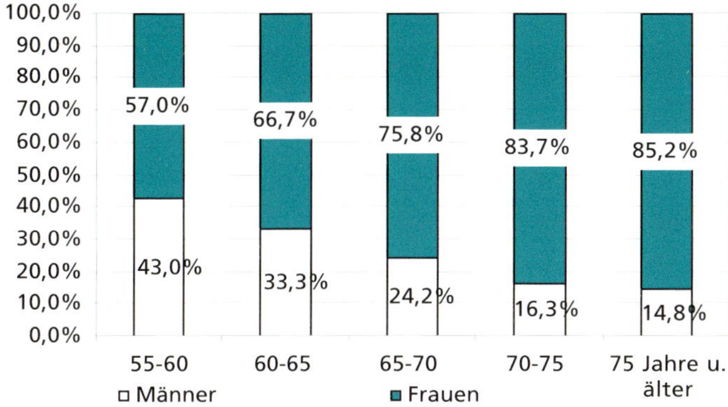

Ein-Personen-Haushalte nach Geschlecht und Altersgruppen, April 1997,

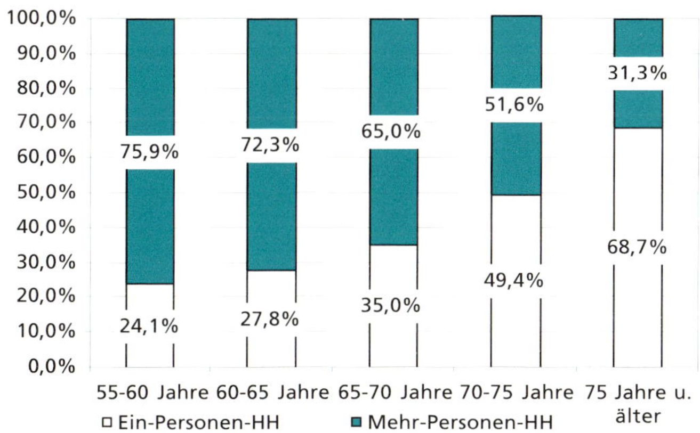

Ein- und Mehr-Personen-Haushalte nach Altersgruppen, April 1997,

aus Bundesarbeitsgemeinschaft der Senioren-Organisationen (BAGSO) Hrsg.; Fakten und Felder der freien Seniorenarbeit. Ältere Menschen in Deutschland, Bonn 1999, ISBN 3-9806065-2-X, S. 17

Berliner Altersstudie

»Nach den Ergebnissen der Berliner Altersstudie (Mayer, Baltes 1996) erreicht man mit 80 bis 85 Jahren den Schwellenwert für einen eher allgemeinen, d.h. alle menschlichen Funktionen und Systeme übertreffenden Altersabbau und muss damit rechnen, dass folgende Probleme einzeln oder gehäuft auftreten:

- Krankheit, zunehmend in Form von Multimorbidität,
- eine Abnahme der geistigen Leistungsfähigkeit, die bis zur Demenz gehen kann,
- kurzfristige oder über längere Zeit mehr oder weniger ausgeprägte Hilfe- und Pflegeabhängigkeit,
- vermehrte Behandlungsbedürftigkeit, die nicht selten die Aufnahme in stationäre Einrichtungen erfordert [...],
- Isolierung und Vereinsamung.«*

Diese Entwicklung muss jedoch – wie auch in anderen Zusammenhängen beschrieben – keineswegs bei jedem Menschen in der entsprechenden Altersgruppe so eintreten, denn das funktionale Alter ist beeinflussbar und von zahlreichen Faktoren abhängig.

Demografischer Wandel und Generationenvertrag

Durch den demografischen Wandel ergeben sich gewichtige Veränderungen für den Bereich der sozialen Sicherung. Die materielle Grundlage ist wichtige Voraussetzung für Lebensqualität im Alter. Im System der sozialen Sicherung gilt in Deutschland bis heute der Generationenvertrag. Das bedeutet, dass die jeweils erwerbstätigen Generationen durch Beiträge aus ihren Einkünften die Renten der Eltern- bzw. der älteren Generation(en) sichern. Dieses System ist in mehr als 100 Jahren gewachsen und hat seine Funktionsfähigkeit auch in wirtschaftlich schwierigen Zeiten unter Beweis gestellt. Es gerät aber unter der heutigen demografischen Entwicklung mit rückläufigen Geburtenraten stark ins Wanken. Es ist absehbar, dass

*) aus: Tews, Hans Peter; a.a.O., S. 4/16

es nicht mehr genügend Erwerbstätige geben wird, um den Generationenvertrag zu erfüllen. Die Belastung für die erwerbstätigen Generationen steigt stetig.

Erwerbstätige Generationen

So ist denn die Zustimmung zum Generationenvertrag in der Bevölkerung keineswegs mehr ungebrochen. Besonders die jüngeren Altersgruppen stellen das Festhalten an diesem System heute eher in Frage, wie die folgende Grafik zeigt:

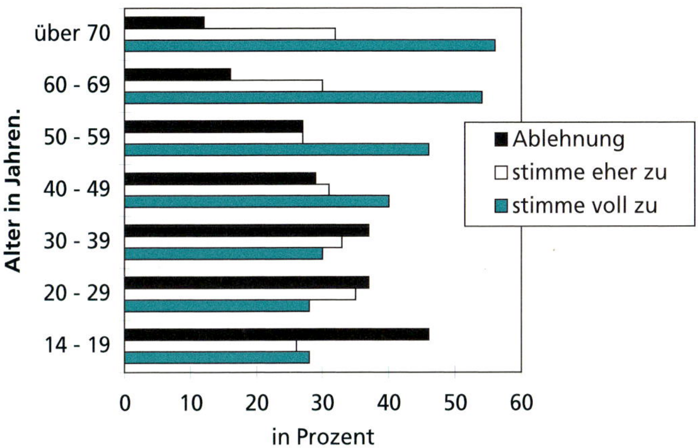

Am Generationen~~konflikt~~ sollte festgehalten werden, 1996, aus: Bundesarbeitsgemeinschaft der Senioren-Organisationen (BAGSO) Hrsg.; Fakten und Felder der freien Seniorenarbeit. Ältere Menschen in Deutschland, Bonn 1999, ISBN 3-9806065-2-X, S. 109

Die durch den Altenquotienten entstehenden Probleme im Hinblick auf den Generationenvertrag sind schon groß genug, aber die Situation auf dem Arbeitsmarkt mit hoher Arbeitslosigkeit wirkt zusätzlich erschwerend.

So wird der Generationenvertrag, trotz aller Rentenreformen und zunehmender Bedeutung privater Formen der Altersabsicherung, sicherlich weiterhin brisantes Thema der politischen Diskussion bleiben.

Krieg der Jungen gegen die Alten

Ob jedoch der von Reimer Gronemeyer prophezeihte Krieg der Jungen gegen die Alten sich tatsächlich so entwickelt, bleibt fraglich. »Das muss Streit geben«, schrieb er 1989, »zwischen den Opfern der sozialen Katastrophe um den Kuchen, von dem sie versorgt werden. Und später, wenn aus den Kindern Jugendliche geworden sind, sollen sie für die Alten aufkommen. Warum eigentlich? Was wird geschehen? Ist das Ende der Familie der Anfang neuer Gesellungsformen der Menschen?«* Es bleibt zu hoffen, dass die von ihm als Utopie entworfene Diktatur der Jungen über die Alten nicht zustande kommt!

Demografische Entwicklung und Familienstruktur

Für die Lebenssituation innerhalb der Familie hat der demografische Wandel ebenfalls Auswirkungen. Heute haben viele Menschen Gelegenheit, das Altwerden ihnen nahestehender Personen zu beobachten – wenn auch vielmals aus der Distanz. »In früheren Jahrhunderten verloren die Menschen im Alter von durchschnittlich 30 bis 35 Jahren ihre Eltern: In der Gegenwart hat sich die Situation in Folge der verlängerten Lebenserwartung grundlegend verändert. [...] Deutsche Berechnungen zeigen, dass heute noch 70% aller 50-jährigen Frauen lebende Mütter haben gegenüber 23% vor 100 Jahren. Es entsteht die so genannte Bohnenstangen-Familie, d.h. die Anzahl der gleichzeitig lebenden Generationen steigt (auf vier, manchmal sogar fünf Generationen), während die Zahl der Mitglieder der Familie pro Generation (wegen Geburtenrückgangs) schrumpft. In vorindustriellen Zeiten gab es fast nur Zwei- bzw. nur relativ kurzfristige Drei-Generationen-Familien, ganz einfach deswegen, weil die meisten Menschen nicht alt genug wurden, um die Geburt und das Aufwachsen eines Enkels oder gar Urenkels zu erleben. Dagegen sind heute in Österreich ein Drittel aller Frauen über

Bohnenstangen-Familie

*) aus: Gronemeyer, Reimer; Die Entfernung vom Wolfsrudel, Fischer Verlag, Frankfurt 1991, S. 7f.

75 Urgroßmütter. Zum ersten Mal in der Geschichte der Menschheit haben Ehepaare im Durchschnitt mehr lebende Elternteile als Kinder. In vielen Familien trifft man jetzt mehr Großeltern an als Enkelkinder.«*

Individuelle Lebensgestaltung

»Die vielfältigen neuen Möglichkeiten einer individuellen Lebensgestaltung bringen es mit sich, dass der Trend zur Familiengründung stark nachlässt. Während die Angehörigen der geburtenstarken Jahrgänge selbst noch häufig Geschwister haben, wachsen ihre Kinder geschwisterlos auf. Nicht selten ist das Einzelkind der Babyboom-Eltern einziger Nachkomme zweier Familien. In manchen Fällen wird es gar die Zuwendung und Unterstützung von zwei Großelternpaaren auf sich vereinen. Umgekehrt können Eltern und Großeltern kaum mehr mit Hilfe und Unterstützung durch diesen einzigen Nachkommen rechnen, denn die Last wäre für einen allein zu groß. Viele dieser Einzelkinder werden ihrerseits keine Familie mehr gründen. Das bedeutet, dass immer mehr der künftigen älteren Menschen keine Enkel mehr haben und das Aussterben ihres Familienzweigs erleben werden. [...] Die Familie als soziales Netz für gegenseitige Hilfeleistung oder auch für die Freizeitgestaltung wird stetig kleiner. Für den Einzelnen wird es daher immer unerlässlicher, sich ein eigenständiges Netz von Beziehungen zu schaffen, das Funktionen der Familie übernehmen kann.«**

Niedrige Geburtenraten, veränderte Wohnverhältnisse und Wertewandel mit verstärkter Berufsorientierung haben u.a. dazu beigetragen, dass sich Familienstrukturen grundlegend verändert haben. Für ältere Menschen bedeutet dies, dass sie heute in der Regel nicht mehr eng eingebunden sind in das soziale Netz der Familie wie in vorindustriellen Gesellschaften, sondern zunehmend allein bzw. in außerfamilialen Netzwerken leben.

---

*) aus: Hörl, Josef/ Rosenmayr, Leopold; in: Reimann, Helga + Reimann, Horst, a.a.O., S. 76

**) aus: Brauchbar, Mathis / Heer, Heinz; Zukunft Alter. Herausforderung und Chance, Reinbek 1995, S. 351

Wichtig

- **Die grafische Darstellung der Bevölkerungsstruktur nach Altersaufbau und Geschlechterverteilung wird auch als Alterspyramide oder Lebensbaum bezeichnet.**
- **1910, zu Zeiten des Deutschen Reiches, entsprach das Bild der Altespyramide tatsächlich noch einer Pyramide bzw. einer stilisierten Tanne.**
- **Die Berechnung der künftigen Bevölkerungsentwicklung einer Nation hängt von Fertilität, Mortalität und Migration ab.**
- **Die Geburtenrate in Deutschland ist rückläufig. Zur Zeit kommen auf eine Frau 1,4 Kinder. Zum Erhalt der vorhandenen Bevölkerung wären 2,1 Kinder pro Frau im Durchschnitt notwendig.**
- **Ohne entsprechende Anzahlen von Zuwanderern wäre die Bevölkerung in Deutschland seit 1972 bereits um mehr als zwei Millionen geschrumpft.**
- **Von heute bis zum Jahr 2050 wird die deutsche Bevölkerung von heute 82 Millionen um ca. 15 bis 20 Prozent schrumpfen auf dann 65 bis 70 Millionen.**
- **Die deutsche Gesellschaft altert drastisch. Die absolute Zahl der Älteren steigt, und auch der relative Anteil älterer Menschen wird höher bei zunehmender Hochaltrigkeit.**
- **Das zahlenmäßige Verhältnis zwischen Erwerbstätigen im Alter zwischen 21 und 59 Jahren und den über 60-jährigen wird als Altenquotient bezeichnet. Die Gesamtheit von Altenquotient und Jugendquotient ergibt den so genannten Lastenquotienten.**

- **Die durchschnittliche Lebenserwartung in Deutschland wird bis zum Jahr 2050 weiter steigen, auf 78 Jahre für Männer und 85 Jahre für Frauen.**
- **Der demografische Wandel ist heute gekennzeichnet von**
  – Verjüngung,
  – Entberuflichung,
  – Feminisierung,
  – Singularisierung und
  – Hochaltrigkeit.
- **Der Generationenvertrag als wichtiger Pfeiler der sozialen Sicherung im Alter gerät ins Wanken, bleibt Gegenstand brisanter politischer Auseinandersetzungen, besteht aber bis jetzt fort.**
- **Die Familienstruktur hat sich gegenüber der vorindustriellen Gesellschaft grundlegend verändert. Bei sinkender Geburtenrate hat heute eine Familie nicht selten mehr Großeltern als Enkelkinder.**
- **Alleinleben liegt im Trend. Deshalb müssen alte Menschen heute ein möglichst eigenständiges Netz sozialer Beziehungen im außerfamilialen Bereich aufbauen, das Funktionen wie gegenseitige Hilfeleistung oder Freizeitgestaltung übernehmen kann.**

Übungen

1. Skizzieren Sie die Alterspyramiden bzw. Lebensbäume von 1910, 2000 und 2050!
2. Diskutieren Sie mit KollegInnen, Freunden und Verwandten mögliche Gründe, warum die Geburtenrate rückläufig ist und heute 1,4 Kinder pro Frau beträgt!
3. Stellen Sie sich vor, Sie wären MinisterIn für demografische Entwicklung in Deutschland! Welche Maßnahmen würden Sie ergreifen, um die Entwicklung der Bevölkerungsstruktur zu beeinflussen? Entwerfen Sie nach einer Ideensammlung einen konkreten Maßnahmenplan.
4. Diskutieren Sie mit KollegInnen, Freunden und Familie die Bedeutung von MigrantInnen für die demografische Entwicklung in Deutschland und damit für die soziale Sicherung des Alters!
5. Sammeln Sie Argumente Pro und Contra einen Krieg der Generationen!

Wiederholungsfragen

1. Erklären Sie die Begriffe Lastenquotient, Altersquotient und Jugendquotient!
2. Welche Einflüsse der demografischen Entwicklung auf die Familienstruktur sind heute zu beobachten?
3. Welche drei Faktoren beeinflussen die Bevölkerungsentwicklung einer Nation?
4. Was bedeutet Singularisierung im Alter?
5. Wie entwickelt sich die Lebenserwartung in Deutschland?
6. Wie wird sich die Bevölkerungszahl in Deutschland in den nächsten fünfzig Jahren entwickeln?
7. Warum wird von einer Feminisierung des Alters gesprochen?

8. Warum heißt es, dass die deutsche Bevölkerung in dreifacher Hinsicht altert?
9. Von welchen Merkmalen ist der demografische Wandel in Deutschland gekennzeichnet?
10. Beschreiben Sie die Entwicklung der Bevölkerungsstruktur vom Deutschen Reich bis zum Jahr 2050!
11. Was ist der so genannte Generationenvertrag und wie wird er heute eingeschätzt?
12. Welche Bedeutung hat die Migration für die Bevölkerungsentwicklung einer Nation?

Literatur:

Borgeest, Bernhard/ Perina, Udo; Die graue Revolution, in: ZEIT-Punkte, Die Zeit, 26.03.1993

Brauchbar, Mathis / Heer, Heinz; Zukunft Alter. Herausforderung und Chance, Reinbek 1995

Bundesarbeitsgemeinschaft der Senioren-Organisationen (BAGSO) Hrsg.; Fakten und Felder der freien Seniorenarbeit. Ältere Menschen in Deutschland, Bonn 1999

Bundesministerium für Familie, Senioren, Frauen und Jugend (Hrsg.); Zweiter Altenbericht: Wohnen im Alter, Bonn 1998

Bundesministerium für Familie, Senioren, Frauen und Jugend (Hrsg.); Schriftenreihe Band 172: Eine Gesellschaft für alle Lebensalter, Verlag W. Kohlhammer, Stuttgart 1998

Bundesministerium für Familie, Senioren, Frauen und Jugend; Schriftenreihe Band 114: Forschungs- und Modellvorhaben im Familien-, Alterns- und Sozialbereich in der 12. Legislaturperiode, Verlag W. Kohlhammer, Stuttgart 1996

Gronemeyer, Reimer; Die Entfernung vom Wolfsrudel, Fischer Verlag, Frankfurt 1991

Grüneberg, Lutz / Hauser, Paul; Gerontologie für Altenpflegeberufe, Stam Verlag, Köln 1997

Lehr, Ursula; Psychologie des Alterns, Heidelberg 1977

Perina, Udo; Arbeit schafft die Rente, in: ZEIT-Punkte, Die Zeit, 26.03.1993, S. 38

Reimann, Helga + Reimann, Horst; Das Alter, Enke Verlag, Stuttgart, 3. neu bearbeitete Auflage, 1994

Reuß, Monika; Bevölkerungsentwicklung in Deutschland, in: Pro Alter Nr. 2/2000, S. 5

Rürup, Bert; Hält der Generationenvertrag?, in: in: Deutsches Institut für Fernstudienforschung an der Universität Tübingen, Funkkolleg Altern, Studienbrief 0, Tübingen 1996, S. 33f

Stanjek, Karl (Hrg.); Altenpflege konkret: Sozialwissenschaften, Gustav Fischer Verlag, Lübeck, Stuttgart, Ulm, Jena 1998

Stephan, Cora; Droht ein Krieg der Generationen?, in: Die Zeit Nr. 41, 06.10.1995, S. 56

Stracke-Mertes, Ansgar; Soziologie. Der Blick auf soziale Beziehungen, 2. vollständig überarbeitete und erweiterte Auflage, Vincentz Verlag, Hannover 1998

Tews, Hans Peter; Demografische Veränderungen in der Gesellschaft, in: Deutsches Institut für Fernstudienforschung an der Universität Tübingen, Funkkolleg Altern, Studienbrief 2, Tübingen 1996, S. 4/1ff

Willig, Wolfgang / Ebel, Thomas / Erben, Monika / Pulvermüller, Gerhard; Psychologie – Soziologie – Gesprächsführung in der Altenpflege, Balingen, 4. überarbeitete Auflage, 1996

Miteinander leben

Das Ziel ist,

- *Erkennen, dass der Mensch in soziale Zusammenhänge eingebunden ist,*
- *die prägenden Einflüsse der Sozialisation erfassen,*
- *die Bedeutung von Werten und die Notwendigkeit von Normen für gesellschaftliches Zusammenleben erfassen, auch im Hinblick auf Normen in Verbindung mit der Arbeitssituation,*
- *sich über Rollen und Positionen, auch die eigenen, klar werden, Konfliktpotentiale erkennen und Lösungsmöglichkeiten finden.*

DAS ZIEL IST...

Der Mensch in seinen sozialen Beziehungen

Der Mensch braucht Menschen

Soziale Beziehungen

Der Mensch ist ein Gemeinschaftswesen. Er braucht andere Menschen, also soziale Beziehungen, um leben zu können. Ein Säugling wäre ohne Erwachsene nicht lebensfähig, und auch das Kind braucht den Zusammenschluss in einer Gruppe, meist der Familie, um mit seiner Umwelt zurechtzukommen. Aber auch Erwachsene sind auf soziale Beziehungen angewiesen, würden ohne diese nur als Organismus existieren, wären aber in einem psychischen Todeszustand.

Seit Urzeiten bot der Zusammenschluss in Gruppen die bessere Überlebenschance. In der Gemeinschaft können Leistungen erbracht werden, zu denen ein Individuum allein nicht fähig wäre. Ob es um die Versorgung mit Nahrung, das Errichten von Bauwerken, das Wahren der Sicherheit geht oder um die Verbesserung der Lebensbedingungen durch gemeinsame Kraftanstrengung, arbeitserleichternde Erfindungen etc. Das Zusammenwirken in der Gruppe war schon immer wichtig, um Problemlösungen zu finden, konkrete Planungen zu erstellen, neue Ideen zu entwickeln und zu vervollkommnen.*

Trotzdem wünschen sich viele von uns ab und zu ein bisschen Einsamkeit. Besonders dann, wenn andere Menschen (zu) viele Erwartungen an uns richten, wenn Aufgaben und Belastungen uns über den Kopf zu wachsen scheinen. Wer hat nicht schon mal davon geträumt, wie Robinson Crusoe auf einer einsamen Insel zu leben? Aber das Einsiedlerdasein hat nicht nur Licht-, sondern auch eine Reihe von Schattenseiten. Auf die Dauer würden uns die sozialen Beziehungen, konkret die Menschen um uns herum, fehlen und damit etwas Lebensnotwendiges für unsere Psyche.

---

*) vgl.: Willig, Wolfgang; Psychologie, Soziologie, Gesprächsführung für Altenpfleger, Balingen 1984, S. 53f.

Hineinwachsen in Gesellschaft und Kultur

Wir leben nicht in einem menschenleeren Raum, nicht in einem menschlichen Vakuum, sondern wir sind gesellschaftliche Wesen. Das Leben in der Gemeinschaft mit anderen Menschen erfordert, dass wir uns anpassen. Wir werden in eine Gesellschaft, in eine Gemeinschaft, meist die Familie, hineingeboren und müssen uns zunächst mit dieser vertraut machen, an sie gewöhnen und mit ihren Spielregeln leben lernen. So übernimmt der Mensch von klein auf viele Verhaltensweisen der Menschen seiner Umgebung.

Nach seiner biologischen Geburt erfolgt quasi eine zweite, seine soziokulturelle Geburt. Dabei entwickelt sich das unter Mitmenschen handlungsfähige Gesellschaftsmitglied.

Sozialisation

Dieser Prozess, bei dem das Individuum in seine Gesellschaft und Kultur hineinwächst, wird Sozialisation genannt. Aus dem noch nicht handlungsfähigen Neugeborenen wird dabei ein Mensch, der das Verhalten seiner Mitmenschen berücksichtigen und darauf antworten kann.

Erziehung ist ein Teil der Sozialisation. Die Sozialisation ist nicht so konkret auf das Erlernen ganz bestimmter Fähigkeiten und Fertigkeiten ausgerichtet wie die Erziehung. Hier geht es nicht darum, so Konkretes zu vermitteln wie Rechnen, Schreiben, Lesen oder gemeinschaftsfähig mit anderen zu spielen. Die Sozialisation ist ein Prozess zwischenmenschlichen Handelns, der ständig und mehr oder weniger automatisch abläuft. Sie umfasst alle Vorgänge, die die Entwicklung eines Menschen beeinflussen, auch die unbeabsichtigten. Alle diese Vorgänge beeinflussen den Menschen so sehr, dass er Muster für sein Denken, Handeln und Empfinden aus der Gesellschaft übernimmt, in der er aufwächst. Solche Sozialisationseinflüsse sind prägend.*

*) vgl.: Witterstätter, Kurt; Soziologie in der Altenarbeit, Freiburg 1981, 7. Aufl. 1991, S. 23f.

Stadien der Sozialisation

Lebensphasen

Die Sozialisation verläuft in den einzelnen Lebensphasen auf unterschiedliche Weise und mit wechselnden Einflussfaktoren. Es werden vier Stadien unterschieden:

→ **Primärsozialisation**

(lat. primus = der erste) Sie beginnt mit der Geburt und vollzieht sich in der Regel in der Familie. Hier werden die Grundsteine für späteres soziales Verhalten gelegt. Wesentliche Fähigkeiten wie Vertrauen, Rücksichtnahme etc. werden dabei erworben. Außerdem werden Fertigkeiten erlernt, die für die Kontaktaufnahme und -pflege mit anderen notwendig sind wie Sprache, nichtsprachliche Ausdrucksformen usw. Auch das geschlechtsspezifische Verhalten wird in der Familie geprägt.

→ **Sekundärsozialisation**

(lat. secundus = der zweite) Sie beginnt mit dem Herauslösen aus der Familie. Die Grundfähigkeiten wurden während der Primärsozialisation erlernt. Nun werden in der zweiten Sozialisationsphase die Grundlagen erweitert. Wichtige Kulturtechniken werden vermittelt wie Rechnen, Schreiben, Lesen, aber auch Grundhaltungen, wie zum Beispiel Leistungsbereitschaft, eingeübt. In diesem Stadium erfolgen Verhaltensprägungen durch Einrichtungen der Gesellschaft wie Kindergarten und Schule, aber auch durch Freundesgruppen, Berufsausbildung, Betrieb, Massenmedien, Vereine, Kirchen usw.

→ **Tertiärsozialisation**

(lat. tertius = der dritte) So wird allgemein der verhaltensprägende Prozess im fortgeschrittenen Lebensalter genannt. Hier ist das Sich-neu-Einstellen für das weitere Leben als Entwicklungsaufgabe gemeint. Sie kann das Neulernen von Verhaltensweisen ebenso bedeuten wie das Verlernen von Verhaltens- und Denkmustern, die in früheren Jahren angenommen wurden.

→ **Quartärsozialisation**

(lat. quartus = der vierte) Dabei geht es um die Sozialisation im höheren Lebensalter. Hier gilt es, mit speziellen Erwartungen der Gesellschaft an alte Menschen zurechtzukommen. Auch das Hineinfinden in neue Lebenssituationen und -zusammenhänge, z.B. der Umzug in ein Heim, ist eine Form der Quartärsozialisation. Verschiedenste Einrichtungen der Gesellschaft, auch spezielle Einrichtungen der Altenarbeit, zum Beispiel Sozialstationen, Altentagesstätten, Altenvereinigungen von Kirchengemeinden, freie Senioren-Initiativen, prägen das Verhalten von alten Menschen (neu).

Die Sozialisation wurde keineswegs schon immer in diese vier Stadien eingeteilt. Früher wurden meistens nur zwei Phasen unterschieden – die Primär- und die Sekundärsozialisation. Zumal die Sekundärsozialisation bis ins Erwachsenenalter hineinreicht, schien diese Einteilung den Erfordernissen zu genügen. Heute, mit zunehmender Lebenserwartung und immer differenzierterer Betrachtung der Altersgruppen über 50, wird die Einteilung in vier Stadien immer gebräuchlicher.

Gleichgültig, wie viele Stadien der Sozialisation unterschieden werden, eines ist unbestritten: Die Sozialisation als verhaltensprägender Prozess ist in keinem Lebensalter abgeschlossen!

Sozialisation ist nie abgeschlossen

Das Alter scheint – vordergründig betrachtet – die Endzeit des Lebens zu sein, eine Lebensphase, in der der Mensch sich nicht mehr entwickelt, keine Fähigkeiten und Möglichkeiten mehr hinzugewinnt. Aus diesem Blickwinkel sieht es aus wie von Eingrenzung und Beschränkung der Möglichkeiten gekennzeichnet.

Wachsen und Lernen werden noch immer nur allzu oft ausschließlich den Lebensphasen der Kindheit und Jugend, bestenfalls dem jüngeren Erwachsenenalter, zugeschrieben.

Aber die vorausgehenden Erläuterungen zur Tertiär- und Quartärsozialisation zeigen, dass solche Vorstellungen heute sehr einseitig und nur vordergründig sind. Auch der alte Mensch hat (Entwicklungs-)Aufgaben. Es gibt ganz typische, dem Alter eigentümliche und gemäße Entwicklungsaufgaben.

Entwicklungsaufgaben

Dazu können zum Beispiel gehören:

- die Selbstfindung trotz mancherlei Aufgabenverlusten – oder anders herum: gerade die Freistellung von Aufgaben in Familie und Beruf eröffnet Möglichkeiten und Freiräume für Selbstfindungsprozesse;
- das Ziehen der eigenen Lebens(-Zwischen)bilanz – und gegebenenfalls als Folge die Korrektur von Verhaltensweisen, Denkmustern, Lebenszielen und -situationen;
- das Akzeptieren des eigenen Lebenslaufs und das Schließen von Frieden mit Personen, die in diesem bisherigen Leben eine Rolle spielten;
- die Auseinandersetzung mit Sterben und Tod, die Annahme des Todes als Bestandteil des Lebenslaufs;
- ...

- **Sozialisation ist das Hineinwachsen eines Individuums in seine Gesellschaft und Kultur.**
- **Sozialisation als verhaltensprägender Prozess ist in keinem Lebensalter abschlossen.**
- **Auch der alte Mensch hat (Entwicklungs-)Aufgaben.**

Werte und Normen beeinflussen und regeln unser Leben

Das Miteinander-Leben in der Gemeinschaft hat – wie bereits angesprochen – Vor- und Nachteile für den einzelnen Menschen. Vorteile können zum Beispiel leichtere Bewältigung von Aufgaben, Wahrung der Sicherheit, erfolgreichere Planung und mehr Kreativität sein. Nachteile können sich u.a. aus der Übernahme von (Vor-)Urteilen und aus der Notwendigkeit der Anpassung ergeben.

Das Miteinander macht es erforderlich, dass Einigkeit über grundsätzliche Ziele und über Verhaltensregeln erzielt wird, die anschließend von allen Mitgliedern einer Gemeinschaft akzeptiert und eingehalten werden. Nur so kann Gemeinschaft funktionieren.

Bleiben wir zunächst bei den Zielen. Solche übergeordneten gesellschaftlichen Ziele oder erstrebenswerten Zustände werden als Werte bezeichnet. Es sind allgemeine Urteilsmaßstäbe, die dem Individuum dazu dienen, Handlungen und Ideen, aber auch Objekte und Einrichtungen, einzuschätzen.

Werte

Solche Werte können zum Beispiel sein: soziale Sicherung, Gleichheit, Brüderlichkeit, Ordnung und Sauberkeit, Menschenwürde, Nächstenliebe, Versorgung alter Menschen, Meinungsfreiheit, Versammlungsfreiheit, Religionsfreiheit ...

Aus diesen Beispielen wird bereits deutlich: Werte können in der Regel nicht von einem Individuum allein erreicht werden. Niemand kann allein für soziale Sicherung sorgen, für Meinungsfreiheit oder Nächstenliebe. Zwar kann jeder Mensch in seinem Umfeld nach diesen Werten leben, sie aber nicht in der gesamten Gesellschaft realisieren.

Wie der einzelne Mensch zu den jeweiligen Werten steht, ist mit abhängig von seiner Sozialisation. Die frühkindlichen Prägungen aus der Familie spielen dabei ebenso eine Rolle wie spätere Einflüsse und Informationen durch andere Gruppen und Einrichtungen. Der Mensch wird mehr oder weniger intensiv auf ganz bestimmte Werte hin sozialisiert. Das heißt Werte werden übernommen oder beeinflusst durch die Familie und durch Einrichtungen der Gesellschaft und Personen, die eine Rolle in der Sozialisation des Menschen spielen. So können Wertmaßstäbe nachhaltig geprägt werden von Eltern, LehrerInnen, FreundInnen, Vorbildern usw.

Der Begriff Werte oder Wertmaßstäbe hat etwas mit Bewertung und so mit Meinung zu tun. Unterschiedliche Wertvorstellungen und unterschiedliche Meinungen entstehen immer dann, wenn Werte sich ändern.

Werte können sich entweder völlig verändern oder an Bedeutung gewinnen bzw. verlieren. Bestimmte Werte sind einer Gruppe der Gesellschaft besonders wichtig, für eine andere haben sie eine

Wertehierarchie

geringere Bedeutung. Diese Einordnung der Bedeutung von Werten wird auch als Wertehierarchie bezeichnet. Werte verändern sich

- im Wandel der Zeit,
- im Wandel der Generationen,
- in verschiedenen Sozialisationsphasen.

So erklärt sich, dass bestimmte Werte alter Menschen von jungen Menschen als weniger wichtig angesehen oder gar abgelehnt werden. Umgekehrt sind manche Werte junger Menschen für alte nicht akzeptabel und von geringerer Bedeutung.

Wertewandel

Aber auch veränderte politische Situationen und geschichtliche Ereignisse können einen Wertewandel verursachen. Ein Beispiel dazu war in Deutschland die Wiedervereinigung im Jahr 1990, bei der es galt (und heute zum Teil noch gilt), unterschiedlich geprägte Wertvorstellungen in Einklang zu bringen.

Die Sozialisationsphasen sind ebenfalls ein Faktor, der die Veränderung von Werten auslösen kann. So mag zum Beispiel für manchen Menschen ein Wert wie Meinungsfreiheit in der Sekundär- und Tertiärsozialisation an erster Stelle stehen. Der gleiche Mensch kann in einer späteren Lebensphase, in der Quartärsozialisation, zum Beispiel die soziale Sicherheit als den für ihn bedeutendsten Wert an oberste Stelle setzen.

Verhaltenserwartungen

Aus den Werten einer Gesellschaft ergeben sich bestimmte Verhaltenserwartungen. Der Wert der Gleichheit führt zum Beispiel zu dem an alle Gesellschaftsmitglieder gerichteten und im Grundgesetz für die Bundesrepublik Deutschland verankerten Grundrecht, Artikel 3, nach dem alle Menschen vor dem Gesetz gleich sind.*

Normen

Solche allgemeine Verhaltensgebote werden als Normen bezeichnet. Normen sind also Verhaltensregeln, Erwartungen an die Mitglieder einer Gemeinschaft, nach der sich die gesamte Gemeinschaft richten soll. Sie ordnen bestimmte Verhaltensweisen bestimmten Situationen zu.

*) Grundgesetz für die Bundesrepublik Deutschland vom 23. Mai 1949, Artikel 3

Zahlreiche Normen ergeben sich aus Werten, so zum Beispiel der o.a. Artikel 3 des Grundgesetzes. Normen dienen der Konkretisierung von Werten. Sie machen Werte greifbarer. Manchmal kann derselbe Wert hinter mehreren verschiedenen Normen stehen. So wird der Wert der Gleichheit zum Beispiel nicht nur durch Artikel 3 des Grundgesetzes konkretisiert, sondern weiterhin durch zahlreiche so genannte Frauenförderpläne verschiedener Einrichtungen und andere Regelwerke, die sich an eingeschränkte Zielgruppen und nicht an die gesamte Gesellschaft richten.

Werte können erst umgesetzt werden, wenn den allgemeinen Werten spezielle Normen zugeordnet werden!

Zweckmäßigkeits-Normen

Es gibt Normen, die in Gesetzen und Ordnungen schriftlich niedergelegt sind und solche, die sich aus rein praktischen Erwägungen ergeben, die so genannten Zweckmäßigkeits-Normen. Letztere ergeben sich aus dem, was allgemein üblich ist, zum Beispiel bestimmte Begrüßungsrituale – in Deutschland das Händeschütteln – oder sich vor dem Essen die Hände zu waschen etc.

Normen richten sich immer an bestimmte Empfänger. Dies kann die Gesellschaft in ihrer Gesamtheit sein, zum Beispiel bei Bundesgesetzen oder nur ein bestimmter Personenkreis, zum Beispiel die Bevölkerung eines Bundeslandes bei Landesgesetzen. Nicht nur Gesetze sind Normen. Es können auch interne Festlegungen für eine eingegrenzte Gruppe sein. Eine Dienstordnung, die sich an Mitarbeiterinnen und Mitarbeiter eines Alten- und Pflegeheims richtet, ist eine solche Norm für eine klar umrissene begrenzte Zielgruppe.

Normen haben – wie auch die Werte – eine unterschiedliche Wichtigkeit. Sie unterliegen ebenfalls einer Hierarchie. So sind zum Beispiel die im Grundgesetz verbrieften Grundrechte höherwertig als eine Landesverfassung. Das heißt die in der Hierarchie niedriger eingeordnete Norm – das Landesgesetz – kann niemals eine höherwertige – das Bundesgesetz – außer Kraft setzen.

Solche Normen empfinden Menschen vielfach als Einengung ihrer persönlichen Freiheit. Bis zu einem gewissen Grad bedeuten sie dies tatsächlich. Andererseits aber werden Normen benötigt, um reibungslose Abläufe zu gewährleisten.

Dienstordnung

Bleiben wir bei dem Beispiel der Dienstordnung. Diese regelt Rechte und Pflichten für die Mitarbeiterinnen und Mitarbeiter unseres gedachten Alten- und Pflegeheims. So manche Pflegekraft wird schon gelegentlich über Passagen daraus geschimpft haben. Ob es um die Einhaltung von Dienstzeiten, die vorgeschriebene Dienstkleidung oder die Regelung von Entscheidungsbefugnissen geht.

Könnten alle MitarbeiterInnen des Hauses nach eigenem Gutdünken Entscheidungen treffen, ihre Dienstzeit kurzfristig und ohne Absprache nach persönlichen Interessen verschieben usw., wäre ein spannungsfreier und geordneter Arbeitsablauf nicht mehr möglich, und die Versorgung der HeimbewohnerInnen wäre in Frage gestellt.

Normen ermöglichen in diesem Fall, dass sich KollegInnen aufeinander einstellen und auch BewohnerInnen des Hauses bestimmte Dinge erwarten und als gegeben voraussetzen können. Nur so ist auf Dauer das Zusammenleben möglich.

Sanktionen

Das Nichtbefolgen von Normen wird in der Regel bestraft. Solche Strafen werden als Sanktionen *(lat. sanctio = Strafbestimmung)* bezeichnet. Je nach Art und Wertigkeit der Norm, unterscheiden sich Stärke und Art der Sanktionen. Sanktionen können bei Nichteinhaltung von staatlichen Gesetzen zum Beispiel in Haft- oder Geldstrafen bestehen. Bei Verstoß gegen Normen einer bestimmten Gruppe kann etwa der Ausschluss aus der Gruppe die Sanktion darstellen. Beim Nichteinhalten der so genannten Zweckmäßigkeits-Normen kann die Meidung der Person, die die Sitten verletzt hat, die Sanktion sein.

Soziale Kontrolle

Solche Mechanismen, mit denen eine Gesellschaft die Einhaltung von Normen sichert, wird als soziale Kontrolle bezeichnet.

Organisations-system

Die Umsetzung bzw. Verwirklichung von Werten delegiert *(lat. delegere = übertragen, anvertrauen)* die Gesellschaft an Organisationen. So wird ein Wert durch ein ganzes Organisationssystem konkret umgesetzt.

Ein gesellschaftlicher Wert ist die Gesundheit. In einem komplexen Gesundheitssystem sind viele verschiedene Organisationen an der Verwirklichung dieses erstrebenswerten Zustands beteiligt:

Krankenkassen, Krankenhäuser, Verbände, Gesundheitsämter, Rehazentren u.a.

Ein anderer Wert ist Bildung. Organisationen im Bildungssystem sind allgemeinbildende Schulen, Fachschulen, Universitäten, Betriebe, Verbände, Volkshochschulen usw.

SchülerInnen der Altenpflege kommen in der Regel mit beiden o.g. Systemen in Berührung. Sie besuchen eine Fachschule für Altenpflege und sind gleichzeitig im Rahmen ihrer praktischen Ausbildung in Einrichtungen des Gesundheitssystems tätig. Hier wird oft ganz direkt spürbar, dass unterschiedliche Systeme und Organisationen durchaus verschiedene Zielsetzungen verfolgen können. So kann es sein, dass in der Praxiseinrichtung aus finanziellen Zwängen heraus im Hinblick auf Material- und Personaleinsatz sehr sparsam gewirtschaftet werden muss. Die Schule dagegen kann bei dem Ziel, optimale Altenpflege zu unterrichten, hin und wieder finanzielle Zwänge der Pflegeeinrichtung zurückstellen.

Zusammenhänge zwischen Werten, Normen und Organisationen verdeutlicht das folgende Schaubild*:

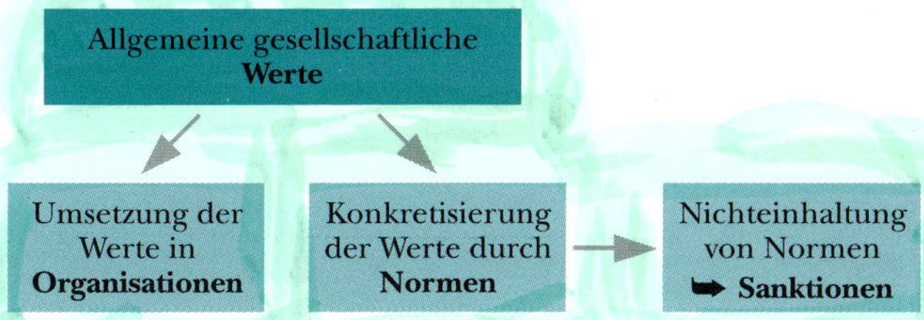

vgl.: Willig, Wolfgang; Psychologie, Soziologie, Gesprächsführung für Altenpfleger, Balingen 1984, 3. Aufl. 1988, S. 61

*) vgl: Willig, Wolfgang; Psychologie, Soziologie, Gesprächsführung für Altenpfleger, Balingen 1984, 3. Aufl. 1988, S. 61.

Positionen: HeimleiterIn oder AltenpflegerIn?

In den einzelnen Organisationen sind Menschen tätig. Sie nehmen dort unterschiedliche Positionen ein, zum Beispiel die Position einer Heimleiterin, eines Pflegedienstleiters, einer Altenpflegerin usw. An die InhaberInnen von Positionen richten sich bestimmte Verhaltenserwartungen. Diese ergeben sich aus den Normen und sind dadurch geregelt.

Einordnung in die Hierarchie

Eine Position beschreibt die Einordnung in die Hierarchie einer Organisation. Sie ist durch Normen festgeschrieben. So nimmt die Heimleiterin eine andere – höhere – Position in einem Alten- und Pflegeheim ein als eine Pflegekraft. Ihre Position erlaubt ihr, Entscheidungen zu treffen und Anweisungen zu geben, die einer Pflegekraft nicht zustehen. Die Position eines/einer AltenpflegeschülerIn erlaubt zum Beispiel das Nachfragen bei examinierten Pflegekräften, wenn es um die Ausführung einer pflegerischen Handlung geht, während von einer fertig ausgebildeten Altenpflegekraft erwartet wird, dass sie mit entsprechenden Situationen selbständig umzugehen und Entscheidungen zu treffen weiß.

Eine Rolle will gelernt sein

Wer eine Position übernimmt, spielt in dieser Position eine Rolle. Den Begriff Rolle kennen wir vom Theater, und tatsächlich hat die Theaterrolle durchaus etwas mit der gesellschaftlichen Rolle zu tun.

Gesellschaftliche Rollen

Sie wird immer von Menschen gespielt, und sie bezieht sich immer auf HandlungspartnerInnen, also auf Menschen. Gesellschaftliche Rollen werden gelernt – so wie SchauspielerInnen eine Theaterrolle trainieren müssen, um sie zu beherrschen. Ein Theaterstück kann bei unterschiedlicher Besetzung der einzelnen Rollen sehr verschiedenen Charakter haben. Das liegt an der Interpretation *(lat. interpres = Ausleger)* der einzelnen Rollen. Die gesellschaftliche Rolle ist ebenso interpretierbar. Zum Beispiel wird die Rolle einer Mutter von jeder Mutter anders aufgefasst und interpretiert. Dies gilt natürlich ebenso für die Rolle eines Vaters oder andere Familienrollen. Auch berufliche Rollen werden so verschieden interpretiert wie die Menschen, die sie ausfüllen unterschiedlich sind. Rollen lassen sich gestalten. Zwei AltenpflegerInnen, die unter gleichen Bedingungen im gleichen Haus arbeiten, werden trotz gleicher Position immer ihre Rollen verschieden spielen, weil sich ihre Persönlichkeiten, ihre Charaktere voneinander unterscheiden.

Der Begriff AltenpflegerIn kann zugleich eine Rolle und eine Position beschreiben. Aus der Position ergibt sich eine konkrete Verhaltenserwartung, denn daraus erfahren wir den Rang, die Stellung, die die Person in der Hierarchie der Organisation – des Alten- und Pflegeheims oder des ambulanten Dienstes – wahrnimmt. Zugleich spielt die Person die Rolle der Altenpflegerin bzw. des Altenpflegers. Dieselbe Person hat aber noch weitere Rollen in anderen Lebenszusammenhängen übernommen. Dies können Familienrollen wie Vater, Mutter, Schwester, Bruder ... sein, aber auch Rollen aus anderen Bereichen wie Vereinsmitglied usw.

Familienrolle

Kurz: Positionen beziehen sich auf Organisationen und sind festgeschrieben. Rollen beziehen sich auf Menschen, werden erlernt und sind interpretierbar.

Die Berufsrolle beeinflusst andere Rollen. Aus der Berufsrolle ergeben sich Erwartungen an den Menschen, auch wenn er gerade eine andere Rolle spielt.

Berufsrolle

So kann zum Beispiel die Rolle eines Vereinsmitglieds durchaus von seinem Beruf mit geprägt werden. Wissen wir, dass Vereinsmitglied A eine Bankfiliale leitet, so werden wir womöglich versuchen, es bei den nächsten Vorstandswahlen für die Aufgabe der Kassenführung zu gewinnen. Vereinsmitglied B ist Kellnerin. Natürlich erwarten alle von ihr, dass sie sich beim Vereinsfest um das leibliche Wohlergehen der Festgäste kümmert usw.

Zusammenhänge von Werten, Normen, Organisationen, Positionen und Rollen zeigt das folgende Schaubild, dessen erster Teil Ihnen bereits bekannt ist (vgl. Seite 101):

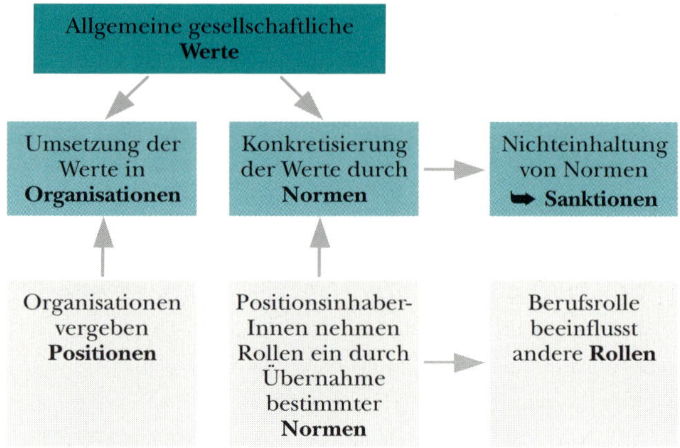

Wichtig

- **Werte können in der Regel nicht von einem Individuum allein erreicht werden! Deshalb sind meist Organisationen für deren Umsetzung zuständig.**
- **Werte verändern sich, verlieren oder gewinnen an Bedeutung**
  – im Wandel der Zeit,
  – im Wandel der Generationen
  – in verschiedenen Sozialisationsphasen.
- **Werte werden zur Umsetzung bzw. Verwirklichung von der Gesellschaft an Organisationen delegiert.**
- **Normen können sich an die Gesellschaft in ihrer Gesamtheit richten oder nur an einen bestimmten Personenkreis.**
- **Normen sind beim Zusammenschluss von Einzelpersonen für das Funktionieren notwendiger Abläufe erforderlich.**
- **Die Einhaltung von Normen wird über soziale Kontrolle gesichert. Das Nichtbefolgen von Normen kann verschiedene Arten von Sanktionen zur Folge haben.**

Das Leben ist ein Rollenspiel

Jeder Mensch spielt in seinem Leben mehrere – unterschiedlich viele – Rollen. Eine Art von Rolle, in die wir quasi hineingedrängt werden, ist die Lebensaltersrolle.

Lebensaltersrolle

Die Altersstufe, in der wir uns gerade befinden, schreibt uns unsere jeweilige Rolle zu, die wir individuell interpretieren.

Diese Lebensaltersrollen haben etwas mit unserer Sozialisation zu tun. In den einzelnen Sozialisationsphasen schlüpfen wir jeweils in eine neue Lebensaltersrolle, betreten die gesellschaftliche Bühne und beenden eines Tages unseren Auftritt, um in einer neuen Rolle wieder auf die Bühne zurückzukommen.

Rollendefinitionen der Lebensaltersstufen

Die Rollendefinitionen der Lebensaltersstufen regeln das Miteinander der Generationen. Sie verändern sich. Sie stehen in engem Zusammenhang mit den Werten und unterliegen in gleicher Weise einem Wandel.

So war die Rollendefinition für einen alten Menschen früher stark geprägt durch Faktoren wie Bescheidenheit, Verzicht, Rückzug, Anpassung. Man hatte sich im Alter unauffällig zu verhalten und zu kleiden, wenig für sich selbst zu beanspruchen, keine Erlebnisse mehr zu erwarten usw.

Diese Rollendefinition hat sich bis heute stark verändert. Alte Menschen sind keineswegs immer still und bescheiden. Sie sind nicht mehr an ausschließlich unauffälliger dunkler Kleidung zu erkennen. Und viele von ihnen scheuen sich durchaus nicht, den Lebensabschnitt ohne berufliche und familiäre Verpflichtungen zu genießen, ihm neue Lebenserfahrungen und Erlebnisse abzugewinnen.

Und das ist sicherlich gut so. Schließlich melden auch andere Generationen heute viel unbescheidener ihre Interessen und Rechte an.

Dennoch gibt es viele Verhaltensmuster, die auch heute noch ihre Gültigkeit haben. Partnerschaft und Sexualität mögen ein Beispiel dafür sein. Nicht nur, dass diese Themen in der Öffentlichkeit weitgehend tabu sind. Die Rolle eines alten Menschen erfordert nach Vorstellungen vieler Gesellschaftsmitglieder, in puncto Sexualität Enthaltsamkeit zu üben. Partnerschaften sind natürlich erlaubt.

Aber: Mit 85 Jahren in einem Altenheim noch eine neue Partnerschaft finden und pflegen? – ... also, das schickt sich doch nun wirklich nicht ..., so die auch heute noch weit verbreitete Meinung – vor allem jüngerer Menschen und – insbesondere dann, wenn es sich um eigene Familienmitglieder handelt.

Die Definition der einzelnen Lebensaltersrollen ist stark abhängig von Epochen und Kulturen. Besonders die Übergänge vom einen Stadium ins andere, also etwa von der Rolle als Jugendliche(r) zur Rolle als Erwachsene(r) und als nächstes ins Seniorenalter, werden von diesen Zusamenhängen bestimmt. Dabei ist die Lebenserwartung ebenso von Bedeutung wie das Gesellschaftssystem und weitere Faktoren.

Mehrere Rollen gleichzeitig

Wir durchlaufen nicht nur die einzelnen Lebensaltersrollen, sondern wir spielen in jedem Stadium stets mehrere Rollen gleichzeitig in verschiedenen Lebenszusammenhängen und -bezügen. So gibt es u.a. Familienrollen, Berufsrollen, Freizeitrollen usw.

Eine Altenpflegeschülerin kann zum Beispiel zur selben Zeit die folgenden Rollen innehaben:

- Frau, Ehefrau, Mutter, Tochter, Schwester ...
- Kollegin, Mitschülerin, Schulfreundin ...
- Nachbarin, Freundin ...
- aktive Handballspielerin, Mannschaftsführerin, Trainerin, Vorstandsmitglied ...
- ...

Bleiben wir bei diesem Beispiel und nennen den/die AltenpflegeschülerIn Person X. All ihre HandlungspartnerInnen bringen ihr in den einzelnen Rollen bestimmte Verhaltenserwartungen entgegen, wie aus dem folgenden Schaubild hervorgeht:

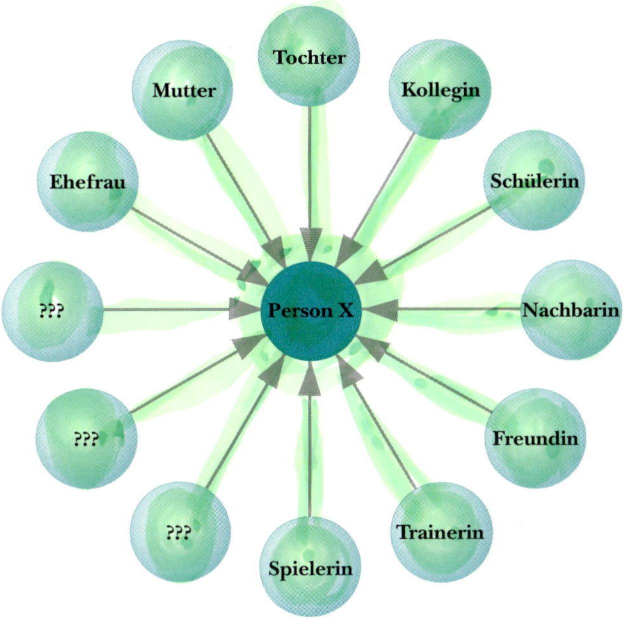

Übung

Rollen verändern sich

So wie oben dargestellt, könnten die Rollen unserer Altenpflegeschülerin aussehen. Stellen Sie sich nun eine Heimbewohnerin vor! Was meinen Sie, welche Rollen hier einzutragen wären?

Bei den meisten älteren Menschen würden wir hier wahrscheinlich deutlich weniger Kreise benötigen, um die entsprechenden Rollen einzutragen. Um die Sache zu vereinfachen, stellen wir uns vor, unsere Person X ist einfach ganz schnell älter geworden und arbeitet nun nicht mehr als Altenpflegeschülerin im Heim, sondern lebt als Bewohnerin dort. Was könnte dann mit ihren Rollen geschehen sein?

Ganz sicher haben sie sich verändert. Vermutlich ist sie nicht mehr Nachbarin der Menschen, in deren unmittelbarer Nähe sie zuvor gelebt hat. Ihre Eltern sind inzwischen gestorben, und so entfällt ihre Tochterrolle. Die Rolle als aktive Handballspielerin hat sie längst aufgegeben, und Trainerin ist sie auch nicht mehr. Natürlich steht sie nun nicht mehr im Berufsleben und ist damit auch nicht mehr länger Kollegin. Da sie ihre Ausbildung schon vor vielen Jahren abgeschlossen hat, ist sie längst keine Schülerin mehr. Freundin – ja, das war sie lange, aber jetzt leben all ihre Freundinnen nicht mehr. Die Rolle als Ehefrau ist bereits vor einigen Jahren weggefallen, damals, als ihr Mann starb.

Die Kinder, die leben noch. Und so ist sie weiterhin Mutter. Aber diese Mutterrolle ist anders geworden im Lauf der Jahre. Als die Kinder erwachsen wurden, selbst Familien gründeten und weit wegzogen, da veränderte sich diese Mutterrolle.

So bleibt von den vielen Rollen aus früheren Jahren nicht mehr viel bestehen. Genau betrachtet, bleibt nur die Mutterrolle übrig. Und selbst die hat an Gewicht, an Intensität, verloren.

Aber dafür hat sie beinahe automatisch neue Rollen hinzubekommen. Ihre Kinder haben Familien gegründet, und so wurde sie Großmutter. Im Heim lebt sie mit einer anderen Bewohnerin im selben Zimmer, so ist sie wieder Nachbarin oder Mitbewohnerin. Spielen tut sie auch wieder, wenn auch nicht Handball. Sie hat sich der Bridge-Gruppe im Heim angeschlossen und ist nun hier Gruppenmitglied. Nachdem sie sich ein wenig in ihrer neuen Umgebung eingelebt hatte, kandidierte sie für den Heimbeirat, und siehe da – sie wurde gewählt und hatte damit schon wieder eine neue Rolle.

Rollenverlust

So hat unsere Person X den Rollenverlust, den viele Menschen mit zunehmendem Alter erleben, ausgeglichen. Sie hat mit viel Eigeninitiative neue Rollen übernommen, die ihr etwas bedeuten. So hat sie neue Beziehungen hergestellt, neue Aufgaben übernommen.

Leider ist das keineswegs eine Selbstverständlichkeit. Längst nicht alle alten Menschen nehmen die Herausforderung so an wie unsere Person X. Bei vielen Menschen bleiben im Alter nur noch wenige

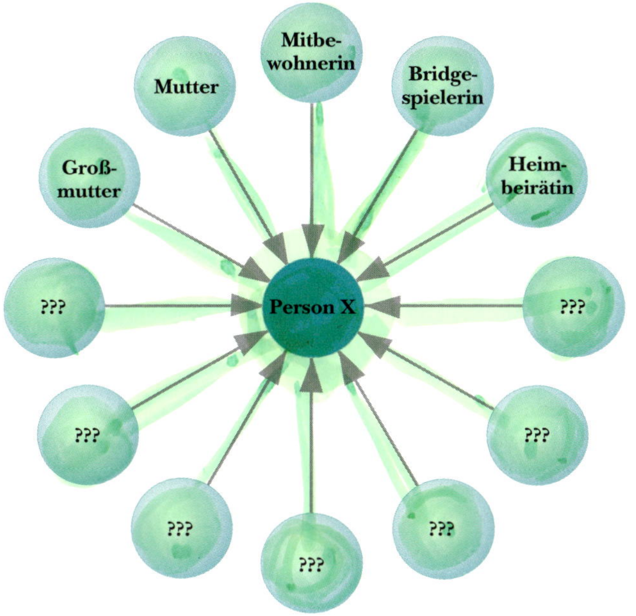

Rollen übrig, und wer sich nicht aktiv um neue Rollen bemüht – aus welchen Gründen auch immer – wird über kurz oder lang den Rollenverlust zu spüren bekommen. Mit Rollen sind immer Aufgaben und Funktionen verbunden. Wenn die Rollen aufgegeben werden, entfallen automatisch auch die entsprechenden Aufgaben und Funktionen. Damit erleben viele nicht mehr das Gefühl des Gebraucht-Werdens. Ihr Selbstwertgefühl sinkt.

Selbstwertgefühl

Es lohnt sich also, aktiv die Übernahme neuer Rollen anzustreben, wenn einzelne wegfallen, und das nicht erst im hohen Alter. Dabei kommt es nicht nur auf die Menge der Rollen an, sondern vor allen Dingen auf deren Bedeutung für die betreffende Person.

Rollen verändern sich

Mit zunehmendem Alter verändern sich Rollen in ihrer Quantität *(lat. quantus = wie viele)* und in ihrer Qualität *(lat. qualis = wie beschaffen?)*.

Rollenkonflikte

So positiv auf der einen Seite die vielen Rollen sein können – manchmal können sie ganz schön Probleme verursachen. Kommen wir noch einmal zurück auf unser Beispiel der Altenpflegeschülerin, Person X im mittleren Erwachsenenalter (siehe Abbildung Seite 107).

Unsere Altenpflegerin spielt u.a. Rollen als Ehefrau, Mutter, Schwiegertochter und als Schülerin, Mitarbeiterin und Kollegin.

Stellen Sie sich einmal die folgende Situation vor: Es ist Freitagabend. Frau X hat ihr freies Wochenende. Bis zum Mittag hatte sie Dienst, und nun freut sie sich auf zwei Familientage.

Dies ist ein besonderes Wochenende, denn ihre Schwiegermutter wird morgen 60. Schon seit Monaten wurde die Feier geplant, und natürlich ist Frau X. als Schwiegertochter als Gast und gleichzeitig als Helferin bei der Bewirtung der Gäste fest eingeplant. Ihr Mann hatte sie immer wieder erinnert, sich dieses Wochenende im Dienstplan rechtzeitig freizuhalten. Schließlich soll die Familie zusammen Großmutters Geburtstag feiern.

Als Ausgleich für so viel Zusammensein mit Erwachsenen hat Frau X. den Kindern versprochen, am Sonntag mit ihnen in den Zoo zu gehen, zumal ihr Mann an diesem Tag als Schiedsrichter beim Fußball Verpflichtungen hat.

Nun, am Freitagabend, klingelt das Telefon. Es ist der Pflegedienstleiter, der Frau X. dringend bittet, am Wochenende einzuspringen und Dienst zu machen. Zwei ihrer KollegInnen sind ganz plötzlich durch Krankheit ausgefallen, und er weiß nicht, wie er sonst die Versorgung der BewohnerInnen sicher stellen soll.

Frau X. erläutert dem Pflegedienstleiter ihr Problem mit der großen Familienfeier und dem versprochenen Zoobesuch. Der Pflegedienstleiter zeigt zwar Verständnis, erklärt ihr aber, es gäbe keine andere Lösung, und sie müsse unbedingt kommen, so Leid es ihm täte. Frau X. sagt zähneknirschend zu und legt völlig verzweifelt den Hörer auf die Gabel.

Der Ärger ist programmiert. Sie hört schon förmlich ihren Mann schimpfen, dass er das ganze Jahr über hinnimmt, dass sie nie bei Familienfeiern dabei ist, noch dazu bei seiner Mutter, aber dieses eine Mal – nein, das hätte er nicht erwartet. Und die Kinder werden traurig sein, wenn sie schon wieder ein Versprechen nicht halten kann und den versprochen Zoobesuch verschieben muss.

Aber was hätte sie tun sollen? Schließlich ist sie noch Schülerin, und in dieser Position traut sie sich nicht, ihre Hilfe in einer scheinbar so aussichtslosen Situation zu verweigern.

Frau X. hat einen Rollenkonflikt. Von verschiedenen Seiten werden sehr unterschiedliche Erwartungen an sie gestellt, die nicht miteinander zu vereinbaren sind:

Unterschiedliche Erwartungen

- Die Pflegedienstleitung will, dass sie die Vertretung übernimmt. (Rolle: Mitarbeiterin)
- Ihre KollegInnen erwarten, dass sie sie nicht hängen lässt. (Rolle: Kollegin)
- Die Lehrkräfte der Schule erwarten, dass sie als Schülerin flexibel ist und in Notfällen einspringt. (Rolle: Schülerin)
- Ihr Ehemann erwartet, dass sie ihre Rolle als Ehefrau wahrnimmt und ihn zum 60. Geburtstag seiner Mutter begleitet. (Rolle: Ehefrau)
- Die Schwiegermutter hat sie zum Helfen eingeplant und erwartet, dass auf ihre Zusage Verlass ist. Außerdem erwartet sie ihre Anwesenheit, weil es sich einfach so gehört – was soll sie schließlich sonst den anderen Gästen sagen, warum die Schwiegertochter nicht einmal diesen Tag freihalten konnte. (Rolle: Schwiegertochter)
- Die Kinder erwarten, dass sie mit ihnen am Sonntag in den Zoo geht. Sie haben sich schon seit Tagen darauf gefreut. Außerdem ist es nicht das erste Mal, dass ein gemeinsamer Ausflug verschoben wird. (Rolle: Mutter)

Es ist nicht immer die gesamte Rolle, die vom Konflikt betroffen ist. Oft können es nur Teilbereiche der gesamten Rolle sein. Im Beispiel von Frau X. ist es ja nicht so, dass z.B. ihre Rolle als Ehefrau und ihre Rolle als Altenpflegeschülerin sich grundsätzlich nicht miteinander vertragen. Es ist nur ein Ausschnitt, ein Teilbereich, im dem die Interessen und Erwartungen aus beiden Rollen miteinander kollidieren.

Interrollenkonflikt

Das Problem von Frau X. ist ein Konflikt zwischen ihren verschiedenen Rollen, ein so genannter Interrollenkonflikt *(lat. inter = zwischen).*

Lösungen bei derartigen Konflikten können, wenn sie in dieser Art nur vereinzelt auftreten, in Kompromissen liegen. Treten solche Schwierigkeiten jedoch häufiger auf, sind es immer wieder dieselben Rollen die unvereinbar scheinen, so ist oft die Entscheidung für eine – die der betroffenen Person wichtigere – auf Dauer unumgänglich.

Wären es etwa bei Frau X. die Rolle der aktiven Handballspielerin und Trainerin mit regelmäßigen Punktspielen am Wochenende und die der Pflegekraft, die regelmäßig Wochenenddienste zu versehen hat, die aufeinanderprallen, so wären ständige Kompromisse unbefriedigend. Hier müsste sich Frau X. sicherlich zwischen Handball und ihrer Arbeitsstelle entscheiden bzw. zwischen der Rolle als Vereins- oder Mannschaftsmitglied und der als Altenpflegeschülerin.

Intrarollenkonflikt

Doch damit nicht genug – es gibt noch eine zweite Art von Rollenkonflikt. Dabei geht es um Schwierigkeiten innerhalb einer einzigen Rolle, um den so genannten Intrarollenkonflikt *(lat. intra = innerhalb).* Der Unterschied zwischen den beiden Arten von Rollenkonflikten wird wohl am besten an einem weiteren Beispiel deutlich.

Nehmen wir diesmal den Altenpflegeschüler Konrad. In seiner Berufsrolle als Altenpflegeschüler muss er viele verschiedene Erwartungen unter einen Hut bringen. Alle wollen und erwarten etwas anderes von ihm:

- Die Heimleitung erwartet, dass er stets auf Wirtschaftlichkeit bei der Pflege bedacht ist und in seinem Verhalten dem guten Ruf des Hauses entspricht.
- Die Pflegedienstleitung erwartet, dass er Verständnis für personelle Engpässe zeigt und bereit ist, flexibel damit umzugehen.
- Die KollegInnen erwarten, dass er sich anpasst und etwas schafft, d.h. seine Arbeit so verrichtet, dass Ergebnisse sichtbar werden und dass er nicht zuviel Zeit für die einzelnen Tätigkeiten benötigt. Außerdem soll er sich im Team kollegial verhalten. Und dass er als Schüler auch häufig unbeliebte Arbeiten übernehmen soll, ist klar.
- Die Lehrkräfte der Fachschule für Altenpflege erwarten, dass er entsprechend den in der Schule vermittelten Unterrichtsinhalten arbeitet und versucht, das Erlernte umzusetzen.
- Die BewohnerInnen erwarten von ihm vor allen Dingen Zeit. Sie erwarten oft auch, dass er sie in ihren Gewohnheiten verharren lässt.
- Die Angehörigen der BewohnerInnen erwarten, dass er ihren Wünschen im Umgang mit ihren Verwandten entspricht.
- Die ÄrztInnen erwarten, dass er ihren medizinischen Anordnungen Folge leistet, gleichgültig ob es in den Zeit- und Arbeitsplan passt.
- Die MitschülerInnen erwarten, dass er sich in die Gemeinschaft einfügt und dass er anderen beim Erarbeiten der Unterrichtsinhalte hilft, auch schon mal jemanden bei einer Arbeit abschreiben lässt usw.
- ...

Bei dieser Vielzahl von Erwartungen müsste Konrad viele Hände und mehrere Gesichter haben, wenn er seine Rolle als Altenpflegeschüler stets zur Zufriedenheit aller ausfüllen wollte. Er wird es sicherlich nicht schaffen, es allen recht zu machen. Dann wäre eine klare Linie bei seinem eigenen Rollenverständnis beinahe unmöglich. Wichtig ist, dass er für sich selbst ein klares Rollenselbstbild aufbaut. Dar-

Rollenselbstbild

unter werden die eigenen Vorstellungen und Erwartungen verstanden, die der/die RolleninhaberIn an die eigene Rolle richtet.

Wenn es um die Lösung eines Intrarollenkonflikts geht, ist ein klares Rollenselbstbild unerlässlich.

Gegensätzliche Aufträge von verschiedenen AuftraggeberInnen können leicht zu einem Intrarollenkonflikt führen. Erhält etwa

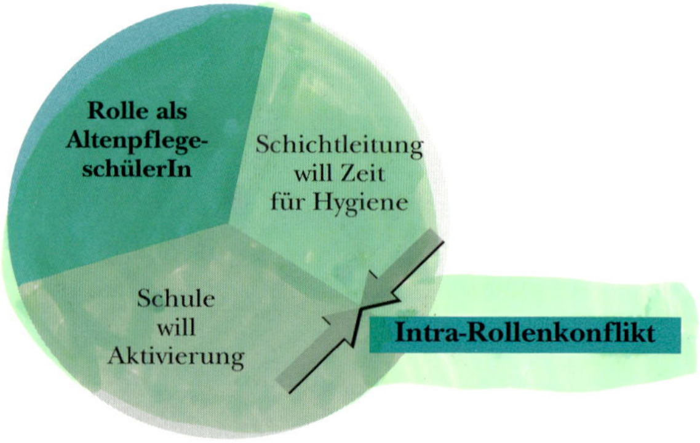

ein(e) AltenpflegeschülerIn von der Schichtleitung den Auftrag, Nachtschränke zu desinfizieren und gleichzeitig hat er/sie von der Schule den Auftrag, mit einigen BewohnerInnen Aktivierungspraxis zu üben und eine Spielrunde anzubieten, so gerät er/sie in einen Konflikt.

Lösung eines Intrarollenkonflikts

Verschiedene Möglichkeiten

Für die Lösung eines Konflikts, der keineswegs immer von der betroffenen Person so konkret analysiert und erkannt wird, werden verschiedene Möglichkeiten praktiziert. Wege, die dabei – ob bewusst oder unbewusst – beschritten werden, sind:

- die Entscheidung aufschieben bzw. verzögern;
- der Erwartung der Person entsprechen, die die höchste Position innehat oder die über die stärksten Druckmittel verfügt;
- abwechselnd den Erwartungen des einen und des anderen Rollenpartners entsprechen;
- versuchen, den Interessen beider RollenpartnerInnen wenigstens zum Teil zu entsprechen;
- scheinbar beiden Anforderungen entsprechen und dabei die tatsächliche Handlung vor dem/der jeweils anderen RollenpartnerIn verbergen;
- das tun, was die vom Konflikt betroffene Person selbst für richtig hält;
- ...

Keine der o.a. Möglichkeiten wird – häufig angewandt – auf Dauer zur allgemeinen Zufriedenheit führen. Günstiger ist es in der Regel, derartige Konflikte anzusprechen und gemeinsam mit den betroffenen PartnerInnen zu einer Entscheidung zu kommen.

Wichtig

- **Eine Rolle richtet sich immer an HandlungspartnerInnen. Sie wird erlernt und ist interpretierbar.**
- **Mit zunehmendem Alter verändern sich Rollen in ihrer Quantität und in ihrer Qualität .**
- **Es gibt zwei Arten von Rollenkonflikten: den Inter-Rollenkonflikt, also den Konflikt zwischen mehreren Rollen und den Intra-Rollenkonflikt, der sich innerhalb einer einzigen Rolle abspielt.**
- **Konflikte lassen sich in der Regel nur durch konkretes und direktes Ansprechen zufriedenstellend lösen, bei dem alle Beteiligten zu einer gemeinsam getragenen Entscheidung kommen.**

Übung

Das folgende Schema, das die gesellschaftlichen Rollen eines Menschen darstellt, kennen Sie schon.

Machen Sie es zu Ihrem ganz persönlichen Schema und tragen Sie Ihre eigenen Rollen in die Kreise ein! Selbstverständlich dürfen Sie Kreise hinzufügen, wenn die vorhandenen für die Auflistung all Ihrer Rollen nicht reichen sollten.

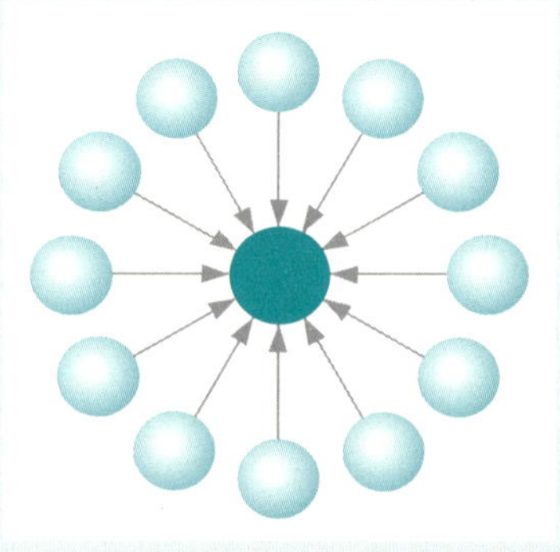

Überlegen Sie sich nun für Ihre ganz persönliche Rollensituation, welcher Inter-Rollenkonflikt für Sie entstehen könnte und welchen Intra-Rollenkonflikt Sie erleben könnten. Skizzieren Sie beide und kennzeichnen Sie die genauen Konfliktstellen!

Wiederholungsfragen

1. Welche Werte in unserer Gesellschaft sind Ihnen so wichtig, dass Sie sich aktiv dafür einsetzen?
2. Was bedeutet der Begriff »Sozialisation«?
3. Stellen Sie Vor- und Nachteile zusammen, die dem Individuum aus dem Leben in der Gemeinschaft entstehen!
4. Welche Sanktionen könnten ihnen persönlich drohen, wenn Sie bestimmte Normen nicht einhalten? Finden Sie Beispiele aus Ihrem privaten und aus Ihrem beruflichen Umfeld!
5. Welche Normen kennen Sie? Mit welchen kommen Sie ganz konkret in Berührung?
6. Suchen Sie an sich selbst Verhaltensweisen, die durch primäre Sozialisation geprägt wurden!
7. Warum ist es für Ihre Arbeit in der Altenpflege wichtig, etwas über Veränderungen von Werten zu wissen?
8. Nennen Sie die Stadien der Sozialisation und erläutern Sie, was im Einzelnen darunter zu verstehen ist!
9. Suchen Sie Interrollenkonflikte, die Sie aus eigener Erfahrung kennen!
10. Warum braucht der Mensch andere Menschen, warum ist er auf soziale Beziehungen angewiesen?
11. Warum entstehen Rollenkonflikte? Welche Arten von Rollenkonflikten kennen Sie?
12. Wie können sich gesellschaftliche Werte verändern?
13. Was sind die Merkmale einer gesellschaftlichen Rolle? Nennen Sie Beispiele für Rollen!

14. Warum sind Normen auch für Sie und Ihre Arbeit sinnvoll?
15. Wie verändern sich die Rollen eines Menschen im Laufe seines Lebens?
16. Suchen Sie an sich selbst Verhaltensweisen, die der Prägung durch sekundäre Sozialisation zuzuschreiben sind!
17. Was ist eine Lebensaltersrolle?
18. Erläutern Sie den Unterschied zwischen einem Inter- und einem Intra-Rollenkonflikt!
19. Was unterscheidet eine Rolle und eine Position voneinander?
20. Wo liegen Unterschiede in den Wertvorstellungen Ihrer Generation und der Generation der heute alten Menschen?

Literatur:

Brauchbar, Mathis / Heer, Heinz; Zukunft Alter, Herausforderung und Chance, Reinbek 1995

Büker, Heinz-Joachim; Altenpflege als Beruf, 3. überarbeitete und erweiterte Auflage, Vincentz Verlag, Hannover 1995, ISBN 3-87870-028-8

Grüneberg, Lutz / Hauser, Paul; Gerontologie für Altenpflegeberufe, Stam Verlag, Köln 1997

Hirsch, Anna Maria; Psychologie für Altenpfleger, Band I, Probleme des Alterns, 2. aktualisierte Aufl., München, 2001

Hoppe, Birgit; Lehrbuch Altenpflege: Psychologie. Verstehen lernen, Vincentz Verlag, Hannover 1997

Lehr, Ursula; Psychologie des Alterns, Heidelberg 1977

Reimann, Helga und Horst; Das Alter, 3. neu bearbeitete Aufl., Stuttgart 1994

Stracke-Mertes, Ansgar; Soziologie. Der Blick auf soziale Beziehungen, 2. vollständig überarbeitete und erweiterte Auflage, Vincentz Verlag, Hannover 1998

Stanjek, Karl (Hrg.); Altenpflege konkret: Sozialwissenschaften, Gustav Fischer Verlag, Lübeck, Stuttgart, Ulm, Jena 1998

Willig, Wolfgang; Psychologie, Soziologie, Gesprächsführung für Altenpfleger, Balingen 1984

Witterstätter, Kurt; Soziologie für die Altenarbeit, Freiburg 1981, 7. Aufl. 1991

Unsere organisierte Gesellschaft

Das Ziel ist,

→ *Organisationsstrukturen und -mechanismen kennen lernen, vor allem im Hinblick auf die Arbeitssituation in Organisationen,*

→ *Gruppenprozesse analysieren und mögliche Konflikte erkennen im Hinblick auf eigene Mitarbeit im Team und auf Gruppenarbeit mit alten Menschen,*

→ *Führungsstile kritisch betrachten,*

→ *Mitwirkungsmöglichkeiten in Organisationen kennen.*

DAS ZIEL IST ...

Der Mensch als Teil sozialer Gebilde

Der Mensch lebt als soziales Wesen, nicht allein auf einer einsamen Insel. Er muss sich einfügen in soziale Gebilde unterschiedlichen Charakters, ist im Lauf seines Lebens eingebunden in verschiedene soziale Systeme.

Organisation

Im weitesten Sinn sind alle diese sozialen Gebilde Formen der Organisation. Solche sozialen Gebilde existieren in verschiedenen Lebensbereichen – gemeint sind Schulen und Universitäten ebenso wie Betriebe, Krankenhäuser und Heime, Verwaltungseinrichtungen und Behörden, aber auch Parteien, Gewerkschaften, Berufsverbände, Vereine usw.

Organisationen sind für unsere stark ausdifferenzierte *(lat. differentia = Unterschied, Verschiedenheit)* und leistungsorientierte Gesellschaft ein notwendiges Ordnungsmittel. Ein kontinuierliches *(lat. continuere = anschließen, verbinden, zusammenfügen, folgen lassen, fortsetzen, nicht unterbrechen)* Zusammenwirken zahlreicher Menschen zu einem spezifischen Zweck bedarf der Organisation.*

→ Organisation

Organisationen sind soziale Gebilde, »... die auf die Verwirklichung spezifischer Ziele ausgerichtet sind, gleichgültig , ob es sich dabei um freiwillige Vereinigungen oder um die bürokratisch strukturierten Institutionen auf den wichtigsten Lebensgebieten handelt.«**

Wesentliche Kennzeichen der Organisation sind:

- konkreter Mitgliederkreis ist angebbar,
- Mitglieder fügen sich in klar umrissenen Positionen in die Hierarchie ein,
- die Ziel- bzw. Zweckverfolgung erfolgt planmäßig und rational.

---

*) vgl.: Mayntz, Renate; Soziologie der Organisation, Rowohlt Verlag, Reinbek 1974

**) aus: a.a.O., S. 31

Die Begriffe Organisation und Institution werden häufig gleichbedeutend gebraucht. Die Soziologie definiert jedoch den Begriff Institution noch weiter und fasst darunter Organisationen und Systeme, aber auch Handlungs- und Beziehungsmuster (Verhaltensmuster) innerhalb einer Organisation.*

Institution

Die Umsetzung der Ziele in der Altenpflege ist an Organisationen delegiert (vgl. Kapitel Miteinander leben, S. 91 ff.). Wohlfahrtsverbände, Kirchen, Vereine, Selbsthilfegruppen, Kommunen, Bürgerinitiativen usw. sind hier ebenso zu nennen wie Einrichtungen zur Qualifikation von MitarbeiterInnen.

Große Organisationen und Institutionen sind aus kleineren Gruppen zusammengesetzt. Diese können – wie häufig in Verbänden – durch regionale Gliederung entstehen oder – wie z.B. in einer Einrichtung der Altenpflege oder einem Betrieb – durch die inhaltliche Arbeitsgliederung, die Arbeitsverteilung. In solche kleineren Gruppen ist der Mensch als einzelnes Organisationsmitglied unmittelbar eingebunden. Er kooperiert *(lat. = zusammenarbeiten)* hier mit anderen Mitgliedern und steht im ständigen sozialen Kontakt. Die wechselseitigen Beziehungen, die Menschen im Umgang miteinander innerhalb sozialer Gebilde eingehen, wirken sich aus auf ihr Verhalten und beeinflussen ihr Handeln.

Regionale Gliederung

Inhaltliche Arbeitsgliederung

Deshalb soll hier die Gruppe als kleine Organisationseinheit näher betrachtet werden.

Mehr als zwei sind eine Gruppe

So erklärt der Volksmund den Begriff Gruppe. Durch unsere Beziehungen im Leben bilden wir Gruppen. Wir alle gehören unseren Familien, unseren Altersgruppen, Berufsgruppen, unserer dörflichen Gemeinschaft usw. an. Doch nicht alle hier aufgeführten und in der Umgangssprache so bezeichneten Gebilde sind tatsächlich Gruppen

*) vgl.: Stracke-Mertes, Ansgar; Soziologie. Der Blick auf soziale Beziehungen, Vincentz Verlag, Hannover 1994

im Sinn der Soziologie. Zunächst wird eine Gruppe ganz allgemein definiert als

→ Gruppe

Überschaubare Anzahl von Personen, die miteinander in Wechselbeziehung stehen.

Konkreter:

»Bezeichnung für eine integrierte soziale Struktur, deren Umfang (Anzahl der Gruppenmitglieder) variabel, jedoch im Einzelfall bestimmbar ist und innerhalb deren feststellbare oder quantifizierbare, auf die Gruppe selbst Einfluss nehmende und durch die Gruppe beeinflusste Beziehungen bestehen ... Eine Gruppe lässt sich demnach bestimmen als eine Anzahl von Mitmenschen, unter denen ein zu spezifizierender Zusammenhalt besteht, der zur Integration führt und der nach Qualität und Intensität (Quantität) beschrieben werden kann.«*

Spezifizierender Zusammenhalt

Hierbei wird oft unterschieden zwischen zwei Arten von Gruppen, den so genannten formellen und informellen Gruppen.

→ Formelle Gruppe

Für diese Art der Gruppe gibt es mehr oder weniger genau festgelegte Regeln.

Das Zusammenwirken der einzelnen Mitglieder ist stark vom formalen Rollensystem abgeleitet.

Formales Rollensystem

Spontanes Verhalten der gesamten Gruppe oder einzelner Mitglieder ist kaum bzw. nur selten und in eng begrenztem Rahmen möglich.

Beispiele: Schulklasse, Vereinsgruppe, Arbeitsgruppe, Pflegeteam usw.

---

*) aus: Fröhlich, Werner D.; Wörterbuch Psychologie, 23. Aufl., München 2000, S. 211

→ Informelle Gruppe

Wesentliches Kennzeichen einer solchen Gruppe ist die Tatsache, dass sie unabhängig von einer formalen Organisation entsteht.

Unabhängig von einer formalen Organisation

Die informelle Gruppe hat keine festgeschriebenen Ziele, kommt ohne vorgegebene Rollenverteilung aus und entwickelt ihre Ziele und ihre Struktur spontan.

Zwischen den Mitgliedern einer informellen Gruppe besteht in der Regel eine starke gefühlsmäßige Beziehung.*

Beispiele: Hobbygruppe, Bridgekränzchen, Freundeskreis, Familie usw.

Mit beiden Arten von Gruppen kommen AltenpflegerInnen und AltenpflegeschülerInnen bei ihrer Arbeit bzw. Ausbildung in Berührung.

Sie sind als Individuen *(lat. individuus = untrennbar, unteilbar, das Unteilbare, der Mensch als Einzelwesen)* in eine Organisation, eine Altenpflegeeinrichtung, einen Betrieb, eingebunden. Die Altenpflegeeinrichtung gibt die Ziele vor, die – häufig durch Satzungen bei gemeinnützigen Einrichtungen oder durch Konzeptionen in Betrieben – bestimmte Leitlinien festlegen.

Der bzw. die einzelne AltenpflegerIn ist so Mitglied einer formellen Gruppe, in der Regel ein Pflegeteam auf einem Wohnbereich oder einer Station oder ein Team in der ambulanten Altenpflege. Diese formelle Gruppe erfüllt gemeinsam einen offiziellen Auftrag.

Für Außenstehende wird zunächst nur das gemeinsame Handeln der einzelnen Gruppenmitglieder deutlich. Individuelle Unterschiede sind nicht erkennbar. Die Gruppe tritt als Einheit auf, als eine so genannte homogene *(lat. = gleich, gleichartig, gleichmäßig aufgebaut, einheitlich, geschlossen)* Gruppe.

Homogene Gruppe

Kommt diese Einheit nicht zustande, bleiben die Gruppenmitglieder eher eine Ansammlung verschiedenartiger Individuen ohne

*) vgl.: Willig, Wolfgang / Ebel, Thomas / Erben, Monika / Pulvermüller, Gerhard; Psychologie, Soziologie, Gesprächsführung in der Altenpflege, 4. überarbeitete und erweiterte Aufl., Balingen 1996

Heterogene Gruppe

erkennbare Gemeinsamkeiten, so wird von einer so genannten heterogenen *(lat. = ungleichartig, aus Ungleichartigem zusammengesetzt)* Gruppe gesprochen.

Formelle Gruppe

In der formellen Gruppe trägt jedes Mitglied seinen Teil zum Erreichen des gemeinsamen Ziels – z.B. Pflege der BewohnerInnen eines Wohnbereichs – bei. Jedes Mitglied übernimmt dabei seine Rolle und erbringt seinen Teil der Arbeit. Das einzelne Mitglied der formellen Gruppe darf zwar durchaus der Arbeit und den anderen Gruppenmitgliedern kritisch gegenüberstehen und eine gewisse Distanz zur Gruppe zeigen, darf jedoch nicht übergeordnete Ziele der Organisation in Frage stellen. Wäre dies der Fall, würden Konsequenzen erwartet – ein Verlassen der Gruppe, z.B. durch Kündigung, wäre die Folge.

Informelle Gruppe

Innerhalb einer formellen Gruppe können sich gleichzeitig informelle Gruppen bilden. Bezogen auf das Pflegeteam bedeutet dies, dass zwischen den einzelnen Mitgliedern oft unterschiedlich intensive Gemeinsamkeiten bestehen können. Oftmals haben einzelne Mitglieder eines Pflegeteams über die Arbeit hinausgehende gemeinsame Interessen und bilden gewissermaßen eine Untergruppe, einen Freundeskreis, eine informelle Gruppe. Sie entwickeln ein Wir-Gefühl, eine emotionale Bindung aneinander. Vielleicht gehören sie sogar gemeinsam einer weiteren formellen oder informellen Gruppe an. Die Mitglieder einer Wir-Gruppe stehen meist eng zueinander, und jedes einzelne Mitglied passt oftmals seine Meinung der Mehrheit der Gruppe an.

Häufig entstehen innerhalb eines Betriebes oder einer Altenpflegeeinrichtung mehrere solcher informellen Gruppen. Dies kann durchaus förderlich für das Arbeitsklima und für den Arbeitserfolg sein und die Strukturen innerhalb der Organisation stabilisieren *(lat. stabilis = standhaft, fest, unerschütterlich, dauernd)*. Eine kollegiale Beziehung mit gegenseitiger Anerkennung innerhalb einer Arbeitsgruppe fördert Motivation und Engagement der Gruppenmitglieder. KollegInnen sind in einem solchen Team meist eher bereit und in der Lage, Verantwortung zu übernehmen und Neues auszuprobieren.

Das Vorhandensein mehrerer informeller Gruppen, oft auch als Cliquen bezeichnet, kann aber auch zu Konflikten führen, wenn diese Gruppen sich gegeneinander stellen.

Gruppen können sich also überschneiden. Innerhalb einer formellen Gruppe können sich mehrere informelle bilden. Ein Indivuduum kann gleichzeitig Mitglied mehrerer formeller und informeller Gruppen sein. Informelle Gruppen können auch aus Mitgliedern mehrerer formeller Gruppen gebildet werden.

Gruppe ist nicht gleich Gruppe

Eine andere Art der Einteilung zwischen Gruppen ist die Unterscheidung nach so genannten Primär-Gruppen und Sekundär-Gruppen, aber auch nach Situativen Gruppierungen und Sozialen Kategorien.

Jeder einzelne Mensch ist in der Regel Mitglied in zahlreichen Gruppen verschiedener Art. Die Gruppen unterscheiden sich u.a. in ihren Zielsetzungen. Dabei kann die Gruppenzugehörigkeit sich herleiten aus

Gruppen-zugehörigkeit

- sozial-emotionalen Gründen (→Primär-Gruppe),
- arbeits-, organisations- oder leistungsbezogenen Gründen (→Sekundär-Gruppe),
- bestimmten zeitlich begrenzten gemeinsamen Interessen (→Situative Gruppierung),
- aus gemeinsamen Merkmalen (→Soziale Kategorien).*

Einen Menschen zieht es aus verschiedenen Motiven heraus in verschiedene Arten von Gruppen.

Das Bedürfnis nach Nähe, Sicherheit, Zuneigung, Liebe, Anerkennung usw. veranlasst den Einzelnen, sich Gruppen anzuschließen, in denen ein entsprechendes emotionales Klima entstehen kann und die durch enge und verlässliche Beziehungen gekennzeichnet sind. Solche Gruppen werden in der Soziologie allgemein als Bezugs-Gruppen oder Primär-Gruppen bezeichnet.

*) vgl.: Stracke-Mertes, Ansgar; Soziologie. Der Blick auf soziale Beziehungen, Vincentz Verlag, Hannover 1994

Bezugs-Gruppe

→ Primär-Gruppe

Die Primär- oder Bezugs-Gruppe weist die folgenden Merkmale auf:

- überschaubare Mitgliederzahl;
- überschaubare gegenseitige Beziehungen;
- emotionaler Bezug der Mitglieder zueinander;
- Mitglieder sind nicht beliebig austauschbar;
- Mitglieder sind voneinander abhängig und wissen dies;
- zwischen den Gruppenmitgliedern besteht ein hohes Maß an Interaktion *(lat.-nlat. = Wechselbeziehung zwischen aufeinander ansprechenden Partnern; inter = zwischen, untereinander, gegenseitig; actio = Tätigkeit, Handlung).*

Beziehungen in der Primär-Gruppe*

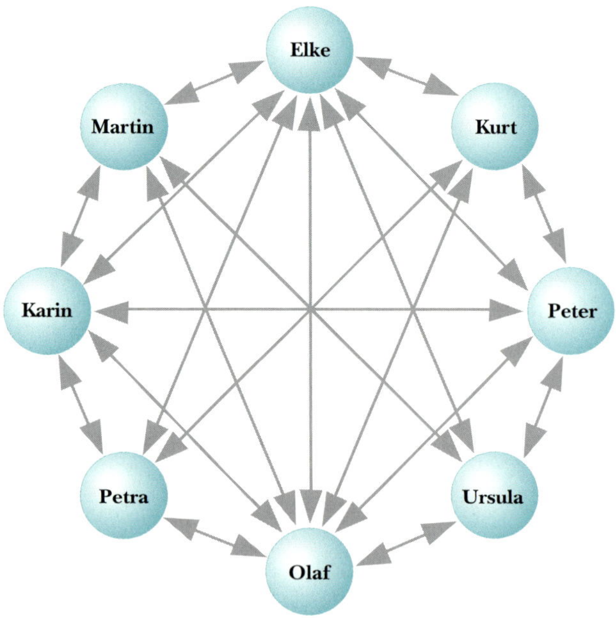

*) vgl.: Stracke-Mertes, Ansgar; a.a.O., S. 212

Anders begründet ist die Mitgliedschaft in so genannten Sozialen Gruppen oder Sekundär-Gruppen. Hier steht meist das Bedürfnis nach materieller Versorgung, nach Information, Arbeitsteilung und Kooperation im Mittelpunkt. Solche Gruppen sind sehr zweckorientiert ausgerichtet.

→ Sekundär-Gruppe

Soziale Gruppe

Die Sekundär-Gruppe, auch als Soziale Gruppe bezeichnet, weist die folgenden Merkmale auf:

- bestimmtes gemeinsames Ziel aller Mitglieder,
- rational *(lat. ratio = Berechnung, Vernunft, Überlegung)* geprägte und formal geregelte Beziehungen,
- Mitglieder sind austauschbar, Fortbestand der Gruppe ist durch Austausch nicht gefährdet,
- hohe Aufgaben- und Zielorientierung.

Aufgabenorientierte Beziehungen in der Sekundär-Gruppe*

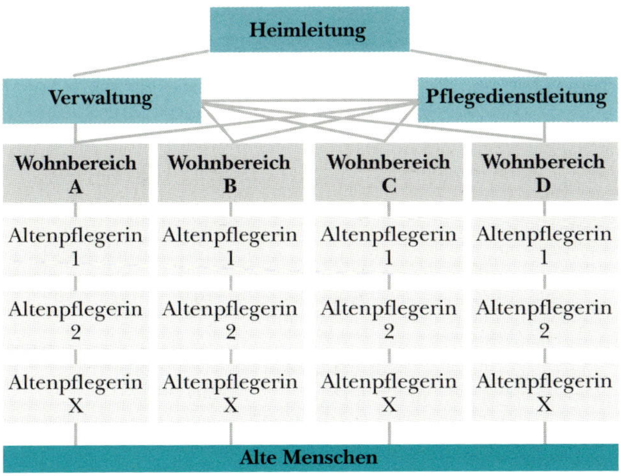

*) vgl.: Stracke-Mertes, Ansgar; a.a.O., S. 213

Oftmals gehören Menschen für einen begrenzten Zeitraum einer Gruppe bzw. einer Gruppierung an, um ein bestimmtes gemeinsames Ziel zu verfolgen. Dabei ist die persönliche Beziehung der Einzelnen untereinander von eher untergeordneter Bedeutung. Dabei kann es sich um Menschen handeln, die im Rahmen einer Bürgerinitiative ein politisches Ziel verfolgen, es kann aber auch um die gemeinsame Vorbereitung einer Veranstaltung, etwa eines Dorffestes o.Ä., gehen. Sobald der Anlass erledigt, das Ziel erreicht ist oder das Ziel – aus welchem Grund auch immer – aufgegeben oder aus den Augen verloren wurde, verlieren sich die Kontakte, löst sich die Gruppierung wieder auf.

→ Situative Gruppierung

Wesentliche Merkmale sind:

- konkret bestimmbares Ziel,
- zeitlich begrenztes gemeinsames Interesse,
- persönliche Beziehungen der Mitglieder untereinander von untergeordneter Bedeutung,
- Kontakte sind situationsbezogen, lösen sich nach Ende des Ereignisses, Erreichen oder Aufgabe des festgelegten Ziels, wieder auf.

Neben solchen konkret bestimmbaren Gruppen wird der Einzelne häufig weiteren Gruppen zugeordnet, die nicht im eigentlichen Sinn Gruppen sind, zumal die Anzahl ihrer Mitglieder nicht überschaubar ist. Richtiger ist bei solcher Zuordnung der Begriff Soziale Kategorie. Die Mitglieder haben untereinander keine Beziehungen. Dies ist z.B. der Fall bei der Gruppe der AltenpflegerInnen, den Menschen über 60 Jahre, Menschen christlichen Glaubens usw.

→ Soziale Kategorie

Wesentliche Merkmale sind:

- soziale Ähnlichkeiten,
- gemeinsame Kennzeichen oder Merkmale,

- persönliche Bezüge fehlen bzw. bestehen nur zwischen einzelnen Mitgliedern der Kategorie und sind für ihre Gesamtheit ohne Bedeutung.

In der Gruppe ist alles leichter ...!?

Der Mensch braucht Gruppen. Sein Verhalten wird beeinflusst durch die Gruppen, in denen er lebt.

In Gruppen erfährt der Mensch Unterstützung und Anerkennung. Hier wird seinen verschiedenen Bedürfnissen entsprochen.

Gruppen ermöglichen dem Menschen, Selbstwertgefühl zu entwickeln und zu erfahren, sein Sozialverhalten zu erproben, Abhängigkeit und Unabhängigkeit zu erleben. Hier lernt er Konflikte und Möglichkeiten ihrer Bewältigung kennen. Hier übt er, Frustration zu verarbeiten und vieles mehr.

Gruppen geben dem Einzelnen Halt und Beständigkeit. Aber Gruppen werden auch von ihren Mitgliedern beeinflusst und unterliegen daher einem ständigen Wandel, einer Entwicklung – wie die Menschen selbst.

Gruppendynamik

Daher ist eine Gruppe immer etwas Dynamisches *(gr. = die Kraft betreffend, kraftgespannt, bewegt, schwungvoll)*, nichts Statisches *(gr. = stillstehend, ruhend)*. Sie wird bestimmt und lebt von ihren Mitgliedern mit ihren verschiedenartigen Persönlichkeiten und Charakteren. Die Mitglieder einer Gruppe nehmen Einfluss auf die Entwicklung der Gruppe, auf ihre Gruppendynamik. Es entstehen so genannten Gruppenprozesse mit Entwicklung von Rollensystemen.

Werte und Normen

Im Lauf der Zeit bilden sich innerhalb einer Gruppe bestimmte Werte und Normen heraus. Geschriebene oder ungeschriebene Regeln über den Umgang miteinander, über Verhaltensweisen, Gesprächsthemen und Tabus verfestigen sich. In der Regel ist diese Festlegung informell, aber trotzdem hat sie meist für alle Mitglieder mehr oder weniger verbindlichen Charakter und wird bei Nicht-Einhaltung mit Sanktionen (siehe Kapitel Miteinander leben, S. 100) belegt.

Machtpotentiale und Machtstrukturen

Dominanz, Abhängigkeit und Unabhängigkeit bestimmen das Verhalten untereinander. Machtpotentiale und Machtstrukturen entwickeln sich. Dabei ist zwischen so genannter persönlicher Macht, die sich z.B. aus dem Abhängigkeitsverhältnis in der Beziehung zwischen Pflegekraft und altem Menschen ergeben kann, und so genannter institutioneller Macht zu unterscheiden. Letztere kann im System sozialer Normen entstehen, die z.B. InhaberInnen bestimmter Positionen zum Befolgen von Anweisungen zwingt.

Konflikte

Während der Gruppenprozesse mit Verteilung von Macht entstehen häufig Konflikte. Konformitätsdruck *(lat.-nlat. = Gleichförmigkeit, Anpassung)* und Rivalitäten *(lat. rivalis = Nebenbuhler)* sind nur zwei Stichworte dazu. Die Lösung solcher Konflikte kann z.B. über Kooperation und Teamarbeit gesucht werden. Die Fähigkeiten und die Bereitschaft der Gruppenmitglieder zu Kommunikation *(lat. communicare = mitteilen, sich verständigen, sich beraten)* und Interaktion (lat. inter = zwischen; actio = Handlung) sind unerlässliche Voraussetzungen. Eine Gruppenleitung mit ausgeprägten Führungsqualitäten (siehe S. 136) ist für eine effektive Konfliktlösung sehr hilfreich.

Oftmals werden – bewusst oder unbewusst – bestimmte gemeinsame Symbole benutzt, um sich von anderen Gruppen eindeutig abzugrenzen. Solche Symbole können einheitliche Logos oder Embleme sein, aber auch Kleidung, Haarmode etc. bis hin zu einer eigenen »Insider«-Sprache. Je mehr das einzelne Mitglied sich mit einer Gruppe identifiziert *(lat. -nlat. = Begriffe oder Gegenstände als ein und dieselben betrachten)*, desto mehr wird es sich deren Regeln anpassen. Gleichzeitig entsteht meist ein höheres Wir-Gefühl und damit eine intensivere Abgrenzung gegen andere Gruppen.

Wir-Gefühl

Die eigene Gruppe schafft für ihre Mitglieder Vertrautheit. Oft wird die eigene Gruppe positiver wahrgenommen als andere Gruppen. Bei fremden Gruppen und Gruppierungen besteht meist ein gewisses Maß an Fremdheit. Unwissenheit über konkrete Ziele, Regeln und Symbole verursacht häufig Unsicherheit, bis hin zur Angst vor dem Fremden. Das schafft Distanz und ist oft Ursache für Vorurteile.

Dabei müssen die Unterschiede zwischen den Gruppen für Außenstehende keineswegs groß oder deutlich erkennbar sein. Das Pflegeteam von Wohnbereich A kann eine eingeschworene Gemeinschaft, eine Gruppe mit starken Beziehungen untereinander sein, die ein intensives Wir-Gefühl entwickelt. Trifft diese Gruppe mit dem Pflegeteam des Wohnbereichs B zusammen, so kann die gegenseitige Wahrnehmung hier durchaus von Vorurteilen geprägt sein. Prallen hier in einer Konfliktsituation verschiedene Meinungen aufeinander und entwickelt jede der beiden Gruppen ein Wir-Gefühl, so ist die Konfrontation kaum zu vermeiden.

Vom Kennen lernen bis zur Auflösung

Jede Gruppe geht ihren Weg, durchläuft im Zeitraum ihres Bestehens mehrere Phasen – vom Kennen lernen bis hin zur Auflösung. Der Zeitraum dazwischen kann unterschiedlich lang sein. Zwar entwickelt sich jede Gruppe – entsprechend ihren Mitgliedern – individuell und verschiedenartig, aber es gibt gewisse Gesetzmäßigkeiten, denen Gruppenprozesse in der Regel unterliegen.

Phasen der Gruppenbildung

So lassen sich bei der Gruppenbildung mehrere Phasen unterscheiden. Dabei gibt es unterschiedliche Differenzierungs-Möglichkeiten. Eine sei hier beispielhaft aufgeführt:*

1. Phase: Fremdheit

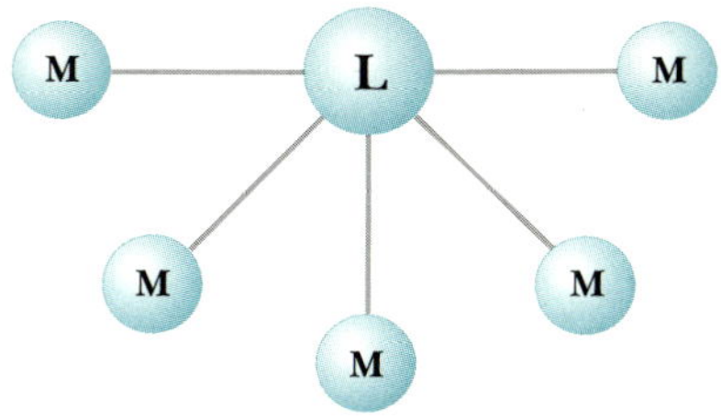

L = Gruppenleitung, M = Gruppenmitglied

*) vgl.: Witterstätter, Kurt; Soziologie für die Altenarbeit, Freiburg 1981, 7. Aufl. 1991

Kennen lernen

Fremdheit unter den Gruppenmitgliedern ist wesentliches Merkmal dieser Phase. Die Gruppenleitung kanalisiert die Kontakte. Während dieser Periode findet das Kennen lernen statt. Gruppenmitglieder können ihre Bedürfnisse verdeutlichen.

Unter alten Menschen dauert diese Phase meist besonders lange, weil die heute alten Menschen in der Regel nicht gelernt haben, sich spontan zu äußern und Fremdheit schnell zu überwinden. In den ersten Sozialisationsphasen der heute alten Menschen waren Gehorsam und hierarchisches Denken oberste Gebote. Alte Menschen haben daher oft Schwierigkeiten, diese Phase zu bewältigen, sich einander anzunähern und miteinander Kontakt aufzunehmen – mehr als jüngere Menschen.

2. Phase: Orientierung

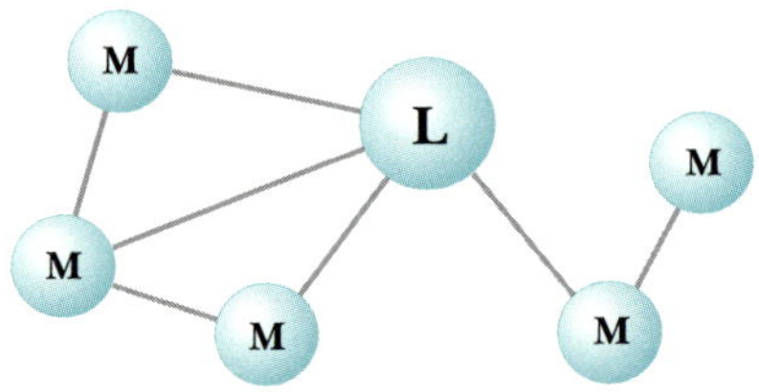

Erste Verbindungen und Kontakte

In der Orientierungs-Phase entwickeln die einzelnen Mitglieder das Gefühl, in die Gruppe hineinzupassen. Erste Verbindungen und Kontakte der Mitglieder untereinander entstehen.

Machtkampfphase

Hin und wieder verlassen auch einzelne Mitglieder die Gruppe, zum Teil nach regelrechten Machtkämpfen untereinander. Deshalb wird diese Phase auch Machtkampfphase genannt. Gerade unter alten Menschen gestaltet sich diese Phase oft sehr intensiv.

Es werden Mehrheiten gebildet, die über Aktivitäten bestimmen möchten. Die Leitung ermutigt häufig zur mehrfachen Wiederholung von Aktivitäten, die von Mehrheiten bevorzugt werden. Damit wird die Auseinandersetzung innerhalb der Gruppe gefördert.

3. Phase: Vertrautheit

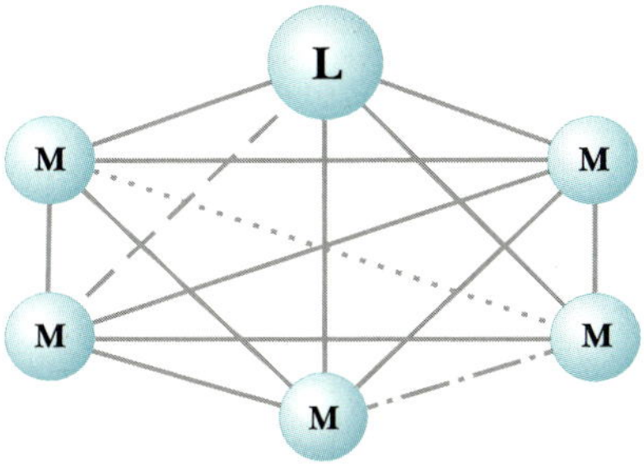

Die Phase der Vertrautheit ist für die einzelnen Mitglieder gekennzeichnet von Ehrlichkeit. Jedes Mitglied kann sich geben, wie es ist. Jede(r) hat mit jedem Kontakt, allerdings in unterschiedlicher Qualität und Quantität. Es entwickelt sich eine konkrete Rollenstruktur. Die Gruppenleitung unterscheidet sich in ihrer Funktion kaum noch von den Gruppenmitgliedern.

Konkrete Rollenstruktur

4. Phase: Konformität

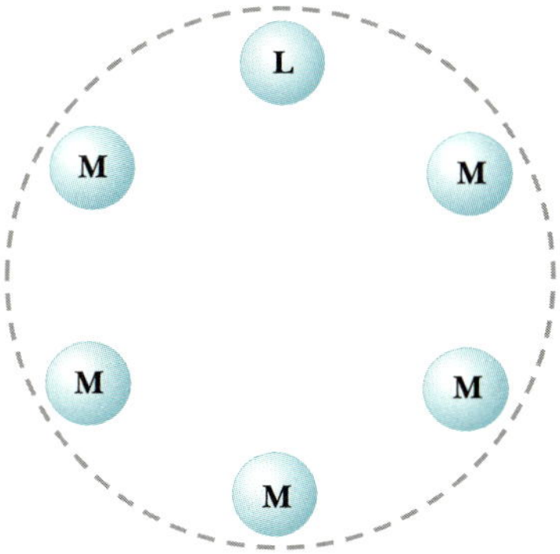

In der Phase der Konformität besteht eine enge Verbundenheit zwischen den Mitgliedern der Gruppe. Ein starkes Wir-Gefühl verbindet die einzelnen Mitglieder. Die Gruppenleitung ist integriert.

Enge Verbundenheit

Für neue InteressentInnen ist es in dieser Phase extrem schwierig, in die Gruppe aufgenommen zu werden.

Gerade in der Altenpflege ist es für die Gruppenleitung wichtig, in dieser Phase für eine offene Atmosphäre zu sorgen, die Gruppe offen zu halten, damit neue Mitglieder eine Chance haben, in die Gruppe einzutreten.

5. Phase: Auflösung

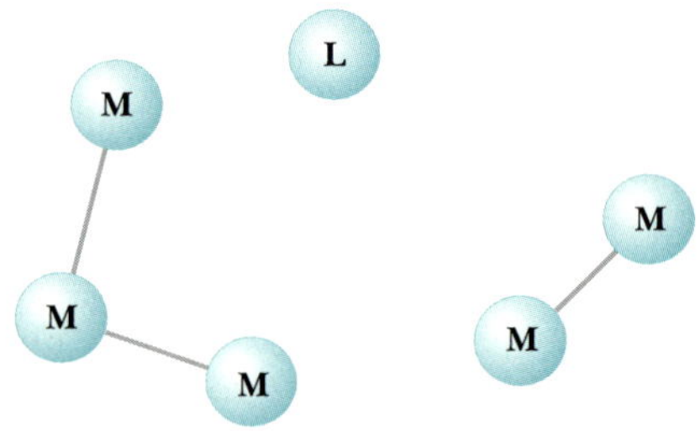

Irgendwann tritt bei jeder Gruppe die Phase der Auflösung ein. Nicht alle Mitglieder erleben diese Phase. Die Auflösung kann eintreten, sobald die Mitglieder der Gruppe ihr Ziel als erreicht betrachten. Gerade bei alten Menschen tritt diese Phase aber auch ein durch Krankheit oder Tod von Mitgliedern.

Eine ähnliche Situation kann aber auch entstehen, wenn einzelne Mitglieder an den Aktivitäten der Gruppe nicht mehr teilnehmen möchten oder können.

Qualifiziert pflegen und kompetent leiten – miteinander vereinbar?

Wer als AltenpflegerIn erfolgreich arbeitet, hat in der Regel Anlagen wie Kommunikationsfähigkeit, Intuition, Zuwendung, Geduld, Gelassenheit, Einfühlungsvermögen etc. in hohem Maß ausgebildet. Übernimmt eine Person mit derartigen Qualitäten eine Leitungsfunktion, so betritt sie quasi eine neue Welt, in der andere Regeln gelten. Der Aufstieg in der Hierarchie der Organisation ist für viele etwas Erstrebenswertes, eine reizvolle Herausforderung. Manche empfinden die neuen Aufgaben, die mit einem solchen Positions-

Leitungsfunktion

wechsel verbunden sind, aber auch als erdrückende Anforderung. An die InhaberInnen von Leitungspositionen – ob Schicht-, Wohnbereichs-, Stations-, Pflegedienstleitung oder eine andere Führungsposition – richten sich bestimmte Erwartungen.

Nach einem Wechsel in eine Leitungsposition stellen sich plötzlich andere Aufgaben. Es gilt Entscheidungen zu treffen und umzusetzen, Konflikte auszutragen, Ergebnisse zu erzielen, Interessen zu vertreten und durchzusetzen, Arbeitsabläufe zu organisieren, Distanz wahren und damit Übersicht auf das System als Ganzes erhalten. Neue und vielfach für AltenpflegerInnen ungewohnte Fähigkeiten sind gefragt – Entschlusskraft, Konfliktfähigkeit, Durchsetzungsvermögen, Ergebnisorientierung, Fähigkeit zur Wahrung von Distanz.

Führungs-Eigenschaften

Häufig werden solche Führungs-Eigenschaften als eher männliche, die wesentlichen Qualitäten für Pflegetätigkeiten als eher weibliche bezeichnet. In Einrichtungen der Altenpflege ist die mittlere Leitungsebene vorrangig von Frauen besetzt. Die Organisationen sind in der Regel hierarchisch strukturiert. Wer eine Leitungsposition übernimmt, ist damit automatisch an bestimmte Spielregeln der Organisation gebunden – wie die InhaberInnen aller anderen Positionen in der Organisation auch. Aus der Pflege kommende LeiterInnen müssen in solchen Positionen oft sehr unterschiedliche Fähigkeiten und Eigenschaften zu neuem Rollenverständnis vereinen. Verschiedenartige Rollenerwartungen treffen aufeinander, und es kommt oftmals zu Rollenkonflikten.*

Mit guter Führung zum Ziel

Soll Gruppenarbeit gezielt eingesetzt werden, so ist eine qualifizierte Leitung wichtig. AltenpflegerInnen kommen in unterschiedlichen Situationen mit Gruppenarbeit in Berührung. Einerseits arbeiten sie meist selbst im Team, sind dort Teil einer Gruppe, oftmals auch in Leitungsfunktionen. Andererseits regen sie häufig alte Menschen

*) vgl.: Lancel-Tullius, Helga; Altenpflegerinnen als Teamchefin, in: Altenpflege, Heft 1/97, S. 27ff

zur Gruppenarbeit an, insbesondere bei der Gestaltung aktivierender Angebote. Auch Arbeits-, Supervisions-, Selbsterfahrungs- und Selbsthilfegruppen etc. bieten AltenpflegerInnen Beteiligungsmöglichkeiten.

Leitungsverhalten

Das Leitungsverhalten der verantwortlichen Person entscheidet oft über Erfolg oder Misserfolg der Gruppenarbeit und ist von großer Bedeutung für die Entwicklung einer Gruppe in den verschiedenen Phasen.

Grundsätzlich sollte sich die Gruppenleitung von zwei wesentlichen Aufgaben leiten lassen:

- der Zielorientierung und
- dem Zusammenhalt der Gruppe (Kohäsionsfunktion) *(lat. cohaerere = zusammenhalten, verbinden).*

Teamorientierung

Von Gruppenarbeit wird zwar viel gesprochen, aber sie mit echter Teamorientierung umzusetzen, ist nicht so einfach. Alle Gruppenmitglieder – besonders aber die Leitungsperson – müssen einiges lernen, z.B.

- auf andere zugehen, statt zu warten, bis andere den ersten Schritt machen,
- zuhören,
- in der Gruppe offen die eigene Meinung sagen,
- vorgetragene Meinungen begründen, dafür argumentieren,
- offen für die Argumente anderer sein,
- abweichende Meinungen anderer zur Weiterentwicklung der gemeinsamen Sache nutzen, konstruktiv damit umgehen,
- Interessenkonflikte innerhalb der Gruppe – ohne SchiedsrichterIn – austragen,
- Besprechungen, Teamgespräche etc. ohne hierarchische Struktur gestalten,
- ohne Lob und Tadel eines/einer ChefIn auskommen,
- mit Überschneidungen von Einzel- und Gruppenverantwortung zurechtkommen,
- Aufgaben partnerschaftlich verteilen,

- KollegInnen vertrauen und Verantwortung und Macht delegieren,
- Mitverantwortung tragen für Ereignisse und Ergebnisse, die von anderen mit beeinflusst werden.

Aber bitte mit Stil ...!

Mit der Mitgliedschaft in einer Gruppe sind immer Rechte und Pflichten verbunden. Dies gilt für die Gruppenleitung in gleichem Maß wie für alle anderen Mitglieder in unterschiedlichen Positionen.

Führung ist eine Frage des Stils. Generationen von WissenschaftlerInnen haben sich bereits mit der Frage beschäftigt, wie sich verschiedene Führungsstile in einer Organisation auf das Verhalten der Mitglieder auswirken.

Ein bestimmter Führungsstil kann zu einem – wenn auch beschränkten – Einstellungswandel bei den Mitgliedern einer Gruppe führen, dies sowohl in negativer als auch in positiver Richtung. Positiv eingestellte Mitglieder können, wenn sie allzu starrer Disziplin, autoritärer Führung oder Willkürmaßnahmen ausgesetzt werden, schnell anfängliche Begeisterung verlieren und später ihre Pflichten nur noch widerwillig erfüllen. Umgekehrt können Gruppenmitglieder mit anfänglich negativer Einstellung und mangelnder Motivation durch geeignete Führung langsam zu einer positiveren Einstellung finden.*

Verschiedene Führungsstile

Es gibt verschiedene Differenzierungsmöglichkeiten hinsichtlich der Führungsstile. Moderne Führungsstile werden scherzhaft wie folgt beschrieben:

Management by Helikopter

Über allem schweben, von Zeit zu Zeit auf den Boden kommen, viel Staub aufwirbeln und dann wieder ab nach oben.

*) vgl.: Mayntz, Renate; Soziologie der Organisation, Rowohlt Verlag, Reinbek 1974

Management by Jeans
An den wichtigsten Stellen sitzen die größten Nieten.

Management by Champignon
Die MitarbeiterInnen im dunklen lassen, mit Mist bestreuen; wenn sich Köpfe zeigen, sofort absägen.

Management by Pingpong
Jeden Vorgang zurück- oder weitergeben, bis er sich von selbst erledigt.

Management by Darwin
MitarbeiterInnen gegeneinander aufstacheln, SiegerInnen befördern, VerliererInnen abschieben.

Management by Nilpferd
Kurz auftauchen, Maul aufreißen, ... wieder untertauchen.

Management by Butterfly
Bunt, flatterhaft, unfähig, ein Nest zu bauen, ohne Gewicht, völlig unwichtig.

Management by Chicken
Gackert mit, wenn ein anderer ein Ei legt, ohne selbst produktiv zu sein, oder – viel Lärm um nichts.

Management by Potatoes
Rin in die Kartoffeln, raus aus die Kartoffeln.

Management by Robinson
Alle warten auf Freitag.*

---

*) Quelle unbekannt

Nach dieser mehr humoristischen Betrachtung, nun die traditionelle Einteilung der Führungsstile. Die im Folgenden aufgeführten sind Beispiele, die sich an gängigen Einteilungsrastern orientieren.

→ Autoritärer Führungsstil

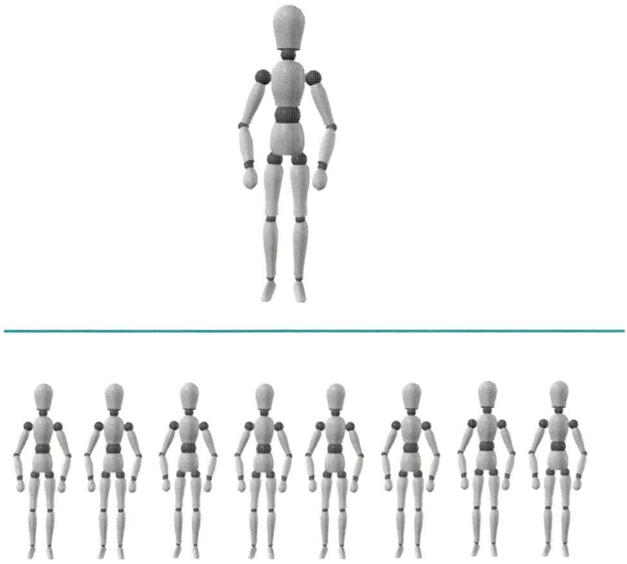

Hier gehen alle Initiativen und Aktivitäten von der Leitung aus. Wer die Führungsposition innehat, legt Ziele fest, verteilt Aufgaben und kontrolliert, ob der Prozess planmäßig verläuft.

Alle Initiativen und Aktivitäten von der Leitung

Die Eigenbeteiligung der Gruppenmitglieder ist nur in geringem Umfang möglich und erwünscht. Deren Verantwortungsbereitschaft ist niedrig.

→ Autokratischer Führungsstil

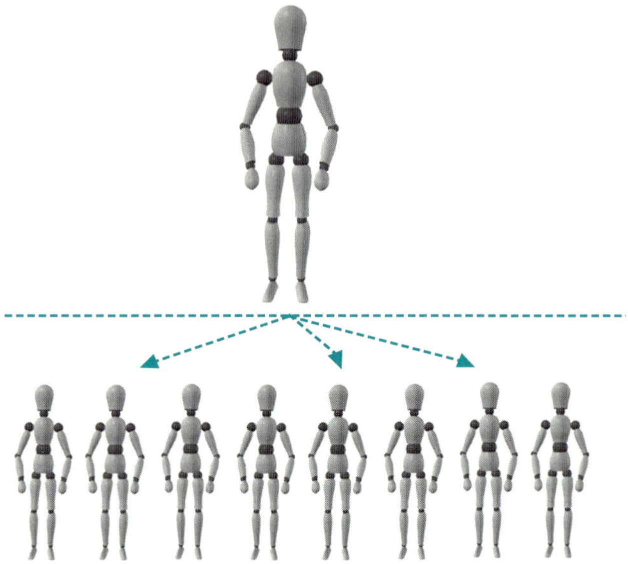

(autokratisch gr. = unumschränkt, selbstherrlich) Initiativen und Aktivitäten gehen hier ebenfalls von der Leitung aus. Diese pocht auf strikte Einhaltung der formalen Hierarchie und bestimmt so den Gruppenprozess. Die Leitungsperson misstraut weitgehend anderen. Beschlüsse fasst eine solche Führungsperson meist allein und erteilt entsprechende Anordnungen. Die Leitung handelt selbstherrlich und verhält sich wenig selbstkritisch.

Gelegentlich geht eine solche Leitungsperson Scheinbündnisse mit einzelnen Gruppenmitgliedern ein und horcht diese aus, um Einfluss und Macht zu gewinnen.

Mangel an Solidarität

Die Atmosphäre in einer so geführten Gruppe ist geprägt von gegenseitigem Misstrauen und einem Mangel an Solidarität.

→ Laissez-faire Führungsstil

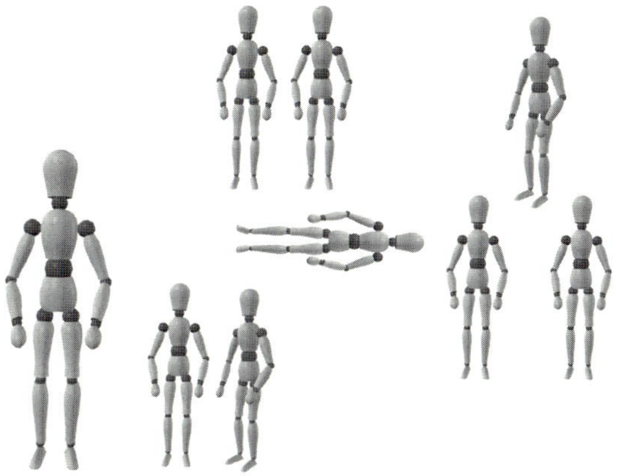

Dieser Stil ist gekennzeichnet von einem Mangel an Führung. Die für die Leitung zuständige Person überlässt den Gruppenmitgliedern den gesamten Gruppenprozess, verweigert die Übernahme von Funktion und Verantwortung.

Mangel an Führung

Besteht eine Gruppe schon länger, so kann sie oft die Situation auffangen, indem andere Gruppenmitglieder die Leitungsfunktion übernehmen.

Bei neuen Gruppen kann die fehlende Führung gerade in der Startphase zu Orientierungslosigkeit und Frustration führen. Oft ist die Auflösung der Gruppe die Folge.

→ Demokratische Führung

Dieser Führungsstil orientiert sich an demokratischen *(Demokratie gr. = Volksherrschaft)* Strukturen. Die Leitungsperson nimmt ihre Funktion wahr. Sie entscheidet nicht allein, sondern bezieht mindestens einzelne Gruppenmitglieder mit ein und delegiert Aufgaben und Verantwortung. Dazu bildet sie häufig weitere Abstufungen in der Hierarchie der Gruppe, bildet z.B. Leitungs-AssistentInnen heran.

Delegiert Aufgaben und Verantwortung

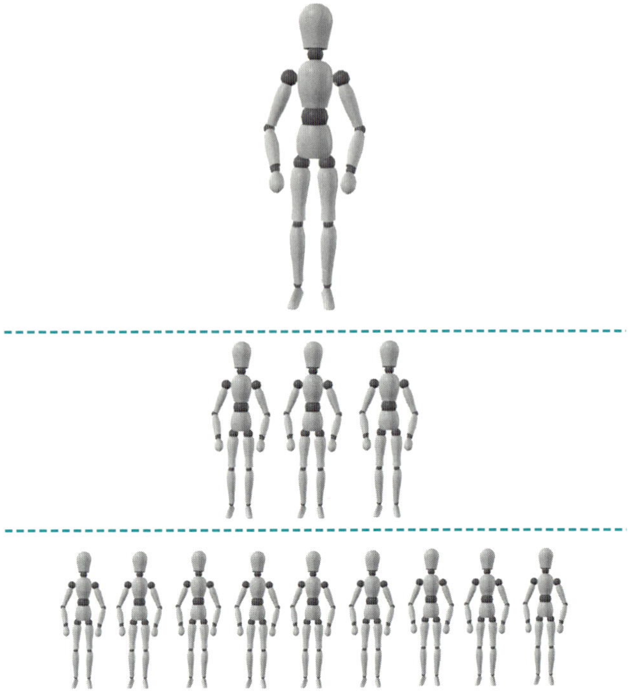

Die Gruppe orientiert sich am gemeinsamen Ziel und ist arbeitsfähig.

→ Kooperative Führung

Bei dieser Form der Führung steht die Kooperation *(lat. = Zusammenarbeit)* im Mittelpunkt. Die Leitung übernimmt zwar Gesamtverantwortung, delegiert aber im übrigen Aufgaben und die dazugehörigen Verantwortungsbereiche. Eine solche Führungsperson kombiniert möglichst Entscheidungskompetenz mit Sachkompetenz bei den einzelnen Gruppenmitgliedern. Die Führungsperson übernimmt die Koordination und reiht sich in die Gruppe als gleichwertiges Mitglied ein.

Kombiniert Entscheidungskompetenz mit Sachkompetenz

Der Organisationssoziologe Harold Wilsensky beschreibt die ideale Führungspersönlichkeit im Hinblick auf Leistungsstärke einer Arbeitsgruppe etwa so:

- Sie differenziert ihre Rolle von der ihr in der Hierarchie Untergeordneten.
- Sie plant, weist an und koordiniert, statt dasselbe zu tun wie die anderen.
- Sie ist nicht so sehr produktivitätsorientiert als vielmehr auf das Wohlergehen der ihr Untergeordneten ausgerichtet und hat persönliches Interesse an ihnen.
- Sie ist verständnisvoll und straft Fehler nicht hart.
- Sie vermeidet enge Aufsicht und lässt ihren Leuten Spielraum für eigene Initiativen und selbständiges Vorgehen.*

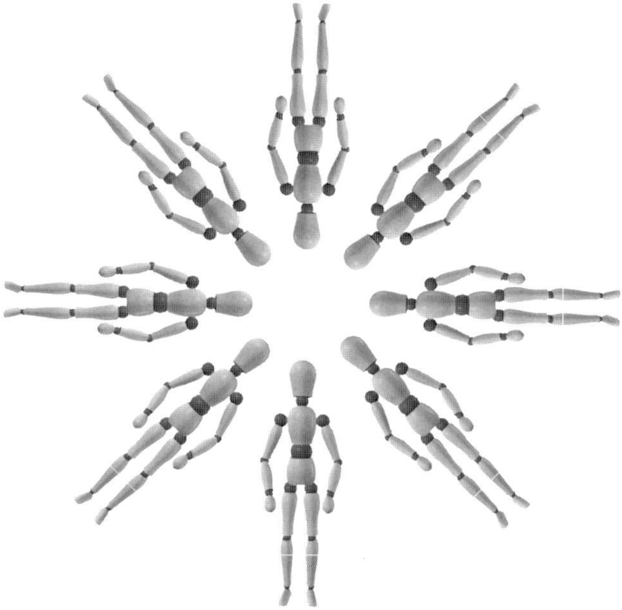

Jeder Führungsstil – so unterschiedlich die einzelnen Versionen auch sind – hat seine Vorzüge. Diese sind nachfolgend nur einmal beispielhaft für zwei der oben aufgeführten – den autoritären und den kooperativen – zusammengestellt.

---

*) vgl.: Mayntz, Renate; Soziologie der Organisation, Rowohlt Verlag, Reinbek 1974

Vorzüge des autoritären Führungsstils

- Schnelle situationsbezogene Entscheidungsfindung,
- nur wenige qualifizierte MitarbeiterInnen erforderlich,
- kurzfristig hohe quantitative Leistungsfähigkeit,
- einfaches Durchsetzen unpopulärer Entscheidungen möglich,
- Befreiung der MitarbeiterInnen von Verantwortung,
- Bedürfnis der MitarbeiterInnen nach Vorbildern, Anlehnung und Geborgenheit wird erfüllt.

Dieser Führungsstil erscheint auf den ersten Blick sehr einfach und vorteilhaft. Dennoch birgt er eine Vielzahl von Gefahren – siehe Diktatur mit Missbrauch von Macht.

Vorzüge des kooperativen Führungsstils

- Hohe Zuverlässigkeit und Richtigkeit von Entscheidungen durch große Fach- und Sachkompetenz,
- flache Organisationssysteme mit großer Nähe zwischen Informierenden und Entscheidenden,
- schnelle Entscheidungen, wenn an die richtigen Fachgruppen delegiert wird,
- freie Zeit- und Denk-Kapazitäten für Leitungsperson durch Delegation von Aufgaben (Führungs-Ökonomie),
- freie Entfaltung von MitarbeiterInnen möglich,
- Zwang zu Entscheidung und Initiative für alle Gruppenmitglieder,
- offener Informationsaustausch und damit gutes Verständnis füreinander und für Probleme,
- Handeln beruht auf Fakten und gibt damit das Gefühl fachlicher Sicherheit,
- MitarbeiterInnen werden von SpezialistInnen zu UniversalistInnen,
- Bedürfnis der MitarbeiterInnen nach sozialer Sicherheit wird durch Zusammenarbeit befriedigt,
- Bedürfnis der MitarbeiterInnen nach Anerkennung als kompetente(r) MitarbeiterIn wird befriedigt,

- kooperative Führung schafft gute atmosphärische Voraussetzung für gelegentlich trotzdem notwendige Durchsetzung autoritärer Entscheidungen.

So deutlich die Vorzüge des kooperativen Führungsstils auch sein mögen, so schwierig scheint es dennoch zu sein, ihn tatsächlich umzusetzen. Führungspersönlichkeiten, denen dies gelingt, müssen fähig und gewillt sein, kooperativ zu führen, d.h. Prestige und Macht müssen mit anderen geteilt werden.

Demokratische Mitwirkung in Organisationen

Wie bei der Beschreibung der Organisationsformen dargestellt, gehören Einrichtungen der Altenpflege zu verschiedenen Trägerorganisationen bzw. sind sie selbst als eigenständige Organisationen einzustufen.

Diese Einrichtungen werden in der Regel demokratisch geführt. Eine Mitwirkung von Beteiligten ist in den Gremien der Führungsstruktur oder in beratenden Gremien möglich. So sind z.B. Wohlfahrtsverbände häufig mit Vorständen und Beiräten organisiert.

Heimbeiräte

Übertragen auf den Heimbereich, werden so BewohnerInnen durch Bildung von Heimbeiräten an Entscheidungen beteiligt. Wichtig ist, dass gewählte VertreterInnen in solchen Gremien ihre Rechte tatsächlich wahrnehmen und ihre Mitwirkungsfunktion sowie ihre Interessenvertretungs-Möglichkeit nutzen. Es ist gemeinsame Angelegenheit der Heimbeiräte und der Heimleitung, dafür zu sorgen, dass hier wesentliche und alle BewohnerInnen betreffende Themen und Entscheidungen besprochen und gemeinsam getragen werden.

Wichtig

- **Organisationen sind für eine stark ausdifferenzierte und leistungsorientierte Gesellschaft ein notwendiges Ordnungsmittel. Ein kontinuierliches**

Zusammenwirken zahlreicher Menschen zu einem spezifischen Zweck bedarf der Organisation.

- **Große Organisationen und Institutionen sind aus kleineren Gruppen zusammengesetzt. Diese Unter-Gruppen können durch regionale Gliederung oder durch inhaltliche Gliederung entstehen.**
- **Es gibt verschiedene Einteilungs-Systeme für Gruppen. Bei manchen Gruppen kann der Mensch über seine Zugehörigkeit frei entscheiden, bei anderen erfolgt eine mehr oder weniger automatische Zuordnung.**
- **Gruppen unterscheiden sich nicht nur durch ihre Zielausrichtung und ihren Zweck, sondern wesentlich auch durch die Art der Beziehungen zwischen ihren Mitgliedern.**
- **Nicht jedes umgangssprachlich als Gruppe bezeichnete soziale Gebilde ist tatsächlich eine Gruppe im Sinn der Soziologie.**
- **Der Mensch braucht das soziale Miteinander, die Mitgliedschaft in Gruppen, zum Leben. Sein Verhalten wird wesentlich beeinflusst durch die Gruppen, zu denen er gehört.**
- **Gruppen sind dynamisch, d.h. sie verändern sich. In vielschichtigen Gruppenprozessen entwickeln sich Rollensysteme, werden Aufgaben, Verantwortung und Macht verteilt.**
- **Gruppen durchlaufen im Zeitraum ihres Bestehens vom Kennen lernen bis zur Auflösung mehrere Phasen der Entwicklung.**
- **Die Voraussetzungen für die Übernahme pflegerischer Tätigkeit sind nicht immer identisch mit den Fähigkeiten, die für die Wahrnehmung von Führungsaufgaben benötigt und verlangt werden.**

- **Mit verschiedenen Führungsstilen können gleiche Ziele auf unterschiedlichen Wegen verfolgt werden. Der kooperative Führungsstil ist – richtig umgesetzt – äußerst effektiv, verlangt aber von Leitungspersonen ein hohes Maß an Führungskompetenz.**
- **In demokratischen Organisationsstrukturen ist die Mitwirkung für Beteiligte in verschiedenen Gremien möglich. Dies gilt auch für die Organisation Altenpflegeheim.**

Übungen

1. Bringen Sie die nachfolgend aufgeführten Phasen der Gruppenentwicklung in die richtige Reihenfolge!
   - ❍ Orientierung
   - ❍ Konformität
   - ❍ Auflösung
   - ❍ Fremdheit
   - ❍ Vertrautheit.

2. In diesem Kapitel ging es u.a. um die Zusammenarbeit innerhalb eines Teams bzw. einer Gruppe. Wie verhalten Sie sich selbst im Umgang mit anderen – ganz allgemein und speziell im Rahmen Ihrer Arbeit? Gehen Sie die nachfolgenden Raster zu Ihrem persönlichen Umgangsverhalten und Ihrem Arbeitsverhalten einmal durch, kreuzen Sie die jeweils zutreffenden Kästchen an und zeichnen Sie so ein möglichst ehrliches Bild von sich selbst!

Umgangsverhalten	sehr gut	gut	mittel	ausreichend	schwach	mangelhaft
Selbstbehauptung						
Anpassung						
Gemeinschaftverhalten						
Verhältnis zu PartnerIn						
Verhältnis zu Kollegen						
Verhältnis zu Fremden						
Verhältnis zu FreundInnen						
Geselligkeit						
Auftreten						
Haltung						
Äußeres						
Kontakt						
Einfühlung						
Selbstbeherrschung						
Ausdruckskontrolle						
Selbstvertrauen						

Arbeitsverhalten	sehr gut	gut	mittel	ausreichend	schwach	mangelhaft
Geduld						
Rücksicht						
Vorsicht						
Arbeitsplanung						
Genauigkeit						
Arbeitstempo						
Aufmerksamkeit						
Konzentration						
Initiative						
Interesse						
Sachkenntnis						
Einsatzfreude						
Zusammenarbeit						
Aufstiegsstreben						
Sachlichkeit						
Zielbewusstsein						

Wiederholungsfragen

1. Welchen Führungsstil würden Sie wählen, wenn Sie die Leitung eines Wohnbereichs hätten? Begründen Sie Ihre Entscheidung!
2. Welches sind die Merkmale einer Sekundär-Gruppe?
3. Warum kann es zu Rollenkonflikten kommen, wenn ein(e) AltenpflegerIn eine Leitungsposition übernimmt?
4. Nennen Sie Beispiele für situative Gruppierungen!
5. In welchen Zusammenhängen kommen AltenpflegerInnen mit Gruppenarbeit in Berührung?
6. Warum brauchen wir in unserer Gesellschaft Organisationen?
7. Was kennzeichnet den autoritären Führungsstil?
8. Von welchen beiden Aufgaben sollte sich ein(e) GruppenleiterIn vorrangig leiten lassen?
9. Welche Mitwirkungsmöglichkeiten gibt es für Mitglieder demokratisch strukturierter Organisationen?
10. Welche Zielsetzungen können für ein Individuum ausschlaggebend sein, um die Zugehörigkeit zu einer Gruppe zu suchen?
11. Erklären Sie, was unter »demokratischem Führungsstil« zu verstehen ist!
12. Beschreiben Sie die Phasen, die eine Gruppe während ihrer Entwicklung in der Regel durchläuft!
13. Was sind Organisationen? Erklären Sie den Begriff und nennen Sie Beispiele aus dem Bereich der Altenpflege!
14. Was sind die Merkmale des so genannten »autokratischen Führungsstils«?
15. Welchen formellen Gruppen gehören Sie persönlich an?
16. Was ist unter »sozialen Kategorien« zu verstehen?
17. Beschreiben Sie den Laissez-faire-Führungsstil!
18. Welches sind die Merkmale einer Primär-Gruppe?
19. Was müssen Gruppenmitglieder lernen, um teamorientiert zu arbeiten?

20. Überlegen Sie, welche informellen Gruppen innerhalb bestehender formeller Gruppen Sie in Ihrem Umfeld schon beobachtet haben!
21. Welche Vorzüge und welche Probleme ergeben sich beim Verfahren nach dem so genannten »kooperativen Führungsstil«?
22. Wozu benutzen Gruppen »Symbole«? Welche Symbole von Gruppen haben Sie schon beobachtet?
23. Mit welchen Führungsstilen sind Sie als Mitglied in verschiedenen Gruppen schon in Berührung gekommen? Was kennzeichnete die einzelnen Führungsstile?
24. Was bedeutet die Mitgliedschaft in einer Gruppe für ihre einzelnen Mitglieder?
25. Welche Fähigkeiten sind vorrangig für die Position der AltenpflegerInnen gefragt, welche für die Übernahme von Leitungsfunktionen?
26. Welche Probleme können mit der Zugehörigkeit zu einer Gruppe verbunden sein?

Literatur

Lancel-Tullius, Helga; Altenpflegerinnen als Teamchefin, in: Altenpflege, Heft 1/97, S. 27ff

Mayntz, Renate; Soziologie der Organisation, Rowohlt Verlag, Reinbek 1974

Seger, Imogen; Knaurs Buch der modernen Soziologie, Droemer Knaur Verlag, München/Zürich 1974

Stracke-Mertes, Ansgar; Soziologie. Der Blick auf soziale Beziehungen, Vincentz Verlag, Hannover 1994

Willig, Wolfgang / Ebel, Thomas / Erben, Monika / Pulvermüller, Gerhard; Psychologie, Soziologie, Gesprächsführung in der Altenpflege, 4. überarbeitete und erweiterte Aufl., Balingen 1996

Witterstätter, Kurt; Soziologie für die Altenarbeit, Freiburg 1981, 7. Aufl. 1991

Einen alten Baum verpflanzt man nicht!?

Das Ziel ist,

- *Merkmale verschiedener stationärer Altenpflegeeinrichtungen kennen,*
- *Gründe für den Einzug alter Menschen in stationäre Pflegeeinrichtungen erfahren,*
- *Lebenssituationen alter Menschen im Heim nachvollziehen können,*
- *Einflussmöglichkeiten von AltenpflegerInnen auf die Lebensqualität im Heim sehen.*

DAS ZIEL IST...

Leben im Heim

Wo wohnen alte Menschen?

Die Altenhilfe hält zahlreiche Angebotsformen für alte und älter werdende Menschen bereit. Alt werden oder sein ist keine Krankheit, sondern der völlig normale Verlauf des Lebens. Deshalb ist es keineswegs für alle Menschen notwendig und sinnvoll, im fortgeschrittenen Alter spezielle Wohnverhältnisse für sich zu schaffen. Treten mit fortschreitendem Lebensalter Veränderungen ein, die mit der Wohnsituation in Verbindung stehen, so müssen nach heutigen Erkenntnissen sehr individuelle Lösungen zur Wohnraumanpassung gefunden werden, da die Bedürfnisse und Einschränkungen so unterschiedlich sind, dass es die altengerechte Wohnung – entgegen früheren Überzeugungen – nicht geben kann.

Wohnraum-anpassung

Viele Menschen können auch im höheren Alter ohne Probleme oder mit nur geringfügigen Veränderungen in ihrer »Normalwohnung« bleiben, in der sie schon im mittleren oder fortgeschrittenen Erwachsenenalter gelebt haben. Oftmals helfen Serviceangebote ambulanter Dienste beim Erhalt der Selbständigkeit und beim eigenständigen Wohnen.

Lebensbegleitendes Wohnen

Darüber hinaus findet die Idee vom so genannten »lebensbegleitenden Wohnen« bei der Planung von Neubauten zunehmend Berücksichtigung. Barrierefreie Gestaltung und Flexibilität in der Aufteilung von Wohneinheiten spielen dabei u.a. eine Rolle. Die oft höheren Kosten für derartige Bauweise tragen jedoch mit dazu bei, dass diese Entwicklung nur langsam vorangeht.

Lebensqualität

Dennoch ist es für jeden Menschen wichtig, sich rechtzeitig mit seinen Wünschen für die eigene Wohnsituation im Alter auseinander zu setzen. Intensive und konkrete Information über bestehende Möglichkeiten und bewusste Entscheidung für die eine oder andere Wohnform tragen zur Lebensqualität bei. Wer sich frühzeitig mit möglichen Veränderungen beschäftigt, entgeht der Gefahr, eines Tages von Ereignissen – z.B. eigener Krankheit – überrannt zu werden und sich dann womöglich Entscheidungen durch andere auszusetzen und zu unterwerfen.

Die Mehrheit der Menschen wünscht für das Alter ein hohes Maß an Eigenständigkeit und Unabhängigkeit, möchte möglichst in der eigenen Wohnung selbstbestimmt leben können. Ist das nicht mehr in vollem Umfang möglich, so bieten heute offene, ambulante und teilstationäre Angebote der Altenhilfe vielseitige Hilfen und damit Alternativen zum – von der Mehrheit eher abgelehnten oder gar gefürchteten – Heim.

Außerdem entstehen zum Teil modellhaft und experimentell, zum Teil auf breiter Ebene, neue Wohnformen, die Wünsche alter Menschen so weit wie möglich berücksichtigen und neben hoher Eigenständigkeit auch Wirtschaftlichkeit, das Miteinander der Generationen und bürgerschaftliches Engagement in den Mittelpunkt stellen.

Einrichtungen der Altenhilfe viergeteilt

Wie aus der nachfolgenden Tabelle* ersichtlich, gliedern sich aus heutiger Sicht die Einrichtungen der Altenhilfe in vier Kategorien

- stationäre Einrichtungen,
- teilstationäre Einrichtungen,
- ambulanter Bereich,
- offene Einrichtungen.

Fließende Grenzen zwischen den Bereichen

Doch ist diese strikte Unterteilung – vor allen Dingen in den Bereichen »ambulant« und »stationär« – wohl nur noch eine Frage der Zeit. ExpertInnen prophezeihen für die Zukunft eine Entwicklung in Richtung fließender Grenzen zwischen den Bereichen. Dies erscheint nicht nur vor dem Hintergrund betriebswirtschaftlicher Überlegungen realistisch. »Ein pflegebedürftiger Mensch, der sich zu Hause ein Pflegezimmer einrichtet und aufsuchende Pflege in Anspruch nimmt, ist stationär versorgt, während ein Kunde, der im Heim wohnt und dort externe Dienste einkauft, zur ambulanten Klientel zählt. Die bisherige Annahme: ambulant = wenig Hilfe, stationär = viel Hilfe, trifft ebenfalls nicht mehr zu. Es ist denkbar, dass ein Kunde

*) vgl.: Altenpflege Nr. 8/1998, S. 47

Stationäre Einrichtungen	• Altenkrankenheime • Geriatrische Kliniken • Gerontopsychiatrische Einrichtungen • Seniorenheime / Altenheime • Altenwohnstifte / Seniorenstifte / Seniorenresidenzen • Altenpflegeheime
Teilstationäre Einrichtungen	• Altentagesstätten • Altentagespflegestätten • Tageskliniken • …
Ambulanter Bereich	• Sozialstationen • Gemeindepflege • Alten- und Krankenpflegedienste • Haus- und Nachbarschaftshilfe • Mahlzeitendienste • Mobile soziale Dienste • Betreutes Wohnen / Service-Wohnen • …
Offene Einrichtungen	• Seniorenclubs • Altenbegegnungsstätten • Altenwerke • Selbsthilfegruppen • Beratungsstellen • …

im häuslichen Bereich umfassenden Hilfsbedarf entwickelt, während ein anderer im Heim zwar den schützenden Rahmen einer Institution sucht, aber nicht das vollständige Leistungsangebot in Anspruch nehmen will. Das Bett als Sammelbegriff eines kompletten Leistungspakets hat ausgedient.«*

Die stationäre Altenhilfe, d.h. die Altenhilfe in Heimen und heimähnlichen Einrichtungen hat zwar in den Vorstellungen der Menschen vom Wohnen im Alter bei allen Generationen noch immer eine starke Position, ist aber tatsächlich nur für weniger als fünf Prozent der Menschen über 65 die praktizierte Wohnform. Dennoch ist der stationäre Bereich für Altenpflegerinnen und -pfleger auch heute noch ein bedeutendes Tätigkeitsfeld. Daher soll zunächst das Leben im Heim im Folgenden konkret behandelt werden. Andere

*) aus: Karotsch, Dieter; Kunden von morgen – Heime von gestern, in: Altenpflege Nr. 10/1998, S. 36ff.

Wohnformen, neue Modelle und Utopien stellt ein gesondertes Kapitel vor (s. »Wohlfühlen in geWOHNter Atmosphäre«, S. 189).

Normalwohnung

Die Normalwohnung ist noch immer die am meisten verbreitete Wohnform in Deutschland. 11,6 Millionen BundesbürgerInnen über 65 Jahre leben dort. Das entspricht ca. 93% der Bevölkerung in dieser Altersgruppe.

Zurzeit leben in Deutschland rund 660 000 alte Menschen in ca. 8.800 stationären Einrichtungen der Altenhilfe. Rund 85% der registrierten stationären Einrichtungen befinden sich in den alten und ca. 15% in den neuen Bundesländern.

Umzug ins Heim

Zwar sind 660 000 nur 4% der über 65-jährigen, aber in den Altersgruppen der Hochaltrigen steigt der Anteil enorm. Die Wahrscheinlichkeit eines Umzugs ins Heim ist für sehr alte Menschen deutlich größer als für jüngere Alte. Außerdem sind Alleinstehende häufiger betroffen als alte Menschen mit intensiven sozialen Beziehungen, insbesondere zu Angehörigen. Wird die Bedeutung des Wohnens im Heim nur quantitativ eingeschätzt, so beschreibt dies lediglich die statistische Bedeutung. Allein die Tatsache, dass jeder vierte alte Mensch im Heim stirbt, spricht für sich.

Gegenüber früheren Jahren, findet heute der Einzug ins Heim in einem deutlich höheren Lebensalter statt. Die altersmäßige Verteilung wird aus der folgenden Übersicht deutlich:

Bevölkerungsanteile im Heim – nach Altersgruppen

60-70 Jahre	=	1,2%
70-75 Jahre	=	1,5%
75-80 Jahre	=	3,6%
80-85 Jahre	=	8,3%
85-90 Jahre	=	15,0%
über 90 Jahre	=	22,0%

Von den Menschen zwischen 60 und 70 Jahren ist demzufolge nur ein verschwindend geringer Anteil im Heim zu finden. Bei den über 90-jährigen ist es aber schon mehr als ein Fünftel der Bevölkerung in dieser Altersgruppe. Mit zunehmendem Lebensalter steigt also die Wahrscheinlichkeit für den Einzug in eine stationäre Einrichtung deutlich.

Verweildauer im Heim

Gleichzeitig ist die Verweildauer im Heim gesunken. Fast die Hälfte der HeimbewohnerInnen stirbt noch während des ersten Aufenthaltsjahres in der Einrichtung. Dabei ist die Mortalität *(lat. mortalitas = Vergänglichkeit, Sterblichkeit, Sterberate; Mortalität = Sterberate)* in den ersten drei Monaten besonders hoch.*

Heim ist heute keineswegs gleich Heim. Unter dem Begriff Heim bzw. Altenheim wird eine Vielzahl von verschiedenartigen Einrichtungen der stationären Altenhilfe zusammengefasst. Traditionell sind im Lauf der Jahrzehnte Heime mit unterschiedlichem Charakter in den (östlichen und den westlichen) Bundesländern entstanden. Standards und Normen sowie bundesweite Trägerorganisationen tragen jedoch dazu bei, dass sich die Formen in den Ländern immer mehr aneinander angleichen bzw. sich in ihrer Verschiedenartigkeit bundesweit verbreiten.

Daher kann die im Folgenden aufgeführte Nomenklatur,** *(lat. nomen-clatio = Namensnennung; Nomenklatur = Verzeichnis von Fachbezeichnungen eines Wissensgebietes)* nur Anhaltspunkte für ein besseres Verständnis der Vielfalt geben. Sie ist eine Art Leitfaden. Abweichungen und Mischformen kommen in der Praxis überall vor.

→ Altenwohnheim

Geschlossene, kleine Wohnungen im Heim mit eigenständiger Haushaltsführung der BewohnerInnen und Versorgungssicherheit, Notrufanlage und Anspruch auf einen Pflegeplatz bei Bedarf.

Altenwohnheime sind für ältere Menschen konzipiert, die ihren Haushalt selbständig weiterführen möchten, wenn auch in

---

*) vgl.: Stracke-Mertes, Ansgar; Soziologie. Der Blick auf soziale Beziehungen, Vincentz Verlag, Hannover 1994, S. 85f.

**) vgl.: Bundesministerium für Familie, Senioren, Frauen und Jugend (Hg.); Zweiter Altenbericht: Wohnen im Alter, Bonn 1998, S. 123ff.

vgl.: Kuratorium Deutsche Altershilfe KDA (Hg.); Rund ums Alter: alles Wissenswerte von A-Z, Beck'sche Verlagsbuchhandlung, München 1996, S. 175ff.

geschützter Umgebung. Merkmal ist die – meist kleine – abgeschlossene Wohnung mit Küche bzw. Kochnische.

Geschützte Umgebung

Vom Konzept her werden im Bedarfsfall Verpflegung, Betreuung und und Versorgung gewährt. Dies muss vom Träger organisatorisch gesichert sein.

Die Personalausstattung und häufig auch die Gemeinschaftsangebote sind in Wohnheimen eher gering. Wohnheime werden in dieser Form heute kaum neu gebaut. Je nach Anbindung an andere Einrichtungen – z.B. Pflegeheim – und insbesondere nach Art des Trägers bzw. der Finanzierung – bestehen erhebliche Unterschiede.

→ Altenwohnstift

Oft auch als »Seniorenresidenz« bezeichnete Einrichtung, ähnlich den Altenwohnheimen, mit eher luxuriösem Charakter. Wohnstifte sind meist frei finanziert und in privater Trägerschaft.

Luxuriöser Charakter

Wesentliches Unterscheidungsmerkmal zu Wohnheimen ist der höhere Standard. Dadurch entstehen höhere Kosten für die selbst zahlenden BewohnerInnen. In vielen Wohnstiften ist es üblich, dass sich die BewohnerInnen mit einem bestimmten Betrag »einkaufen« und damit einen Anspruch auf eine Wohnung erhalten.

Im Angebot sind meist unterschiedlich große abgeschlossene Wohnungen von ein bis vier Zimmern. In Verbindung mit der Wohnung sind umfassende Serviceleistungen erhältlich, die sich oftmals an gehobenen Hotelstandards orientieren.

Ein Wohnstift verfügt über Gemeinschaftseinrichtungen für gesellschaftliche und kulturelle Veranstaltungen. Die BewohnerInnen können oft auf Angebote im aktivierenden und rehabilitativen Bereich zurückgreifen. Viele Häuser verfügen über eigene Schwimmbäder, Therapie- und/oder Sportanlagen.

Meist handelt es sich um große Wohnanlagen mit 300 und mehr BewohnerInnen. Durch die Größe lohnen sich häufig zusätzliche Angebote wie Bankfilialen, Geschäfte für den täglichen Bedarf, Friseursalon u.Ä.

Der Service in der Wohnung beschränkt sich in der Regel auf kleine Hilfen bis hin zur leichten Pflege. Einige Wohnstifte betreiben eigene Pflegeabteilungen für den Fall, dass die Pflege nicht mehr in der Wohnung geleistet werden kann.

→ Altenheim

Zimmer bzw. Kleinappartement in einem Heim, oft mit Nasszelle, z.T. mit eigenen Möbeln; Haushaltsführung wird übernommen (Reinigung und Essenversorgung).

Vollversorgung mit Verpflegung und Betreuung

Das Altenheim bietet alten Menschen, die keinen eigenen Haushalt mehr führen wollen oder können, Wohnraum und Vollversorgung mit Verpflegung und Betreuung. Typisch für das Altenheim ist das Angebot eines Einzelzimmers mit Bad ohne Kochmöglichkeit. Die Betreuung von hilfs-, aber nicht pflegebedürftigen Menschen wird als Hauptfunktion des Altenheims gesehen. In vielen Altenheimen wird aber auch Pflege geleistet.

Das Wohnangebot im Altenheim liegt zwischen Altenwohnheim und Altenpflegeheim (vgl. dort), die beide aus dieser Wohnform hervorgegangen sind. Mit der Schaffung der beiden o.g. Angebote sollte der bei verschiedenen BewohnerInnengruppen aufgetretenen Unter- bzw. Überversorgung entgegengewirkt werden.

Service-Wohnen

Viele Altenheime wurden in neuerer Zeit umgewandelt in Pflegeheime oder in Wohnheime bzw. so genanntes »Betreutes Wohnen«, zunehmend auch als »Service-Wohnen« bezeichnet (siehe Kapitel »Wohlfühlen in geWOHNter Atmosphäre«, S. 199). Neue Altenheime werden heute praktisch nicht mehr gebaut. Dennoch erscheint eine wichtige Funktion des traditionellen Altenheims erhaltenswert, wenn auch in zeitgemäßer Form: eine Wohnform mit Gemeinschaftsaktivitäten, Betreuungs- und Versorgungsangeboten, die eher auf soziale und Alltagshilfen setzen als nur auf Pflege.

→ Altenpflegeheim

Einzel- oder Mehrbettzimmer, z.T. mit einzelnen privaten Einrichtungsgegenständen; umfassende pflegerische Versorgung, primär physisch. Außerhalb der normalen Wohnungen ist das Pflegeheim mit 43% der Einrichtungen und 57% der Plätze die bedeutendste Wohnform.

Das Altenpflegeheim bietet umfassende Pflege, Betreuung und Versorgung für chronisch kranke und pflegebedürftige alte Menschen. Im Vergleich zu anderen Einrichtungen der Altenhilfe ist hier – entsprechend dem höheren Grad der Pflegebedürftigkeit – eine höhere Personalausstattung gewährleistet.

Umfassende Pflege, Betreuung und Versorgung

Zu den Chancen des Altenpflegeheims gehört, dass erfahrungsgemäß im Pflegebereich Gemeinschaftsangebote – wenn sie entsprechend räumlich gegliedert und personell unterstützt werden – von den BewohnerInnen eher wahrgenommen werden als in Einrichtungen mit selbständigen Wohnungen. Gerade in diesem Feld werden zur Zeit immer neue gemeinschaftsfördernde Konzepte entwickelt. Diese sollen neue Handlungsspielräume für BewohnerInnen, BesucherInnen und Personal eröffnen. Die Umsetzung solcher Standards ist jedoch in der Praxis bisher erst in Teilen erfolgt.

→ Mehrgliedrige Einrichtungen

Unter diesem Begriff werden Einrichtungen zusammengefasst, die – meist in verschiedenen Trakten – Altenwohnheim, Altenheim und Altenpflegeheim unter einem Dach vereinen.

Diese Aufteilung innerhalb eines Hauses gilt heute nicht mehr als zeitgemäß. Die moderne stationäre Altenpflege orientiert sich an dem Leitsatz »Es wird dort gepflegt, wo gewohnt wird.« BewohnerInnen sollen so die Möglichkeit haben, in ihrem einmal bezogenen Bereich zu bleiben und bei veränderter Hilfs- oder Pflegebedürftigkeit innerhalb der Einrichtung nicht mehr umziehen zu müssen. Die Abgrenzung zwischen den verschiedenen Heimtypen verwischen sich deshalb immer mehr.

Weitere Wohnformen werden im nächsten Kapitel vorgestellt.

Für welchen Heimtyp und speziell für welches Haus sich ein alter Mensch schließlich entscheidet, hängt von unterschiedlichsten Faktoren ab. Dabei kann der Grad der Pflegebedürftigkeit ebenso eine Rolle spielen wie die finanziellen Möglichkeiten der betroffenen Person, das Angebot an Einrichtungen im Einzugsbereich, vorhandene Kontakte mit einem Heim oder dessen BewohnerInnen usw.

Zurzeit ist die Mehrzahl der stationären Einrichtungen pflegeorientiert (43%). Knapp ein Drittel ist wohnorientiert (31%), und rund ein Viertel (26%) können als pflege- und wohnorientiert bezeichnet werden.*

Dienstleistungsunternehmen

Kundenorientierung

Die Marktwirtschaft hält allmählich auch in der Altenpflege Einzug. Das Stichwort Qualitätssicherung ist in aller Munde. Die Einordnung von Altenpflegeeinrichtungen als Dienstleistungsunternehmen und die deutliche Zunahme privatwirtschaftlicher Unternehmen in diesem Bereich führten dazu, dass alte Menschen in diesen Zusammenhängen auch als Kunden gesehen werden. Kundenorientierung wird vermehrt gefordert. Marktanalysen erforschen die Wünsche von BewohnerInnen und richten ihre Konzepte danach aus, um hohe Kundenakzeptanz zu erreichen.

Die folgende Situationsbeschreibung mag verdeutlichen, wie sehr solches (Um-)Denken – trotz zum Teil sehr berechtigter Kritik an marktwirtschaftlicher Ausrichtung – notwendig ist:

»Eine Kundin betritt mit bestimmten Vorstellungen ein Friseurgeschäft. Der Meister denkt aber nicht daran, sie anzuhören, sondern verweist auf Bilder von Modellen an der Wand: Das ist die Frisur für 2002. Sie wird von uns als Standard anerkannt. Sie wird allen Kunden einheitlich verpasst. Andere Wünsche werden nicht berücksichtigt. 'Unverschämtheit', würde die Kundin sagen und das Geschäft empört verlassen.

Doch das ist die Erfahrung, die KundInnen in vielen Heimen machen. Dort finden sie Standards, die von anderen für sie als gut befunden wurden. Ihre eigenen Wünsche spielen eine untergeordnete Rolle, obwohl schon seit 20 Jahren von kundenorientierter Pflege gesprochen wird.

Viele Heime sehen in der Kundenorientierung die Orientierung des Kunden über ihre Leistungen – ein Missverständnis. Kunden-

*) vgl.: Kuratorium Deutsche Altershilfe KDA (Hg.); Rund ums Alter: alles Wissenswerte von A-Z, Beck'sche Verlagsbuchhandlung, München 1996, S. 177

orientierung in der Marktwirtschaft heißt: Der Leistungsanbieter orientiert sich selbst über Kundenwünsche und richtet sein Angebot danach aus. Diesen Unterschied müssen die Heime lernen. Denn nach der Pflegeversicherung ist Pflege ein Marktgeschehen, kehren auch in die Pflege marktwirtschaftliche Verhältnisse ein. Damit wird ein unhaltbarer Zustand beseitigt, nach dem der Kunde im Heim eine Sonderwelt betrat, die mit seinen bisherigen Lebenserfahrungen nichts zu tun hatte.«*

Kundenwünsche

So weit die Position von Dieter Karotsch zur Frage der Kundenorientierung im Heim.

Selbstverständlich gibt es zu diesem Thema sehr unterschiedliche Positionen. Aber eines ist sicher: heute können auch Altenpflege-Einrichtungen sich nicht dem Wettbewerb entziehen. Sie sind daher weitgehend gezwungen, sich der Auseinandersetzung zu stellen und durch Qualität zu überzeugen, wenn sie langfristig bestehen wollen.

So wird für die Zukunft der (Pflege-)Heime heute vorausgesagt, dass es sie in der bestehenden Form nicht mehr lange geben wird. Es werden sich andere – speziellere – Formen herausbilden:

Billiganbieter

Auf sie wird sich ein Nachfrageschwerpunkt richten. SeniorInnen wollen das Heim durch den Finanzierungsmix Rente + Pflegeversicherung ohne Vermögensverbrauch bezahlen.

Regelheime

Heime mit mittlerem Standard in Ambiente, Pflege und Betreuung.

Pflegehotels

Heime mit hohen Qualitätsleistungen, die über den Leistungsrahmen der Solidargemeinschaft und des Fiskus hinausgehen.

---

*) aus: Karotsch, Dieter; Qualität ist, was der Kunde dafür hält, in: Altenpflege Nr. 8/1997, S. 36ff.

Pflegeresidenzen
Heime mit höchsten Qualitätsleistungen, die sich nur sehr vermögende KundInnen leisten können.«*

Innerhalb dieser Kategorien werden weitere Spezialisierungen vorhergesagt. In Ansätzen ist eine solche Entwicklung bereits heute zu beobachten. Gemeint sind hier vor allen Dingen Heime mit einem Angebot, das sich an spezielle Zielgruppen richtet wie KünstlerInnen, Personen mit Tieren, bestimmte Nationalitäten, landsmannschaftliche Gruppierungen, religiös Zusammengehörige, Homosexuelle usw. Auch Tages- bzw. Nachtheime, in denen die BewohnerInnen nur den Tag oder nur die Nacht verbringen, sind im Kommen.

Spezielle Zielgruppen

Hausgemeinschaften

Im Übrigen gewinnen die so genannten Hausgemeinschaften mit kleineren, überschaubaren Einheiten stetig an Bedeutung. Familienähnliches Zusammenleben kleiner Gruppen alter Menschen, auch als Zusammenschluss mehrerer Gemeinschaften, steht dabei im Mittelpunkt. Hauswirtschaftliche Aspekte treten hier mehr in den Vordergrund. Neue Abgrenzungen zwischen Pflege und Hauswirtschaft werden so geschaffen, oft auch Kombinationen verschiedener Prägung und mit unterschiedlichen Qualifikationsprofilen des Personals.

Drum prüfe, wer sich ewig bindet ...!

Die Entscheidung für Heimtyp und Haus treffen längst nicht immer die betroffenen alten Menschen selbst. Oftmals führt der Weg unfreiwillig und unvorbereitet ins Heim. Plötzlich auftretende Pflege- und/oder Hilfsbedürftigkeit ist häufig Auslöser für Entscheidungen. Viele alte Menschen sehen nach einem Krankenhausaufenthalt kaum eine andere Lösung als das Pflegeheim.

An der Entscheidung für die Wohnform ist gerade in solchen Situationen nicht immer nur der betroffene alte Mensch selbst beteiligt, sondern häufig sind es Dritte, die (mit) über seine Zukunft beschließen. Angehörige beraten oder überreden, entscheiden

*) aus: Karotsch, Dieter; Kunden von morgen – Heime von gestern, in: Altenpflege Nr. 10/1998, S. 36ff.

sogar manchmal ohne Wissen der betroffenen Person. Von vielen wird zwar die formale Zustimmung eingeholt, aber nicht immer mit der dazugehörigen Aufklärung über Einzelheiten und über die Tragweite der Entscheidung. Nicht immer werden Alternativen zur Wahl gestellt. So bleibt manchmal nur eine Entscheidung aus Verzweiflung.

Bei Menschen, für die eine Betreuung gerichtlich angeordnet wurde, kann die Einweisung in eine Einrichtung erfolgen auf Initiative des Betreuers bzw. der Betreuerin. In diesem Fall müssen aber immer der Wunsch und das Interesse der betreuten Person berücksichtigt werden, sofern kein Einwilligungsvorbehalt vorliegt. In einer solchen Situation entscheidet der bzw. die zuständige BetreuerIn allein.

Fremdbestimmung kann vermeiden, wer sich frühzeitig mit dem Thema Wohnen im Alter beschäftigt. Umfassende Information und Auseinandersetzung mit bestehenden Möglichkeiten und ihren Vor- und Nachteilen ist unbedingte Voraussetzung für eine bewusste und fundierte Entscheidung. Wer sich selbst freiwillig und rechtzeitig für die eine oder andere Lösung entscheidet, ist in der Regel später mit seiner Situation zufriedener als diejenigen, die kaum oder keine Einfluss- und Auswahlmöglichkeiten hatten.

Wer sich einmal für eine Einrichtung der stationären Altenpflege entschieden hat, bleibt in der Regel dort wohnen bis zum Lebensende – gelegentlich mit Umzug innerhalb des Heims.

Verweildauer in der stationären Altenpflege

Bei einer Untersuchung der Verweildauer in der stationären Altenpflege wurde 1994 ein Mittelwert von 54 Monaten ermittelt.*

Dennoch kann nicht davon ausgegangen werden, dass Heime nur als Orte der Pflege und der Sterbebegleitung fungieren. Für viele hochbetagte Menschen stellen sie eine längerfristige Wohnumgebung dar. So lebten bei der o.a. Untersuchung

- 9% unter sechs Monate,
- 6% sechs bis unter 12 Monate,

*) vgl. Kuratorium Deutsche Altershilfe KDA (Hg.); Rund ums Alter: alles Wissenswerte von A-Z, Beck'sche Verlagsbuchhandlung, München 1996, S. 180

- 31% ein bis drei Jahre,
- 31% drei bis unter sieben Jahre,
- 15% sieben bis unter 15 Jahre und
- 4% für 15 und mehr Jahre

im Heim.

Eine Untersuchung der Universität Toronto von 1996 ergab, dass alte Menschen, die in kleinen Pflegeheimen wohnen, gesünder leben als solche in großen. Bei der Studie wurden 629 Pflegeheime mit Bettenzahlen zwischen 20 und 889 untersucht. In größeren Häusern traten vor allem Erkrankungen der Atemwege und der Verdauungsorgane deutlich häufiger auf. Das Risiko dieser Erkrankungen steigt – laut dieser Studie – pro 100 Betten um 70%. Gründe dafür werden vor allem in mangelnder Hygieneaufklärung des Personals großer Häuser gesehen. Aber auch die stärkere Verbreitung von Infektionskrankheiten in Häusern, deren Personal keine bezahlten Krankheitstage erhielt, wurde beobachtet.*

Das Maß an Zufriedenheit mit dem Leben im Heim und die Bereitschaft zur Integration in die BewohnerInnen-Gemeinschaft und in die Versorgungsstrukturen hängt in hohem Maß mit der Freiwilligkeit der Heimübersiedlung zusammen. Deshalb ist rechtzeitige Information und bewusste eigene Entscheidung das A und O für spätere Zufriedenheit mit der Heimsituation.

BAGSO

Entscheidungshilfen gibt das von der Bundesarbeitsgemeinschaft der Senioren-Organisationen (BAGSO) entwickelte und vergebene BAGSO-Qualitätssiegel »Seniorengerechtes Leben und Wohnen«. Es bietet alten Menschen, die sich für einen Umzug in Betreutes Wohnen bzw. Service-Wohnen oder ein Altenwohn- oder -pflegeheim entscheiden, die Möglichkeit, eine Wahl nach ihren individuellen Erwartungen und Bedürfnissen als Kunde und VerbraucherIn zu treffen. »Fünf Qualitätskriterien geben klare Entscheidungshilfen:

Qualitätskriterien

---

*) vgl: Jiehui Li, in: American Journal of Epidimiology; siehe Die Welt, 05.07.1996

1. Physiologische Grundbedürfnisse und Sicherheit (Essensqualität, Sauberkeit, schnelle Hilfe im Notfall u.a.),
2. Privatheit und Wohnlichkeit (persönliche Gestaltungsmöglichkeit der privaten und gemeinschaftlichen Räume, ungestört sein zu können, öffentlich unbehelligt Beziehungen zu anderen Menschen pflegen zu können, u.a.),
3. gesellschaftliche und kulturelle Teilhabe (Möglichkeit Kontakte aufrecht zu erhalten oder neu zu knüpfen, soziale Unterstützung, Gelegenheit zum Besuch kultureller Veranstaltungen oder selbst kulturell aktiv zu werden u.a.),
4. Selbstbestimmung und Selbständigkeit (Information und Wahlfreiheit, Selbstbestimmung und Mitsprache, bedarfsgerechte Leistungsangebote u.a.),
5. Unabhängigkeit und Selbständigkeit (etwa das Recht, selbstbestimmt ein abgewogenes Risiko einzugehen).

Dem Suchenden wird so die Auswahl einer für ihn kompetenten und guten Einrichtung bzw. Wohnform erleichtert. Gleichzeitig ist das Qualitätssiegel »Seniorengerechtes Leben und Wohnen« auch für die Anbieter eine Chance, die Qualität ihrer erbrachten Leistungen transparent zu machen – der Anbieter erfährt durch die Diagnose seiner Leistung, wo gegebenenfalls Qualitätsverbesserungen anzustreben sind.«*

Ob als Folge solcher Initiativen oder aus anderen Gründen, – ein eindeutiger Trend zeigt: die Akzeptanz eines Lebens im Heim steigt. »Eine erste Zwischenbilanz der Studie ›Zukunft der Pflege‹ ergibt, dass etwa ein Viertel der Befragten in jedem Fall einen Einzug in ein Heim akzeptiert. Im Rahmen der Untersuchung, die die Evangelische Fachhochschule Freiburg im Auftrag der Stadt Kassel durchführt, werden 1.500 40- bis 60-Jährige nach ihren Vorstellungen und Bedürfnissen in Sachen Pflege und Betreuung befragt.«**

*) aus: BAGSO; Ältere Menschen in Deutschland. Fakten und Felder der freien Seniorenarbeit, Bonn 1999, S. 70f.

**) aus: Vincentz Newsletter, 02.04.2002

Das »Durchschnittsheim«

Das Kuratorium Deutsche Altershilfe hat 1994 aus der ungeheuren Menge an repräsentativen statistischen Daten zum Thema »Leben im Heim« ein Durchschnittsheim konstruiert.*

Danach kommt auf rund 10.000 BundesbürgerInnen ein solches Heim. Dieses wird beispielhaft als so genannte mehrgliedrige Einrichtung beschrieben. Darin leben insgesamt 80 BewohnerInnen – 46 im Pflegebereich, 25 im Altenheimbereich und 9 in Altenwohnheimplätzen. 50 Personen sind pflegebedürftig, leben aber nicht alle im Pflegebereich. Andere sind – entsprechend neueren Heimkonzepten – nach Eintritt der Pflegebedürftigkeit nicht in den Pflegebereich umgezogen, sondern an ihrem ursprünglichen Heimplatz wohnen geblieben. 22 Personen benötigen noch keine Pflege, sondern lediglich hauswirtschaftliche Hilfe, obwohl einige von ihnen im Pflegebereich leben. Weitere 8 BewohnerInnen brauchen überhaupt keine Hilfen, wollen aber in einem sicheren und beobachteten Umfeld leben und bei Bedarf notwendige Hilfen nutzen können.

Von den 80 alten Menschen sind 79% Frauen, d.h. 67 Personen, und 21%, d.h. 13 Personen, Männer. Das typische Heim ist eine Wohnform für Alleinstehende. Nur 7% der BewohnerInnen sind verheiratet, 21% ledig, 8% geschieden, und 64% haben ihre(n) LebenspartnerIn verloren.

Mehr als die Hälfte der BewohnerInnen lebt in einem Einzelzimmer, 41% in einem Doppelzimmer und weitere 5% teilen zu dritt oder zu viert ein Zimmer.

In den neuen Bundesländern sieht das Durchschnittsheim nach statistischen Berechnungen etwas größer aus und beinhaltet weniger Einzel-Wohneinheiten.

---

*) vgl.: Kuratorium Deutsche Altershilfe KDA (Hg.); Rund ums Alter: alles Wissenswerte von A-Z, Beck'sche Verlagsbuchhandlung, München 1996, S. 185

Atmosphäre schaffen und Reize setzen

Das Heimleben ist meist mit Einbußen an Sinnesreizen verbunden. Deshalb kommt der Gestaltung des Hauses und der einzelnen Räume besondere Bedeutung zu.

Hohe Funktionalität ist zwar sinnvoll und notwendig, und auch den Sicherheitsvorschriften gilt es zu genügen, aber dabei sollte nicht die Individualität und die Wohnlichkeit verloren gehen. Erst das Arrangement von Einrichtungs- und Ausstattungsgegenständen schafft die richtige Atmosphäre. Dekorationsmittel wie Grünpflanzen, Bilder, Wanduhren, Wandkalender, Wandbehänge usw. sorgen nicht nur für Gemütlichkeit, sondern erleichtern gleichzeitig die Orientierung. Gerade die unterschiedliche Gestaltung von Wohnbereichen, Gemeinschaftsräumen und Zimmern hilft, sich in einem großen Haus zurechtzufinden. Gemütliche Sitzecken sollten einladen zum Verweilen und zum Treffen mit MitbewohnerInnen sowie zu gemeinsamen Aktivitäten.

Individualität
Wohnlichkeit

Die Zimmer der BewohnerInnen sind Orte, die höchstmöglichen Schutz der Privat- und Intimsphäre wahren sollen. Die Mitnahme einzelner (Klein-)Möbelstücke wie Sessel, Anrichte o.Ä. kann ein Stück Vertrautheit schaffen. Möglichkeiten für individuelle Gestaltung sollten in jedem Fall gegeben sein. Insbesondere die Wände bieten Raum für (Familien-)Fotos, gemalte Bilder der Enkelkinder, Ansichtskarten, Einladungskarten von Veranstaltungen im Haus usw. Uhr und Kalender gehören ebenso in jedes Zimmer wie ein Spiegel, damit die Orientierung erhalten bleibt bzw. trainiert werden kann. Trotz oft knappen Wohnraumes gibt es Möglichkeiten zur eigenen Gestaltung des Wohnumfelds. Den BewohnerInnen, die auf Grund ihrer Befindlichkeit oder wegen Mangel an eigenem Inventar nicht in der Lage sind, sich »häuslich« einzurichten, sollte das Pflegeteam bei der Gestaltung behilflich sein.

Schutz der Privat- und Intimsphäre

Der Aktionsradius des Menschen wird mit zunehmendem Lebensalter meist immer enger. So kommt dem direkten Wohnumfeld eine immer stärkere Bedeutung zu, denn die Aufenthaltsdauer dort erhöht sich stetig. Um so wichtiger ist, dass in dem Wohnumfeld, in dem sich der alte Mensch mehr oder weniger ständig auf-

Sinnesreize

hält nicht nur angenehme warme und wohnliche Atmosphäre herrscht, sondern dass zusätzlich gezielt Sinnesreize gesetzt werden. Auf eine kahle Wand zu schauen, gibt keine Reize. Eine mit – am besten wechselnden – Bildern und Dekorationsgegenständen gestaltete Wand lädt zum Hinschauen und Betrachten, vielleicht auch zum Betasten, ein. Wird die Dekoration in den Gemeinschaftsräumen nach jahreszeitlichen Themen gewechselt, so setzt das immer wieder neue Reize und hilft bei der zeitlichen Orientierung. Wer das eigene Zimmer nicht mehr verlassen kann, freut sich womöglich über Bildkalender mit wechselnden Motiven oder ein Mobile.

Haustiere im Heim

Die Haltung von Haustieren im Heim hat nach zahlreichen Untersuchungen eine äußerst positive Wirkung auf die Atmosphäre und damit auf Gesundheit und Lebenszufriedenheit von HeimbewohnerInnen. Umstritten ist jedoch die Frage, ob bzw. wie die mit der Tierhaltung verbundenen Probleme gelöst werden können, z.B. artgerechte Haltung, Verantwortlichkeit für die Tierpflege, Hygiene, Verbleib von Tieren nach dem Tod der HalterInnen usw.*

Gründe für den Einzug ins Heim

Die Einstellung der meisten Menschen zum Heim ist negativ geprägt. Die Institution Heim hat noch immer ein schlechtes Image. »Man kann bei weiten Kreisen der Bevölkerung geradezu von einer generellen Ablehnung des Wohnens im Altenheim ausgehen. In der Vorstellung vieler Betagter gilt das Altenheim als unwiderruflich letzte Station des Lebens und wird des erlebten Endgültigkeitscharakters wegen abgelehnt.«**

Schon die Phase vor einem möglichen Heimeintritt wird meist als psychisch und physisch sehr belastend erlebt, da sie für viele von schwerwiegenden Veränderungen im eigenen Gesundheitszustand oder in der sozialen bzw. baulichen Umwelt verbunden ist. Der

*) vgl.: Wegner-Hauenstein, Dr. Margrit von; Mit Heimtieren kein Sturz ins Leere, in: Geriatrie Praxis, Nr. 4/1991, S. 76ff.

**) aus: Lehr, Ursula; Psychologie des Alterns, Heidelberg 1977, S. 263

Gedanke an die Auflösung des eigenen Haushalts – und damit die Trennung von Vertrautem – fällt schwer. Dennoch gibt es Gründe, die für den Einzug in ein Heim sprechen können.

Einschnitt in die bisherige Lebensweise

Die Entscheidung, als alter Mensch in ein Heim einzuziehen, bedeutet in der Regel einen tiefen Einschnitt in die bisherige Lebensweise. Kaum jemand geht diesen Schritt ohne Angst und Trauer. Alte Menschen ziehen die Möglichkeit eines Einzugs ins Heim nur unter sehr eng begrenzten Bedingungen in Betracht.
Als mögliche Gründe werden genannt:

- körperliche Krankheit (38%),
- Unselbstständigkeit in der Lebensführung (19%),
- Notfall, d.h. eigenständige Versorgung ist nicht mehr gewährleistet (18%),
- Alleinsein (9%).

Gesundheitliche Gründe

Soziale oder ökologische Rahmenbedingungen

Rund zwei Drittel der HeimbewohnerInnen geben gesundheitliche Gründe als Auslöser für den Einzug in eine stationäre Einrichtung an. Für ein Drittel sind ungünstige soziale oder ökologische *(gr.-nlat. = die Umwelt betreffend)* Rahmenbedingungen Auslöser.

Konflikte im sozialen Umfeld oder der Tod des/der PartnerIn sind häufig genannte Gründe für den Heimeinzug. Zahlreiche HeimbewohnerInnen hatten – Befragungen zufolge – schon vor dem Heimeintritt enorme Schwierigkeiten mit der Haushaltsführung. Bei ca. 40% ging eine akute gesundheitliche Verschlechterung, meist mit Krankenhausaufenthalt, dem Heimeinzug voraus.*

Heute kommen – nach einer Untersuchung des Kuratoriums Deutschte Altershilfe von 1992 – 54% der PflegeheimbewohnerInnen direkt aus dem Krankenhaus. Nur 12% kommen unmittelbar aus der eigenen Wohnung, und 9% haben im gleichen Haushalt mit pflegenden Angehörigen gelebt.

Bei der Entscheidung für eine Heimübersiedlung spielen Angehörige oft eine bedeutende Rolle, indem sie unterstützen, beraten und beeinflussen. Eine Umfrage bei Angehörigen von Heimbe-

*) vgl: Stracke-Mertes, Ansgar; Soziologie. Der Blick auf soziale Beziehungen, Vincentz Verlag, Hannover 1994, S. 88ff.

wohnerInnen ergab 1991 folgende Begründungszusammenhänge für die Entscheidung pro Heim:

- mangelnde räumliche und zeitliche Möglichkeit der Versorgung des bzw. der Angehörigen (43%),
- Überlastung mit den Anforderungen der Pflege (41%), hier besonders Inkontinenz (68%) und Verwirrtheit (46%),
- eigene Krankheit oder Behinderung der Angehörigen (26%),
- Belastungen der Pflege für die eigene Familie bzw. Partnerschaft (12%),
- Wohnungswechsel bzw. Wohnortwechsel (6%),
- ausdrücklicher Wunsch, das Beste für die Angehörigen zu wollen und die Erwartung, dass im Pflegeheim günstigere Bedingungen für die Versorgung bestehen (5%).*

Heimeinzug – geprägt von Verlusten

Der Einzug in ein Heim ist für den alten Menschen zunächst geprägt von Abschied und Verlust. Besonders schmerzhaft ist dabei vielfach die Trennung von

- der eigenen Wohnung,
- vertrauten sozialen Bezügen,
- Selbständigkeit und Unabhängigkeit,
- Verlust bzw. Einschränkung der Privat- und Intimsphäre,
- Verfügungsgewalt über eigenes Geld.

Die eigene Wohnung ist für die meisten Menschen ein Stück Lebensgeschichte. An zahlreichen Einrichtungsgegenständen hängen Erinnerungen. Die vertraute Umgebung bietet Schutz und Sicherheit, sorgt für Wohlfühlen und Geborgenheit. Die Trennung davon bedeutet nicht nur Abschied von Räumen und Möbeln, sondern viel mehr.

Abschied

Soziale Beziehungen

Mit dem Wohnumfeld sind meist soziale Beziehungen eng verknüpft. NachbarInnen, FreundInnen und Bekannte in der Umge-

*) vgl.: Stracke-Mertes, Ansgar; a.a.O., S. 90

bung sind nach dem Heimeinzug meist weiter entfernt. Die Kontakte ergeben sich nicht mehr zufällig, automatisch und einfach, sondern sind mit Aufwand und Schwierigkeiten verbunden, werden in der Regel weniger oder schlafen ganz ein. Der freundliche Wortwechsel mit der Verkäuferin im Bäckerladen entfällt ebenso wie die kurze Unterhaltung mit dem Postboten.

Die gewohnte Selbständigkeit und Unabhängigkeit fällt beim Heimeinzug – zumindest zum Teil – den festen Strukturen der Organisation zum Opfer. Die Tagesstruktur mit eingefahrenen Gewohnheiten hinsichtlich Zeiteinteilung und Aktivitäten muss meist stark verändert und an den Rhythmus im Heim angepasst werden. Das Essen, das im Heim als rhythmisierender Faktor eine besondere Bedeutung hat, kann nicht mehr frei gewählt werden. Selbst wenn die Wahl zwischen mehreren Gerichten besteht, kann die Zubereitung nicht mehr individuelle Vorlieben und Abneigungen berücksichtigen. Die Rücksichtnahme auf MitbewohnerInnen lässt so manche gewohnte Aktivität nicht mehr – oder nicht mehr zur gewohnten Zeit – zu.

Tagesstruktur

Besonders schwierig ist für viele die Gewöhnung an das Zusammenleben mit zunächst fremden Menschen. Gerade das Leben im Doppelzimmer führt zum Verlust bzw. zur Einschränkung von Privat- und Intimsphäre. Das Angewiesen-Sein auf wechselnde Pflegepersonen, die sich HeimbewohnerInnen ebensowenig aussuchen können wie die MitbewohnerInnen, kommt hinzu.

Zusammenleben mit fremden Menschen

Gewohnte finanzielle Unabhängigkeit und eigene Entscheidungsgewalt über ein festes Einkommen geht bei vielen HeimbewohnerInnen verloren. Die hohen Kosten für den Heimaufenthalt machen – trotz Pflegeversicherung – so manche alten Menschen zu SozialhilfeempfängerInnen. Ihnen bleibt oft lediglich die Entscheidungsmöglichkeit über einen geringen Betrag aus eigenen Einkünften oder als SozialhilfeempfängerInnen über ein Taschengeld.

Der Start des Heimlebens ist für viele begleitet von Trauergefühlen und Depressionen. Die völlige Veränderung der Lebensum-

Trauergefühle

stände führt bei über 30% der HeimbewohnerInnen zu Verwirrtheit, bei rund 25% zu tiefen depressiven Verstimmungen.*

Die mit dem Heimleben verbundenen Probleme brachten eine Gruppe von WissenschaftlerInnen – PflegeexpertInnen, GerontologInnen und PädagogInnen – überwiegend Mitglieder einer Forschungsgemeinschaft ›Menschen in Heimen‹ sogar dazu, den deutschen Bundestag aufzufordern, nach der nächsten Wahl eine Enquete-Kommission *(frz. = vom Parlament gebildeter Ausschuss zur Untersuchung besonderer Themen)* einzurichten, die Konzepte zur zeitgemäßen Versorgung und Betreuung alter Menschen entwickelt. Die Gruppe ist der Auffassung, dass die Unterbringung alter und pflegebedürftiger Menschen in Heimen aus moralischen, menschenrechtlichen und fachlichen Gründen überholt sei. Heime, so die Gruppe, seien eine Erfindung des 19. Jahrhunderts und verhinderten ein selbstbestimmtes Leben.**

Aber ein Wandel kommt nur langsam voran. Das bedeutet, dass zunächst das Heim in seinen unterschiedlichen Ausprägungsformen weiterhin vorhanden sein wird.

Wichtig ist, die Probleme in einer Eingewöhnungsphase zu be- und verarbeiten und sich auf einen Neubeginn, eine neue Lebensphase, einzustellen.

Gewinn-Erfahrungen im Heim

Trotz aller negativen Begleiterscheinungen hat das Heim seine positiven Aspekte. Diese zu suchen und zu sehen, ist nicht nur eine Frage der Persönlichkeit und der individuellen Lebenseinstellung, sondern hängt in hohem Maß auch von einem erfolgreichen Auftakt des Heimlebens ab.

So können HeimbewohnerInnen durchaus Gewinn-Erfahrungen machen und damit die erlittenen Verluste zumindest zum Teil ausgleichen.

---

*) vgl.: Stracke-Mertes, Ansgar; a.a.O., S. 93

**) vgl.: Werden Heime in Deutschland abgeschafft? Altenpflege Nr. 10/2001, S. 12

Eine hohe persönliche Sicherheit bedeutet für viele einen wichtigen Gewinn. Medizinische und pflegerische Versorgung zu haben und quasi ständig beobachtet zu sein und im Fall von Stürzen, Unfällen oder Erkrankungen sofort Hilfe zu finden, kann für den alten Menschen ein wichtiger Pluspunkt im Heim sein.

Persönliche Sicherheit

Die Entlastung von hauswirtschaftlichen Tätigkeiten – von manchen als Einschränkung empfunden – bewerten vor allen diejenigen, die im eigenen Haushalt Probleme damit hatten, als positive Veränderung.

Entlastung

Nicht (mehr) auf Angehörige angewiesen zu sein und diese zu entlasten, betrachten viele HeimbewohnerInnen als wichtigen Gewinn ihrer eigenen Lebensqualität.

Wer vorher viel allein war und unter Einsamkeit gelitten hat, sieht das Zusammensein mit anderen Menschen als angenehme Veränderung. Hinzu kommt für manche, dass hier Aktivitäten angeboten und ihnen damit Erlebnismöglichkeiten geschaffen werden, die sie im eigenen Haushalt nicht hatten. Ob bei Gymnastik, Singen, Werken, Gehirntraining, Spielen oder bei gemeinsamen Festen, ebenso wie bei den täglichen Mahlzeiten, im Heim entstehen neue Kontakte. Das Zimmer mit jemandem zu teilen, muss nicht zwingend Einschränkung und Verlust bedeuten, sondern kann bei Harmonieren der Charaktere neue intensive Beziehungen und Freundschaften entstehen lassen.

Zusammensein mit anderen Menschen

Neue Kontakte

Die Beteiligung am Leben in der Gemeinschaft eröffnet neue Aufgaben- und Interessenfelder. Einem Mitbewohner oder einer Mitbewohnerin zu helfen – das Essen zu geben, mit ihm oder ihr spazieren zu gehen, sie in den Garten zu begleiten oder ihm vorzulesen, ist eine Möglichkeit. Aber auch weniger mobile alte Menschen können anderen Hilfe geben – vielleicht mit Worten oder mit Gefühlen und Verständnis. Die Übernahme von festen Aufgaben, z.B. als Mitglied im Heimbeirat, bei der Gestaltung und Pflege des Gartens oder die aktive Mitwirkung bei Veranstaltungen kann helfen, das Selbstwertgefühl zu steigern und mit dem Leben im Heim positive Erfahrungen zu machen.

Neue Aufgaben- und Interessenfelder

Religiöse und seelsorgerische Betreuung

Die in vielen Häusern vorhandene Kapelle samt religiöser und seelsorgerischer Betreuung wird von vielen HeimbewohnerInnen als deutlicher Gewinn empfunden, zumal sie beim Leben im eigenen Haushalt oftmals beschwerliche Wege zur Teilnahme an Gottesdiensten in Kauf nehmen mussten.

Guter Start entscheidend für die »Heimkarriere«

Anpassung an neue Lebenssituation

Verläuft die erste Zeit im Heim erfolgreich und vielversprechend, so gelingt einem alten Menschen – nach einer gewissen Eingewöhnungszeit mit Verarbeitung von Abschied, Trauer und Verlusten – die Anpassung an die neue Lebenssituation. Bei diesen Menschen ist nach einiger Zeit eine gewisse Lebenszufriedenheit feststellbar, und sie nehmen die Vorteile des Heimlebens gezielt wahr.*

Gut geplante Begleitung

Zum erfolgreichen Start ins Heimleben kann das Personal enorm beitragen. Der Empfang eines neuen Bewohners bzw. einer Bewohnerin sollte gut vorbereitet werden. Eine bewusst und gut geplante Begleitung in den ersten Tagen und Wochen kann das Einleben erleichtern.

Die nachfolgend aufgelisteten Regeln sind lediglich als Beispiele und nicht als vollständige Checkliste zu betrachten. Das Pflegeteam sollte möglichst diese Punkte in seine Überlegungen bei der Aufnahme neuer BewohnerInnen einbeziehen:

- rechtzeitige Information von der Verwaltung bzw. Heimleitung an den Wohnbereich;
- möglichst umfassende Information über vorhandene Aufnahmedaten (biographische Informationen, Krankheitsbild, Gründe für den Heimeinzug etc.) von der Verwaltung bzw. Heimleitung an den Wohnbereich;
- bei Unterbringung im Doppel- oder Mehrbettzimmer: Überlegungen, mit wem der bzw. die neue BewohnerIn das Zimmer teilen könnte, falls möglich Suche nach Gemeinsamkeiten;

*) vgl.: Willig, Wolfgang / Ebel, Thomas / Erben, Monika / Pulvermüller, Gerhard; Psychologie – Soziologie – Gesprächsführung in der Altenpflege, Balingen, 4. überarbeitete Auflage, 1996, S. 108

- MitbewohnerIn(nen) frühzeitig über den Neu-Einzug informieren und um Unterstützung und Begleitung in der ersten Zeit bitten;
- Willkommensgruß (Blumenstrauß, Begrüßungskarte o.Ä.) vorbereiten;
- in jeder Schicht eine spezielle Person als AnsprechpartnerIn festlegen und dem bzw. der neuen BewohnerIn vorstellen;
- neuer Bewohnerin bzw. neuem Bewohner zunächst das eigene Zimmer zeigen und MitbewohnerInnen sowie eine Pflegekraft vorstellen;
- Bad und Toilette zeigen;
- bei der Platzsuche im Speiseraum helfen bzw. am ersten Tag auf Wunsch Mahlzeiten im Zimmer servieren;
- auch wenn auf dem Wohnbereich viel los ist, Ruhe und Aufmerksamkeit vermitteln;
- anfangs BewohnerIn Ruhe und Zeit lassen, um neue Eindrücke und Trauer verarbeiten zu können;
- BewohnerIn stets mit Namen ansprechen;
- Gelegenheiten zum Gespräch und zum Fragen geben;
- auf Wunsch beim Auspacken und Einräumen helfen;
- die (erste) »lange Nacht« berücksichtigen und bestmöglich beim Bewältigen der Probleme helfen;
- Gewohnheiten und Bedürfnisse kennen lernen;
- soweit möglich, Gewohnheiten berücksichtigen und Vertrautes erhalten, persönliche Gegenstände nicht unbedacht durch ähnliche vom Haus mit gleicher Funktion ersetzen (Decken, Kissen, Waschzeug, ...);
- Vertrauen gewinnen und Informationen zur Biographie sammeln;
- zuhören und Verständnis und Geduld für Fragen und Probleme zeigen;
- in den ersten Tagen mehr Aufmerksamkeit und Zeit widmen als normal, aber dies auch als vorübergehende Besonderheit darstellen – keine unerfüllbaren Erwartungen für die Zukunft wecken;

- erst allmählich mit der neuen Umgebung und den MitbewohnerInnen bekannt machen, nicht mit Informationen überschütten;
- nach und nach über Aktivitäten und Angebote im Haus informieren und zur Teilnahme einladen – möglichst andere MitbewohnerInnen um Begleitung zu den Aktivitäten bitten;
- gezielt zu Aktivitäten in kleinen Gruppen einladen und beim Aufbau neuer Kontakte helfen;
- Zimmer so einrichten, dass Privat- und Intimsphäre bestmöglich gewahrt werden können;
- bei der persönlichen Gestaltung des Wohnumfelds mithelfen (Fotos und Bilder aufhängen etc.);
- über Arbeitszeiten des Personals informieren;
- Aufgaben und Möglichkeiten des Personals erläutern;
- bei mobilen BewohnerInnen, die das Haus verlassen können und möchten: Stadtplan mit Anschrift und eingezeichnetem Standort des Hauses aushändigen;
- Mut machen und für positive Aspekte des Heimaufenthalts die Augen öffnen;
- Kontakte mit Angehörigen und BesucherInnen knüpfen, zu weiteren Besuchen und gemeinsamen Aktivitäten motivieren;
- …

Gestaltet sich auf diese Weise der Einzug ins Heim positiv, so fällt das Eingewöhnen und das Wohlfühlen leichter. Kontakte mit Pflegepersonal und MitbewohnerInnen spielen dabei eine wesentliche Rolle. Wer mit Freundlichkeit und Verständnis empfangen wird, lernt schneller, sich in der neuen Umgebung einzugewöhnen und sich an vorhandene Strukturen anzupassen.

Institutionalisierungseffekte

Die so genannten »Institutionalisierungseffekte« können mit den o.a. Maßnahmen ein Stück weit ausgeglichen werden. Unter Institutionalisierungseffekten werden negative Auswirkungen des Heimaufenthalts auf Befinden und Verhalten von BewohnerInnen verstanden. Insbesondere gehören dazu Depressivität, Passivität, verringertes Interesse an der Umwelt, erhöhte Morbidität und Mortalität.*

Zahlreiche Untersuchungen zu den Auswirkungen des Heimaufenthalts, vor allen Dingen in den 70er Jahren, ergaben:

- Das Selbstwertgefühl werde erheblich beeinträchtigt. Durch den Heimaufenthalt komme der alte Mensch zu einer negativen Selbsteinschätzung.
- Die Anpassungsfähigkeit lasse nach. Das Aufgeben sozialer Rollen mit dem Heimeintritt und der damit verbundene Funktionsverlust wurden dafür verantwortlich gemacht.
- Die Anzahl und Intensität von Sozialkontakten nehme merklich ab, und das Ausmaß der allgemeinen Aktivität lasse nach. So komme es zu einem deutlichen Abbau der Persönlichkeit.
- Der Zeitbezug verändere sich. Durch den Eintritt ins Heim werde die Zukunftsorientierung begrenzt, und die subjektive Sicht der Vergangenheit erfahre eine Veränderung.**

Weitere Studien ergaben jedoch, dass die o.a. Auswirkungen nicht ausschließlich Folgen des Heimaufenthalts sind, sondern in den Ursachen und Gründen, die überhaupt erst zum Eintritt ins Heim führten, mit verankert sind.

Von mehrgliedrigen Einrichtungen mit wohnlichem und anregendem Ambiente werden dagegen positivere Entwicklungen berichtet. So gibt es Heime, in denen rege Sozialkontakte zu beobachten sind. Bei entsprechenden Studien ergab sich eine hohe Korrelation *(lat. = Wechselbeziehung)* zwischen dem Ausmaß an sozialen Kontakten und Lebenszufriedenheit.***

Pflegekräfte als »Kontakt-stifterInnen«

Die Funktion von Pflegekräften als »KontaktstifterInnen« ist daher nicht zu unterschätzen.

---

*) vgl.: Reimann, Horst und Helga; Das Alter, 3. neu bearbeitete Auflage, Stuttgart 1994, S. 351

**) vgl: Lehr, Ursula; Psychologie des Alterns, Heidelberg 1977, S 270f.

***)vgl.: Reimann, Horst und Helga; Das Alter, 3. neu bearbeitete Auflage, Stuttgart 1994, S. 157

»Bauliche und organisatorische Gegebenheiten sowie die Haltung des Personals bestimmen eben den Rahmen, in dem sich das Leben der HeimbewohnerInnen entwickeln kann. Eine großzügige Organisation, eine stimulierende Umgebung, ein abwechslungsreicher Zeitablauf wirken nach verschiedenen Studien Unzufriedenheit, Depressivität und Desinteresse erfolgreich entgegen.«*

Vorschriften und Gesetze für die Interessen von HeimbewohnerInnen

Heimgesetz

Stationäre Einrichtungen der Altenhilfe unterliegen dem so genannten »Heimgesetz« und seinen Verordnungen. »Dieses Gesetz soll die Interessen der HeimbewohnerInnen schützen und ihre Selbständigkeit und Selbstverantwortung wahren, aber auch eine fachliche Beratung der Heimträger sicherstellen. Das Heimgesetz schreibt u.a. Anforderungen an die Ausgestaltung der Heimverträge vor und regelt, unter welchen Bedingungen Heime ihre Entgelte erhöhen dürfen. ... Die Kontrolle darüber, ob das Heimgesetz beachtet wird, ist Sache der Länder, die ihre »Heimaufsichtsbehörden« auf administrativ *(lat. administrare = verwalten; administrativ = zur Verwaltung gehörend)* unterschiedlichen Ebenen angesiedelt haben. ... In allen Stadt- und Landkreisen Baden-Württembergs obliegt die Heimaufsicht z.B. dem Ordnungsamt.«**

Seit Januar 2002 gibt es ein neues Heimgesetz. Die Novellierung des 25 Jahre alten Heimgesetzes bietet unter anderem BewohnerInnnen mehr Rechte und Schutz vor finanzieller Benachteiligung. Heime müssen danach ihre Entgelte für Unterkunft, Verpflegung und Betreuung sehr detailliert beschreiben und im Heimvertrag dokumentieren.***

---

*) aus: Reimann, Horst und Helga; Das Alter, 3. neu bearbeitete Auflage, Stuttgart 1994, S. 156f

**) aus: Kuratorium Deutsche Altershilfe KDA (Hg.); Rund ums Alter: alles Wissenswerte von A-Z, Beck'sche Verlagsbuchhandlung, München 1996, S. 191

***)vgl.: dpa 02.11.2000

Ebenfalls im Januar 2002 trat das so genannte Pflegequalitätssicherungsgesetz in Kraft. Ziele dieses Gesetzes sind die Stärkung der Pflegeselbstverwaltung, die Steigerung der Pflegequalität und der Verbraucherschutz.

Pflegequalitätssicherungsgesetz

Ein Bestandteil ist die Heimpersonalverordnung. Seit Oktober 1993 in Kraft, legt sie fest, welche Mindestanforderungen Beschäftigte in Heimen erfüllen müssen. So muss ein Heimleiter (von einer Heimleiterin ist in der Verordnung nicht die Rede) 'hierzu fachlich und persönlich geeignet' sein. Das wird dann angenommen, wenn er

Heimpersonalverordnung

1. eine Ausbildung zu einer Fachkraft im Gesundheits- oder Sozialwesen oder einem kaufmännischen Beruf oder in der öffentlichen Verwaltung mit staatlich anerkanntem Abschluss nachweisen kann und
2. durch eine mindestens zweijährige hauptberufliche Tätigkeit in einem Heim oder in einer vergleichbaren Einrichtung die weiteren für die Einrichtung des Heims erforderlichen Kenntnisse und Fähigkeiten erworben hat.

Die Verordnung bestimmt auch, dass 'betreuende Tätigkeiten' nur 'unter angemessener Beteiligung von Fachkräften' wahrgenommen werden dürfen. Als Fachkraft gilt nur, wer eine Berufsausbildung etwa als Altenpfleger oder als Krankenschwester abgeschlossen hat. Bei mehr als vier pflegebedürftigen BewohnerInnen muss mindestens jede(r) zweite BetreuerIn eine examinierte Fachkraft sein. Außerdem muss in Heimen mit Pflegebedürftigen auch nachts mindestens eine Fachkraft ständig anwesend sein.

Die Fachkräftequote von 50% in Pflegeeinrichtungen ist zwar gesetzlich eindeutig, sie wird aber oftmals nicht eingehalten. Da examinierte Kräfte teurer sind als angelernte Alten- oder KrankenpflegehelferInnen, beschäftigen viele Einrichtungen bisher (noch) weniger als 50% Fachpersonal.*

Fachkräftequote

*) vgl.: Kuratorium Deutsche Altershilfe KDA (Hg.); Rund ums Alter: alles Wissenswerte von A-Z, Beck'sche Verlagsbuchhandlung, München 1996, S. 192

Wenn die Übergangsfrist abläuft, müssen alle Pflegeeinrichtungen diese Fachkräfte-Anforderungen erfüllen – sofern die geltende Verordnung in Kraft bleibt. Dass sie in Kraft bleibt, dafür sorgten scharfe Proteste zahlreicher Sozial- und Berufsverbände. So konnte der Plan der Bundesregierung, diese Verordnung am 1. Oktober 1998 außer Kraft zu setzen, verhindert werden. Einvernehmlich zwischen allen Beteiligten wurde die Übergangsfrist verlängert. So schwierig es für viele Heime noch immer ist, die Mindestquote von 50% zu erfüllen, so wird dennoch gleichzeitig ein Anteil von 60 bis 70% Fachkräften als wünschenswert beschrieben.*

Weitere Verordnungen

Weitere Verordnungen sollen die Qualität stationärer Einrichtungen der Altenhilfe sichern:

- Heimmindestbauverordnung,
- Heimsicherungsverordnung,
- Heimmitwirkungsverordnung.

Heimmitwirkungsverordnung
Heimbeirat

Die Kontrolle der Heimmitwirkungsverordnung unterliegt ebenfalls der Heimaufsicht. Danach können HeimbewohnerInnen in demokratischer Wahl aus ihren Reihen einen »Heimbeirat« wählen. Dieser soll die Interessen der BewohnerInnen gegenüber Heimleitung und Heimträger vertreten.

Die Heimbeiräte haben jedoch keine echten Mitbestimmungsrechte, sondern lediglich Mitwirkungsrechte. Zu ihren Aufgaben bzw. Möglichkeiten gehört die Mitwirkung bei

- Aufstellung oder Änderung von Heimverträgen,
- Änderung der Heimkostensätze,
- Freizeitgestaltung,
- Unterkunft,
- Betreuung,
- Verpflegung,
- ...

*) vgl: Bundesarbeitsgemeinschaft der Senioren-Organisation (BAGSO); Zwischenbericht zur Heimpersonalverordnung, in: BAGSO-Nachrichten Nr. 2/1998, S. 25f.

Der Heimbeirat besteht längst nicht in allen stationären Einrichtungen. Noch 1978 konnte in rund 90% der Heime ein Beirat gebildet werden. 1992 waren es nur noch ca. 75% der Heime, die über dieses Gremium verfügten. Als Erklärung für diese rückläufige Entwicklung wird die Tatsache herangezogen, dass die HeimbewohnerInnen immer älter werden. Vielfach finden sich keine rüstigen alten Menschen mehr, die Kraft, Energie und Interesse haben, die Vertretungsarbeit durchzuführen. Bei den Erklärungsversuchen handelt es sich jedoch um Spekulationen, denn gesicherte Untersuchungen zur Heimmitwirkung bestehen bisher nicht.*

Die Interessenvertretung von HeimbewohnerInnen nimmt zusätzlich ein freier Verband wahr, die Bundesinteressenvertretung der Altenheimbewohner (BIVA). Sie berät und führt Schulungen durch, u.a. zur Bildung und Qualifizierung von Heimbeiräten.

Rechtliche Situation von HeimbewohnerInnen

Die rechtliche Situation von HeimbewohnerInnen ist durch zwei Gesetze – das reformierte Heimgesetz und das neue Pflegequalitätssicherungsgesetz – mit klaren Regelungen verbessert worden.

Wichtig

- **Die Normalwohnung ist noch immer die am meisten verbreitete Wohnform in Deutschland. 11,6 Millionen BundesbürgerInnen leben dort. Das entspricht ca. 93% der Bevölkerung über 65 Jahren.**
- **Zurzeit leben in Deutschland rund 660 000 alte Menschen in ca. 8.800 stationären Einrichtungen der Altenhilfe. Das sind nur 4% der über 65-jährigen.**
- **Mit zunehmendem Lebensalter steigt die Wahrscheinlichkeit für einen Umzug ins Heim enorm. Mehr als ein Fünftel der Menschen über 90 Jahre lebt in einer stationären Einrichtung.**
- **Fremdbestimmung hinsichtlich der Wohnsituation im Alter kann am besten vermieden werden durch**

*) vgl.: Kuratorium Deutsche Altershilfe KDA (Hg.); Rund ums Alter: alles Wissenswerte von A-Z, Beck'sche Verlagsbuchhandlung, München 1996, S. 194

frühzeitige Information und Auseinandersetzung mit dem Thema.

- Die Verweildauer in der stationären Altenpflege beträgt durchschnittlich 54 Monate.
- Das typische Heim ist ein Wohnort für Alleinstehende. Nur 7% der BewohnerInnen sind verheiratet, 21% sind ledig, 8% geschieden, und 64% haben ihre(n) LebenspartnerIn verloren.
- Die Entscheidung, als alter Mensch in ein Heim einzuziehen, bedeutet einen tiefen Einschnitt in die bisherige Lebensweise. Kaum jemand geht diesen Schritt ohne Angst und Trauer.
- Am häufigsten genannte Gründe für einen Heimeinzug sind körperliche Krankheit, Unselbständigkeit in der Lebensführung, Notfälle, bei denen die eigenständige Versorgung nicht mehr gewährleistet ist und Alleinsein.
- Der Beginn des Heimlebens ist für viele begleitet von Trauergefühlen und Depressionen. Die völlige Veränderung der Lebensumstände führt bei über 30% der HeimbewohnerInnen zu Verwirrtheit, bei rund 25% zu tiefen depressiven Verstimmungen.
  Wichtig ist, die Probleme in der Eingewöhnungsphase zu be- und verarbeiten und sich auf einen Neubeginn, eine neue Lebensphase, einzustellen.
- Ein guter Start ist entscheidend für eine positive »Heimkarriere«.
- Ein gut vorbereiteter Empfang und eine geplante Begleitung von HeimbewohnerInnen in der ersten Zeit können helfen, das Einleben zu erleichtern.
  Kontakte mit Personal und MitbewohnerInnen spielen beim Eingewöhnen, Wohlfühlen und Lebenszufriedenheit eine erhebliche Rolle.

So genannte Institutionalisierungseffekte können so – zumindest zum Teil – ausgeglichen werden.

- **Das Heimgesetz soll die Interessen von HeimbewohnerInnen schützen und deren Selbständigkeit und Selbstverantwortung wahren, aber auch eine fachliche Beratung von Heimträgern sicherstellen.**
- **Die Einhaltung des Heimgesetzes obliegt der Heimaufsichtsbehörde, die in den einzelnen Bundesländern auf unterschiedlichen Ebenen angesiedelt ist.**
- **Die Heimpersonalverordnung legt fest, welche Mindestanforderungen Beschäftigte in Heimen erfüllen müssen. Die Fachkräftequote von 50% in Pflegeeinrichtungen ist umstritten.**
- **Zurzeit existieren in rund 75% der stationären Einrichtungen der Altenhilfe so genannten Heimbeiräte. Diese werden in demokratischer Wahl aus den Reihen der BewohnerInnen gewählt. Ihnen obliegen Mitwirkungs-, aber keine echten Mitbestimmungsrechte.**

Übungen

1. Beobachten Sie einmal genau den Tagesablauf eines Heimbewohners bzw. einer -bewohnerin. Versuchen Sie, den Tag aus seiner bzw. ihrer Sicht zu betrachten. Schildern Sie schriftlich solch einen Heim-Alltag. Versetzen Sie sich dabei in die Lage eines Bewohners bzw. einer Bewohnerin und schreiben Sie in der Ich-Form!
2. Der Einzug in ein Heim ist für den alten Menschen zunächst geprägt von Abschied und Verlust. Besonders schmerzhaft ist dabei die Trennung von
   1. ______________________________
   2. ______________________________

3. ____

4. ____

5. ____

Tragen Sie hier die entscheidenden 5 Bereiche ein!

Stellen Sie sich vor, Sie selbst müssten morgen in ein Heim einziehen!

- Wenn Sie zwei ihrer eigenen Möbelstücke mitbringen dürften, – für welche würden Sie sich entscheiden?
- An was würde Ihnen im Heim die Gewöhnung am schwersten fallen?
- Was würden Sie sich vom Personal für die ersten drei Tage wünschen?

3. Zählen Sie konkret, mit wie vielen verschiedenen Personen vom Personal (Pflege, Hauswirtschaft, Verwaltung ...) ein(e) BewohnerIn in dem Wohnbereich, in dem Sie eingesetzt sind, innerhalb einer Woche in Berührung kommt!

Wiederholungfragen

1. Was ist unter so genannten »offenen Einrichtungen der Altenhilfe« zu verstehen?
2. Wie kommt die Entscheidung für einen Umzug ins Heim oftmals zustande?
3. Was kennzeichnet ein »Altenheim«?
4. Wie hoch liegt die Fachkräftequote in Pflegeeinrichtungen nach der Heimpersonalverordnung?
5. Welche Altersgruppen sind am stärksten unter den BewohnerInnen in stationären Einrichtungen der Altenhilfe vertreten?
6. Was ist konkret unter einem »Altenpflegeheim« zu verstehen?
7. Welche Möglichkeiten haben Sie als Pflegekraft, einem alten Menschen das Einleben im Heim zu erleichtern?

8. Wie lässt sich Fremdbestimmung hinsichtlich der Wohnsituation im Alter am besten vermeiden?
9. Was hat Altenpflege mit Marktwirtschaft zu tun?
10. Beschreiben Sie die Aufgaben und Möglichkeiten eines Heimbeirats!
11. In welche vier Bereiche werden die Einrichtungen der Altenhilfe eingeteilt?
12. Wie hoch ist die durchschnittliche Verweildauer im Heim?
13. Was ist ein »Altenwohnstift«, und unter welcher Bezeichnung ist es noch geläufig?
14. Welche Gewinn-Erfahrungen kann ein alter Mensch bei Einzug in ein Heim machen?
15. Welche Arten von Einrichtungen werden der so genannten »stationären Altenhilfe« zugeordnet?
16. Warum ist der Einzug in ein Heim für einen alten Menschen von Verlusten geprägt?
17. Welcher Behörde obliegt in Baden-Württemberg die Heimaufsicht?
18. Wie lässt sich die rückläufige Entwicklung bei der Bildung von Heimbeiräten nach heutigem Kenntnisstand erklären?
19. Was bedeutet der Begriff »mehrgliedrige Einrichtung«?
20. Welches sind die so genannten »Institutionalisierungseffekte«? Können sie ausschließlich als Folgen des Heimaufenthalts eingestuft werden?
21. Weshalb wird Kundenorientierung in der Altenpflege immer wichtiger?
22. Von was muss sich ein alter Mensch bei Einzug in ein Heim trennen?
23. Welche Formen der stationären Altenhilfe sind heute eher zeitgemäß, welche unzeitgemäß?
24. Beschreiben Sie das »Durchschnittsheim«, das das Kuratorium Deutsche Altershilfe 1994 aus repräsentativen statistischen Daten konstruiert hat!

25. In welchem Zeitraum ist nach Einzug in ein Heim die Mortalität der BewohnerInnen besonders hoch?
26. Was sind so genannte »ambulante Einrichtungen der Altenhilfe«?
27. Beschreiben Sie die wesentlichen Merkmale eines »Altenwohnheims«!
28. Wieviele alte Menschen leben heute in Deutschland in einer stationären Einrichtung?
29. Was beeinflusst bei Angehörigen von HeimbewohnerInnen die Entscheidung für das Heim?
30. Warum ist die Gewöhnung an die festen Strukturen im Heim so schwierig?
31. Was sollte bei der Gestaltung von Heimen berücksichtigt werden?
32. Wie ist bei den meisten Menschen die Einstellung zum Heim geprägt?
33. Welches sind die am häufigsten genannten Gründe für einen Heimeinzug?
34. Nennen Sie einige Beispiele für teilstationäre Einrichtungen der Altenhilfe!
35. Wie heißt der Verband, der die Interessenvertretung von HeimbewohnerInnen bundesweit wahrnimmt?

Literatur

Böggemann, Marlies; Pflegerische Intervention bei der Heimübersiedlung. Möglichkeiten und Grenzen beim Einzug dementer alter Menschen, in: Altenpflege Forum, Nr. 1/2000, S. 20ff

Bundesarbeitsgemeinschaft der Senioren-Organisationen (BAGSO); Ältere Menschen in Deutschland. Fakten und Felder der freien Seniorenarbeit, Bonn 1999

Bundesarbeitsgemeinschaft der Senioren-Organisationen (BAGSO); Zwischenbericht zur Heimpersonalverordnung, in: BAGSO-Nachrichten Nr. 2/1998

Bundesministerium für Familie, Senioren, Frauen und Jugend (Hg.); Zweiter Altenbericht: Wohnen im Alter, Bonn 1998

Karotsch, Dieter; Qualität ist, was der Kunde dafür hält, in: Altenpflege Nr. 8/1997

Karotsch, Dieter; Kunden von morgen – Heime von gestern, in: Altenpflege Nr. 10/1998

Kruse, Andreas/Kröhn, Rainer/Langerhans, Gabriele/Schneider, Christel; Bundesministerium für Familie und Senioren (Hrsg.), Konflikt- und Belastungssituationen in stationären Einrichtungen der Altenhilfe und Möglichkeiten ihrer Bewältigung, Kohlhammer Verlag, Stuttgart 1992

Kuratorium Deutsche Altershilfe KDA (Hg.); Rund ums Alter: alles Wissenswerte von A-Z, Beck'sche Verlagsbuchhandlung, München 1996

Lehr, Ursula; Psychologie des Alterns, Heidelberg 1977

Reimann, Helga + Reimann, Horst; Das Alter, Enke Verlag, Stuttgart, 3. neu bearbeitete Auflage, 1994

Stracke-Mertes, Ansgar; Soziologie. Der Blick auf soziale Beziehungen, Vincentz Verlag, Hannover 1994

Wegner-Hauenstein, Dr. Margrit von; Mit Heimtieren kein Sturz ins Leere, in: Geriatrie Praxis, Nr. 4/1991, S. 76ff

Willig, Wolfgang / Ebel, Thomas / Erben, Monika / Pulvermüller, Gerhard; Psychologie – Soziologie – Gesprächsführung in der Altenpflege, Balingen, 4. überarbeitete Auflage, 1996

Witterstätter, Kurt; Soziologie für die Altenarbeit, Freiburg 1981, 7. Aufl. 1991

Wohlfühlen in geWOHNter Atmosphäre

Das Ziel ist,

- *Sich in die Wohnbiografien heute alter Menschen hineinversetzen,*
- *sich die Funktionen und die Bedeutung von Wohnraum und Wohnraumgestaltung klar machen,*
- *die spezielle Bedeutung des sich reduzierenden Wohnraums mit zunehmendem Alter erkennen,*
- *mit zunehmendem Alter sich ändernde Regeln für Anforderungen an Wohnraum kennen lernen,*
- *die politische Dimension des Themas »Wohnen« erkennen,*
- *Beispiele für alternative Wohnformen zur Normalwohnung und zum Heim kennen.*

DAS ZIEL IST:

Hausgemeinschaften
-> Zukunftsorientiert

Traditionelle und neue Wohnformen und Modelle

»Ich lebe auf dem Land, ... in der Stadt, ... in einer Zweizimmerwohnung, ... im eigenen Haus, ... mit meiner Familie, ... allein ...« So drücken sich Menschen meist aus, wenn sie zu ihrer Wohnsituation befragt werden. Wohnen ist Leben ... oder zumindest ein großer Teil davon. An unserem Sprachgebrauch wird sichtbar, welche große Bedeutung das Wohnen für uns Menschen hat. Jede(r) wohnt irgendwie, oft ohne sich viel Gedanken darüber zu machen. Und doch ist das Wohnen ein wichtiger Teil von uns.

Wohnbiografien heute alter Menschen

Erleben von Wohnqualität

Die individuelle Wohnbiografie eines Menschen beeinflusst erheblich sein Erleben von Wohnqualität. »Geprägt werden die Wohnerfahrung, das Wohnerlebnis, von der individuellen Lebensbiografie, man kann von einer Wohngeschichte jedes Menschen sprechen.

Die heute 60-jährigen und älteren Menschen haben alle den Zweiten Weltkrieg miterlebt und standen während der Kriegs- und Nachkriegsphase in der Familiengründung oder im Kindes- und Jugendalter. Nach dem Krieg haben sie entweder die Wiederaufbauphase und den wirtschaftlichen Aufschwung der Bundesrepublik Deutschland miterlebt oder die sozialistische Planwirtschaft der ehemaligen DDR [Deutsche Demokratische Republik]. Im Zweiten Weltkrieg wurden 15 Prozent des Wohnraums völlig zerstört oder erheblich beschädigt. Besonders davon betroffen waren die Frauen mit ihren Kindern, da viele Männer als Soldaten im Zweiten Weltkrieg gefallen oder in Kriegsgefangenschaft waren. Bei Kriegsende gab es 7,3 Millionen mehr Frauen als Männer, und sie waren es, die den zermürbenden Überlebenskampf gegen den Hunger und die Entbehrungen aller Art zu führen hatten.

Zwischen 1945 und 1947 kamen zwölf Millionen Menschen aus den deutschen Ostgebieten und den Siedlungsgebieten im Ausland hinzu. Die Menschen mussten sich mit notdürftigen Unterkünften zufrieden geben und teilten den ohnehin knappen Wohnraum mit mehreren Personen. Wohnräume waren nicht selten dunkle, zugige und feuchte Bunker, Keller, Hausruinen und Trümmerwohnungen. Die noch wirklich bewohnbaren Wohnungen waren entweder von der Militärregierung beschlagnahmt oder überbelegt. Teilweise hatten die Unterkünfte keine sanitären Anlagen, nur eine Toilette für mehrere Familien und eine Gemeinschaftsküche.«*

Auch die Wohnungseinrichtung konnte damals keineswegs wie heute im Möbelhaus geordert werden, sondern es gab Bezugsscheine für Möbel und Hausrat, ähnlich wie die Lebensmittelkarten. Das bedeutete für die Mehrheit der Bevölkerung, unter oft primitivsten Bedingungen in desolaten Unterkünften zu leben. Für manche war diese Zeit die Zeit der Evakuierung auf's Land. Die dort zum Teil verschont gebliebene Bevölkerung musste Verwandte oder auch Fremde bei sich aufnehmen. So lebten viele Menschen unfreiwillig unter schwierigen Bedingungen und auf engem Raum zusammen. Die Einweisung Fremder in den eigenen Wohnraum bzw. das Wohnen bei Fremden bedeutete jeweils einen Einbruch in die Privat- und Intimsphäre. Wohnen war für kaum jemanden noch ausschließlich selbst bestimmt, und die sprichwörtlichen eigenen vier Wände hatten nur noch wenige für sich.

Wohn- und Lebenssituation in der ersten Hälfte des 20. Jahrhunderts

Für die heute jüngeren Menschen, die diese Zeit nicht miterlebt haben, ist es wichtig, sich mit der Wohn- und Lebenssituation in der ersten Hälfte des 20. Jahrhunderts auseinander zu setzen. Nur so kann es wenigstens teilweise gelingen, die – natürlich individuell verschiedenen – Wohnbiografien alter pflegebedürftiger Menschen zu verstehen.

»Erst nach der Währungsreform [Bundesrepublik Deutschland]1948 kam der Wohnungsbau wieder in Gang, und es wurden von staatlicher Seite die Wohnbewirtschaftung, der Mietenstopp und die Förderung des sozialen Wohnungsbaus geregelt. Dies führte zu einer rationellen Bauweise mit ähnlichen Grundrissen des Wohnraums.

*) aus: Roth, Andrea; Alte Bäume sollte man nicht verpflanzen, in: Pflegezeitschrift Nr. 3/1997, S. 108f.

In den 50er Jahren galt der Standard, dass jeder erwachsenen Person ein Raum zur Verfügung stehen und ein Dreipersonenhaushalt über 50m² verfügen sollte. 1950 war jeder dritte Haushalt ein Untermieterhaushalt, und für 100 Personen standen 63 Wohnräume zur Verfügung; nur in jeder fünften Wohnung war ein Bad.

In einer vergleichenden Untersuchung von Oldenburger Familien des Eheschließungsjahrgangs 1950 verfügten nur 50 Prozent der befragten Ehepaare zu Beginn ihrer Ehe über einen eigenen Haushalt. Die anderen lebten bei ihren Eltern oder zur Untermiete in einer nicht abgeschlossenen Wohnung. Nach Umzug in eine eigene und vielleicht auch eine neu gebaute Wohnung erlebten die Menschen den technischen Komfort (fließendes Kalt- und Warmwasser, Heizung, Bad usw.) und die alleinige Nutzung der sanitären Anlagen und der Küche als entscheidende Verbesserung ihrer Wohnverhältnisse.

Beengter Wohnraum

Es war eben nicht die Enge des Wohnraums, die als Belastung gesehen wurde. Mit dem beengten Wohnraum konnten sich viele Menschen arrangieren. Viele ältere Frauen empfanden nach eigenen Aussagen diese Zeit als die schönste Zeit ihres Lebens. Unter anderem kann sich der gelungene oder missglückte Versuch des Zusammenlebens mit nicht verwandten Personen, ob selbst gewählt oder erzwungen, auf die gewählte Wohnform im Alter auswirken. Das positive Erleben, dass gemeinschaftliches Leben außerhalb der Familie möglich ist, kann einen Entschluss fördern, das Alleinleben im Alter aufzugeben.«*

Bewertungsmaßstäbe für Wohnraum

Diese Wohnbiografien sollten jüngere Menschen bedenken, wenn sie über die heutige Wohnqualität alter Menschen urteilen wollen. Wohnsituationen, die einem jüngeren Menschen als unzumutbar erscheinen, werden oft von den Betroffenen völlig anders empfunden. Objektive Bewertungsmaßstäbe für Wohnraum werden bedeutungslos, wenn es um Veränderung der Wohnsituation im Alter geht. Die individuellen Wünsche und Bewertungen sehen oft völlig anders aus.

---

*) aus: Roth, Andrea; a.a.O.

So steht die Wohnzufriedenheit weniger im Zusammenhang mit objektiven Standards als mit der individuellen Wohnbiografie. Subjektiv wird die vertraute Wohnung auch bei schlechten Standards von älteren Menschen positiver bewertet als von ExpertInnen.

Wohnzufriedenheit

Funktionen von Wohnraum

Der eigene Wohnraum hat – nicht nur für alte Menschen – unterschiedliche Funktionen. Die Wohnung gibt uns Sicherheit, Geborgenheit und Vertrautheit. Sie ist unser Refugium, in dem wir uns wohlfühlen können.

Sicherheit

Je nach Bedarf spendet sie Ruhe und Erholung oder wird zum Treffpunkt, zum Ausgangspunkt für Aktivitäten. Damit bestimmt der Wohnraum zu einem guten Teil die Gestaltung des sozialen Umfelds mit. Bietet die Wohnung Möglichkeiten, um FreundInnen einzuladen und gemeinsame Interessen in eigenen Räumlichkeiten zu pflegen, ist sie eher Kontakt stiftend als ein Wohnort dessen Rahmenbedingungen dies nicht zulassen.

Ruhe und Erholung

Ausgangspunkt für Aktivitäten

Das Wohnumfeld ist mit entscheidend für die Selbstständigkeit und damit die Kompetenz des Menschen. Kann die in einer Wohnung lebende Person alles Notwendige im Alltag selbst regeln und bewältigen, gibt ihr das Selbstständigkeit und Kompetenz. Ist sie bei vielen Verrichtungen auf Hilfe von außen angewiesen, mindert das deutlich die Lebensqualität.

Nicht zuletzt ist die Gestaltung des Wohnraums Ausdruck von Persönlichkeit. Hier können persönlicher Geschmack, Kreativität und individuelle Bedürfnisse umgesetzt werden. Die Einrichtung und Gestaltung einer Wohnung sind so persönlich wie die eigene Kleidung. Zwei vom Grundriss gleiche Wohnungen sind – trotz aller Einflüsse von Mode, Trends, und Werbung – niemals gleich gestaltet und eingerichtet. Wohnen ist ein Stück Individualität.

Ausdruck von Persönlichkeit

So hat die Wohnung ihre unterschiedlichen Funktionen, die Anna Maria Hirsch so beschreibt:

»Wohnung als Mittelpunkt in einem Beziehungsraum

Irgendwo zu Hause sein bedeutet nicht nur, eine Wohnung zu besitzen, sondern von einem Netz von Beziehungen eingesponnen und getragen zu sein, von Beziehungen zu Nachbarn und Bekannten, Handwerkern und Ärzten, Einkaufsmöglichkeiten, Kirche, Theater und vielem anderem mehr. Der innere Halt, den ein solch vertrauter Lebensraum zu geben vermag, gewinnt an Bedeutung, je mehr man sich durch die altersbedingten Veränderungen verunsichert fühlt.

Wohnung als Schutz- und Privatraum

Wenn die Engländer sagen »my home is my castle« [mein Zuhause ist mein Schloss, meine Burg], so kommt darin sehr schön zum Ausdruck, dass die Wohnung einerseits Zufluchtsstätte ist und andererseits Distanz schafft und Abgrenzung ermöglicht gegenüber den Ansprüchen der übrigen Welt. Hier habe ich den nötigen Abstand, um zu mir selbst zu kommen, wenn ich außer mich geraten bin, wo ich meinen Gefühlen freien Lauf lassen darf, mich ausruhen und entspannen kann.

Wohnung als Aktionsraum

Die Wohnung ist der Ort, wo ich mein eigener Herr bin und tun und lassen kann, was ich will. Hier bin ich verantwortlich für das, was geschieht, gezwungen, für mich zu sorgen und den Tag zu gestalten. Hier kann ich trauern und mich erholen, kann faul oder fleißig sein, ohne jemandem Rechenschaft darüber ablegen zu müssen als nur mir selbst.

Wohnung als Erinnerungsraum

Die eigene Wohnung verkörpert immer auch ein Stück Lebensgeschichte und persönliche Identität. Sie schlägt den Bogen zur Vergangenheit und hilft mir mit Erinnerungsstücken, mich mit meinem eigenen Leben in Beziehung zu setzen.«*

---

*) aus: Hirsch, Anna Maria; Psychologie für Altenpfleger, Band I: Probleme des Alterns, 2. akt. Auflage, München, 2001, S.125

Wohnen wird mit zunehmendem Alter immer wichtiger

Schon in jungen Jahren, wenn der Mensch ein aktives Leben führt und mobil ist, wird die Qualität der Wohnumgebung als bedeutend eingeschätzt. Selbst Berufstätige, die zwangsläufig einen großen Teil ihrer Zeit außerhalb des Hauses verbringen und womöglich zusätzlich zahlreiche Freizeitaktivitäten außer Haus betreiben, halten sich viele Stunden in ihrer Wohnung auf.

Eingeschränkter Aktionsradius

Dieser Anteil steigt erheblich, wenn die Berufstätigkeit endet, die Außenkontakte weniger werden und Altersmorbidität den Aktionsradius einschränkt. Ältere Menschen verbringen 4/5 des Tages in ihrer häuslichen Umgebung. Die Wohnung wird so immer mehr zum Lebensmittelpunkt oder mit der Zeit gar zum einzigen Lebensraum.*

Selbstständigkeit und Alltagsgestaltung

Die Bedeutung des Wohnens im Alter unterstreicht auch die Bundesregierung mit der Veröffentlichung ihres »Zweiten Altenberichts: Wohnen im Alter«, in dem die für diesen Bereich zuständige Sachverständigenkommission u.a. zu dem Ergebnis kommt: »Die Schaffung von Wohnbedingungen, die den Bedürfnissen des Menschen jeden Lebensalters entsprechen und zugleich Risiken des Alters berücksichtigen ist eine bedeutende Komponente der generationenübergreifenden und auch integrativen Politik. Dabei ist die zentrale Stellung der Wohnung für Selbstständigkeit und Alltagsgestaltung im Alter zu betonen.«**

Über Wohnsituation im Alter bewusst und rechtzeitig entscheiden

Bewusste Entscheidung

So ist die bewusste Entscheidung über die Auswahl des Wohnumfeldes von nicht zu unterschätzender Bedeutung. Noch immer machen sich Menschen erst viel zu spät Gedanken darüber, wie und wo sie im Alter leben möchten. Oft löst erst ein Ereignis von außen, z.B. plötzlich eintretende Pflegebedürftigkeit oder der Tod des Part-

*) vgl.: Roth, Andrea, a.a.O., S. 108

**) aus: Bundesministerium für Familie, Senioren, Frauen und Jugend (Hrsg.); Zweiter Altenbericht: Wohnen im Alter, Bonn 1998, S. 239

ners bzw. der Partnerin, Überlegungen zu eventuellen Wohnveränderungen aus. Wie bereits im Kapitel »Einen alten Baum verpflanzt man nicht«, S. 151 ff. dargestellt, wird damit vielfach eine eigene Entscheidung eingeschränkt oder unmöglich gemacht.

Der richtige Zeitpunkt, um über mögliche Wohnveränderungen nachzudenken, ist individuell verschieden. Das Nachdenken und Sich-Informieren ist schon frühzeitig, d.h. durchaus im mittleren Erwachsenenalter, sinnvoll. Entscheidungen sollten jedoch zumindest so lange warten, bis die eigenen Bedürfnisse für das Alter konkreter eingeschätzt werden können. Wer sich z.B. im Alter von fünfzig Jahren festlegt, zu einem Zeitpunkt, an dem er bzw. sie noch sehr aktiv ist, an dem zwar vielleicht die Kinder längst ausgezogen sind und die Eltern allein im großen Haus zurück geblieben sind, muss damit rechnen, dass sich die eigenen Wünsche an das Wohnumfeld noch einmal grundlegend ändern. Wer aber wartet, bis vielleicht mit 85 Jahren plötzlich Pflegebedürftigkeit eintritt und einem keine Wahl mehr lässt, hat zu lange gewartet.

Veränderung der Wohnsituation

Der richtige Zeitpunkt liegt irgendwo dazwischen und sollte wohl überlegt werden. Eine konkrete Veränderung der Wohnsituation sollte in einer Phase vollzogen werden, in der noch so viel Mobilität vorhanden ist, dass ein Umzug noch bewältigt werden kann, die Eingewöhnung in ein neues Umfeld noch möglich ist und neue Sozialkontakte aufgebaut werden können.

Begründung für Veränderung

Begründungszusammenhänge für eventuell notwendige Veränderung des Wohnumfelds können z.B. sein:

- Isolation – bei eingeschränkter Mobilität wird der Aktionsradius kleiner, die Lage der Wohnung ist nicht mehr günstig ...;
- Verlust von Selbstständigkeit – die Wohnung lässt eine eigenständige Haushaltsführung nicht mehr zu, ATLs/AEDLs können nicht mehr uneingeschränkt ausgeübt werden ...;
- Wohnungsgröße – nach Auszug oder Tod von Familienmitgliedern oder PartnerIn ist die Wohnung zu groß ...;
- Ausstattung, Standard – die Ausstattung entspricht nicht (mehr) den eigenen Wünschen oder Bedürfnissen, z.B. Treppen, sanitäre Einrichtungen ...;

- Kosten – die finanzielle Belastung ist zu hoch ...;
- Infrastruktur – die Möglichkeiten und Angebote im Wohnumfeld entsprechen nicht den eigenen Wünschen oder Bedürfnissen, z.B. Verkehrsanbindung, Einkaufsmöglichkeiten, ärztliche Versorgung ...;
- Altbausanierung – wegen bevorstehender Sanierung alter Bausubstanz erhalten MieterInnen eine Kündigung ihres Mietvertrages, werden zum kompletten oder vorübergehenden Auszug gezwungen ...;
- ...

Die früher aufgestellte Regel je älter der Mensch, desto kleiner der benötigte Wohnraum ist nach heutigen Erkenntnissen nicht mehr gültig. Damals glaubte man, kleinere Wohnungen seien leichter zu bewirtschaften und würden für veränderte Bedürfnisse genügen. Diese Annahme hat sich als falsch erwiesen. Zu kleine Räume sind nach heutiger Erfahrung eher behindernd und werden als beengend empfunden. »Bei hauswirtschaftlichen Tätigkeiten wird bei einer eventuell eingeschränkten Bewegungsmöglichkeit mehr Raumfläche benötigt, denn das Sauberhalten einer großzügigen Wohnung ist leichter als bei einer engen und voll gestellten Wohnung, in der man an jeder Ecke anstößt.«*

Wichtig ist, sich beim Nachdenken über Wohnveränderungen zunächst über die eigenen Wünsche und Bedürfnisse hinsichtlich des Wohnens klar zu werden, um dann konkretere Informationen einholen zu können.

Unabhängig und selbstbestimmt leben im Alter

Idealvorstellung

Wünsche für die Wohn-/Lebenssituation im Alter wurden bereits vielfach untersucht. Die Idealvorstellung heißt für die Mehrheit: in den vertrauten eigenen vier Wänden alt werden.

Bei konkreten Umfragen steht die eigene Wohnung ganz oben auf der Wunschliste. Gleich danach folgt das Betreute oder Service-

*) aus: Roth, Andrea; a.a.O., S. 110

Wohngemeinschaft

Wohnen (siehe S. 199), gefolgt vom Leben bei Familienangehörigen, einer Wohngemeinschaft und an letzter Stelle dem Heim.*

Immer wieder wird deutlich, dass die Unabhängigkeit im Alter für die meisten Menschen Priorität hat. »Jeder zweite Deutsche (49%) möchte auch im Alter unabhängig bleiben und in seinen gewohnten vier Wänden leben. Das ergab eine repräsentative Umfrage der Zeitschrift »Das Haus«. 21 Prozent planen als Senioren einen Ortswechsel, z.B. in den sonnigen Süden. Nur mäßig attraktiv erscheint dagegen das Wohnen mit den eigenen Kindern. 16 Prozent der 1.000 vom Infra-Institut befragten Deutschen ab 14 Jahren gab dies als bevorzugte Lebensform an.

Wohngemeinschaften mit nicht verwandten jüngeren Menschen werden fast ebenso wenig (4%) gewünscht wie das Wohnen mit Gleichaltrigen (5%). Während 27 Prozent der bis 34-jährigen von einem Tapetenwechsel träumen, sind es bei den über 55-jährigen nur zehn Prozent. Mobilität ist dagegen bei den 40- bis 49-jährigen gefragt. Fast jeder Dritte (29%) will in eine andere Umgebung ziehen.«**

Wohnen – ein politisches Thema

Wohnen ist nicht nur ein indivduelles Problem, sondern ein gesamtgesellschaftliches. So setzt sich eine Vielzahl von Einrichtungen damit auseinander. Dazu gehört auch eine Reihe kommerzieller Träger wie z.B. Bausparkassen u.a., die umfangreiches Informationsmaterial herausgeben und meist gratis zur Verfügung stellen.

Förder- und Modellprogramme

Die Politik versucht die Wohnsituation zu steuern. Zahlreiche Förder- und Modellprogramme wurden und werden von Bundes- und Landesregierungen immer wieder auf Zeit ins Leben gerufen, ideell und finanziell unterstützt.

Wohnberatungsstellen

Neben solchen Modellprogrammen gibt es bundesweit, wenn auch in regional unterschiedlicher Dichte, Wohnberatungsstellen. Diese sind bei verschiedenen Trägern angesiedelt. Das Spektrum

*) vgl.: Wohnen im Alter, in: Bundesarbeitsgemeinschaft der Senioren-Organisationen (BAGSO), Hg.; BAGSO-Nachrichten Nr. 1/1996, S. 5

**) aus: dpa, 26.03.1996

reicht von Wohlfahrtsverbänden bis zu kommunalen Behörden, Landkreisen, Städten, Gemeinden. Hier ist fachkundige Beratung und Unterstützung zu erhalten. Das Angebot reicht von Information über geltende Bestimmungen hinsichtlich von Finanzierungsbeihilfen über konkrete Beratung zur Wohnungsanpassung bzw. Wohnraumgestaltung bis hin zur Hilfe oder Organisation bei geplanten Umzügen. Auch Wohnungstauschprojekte sind auf regionaler Ebene zu finden.

Wahl der Wohnform

Wohnberatungsstellen helfen dabei, die individuell passende Lösung für Wohnprobleme älterer Menschen zu finden. Die Wahl der Wohnform orientiert sich u.a. an

- Wohnbiografie,
- finanzieller Situation,
- familiärer Situation,
- Gesundheitszustand,
- persönlichen Wünschen, Interessen und Neigungen.

Die Entscheidung fällt bei der Mehrheit der Bevölkerung für die eigene so genannte Normalwohnung, die oft schon mit wenig Aufwand an die im Alter veränderten Bedürfnisse angepasst werden kann. Immerhin leben mehr als 90% der über 65-jährigen so.*

Dennoch besteht eine Reihe weiterer Auswahl-Möglichkeiten. Im Folgenden werden beispielhaft einzelne Wohnformen vorgestellt. Bei den Erläuterungen handelt es sich nicht um verbindliche Definitionen – die es in der Form nicht gibt -, sondern um die Vermittlung einer Idee, einer Vorstellung der einzelnen Wohnformen.

→ Service-Wohnen oder Betreutes Wohnen

Wohnkonzept der 90er Jahre

Das Service-Wohnen, auch als Betreutes Wohnen bezeichnet, ist ein Wohnkonzept der 90er Jahre. Mit dieser Wohnform soll die Lücke zwischen Eigenständigkeit ohne Sicherheit und Sicherheit ohne Eigenständigkeit geschlossen und dem Bedürfnis älterer Menschen

*) vgl.: Bundesministerium für Familie, Senioren, Frauen und Jugend; Newsletter Selbstbestimmt Wohnen im Alter – Modellprogramm 1998-2001, Nr. 1/99, S. 1

nach Entlastung, Sicherheit und Pflege im Bedarfsfall Rechnung getragen werden. Es wird bundesweit flächendeckend angeboten. Die Trägerorganisationen reichen von Wohlfahrtsverbänden, Vereinen über Banken und Bausparkassen bis zu privaten Anbietern.

Eigene Wohnung

Service-Angebote

Alte Menschen wohnen innerhalb einer speziellen Wohnanlage in einer eigenen Wohnung und können professionelle Unterstützung als Dienstleistungen bei Bedarf abrufen. Die Verfügbarkeit von Service-Angeboten ist dabei vertraglich geregelt. Die Palette der Angebote reicht von hauswirtschaftlichen Diensten über Pflegeleistungen bis hin zu Freizeitaktivitäten. Bezahlt werden muss in der Regel eine Grundpauschale zuzüglich der in Anspruch genommenen zusätzlichen Leistungen nach Wahl.

Wachsender Markt

Preise und Vertragsstrukturen variieren ebenso stark wie die Qualität des Gebotenen. Der wachsende Markt – in den letzten zehn Jahren hat sich das Angebot derartiger Wohnungen verdreifacht – sorgt für Verwirrung. Rechtssicherheit und verbindliche Mindeststandards fehlen bisher. Für die gemieteten Räume gilt das normale Mietrecht. Für Betreuungsleistungen existieren bisher keine Normen, Gesetze oder Auflagen. Unklare Begriffe und Vielfalt von Angeboten erschweren InteressentInnen zur Zeit noch die Entscheidungen. Werbeprospekte halten keineswegs immer, was sie versprechen. Mieterbund und Kuratorium Deutsche Altershilfe fordern klare Regelungen und Mindeststandards, um Markttransparenz zu schaffen.

Heute leben bereits ca. 150.000 Menschen in Service- bzw. Betreuten Wohnanlagen. Die Tendenz ist steigend.*

sehr beliebt
stetig ansteigend

→ Betreute Wohngruppe normaler Mietvertrag + Servicevert

Diese Wohnform ist noch relativ neu. Wer allein nicht mehr zurecht kommt, aber noch Fähigkeiten hat, die er/sie in eine Gruppe einbringen kann und möchte, findet hier ein geeignetes Angebot.

---

*) vgl.: Hans Nakielski; Betreutes Wohnen – Service, Preise, Verträge; in: Kuratorium Deutsche Altershilfe (Hrsg.), Pro Alter, Nr. 2/2000, S. 6f.

vgl.: Bundesministerium für Familie, Senioren, Frauen und Jugend; Newsletter Selbstbestimmt Wohnen im Alter – Modellprogramm 1998-2001, Nr.

Betreute Wohngruppen sind in normalen Wohnungen oder Häusern untergebracht und im günstigen Fall in der Nähe der bisherigen eigenen Wohnung gelegen. Durch das nahe Zusammenleben mit anderen alten Menschen in einem gemeinsamen Haushalt lassen sich Aufgaben verteilen und Probleme gemeinsam lösen. Die Mitglieder einer solchen Gruppe leben in einem engen sozialen Beziehungsnetz, haben Kontakte und ständige gegenseitige Anregung. Service-Angebote können zum Teil ähnlich wie beim Betreuten Wohnen/Service-Wohnen in Anspruch genommen werden.

Gemeinsamer Haushalt

Enges soziales Beziehungsnetz

Bisher gibt es noch keine genau vorgezeichneten Wege für Einrichtung und Unterhaltung dieser Wohnform. Träger oder Initiatoren können Koordinierungsstellen des bundesweiten Modellprogramms »Selbstbestimmt Wohnen im Alter« sein, aber auch Bauträgergesellschaften oder Wohlfahrtsverbände.

Es werden auch spezielle Wohngruppen für demente alte Menschen angeboten.

→ Mehr-Generationen-Wohnen

Hier handelt es sich um die quasi künstliche Rückführung zu einer früher verbreiteten und »normalen« Wohnform. Was noch vor Jahrzehnten gang und gäbe war, nämlich dass mehrere Generationen zusammen leben, ist heute Rarität geworden. Meist von Bauträgern und Wohnungsbaugesellschaften initiiert, leben mehrere Generationen in nachbarschaftlicher Verbundenheit in einer gemeinsamen Wohnanlage. Alt und Jung wohnen jeweils völlig selbstständig in getrennten Wohnungen, mal unter einem Dach, mal in verschiedenen Mehrfamilienhäusern auf einem Gelände. Gegenseitige Nachbarschaftshilfe wird anfangs manchmal gezielt gefördert, entwickelt sich dann meist zum Selbstläufer. Solche Projekte können in Neubauten entstehen, aber auch in vorhandener Bausubstanz.

Alt und Jung

Gegenseitige Nachbarschaftshilfe

→ Wohn- und Hausgemeinschaften = Trend der Zukunft

Diese Form des Zusammenlebens ist kein Privileg der Jungen mehr. Als autonome Wohngemeinschaften in Form von Vereinen oder rein privaten Absprachen und Verträgen gibt es sie ebenso wie als Experimente in öffentlicher Trägerschaft.

Gemeinsam genutzte Funktionsräume

Mehrere alte Menschen ziehen gemeinsam in eine große Wohnung oder ein Haus. Sie kennen sich oft schon länger, bilden meist keine Zufallsgemeinschaft. Mal in abgeschlossenen Einzel-Wohneinheiten inklusive Nasszellen mit angeschlossenen Gemeinschaftsräumen, mal mit Einzelzimmern und gemeinsam genutzten Funktionsräumen wie Küche, Bad etc. oder als Hausgemeinschaften mit mehreren kleinen Wohnungen in einer großen Villa, sind diese Lebensgemeinschaften kostengünstige Alternativen zu traditionellen Wohnformen. Die Haushaltsführung wird von den Mitgliedern der Wohngemeinschaft selbst übernommen oder organisiert.

Diese Wohnform wird zwar (bisher) nur von einer Minderheit älterer Menschen gewählt, bietet aber für aufgeschlossene, noch relativ mobile und aktive Menschen eine interessante Alternative.

Neben den bereits genannten Wohnformen, die meist durch öffentliche Förderung oder mit öffentlicher Unterstützung entstehen, gibt es eine Vielzahl kleiner und manchmal ungewöhnlicher Wohn-Experimente, zum Teil Mischformen aus bereits verbreiteten Modellen, zum Teil völlig neue Ideen. Eine Auflistung einiger Beispiele zeigt die Vielfalt der Ideen und Möglichkeiten:

→ Plattenbausiedlungen

Ein spezielles Modellprogramm erforscht die Möglichkeiten der Umgestaltung von in Ostdeutschland verbreiteten Plattenbausiedlungen. Jede fünfte Wohnung befindet sich hier in der Platte. Der Anteil älterer BewohnerInnen ist hoch, denn Jüngere ziehen meist weg, und die Alten bleiben zurück. Hier sollen Wege gefunden werden, Plattenbausiedlungen als beliebte und altengerechte Wohnstandorte zu erhalten und weiter zu entwickeln.

→ Altenhöfe

Wohnkonzept ostdeutscher Prägung

Es handelt sich um ein Wohnkonzept ostdeutscher Prägung, das dem des Betreuten Wohnens/Service-Wohnens ähnelt. Die BewohnerInnen der Altenhöfe sind eigenständige MieterInnen mit regulärem Mietvertrag und sozial verträglichen Mieten. Das Modellprojekt vereint Altenpflege mit Landschaft- und Denkmalpflege. Meist historische Bausubstanz in ländlicher Region wird zu Altenzentren mit umfassender ambulanter und stationärer Betreuung umfunktioniert. Wesentlicher Vorzug des relativ kostengünstigen Konzepts ist für die alten Menschen die Erhaltung der sozialen Beziehungen im angestammten Umfeld.

Landschaft- und Denkmalpflege

→ Wohnen für Hilfe

Die Idee entstand aus der Not, genügend Wohnraum für StudentInnen zu beschaffen. Alte Menschen stellen jungen Wohnraum zur Verfügung und erhalten dafür Hilfen in vertraglich festgelegtem Umfang, z.B. je m^2 Wohnraum eine Stunde Hilfe pro Monat.

Wohnraum für StudentInnen

→ Altenpflegefamilie

Ein (Ehe-)paar mit beruflichem Hintergrund in der Alten- bzw. Krankenpflege nimmt einige hilfs- und pflegebedürftige alte Menschen in der eigenen Familie auf, um diese in familiärer Atmosphäre bis zu deren Tod zu versorgen. Klare Organisationsstrukturen gibt es nicht, das Projekt bewegt sich zwischen Familie und Betrieb durch Einbindung externer Arbeitskräfte. Es stellt hohe Ansprüche an die Pflegefamilie, bietet interessante Generationserlebnisse und soziale Integration, schafft aber auch große Belastungen.

Familiäre Atmosphäre

In der Schweiz gibt es ähnliche Projekte unter Regie eines Wohlfahrtsverbandes, aber ohne den Anspruch professioneller Pflege in der Familie.

Interessante Wohnprojekte sind auch in anderen Nationen zu beobachten. Europäische und internationale Zusammenarbeit fördert den Austausch von Ideen und Erfahrungen.

Europäische und internationale Zusammenarbeit

Auf europäischer Ebene gibt es Parallelen z.B. im Bereich des gemeinschaftlichen Wohnens in betreuten Wohnanlagen, in Wohngemeinschaften und Wohngruppen sowie beim Wohnen mehrerer Generationen unter einem Dach.

In Australien entstehen spezielle Altenwohnviertel, die so genannten Retirement-Villages, beeinflusst vom Vorbild der USA mit ihren Sunshine-Cities, in denen ältere Menschen in Einzelhäusern oder -Bungalows unter sich in speziellen Wohnanlagen mit entsprechenden Service-Angeboten leben.

Grundlegend andere Konzepte sind auch hier nicht zu finden. Es handelt sich meist um Variationen ähnlicher Ideen.

Die Entwicklung von Wohnprogrammen und -Modellen der Zukunft ist gemeinschaftliche Aufgabe politischer Gremien auf allen Ebenen – von Kommunen bis zu internationalen Einrichtungen – über Wissenschaft und Forschung in verschiedenen Bereichen – von Architektur bis Pflegewissenschaft – und alter Menschen selbst in Form eigener Projekte, Initiativen und Interessenvertretungen.

Wichtig

- **Die individuelle Wohnbiografie eines Menschen beeinflusst erheblich sein Erleben von Wohnqualität.**
- **Die heute hochaltrigen Menschen haben alle den Zweiten Weltkrieg und die u.a. damit verbundenen schwierigen, oft desolaten, Wohnbedingungen mit erlebt.**
- **1950 war jeder dritte Haushalt ein Untermieterhaushalt.**
- **Wohnsituationen, die einem jüngeren Menschen als unzumutbar erscheinen, werden oft von den Betroffenen völlig anders empfunden. Objektive Bewertungsmaßstäbe für Wohnraum werden bedeutungslos, wenn es um Veränderung der Wohnsituation im Alter geht.**
- **Wohnraum hat unterschiedliche Funktionen, u.a.**
  – Mittelpunkt in einem Beziehungsraum,
  – Schutz- und Privatraum,

– Aktionsraum,
– Erinnerungsraum.

- Ältere Menschen verbringen 4/5 des Tages in ihrer häuslichen Umgebung.
- Der richtige Zeitpunkt, um über mögliche Wohnveränderungen nachzudenken, ist individuell verschieden. Zum Zeitpunkt einer Entscheidung sollte absehbar sein, dass sich die Wünsche und Bedürfnisse nicht mehr grundlegend ändern; gleichzeitig sollte der Termin vor dem Eintreten einer Notwendigkeit liegen.
- Die früher aufgestellte Regel »je älter der Mensch, desto kleiner der benötigte Wohnraum« ist nach heutigen Erkenntnissen so nicht mehr gültig.
- Unabhängigkeit und Selbstbestimmung im Alter haben für die meisten Menschen Priorität auf der Liste der Wünsche.
- Die Wohnsituation als gesamt-gesellschaftliches Problem wird von der Politik gesteuert, u.a. durch verschiedene Modell- und Förderprogramme, die von Bundes- und Landesregierungen immer wieder auf Zeit ins Leben gerufen werden.
- Die Wahl der Wohnform im Alter orientiert sich u.a. an
  – Wohnbiografie,
  – finanzieller Situation,
  – familiärer Situation,
  – Gesundheitszustand,
  – persönlichen Wünschen, Interessen und Neigungen.
- Mehr als 90% der über 65-jährigen leben in der so genannten Normalwohnung, die oft schon mit

wenig Aufwand an die im Alter veränderten Bedürfnisse angepasst werden kann.

- **Wohnberatungsstellen helfen, individuell passende Lösungen für Wohnprobleme älterer Menschen zu finden.**

Übungen

1. Betrachten Sie ausführlich Ihre eigene Wohnbiografie. Wo haben Sie bisher gewohnt? Welche Faktoren waren entscheidend für die Auswahl der jeweiligen Wohnung(en)? Was bedeutet Ihnen das Wohnumfeld, was die Gestaltung des konkreten Wohnraumes? etc.
2. Erinnern Sie sich an Ihren Praxiseinsatz im ambulanten Dienst, in der Sozialstation. Welche unterschiedlichen Wohnverhältnisse haben Sie dabei kennen gelernt? Vergleichen Sie die Wohnstandards der dort von Ihnen besuchten alten Menschen miteinander. Wie haben Sie die Lebenszufriedenheit bzw. die Zufriedenheit mit der Wohnsituation der Einzelnen damals empfunden?
3. Schreiben Sie einen Aufsatz zum Thema »Meine Wohn-Utopie für's Alter!«. Lassen Sie dabei Ihrer Fantasie freien Lauf. Konstruieren und konzeptionieren Sie Ihr ganz persönliches maßgeschneidertes Wohnmodell für's Alter. Verschwenden Sie dabei nicht zu viele Gedanken an konkrete Realisierbarkeit, sondern gehen Sie märchenhaft Ihren Wünschen nach!
4. Fragen Sie einen alten Menschen nach seinen Wohnverhältnissen während des Zweiten Weltkriegs und in der Zeit danach. Lassen Sie sich die Situation damals detailliert schildern!
5. Besorgen Sie sich Informationsmaterial zum Thema »Wohnen im Alter!«. Fragen Sie bei Behörden, Bausparkassen etc. nach Broschüren und Materialien. Verfolgen Sie außerdem die Tagespresse. Sammeln Sie Artikel und Anzeigen zum Thema. Verschaffen Sie sich daraus eine Übersicht über die genaue Situation in Ihrer Region!

Wiederholungsfragen

1. Wie haben die heute hochaltrigen Menschen während des Zweiten Weltkriegs und in der Zeit danach gelebt?
2. Welche Funktionen erfüllt Wohnraum?
3. Was wünscht sich die Mehrheit der Menschen für die Wohnsituation im Alter?
4. Erläutern Sie den Begriff »Wohnbiografie«!
5. Wie wohnt die Mehrheit alter Menschen heute?
6. Welches ist der richtige Zeitpunkt, um sich mit Veränderung der Wohnsituation im Alter zu beschäftigen?
7. Welche speziellen Wohnformen für alte Menschen kennen Sie?
8. Welche Bedeutung hat die Wohnsituation für den (alten) Menschen?
9. Wie lässt sich die Wohnsituation in Deutschland in den 50-er Jahren beschreiben?
10. Was ist Service-Wohnen/Betreutes Wohnen? Beschreiben Sie wesentliche Merkmale!
11. Welche Bedeutung haben objektive Bewertungsstandards für die subjektive Einschätzung von Wohnqualität?
12. Welche Begründungszusammenhänge gibt es für eventuell notwendige Veränderung des Wohnumfelds im Alter?

Literatur:

Brückner, Christine; Die letzte Strophe. Roman, Ullstein Verlag, Frankfurt 1999

Bundesarbeitsgemeinschaft der Senioren-Organisationen (BAGSO), Hg.; BAGSO-Nachrichten, Schwerpunktheft: Wohnen im Alter, Nr. 1/1996

Bundesarbeitsgemeinschaft der Senioren-Organisationen (BAGSO), Hg.; BAGSO-Nachrichten, Schwerpunktheft: Wohnen in Gemeinschaft, Nr. 1/2000

Bundesministerium für Familie, Senioren, Frauen und Jugend (Hrsg.); Zweiter Altenbericht: Wohnen im Alter, Bonn 1998

Bundesministerium für Familie, Senioren, Frauen und Jugend; Newsletter (Erscheinungsweise viermal pro Jahr), Selbstbestimmt Wohnen im Alter – Modellprogramm 1998-2001

Grüneberg, Lutz / Hauser, Paul; Gerontologie für Altenpflegeberufe, Stam Verlag, Köln 1997

Hirsch, Anna Maria; Psychologie für Altenpfleger, Band I, Probleme des Alterns, 2. aktualisierte Aufl., München, 2001

Holitzner-Bade, Christine; Salz und Brot zum Einzug, in: Altenpflege Nr. 9/1994, S. 559ff

Jacobs, Dirk; Die Altenpflegefamilie aus Herdecke, in: Altenpflege Nr. 6/1992, S. 371ff

Jasper, Michael; Eine Vision wurde Wirklichkeit – und sie bewährte sich, in: BAGSO-Nachrichten Nr. 1/2000, S. 17ff

Klie, Thomas; Altenwohnviertel – Retirement-Villages in Australien, in: Altenheim Nr. 2/1998, S. 60ff

Kuratorium Deutsche Altershilfe (Hrsg.); Ratgeber Betreutes Wohnen, Köln 2000

Lehr, Ursula; Psychologie des Alterns, Heidelberg 1977

Mannzen, Annemarie; Der Altenhof als Teil eines Pflegeverbundes, in: Bundesministerium für Familie und Senioren (Hrsg.), Betreutes Wohnen – Lebensqualität sichern, Dokumentation, Bayreuth 1994, S. 63ff

Michener, James; Endstation Florida. Roman, Lübbe Verlag 1999

Hans Nakielski; Betreutes Wohnen – Service, Preise, Verträge; in: Kuratorium Deutsche Altershilfe (Hrsg.), Pro Alter, Nr. 2/2000, S. 6f

Reimann, Helga + Reimann, Horst; Das Alter, Enke Verlag, Stuttgart, 3. neu bearbeitete Auflage, 1994

Roth, Andrea; Alte Bäume sollte man nicht verpflanzen, in: Pflegezeitschrift Nr. 3/1997, S. 108ff

Schaper, Christiane; Eine starke Frauen-WG, in: Altenpflege Nr. 9/1994, S. 550

Stanjek, Karl (Hrg.); Altenpflege konkret: Sozialwissenschaften, Gustav Fischer Verlag, Lübeck, Stuttgart, Ulm, Jena 1998

Willig, Wolfgang / Ebel, Thomas / Erben, Monika / Pulvermüller, Gerhard; Psychologie – Soziologie – Gesprächsführung in der Altenpflege, Balingen, 4. überarbeitete Auflage, 1996

Wirsing, Kurt; Psychologisches Grundwissen für Altenpflegeberufe. Ein praktisches Lehrbuch, Weinheim 1987

Ruhe im Ruhestand?

Das Ziel ist,

- *Arbeit als prägenden Faktor für die Lebensgestaltung erkennen,*
- *Entwicklung der Zeiträume der Erwerbstätigkeit kennen,*
- *frühere Arbeitsbedingungen heute alter Menschen nachvollziehen,*
- *sich mit der Entberuflichung des Alters auseinandersetzen,*
- *das Ende von Berufstätigkeit als einschneidendes Lebensereignis begreifen,*
- *Auswirkungen von Pensionierung auf Partnerschaft und Familie erkennen,*
- *Gestaltungsmöglichkeiten für die Freizeit in der nachberuflichen Lebensphase aufzeigen,*
- *Freizeitgestaltung als notwendige Aktivität auch für pflegebedürftige alte Menschen begreifen und konkrete Möglichkeiten für Angebote finden.*

Veränderungen nach Ende des Berufslebens

Arbeit bestimmt unser Leben

Der Beruf, die Arbeit, prägt den Menschen und bestimmt über viele Jahre und Jahrzehnte wesentlich den Lebensverlauf mit. Dies gilt nicht nur für diejenigen Menschen, die selbst berufstätig sind, sondern, die mit häuslicher Arbeit beschäftigten Familienmitglieder sind gleichfalls davon betroffen. Sie werden von arbeitsbedingten Faktoren der berufstätigen Haushaltsmitglieder mit beeinflusst.

Familienmitglieder

Die heute alten Menschen haben zu großen Teilen nach traditionellem Rollenverständnis mit klarer Aufteilung der Geschlechterrollen gelebt. Das bedeutete vielfach, dass die Männer der beruflichen Tätigkeit nachgingen, während die Frauen sich um Haushalt und Familie, gegebenenfalls auch mit um die eigene (Nebenerwerbs-)Landwirtschaft, kümmerten. Bei derartiger Konstellation bestimmte die Arbeit des Mannes wesentlich das Leben der Frau bzw. der gesamten Familie mit.

Im Zuge der zunehmenden Berufstätigkeit von Frauen und fortschreitender weiblicher Emanzipation *(lat. emancipare = für selbständig erklären →Befreiung, Verselbständigung, Gleichstellung)* wird die direkte eigene Betroffenheit von prägenden Einflüssen aus dem Arbeitsleben sich immer mehr auch auf Frauen beziehen.

Zeiteinteilung, soziale Kontakte, finanzielle Situation, die Stellung in der Gesellschaft, Wohnsituation usw. stehen immer in enger Beziehung zur Arbeitssituation.

Zeitraum der Erwerbstätigkeit immer kürzer

Bei aller Bedeutung, die Beruf und Arbeit für unser Leben haben, wird gleichzeitig der Zeitraum der Erwerbstätigkeit immer kürzer. Der Einstieg ins Berufsleben erfolgt immer später, bedingt durch verlängerte Ausbildungsgänge, sich anschließende Such- und Orientierungsphasen und nicht zuletzt die Situation am Arbeitsmarkt mit zunehmender Schwierigkeit beim Finden von Ausbildungs- und

Arbeitsplätzen. Der Beginn der Berufstätigkeit liegt heute durchschnittlich bei rund 20 Jahren; in akademischen Berufen liegt das Einstiegsalter sogar deutlich höher mit 25 und mehr Jahren.

Beginn der Berufstätigkeit

Die eigentliche Erwerbsphase verkürzt sich immer mehr durch Verschiebungen an beiden Enden des Lebensverlaufs – bei Aufnahme wie bei Beendigung der Berufstätigkeit.

Das Ende der Erwerbstätigkeit liegt heute bei durchschnittlich 59 Jahren. Arbeitslosigkeit, Altersteilzeitregelungen als sozial- und arbeitsmarktpolitische Maßnahmen führen dazu, dass das Leben im so genannten Ruhestand für viele Menschen beinahe die Hälfte ihrer Lebenszeit in der Erwerbsphase ausmacht. Dem Menschen bleiben nach Ausscheiden aus dem Berufsleben durchschnittlich noch 20 nachberufliche Jahre, den Männern 18 und den Frauen 22.*

Seit 1996 existiert das Gesetz zur Förderung eines gleitenden Übergangs in den Ruhestand. Es sieht vor, dass ArbeitnehmerInnen bereits ab dem 55. Lebensjahr zu so genannter Altersteilzeitarbeit wechseln können, bei der wöchentlich mindestens 18 Stunden gearbeitet werden muss, im Übrigen aber der Umfang der Arbeitszeitverminderung und die Aufteilung der Stunden flexibel ist. Selbstverständlich wirken sich solche Altersteilzeitregelungen nicht nur auf die Dauer der Ruhezeit, sondern auch finanziell entsprechend aus.

Altersteilzeitarbeit

Ob dieser Trend zu immer früherem Ausstieg aus der Erwerbstätigkeit so bestehen bleibt, ist durchaus fraglich. Die Entwicklung der Situation ist in engem Zusammenhang mit der demografischen Entwicklung und dem Einsatz politischer Steuerungsinstrumente zu sehen. Die Verlängerung der Lebensarbeitszeit wird in Verbindung mit der Rentenpolitik schon lange öffentlich diskutiert. Nichts ist unveränderbar.

Im Übrigen ist der so genannte Ruhestand ein Phänomen unserer Zeit. In der vorindustriellen Gesellschaft sah die Situation ganz anders aus. Damals war auch für den alten Menschen immer Arbeit vorhanden. Zwar wurde körperliche Schwerarbeit wie Pflügen und

*) vgl.: Statistisches Bundesamt (Hg.); Statistisches Jahrbuch für Deutschland 1992, Wiesbaden, S. 81

Mähen mit zunehmendem Lebensalter durch leichtere Tätigkeit wie Viehhüten abgelöst, aber es gab für die Gemeinschaft wichtige Aufgaben, die auch im höheren Alter ausgeführt werden konnten und mussten. Bereits damals gab es also Beispiele für gleitenden Übergang aus dem Arbeitsleben in die Lebensphase ohne Berufstätigkeit. Der alte Mensch hatte damals noch Funktionen, wurde gebraucht bis zum Tod und entsprechend geachtet und geehrt.*

Entberuflichung des Alters – erstrebenswertes Ziel?

Die so genannte Entberuflichung des Alters wird heute vielfach noch als soziale Errungenschaft betrachtet und von vielen beinahe blind verteidigt.

Soziale Errungenschaft

»Die Altersgrenze, ursprünglich auf 70 Jahre festgelegt (und damals in einer Zeit, als nur 2% der Bevölkerung zu den über 70jährigen gehörten), wurde 1916 auf 65 Jahre herabgesetzt. Zu dieser Zeit waren nur 4,4% der Bevölkerung 60 Jahre und älter.«** Die Betrachtung der Entberuflichung des Alters als soziale Errungenschaft ist aus gesellschaftlichen und lebensgeschichtlichen Gründen nicht uneingeschränkt zu akzeptieren.

Sozialgesetzgebung

Die Einstellung basiert auf der Einführung der Sozialversicherungs-Gesetzgebung unter Bismarck 1889. Damals war das soziale Ziel, » ... dem Arbeiter das Recht auf Arbeit zu geben, solange er gesund ist; dem Arbeiter die Pflege zu sichern, wenn er krank ist, und ihm Versorgung zu sichern, wenn er alt ist. Als Bismarck in seiner Rede zur Sozialgesetzgebung im Reichstag ... 1884 die oben genannten Forderungen aufstellte, geschah dies zu einer Zeit, als Mediziner von der Lebenskraft-Aufbrauch-Theorie überzeugt waren. Abnutzungsvorgänge, Verschleißerscheinungen wurden als

*) vgl.: Lehr, Ursula; Der Übergang in die nachberufliche Phase: Neuer Start nach 60; in: Kruse/Lehr/Oswald/Rott (Hg.), Gerontologie. Wissenschaftliche Erkenntnisse und Folgerungen für die Praxis, München 1988, S. 197f.

**) aus: Lehr, Ursula; a.a.O., S. 199

Ursachen des Altersabbaus gesehen, und man setzte voraus, dass der Organismus durch den Gebrauch ebenso abgenutzt werde wie eine vielbelastete Maschine.

Auf der Basis dieses Erkenntnisstandes und der allgemeinen sozialen Gegebenheiten war die Einführung eines Ruhestandes nach einer Phase der Erwerbstätigkeit eine große soziale Tat. Sie ermöglichte einem jeden, die noch verbleibende Lebenskraft und -energie durch Ruhigstellung zu erhalten und zu schonen und somit das eigene Leben zu verlängern.«*

»Doch wann ist der Mensch alt? Wenn er heutzutage als 58jähriger noch knapp 20 Jahre – also ein Viertel seines ganzen Lebens – vor sich hat? Um die Jahrhundertwende war der 50- und 60jährige weit eher alt, gesundheitlich belastet und seinem Lebensende näher als der Gleichaltrige heute.«**

Heute – mehr als 100 Jahre nach Bismarck's Neuerungen – sieht die Situation in jeder Hinsicht anders aus. Schließlich ist Erwerbsarbeit » ... nicht nur mit Gefährdungen, Belastungen, Bedrohungen und Risiken, sondern auch mit Freude, Befriedigung, Sinnerfüllung und Persönlichkeitsentwicklung verbunden. In erwerbswirtschaftlichen Systemen ist und bleibt der Arbeitsplatz ein zentraler Ort für die Teilhabe am gesellschaftlichen und sozialen Leben. Und es erscheint nicht nur gesellschaftlich wünschenswert, sondern – im Interesse aller Altersgruppen – auch notwendig, dass die Älteren mit ihrer jeweiligen Erfahrungsperspektive daran beteiligt sein können.«***

Persönlichkeitsentwicklung

»In der Erwerbsphase wird deutlich weniger Lebenszeit verbracht als insgesamt in den Zeiten ohne Berufstätigkeit. Angesichts

---

*) aus: Niederfranke, Annette; Die »Altersgrenze«: Erleben und Formen der Auseinandersetzung; in: Kruse/Lehr/Oswald/Rott (Hg.), Gerontologie. Wissenschaftliche Erkenntnisse und Folgerungen für die Praxis, München 1988, S. 173

**) aus: Lehr, Ursula; a.a.O., S. 199

***) aus: Bäcker, Gerhard; Im Übergang vom Erwerbsleben in den Ruhestand; in: Bundeszentrale für politische Bildung (Hg.), Aus Politik und Zeitgeschichte, Beilage zur Wochenzeitung Das Parlament, B44/1993, S. 24, ISSN 0479-611 X

Wahlmöglichkeiten

Verkürzung der Lebensarbeitszeit

einer solchen Lebenszeitstrukturierung kann die möglichst frühe Berufsaufgabe kein erstrebenswertes Ziel sein.*

Vielmehr kommt es darauf an, für ArbeitnehmerInnen Wahlmöglichkeiten zu schaffen, um den Übergang vom Arbeitsleben in die nachberufliche Phase den individuellen Bedürfnissen entsprechend zu gestalten. Dies gilt nicht nur für den Zeitpunkt des vollständigen Übergangs in den Ruhestand, sondern ebenso für die Entwicklung und Umsetzung von verschiedenen Modellen zur Zeitraumgestaltung für allmähliche Übergänge.

Die Flexibilisierung schafft neue Altersgrenzen, die jedoch generell an der gesetzlichen Regelaltersgrenze von 65 Jahren für den Bezug einer vollen Altersrente orientiert sind.

Trotz der beschriebenen Argumente gegen eine Verkürzung der Lebensarbeitszeit wünschen sich die meisten ArbeitnehmerInnen selbst ein möglichst frühes Ende ihrer Erwerbstätigkeit.

Vorzeitige Pensionierung bzw. vorzeitiger Beginn des Rentenalters wird heute vielfach als äußeres Zeichen soziales Wohlstands und erhöhter Lebensqualität gepriesen. Für manche mag das zwar zutreffen, z.B. für körperlich schwer Arbeitende, für SchichtarbeiterInnen oder gesundheitlich Beeinträchtigte. Für diese Gruppe kann ein frühes Berufsende eine Chance bedeuten, weitere Lebensjahre zu genießen. Dies setzt jedoch immer voraus, dass die Betroffenen mit ihrer plötzlich gewonnenen freien Zeit etwas anzufangen wissen.

Für viele Menschen aber ist das frühe Ausscheiden aus dem Erwerbsleben ein Geschenk, das sie zunächst zwar freudig entgegennehmen, dessen Auswirkungen ihnen jedoch erst in vollem Umfang bewusst werden, wenn der Entschluss nicht mehr rückgängig zu machen ist. Für viele kann die frühe Berufsaufgabe zum Fluch werden und die Ursache einer Verminderung der Lebensqualität sein.

---

*) aus: Bäcker, Gerhard; in: Deutsches Institut für Fernstudienforschung an der Universität Tübingen DIFF (Hg.); Funkkolleg Altern, Studienbrief 4, Tübingen 1996, S. 11/32

Deshalb ist es wichtig, sich frühzeitig mit möglichen Problemfeldern auseinanderzusetzen. Wie entscheidend rechtzeitige Vorbereitung ist, zeigt sich u.a. in der Tatsache, dass nach Eintritt in das Rentenalter kaum noch aktive Betätigungen neu aufgenommen werden, wenn sie nicht im Vorfeld durch entsprechende Art der Freizeitbeschäftigung oder andere Tätigkeiten vorbereitet waren.*

Ende der Berufstätigkeit – ein kritisches Lebensereignis?

Der letzte Arbeitstag mit Feierstunde, Reden, Lobes- und Dank-Hymnen, Treue-Urkunde, womöglich einem Abschiedsgeschenk, ist auf jeden Fall ein einschneidendes Ereignis. Ab dem nächsten Morgen ist das Leben völlig anders, und zwar für immer. Es gilt, eine neue gesellschaftliche Rolle – die des/der RentnerIn – zu übernehmen. Ob dies angenehm und sinnerfüllt, kritisch oder gar bedrohlich wird, darüber entscheidet ganz wesentlich die Auseinandersetzung mit möglichen Problemen, die – am besten frühzeitige – Vorbereitung auf diesen Lebens-Wendepunkt.

Lebens-Wendepunkt

Lang herbeigesehnt, wird der Ruhestand für manche schon nach kurzer Zeit zum folgenschweren Problem. Entwickelt sich das Ausscheiden aus dem Berufsleben in negative Richtung, wird dies häufig als Pensionierungsschock bezeichnet. Das Einstellen auf die neue veränderte Lebenssituation braucht Zeit. Wer versäumt, sich rechtzeitig vor dem entscheidenden letzten Arbeitstag Gedanken über die Zeit danach zu machen, erlebt den krassen Wechsel oft als Schock.

Pensionierungs-schock

Rund 10 Prozent der RentnerInnen gehen nach dem offiziellen Ende der Berufstätigkeit weiterhin in irgendeiner Form einer bezahlten Arbeit nach. Dies ergab eine Repräsentativerhebung der Gesamthochschule Wuppertal 1996 bei 60-80jährigen AltersruhegeldbezieherInnen.** Als wichtigstes Motiv für die Aufnahme einer

*) vgl.: Reimann, Helga + Horst; Das Alter, Stuttgart 1994, S. 238

**) vgl.: Wachtler, Günther; Nachberufliche Erwerbstätigkeit von Altersruhegeldbeziehern; in: Bundesarbeitsgemeinschaft der Seniorenorganisationen (BAGSO) Hrsg.; BAGSO-Nachrichten. Zeitschrift für Multiplikatoren in der Seniorenarbeit, Leitthema: Arbeitsmarkt für Ältere, Nr. 2/1996, Bonn, S. 17ff.

Nachberufliche Erwerbstätigkeit

nachberuflichen Erwerbstätigkeit wird das Bedürfnis angegeben, nachweislich noch gebraucht zu werden (84 Prozent der Befragten). An zweiter Stelle steht der Wunsch nach sozialen Kontakten (60%), und erst auf dem dritten Platz rangiert das zusätzliche Einkommen (29%) als Grund für bezahlte Arbeit. Rund ein Zehntel der Betroffenen wählt also den Weg über Fortsetzung der Arbeitsphase in anderer Form zur Vermeidung oder Bewältigung des Pensionierungsschocks.

Damit der Eintritt ins Rentenalter nicht den Austritt aus der Gesellschaft bedeutet, sollten ältere ArbeitnehmerInnen und ihre Angehörigen den bevorstehenden Veränderungen bewusst ins Auge sehen.

Vorbereitung auf den Ruhestand

Oft ist es hilfreich, dies nicht nur allein zu tun, sondern Seminare zur Vorbereitung auf den Ruhestand nutzen, die an verschiedenen Bildungseinrichtungen angeboten werden. Hier besteht Gelegenheit zum Erfahrungsaustausch mit anderen und zur Information über Bewältigungs-Möglichkeiten von Problemen.

Mögliche Problem-Felder nach Ende der Berufstätigkeit

Veränderungen mit Ende der Berufstätigkeit lassen sich im Wesentlichen fünf Problem-Feldern zuordnen:

- fehlende Zeitstruktur,
- Verminderung von Sozialkontakten,
- Verminderung von Sinnesreizen,
- Verlust an Anerkennung und Wertschätzung,
- finanzielle Einbußen.

Solche Veränderungen können eintreten, müssen aber nicht zwingend erfolgen. In allen Bereichen kann einer negativen Entwicklung durch Eigeninitiative entgegengewirkt werden.

Fehlende Zeitstruktur:
Die Arbeitszeiten geben den Lebens-Takt vor, an dem sich alle weiteren Aktivitäten orientieren. Fallen die vorgegebenen Arbeitszeiten als rhythmisierender Faktor weg, mag dies zunächst als angenehm empfunden werden. Das Leben ohne die Herrschaft der Uhr wünschen sich wohl alle Berufstätigen gelegentlich. Schlafen solange ich möchte, Essen nicht zu bestimmten Zeiten, sondern wenn ich hungrig bin, keine Termine einhalten müssen, keine festen Verpflichtungen zu konkreten Zeiten – für den Rest des Lebens frei verfügbare Zeit, wie im Urlaub. Ein traumhafter Zustand! Oder vielleicht doch nicht?

Manchen wird schon nach wenigen Tagen das Ausschlafen zur Qual, das Essen ohne feste Zeiten wird immer unregelmäßiger und freudloser, das In-den-Tag-Hineinleben entpuppt sich als pure Langeweile usw.

Lebensrhythmus

Wichtig ist deshalb, möglichst gleich – oder zumindest nach einer kurzen Gewöhnungsphase von Tagen oder wenigen Wochen einen neuen Lebensrhythmus aufzubauen. Dies funktioniert nur durch Planung. Dabei sollte die Planung selbstverständlich nicht zu minutiös sein und den Menschen nicht einengen, aber sie sollte einen Rahmen vorgeben, innerhalb dessen der Mensch sich wohlfühlt und sich bewegen kann. Dabei sind die Bedürfnisse durchaus unterschiedlich, so individuell wie die Biografie bis zum Zeitpunkt der Pensionierung. Jede(r) sollte also – den eigenen Bedürfnissen entsprechend – die Maschen des Planungsnetzes enger oder weiter knüpfen.

Konkret heißt das: Es muss ein neuer Tagesrhythmus gefunden werden. Mehr oder weniger feste Zeiten für Aufstehen und Schlafengehen, Körperpflege, Mahlzeiten, Hausarbeit, Einkäufe und andere täglich wiederkehrende Aktivitäten wie Zeitung lesen, spazieren gehen usw.

Ein Wochenplan kann dazu beitragen, dass nicht ein Tag wie der andere verläuft, dass sich (nicht nur) der Sonn- oder Feiertag von anderen abhebt. Immer montags Großeinkauf, dienstags einen Besuch machen, mittwochs zur Gymnastik, ... sonntags etwas

Besonderes kochen und Besuch zum Essen einladen usw. Solche Planung sollte nicht zur Zwangsjacke werden, sondern als Orientierungshilfe dienen, helfen das Alltagsgrau zu vertreiben und Höhepunkte zu erleben, sich auf etwas freuen zu können.

In gleicher Weise kann ein Jahresplan wirken. So werden die Höhepunkte über das Jahr verteilt. Da wird der mehrtägige Besuch bei den Kindern oder Freunden ebenso vorgesehen wie die lang ersehnte Reise, die Kur, das Winterfest-Machen des Gartens oder die Herstellung bzw. der Einkauf von Weihnachtsgeschenken.

Wer so plant, setzt sich Ziele, schafft Erlebenswertes und erhält Lebensfreude.

Verminderung von Sozialkontakten:
Kontakte und Kommunikation sind für viele Menschen eng mit dem Beruf verknüpft. Enden diese Kontakte plötzlich mit dem Tag der Berufsaufgabe, so fallen viele in ein tiefes Loch, insbesondere wenn sie nie gelernt oder inzwischen verlernt haben, gezielt neue Kontakte aufzubauen. Kommunikation gehört zu den menschlichen Grundbedürfnissen und ist daher wichtiger Faktor zur Bestimmung der Lebensqualität. Blieben während der Erwerbsphase private Kontakte häufig aus Zeitmangel oder anderen Gründen auf der Strecke, so kommt diesen Beziehungen in der neuen Lebensphase eine erhöhte Bedeutung zu.

Aufbau von Beziehungen

Die eigenen Kontakte schon vor dem Stichtag der Pensionierung genau unter die Lupe zu nehmen, sie auf ihre Qualität und Quantität hin zu prüfen, ist ein wichtiger Schritt, denn der Aufbau von Beziehungen braucht Zeit. Es lässt sich nicht in wenigen Tagen oder Wochen ausgleichen, was vorher in Jahren oder Jahrzehnten versäumt wurde. Wer in diesem Punkt Zwischenbilanz zieht, sieht sich oft einer wenig zufriedenstellenden Situation gegenüber. Um hier Abhilfe zu schaffen, ist Initiative gefragt.

Für viele ist die Anbindung an eine Gruppe oder einen Verein eine gute Möglichkeit, zwanglos Gelegenheiten zur Begegnung mit anderen Menschen zu schaffen.

Neue Menschen kennen zu lernen, kann dann ein wichtiges Ziel sein, aber auch die Menschen neu kennenzulernen, die einem vielleicht schon lange bekannt sind, sie anders zu betrachten, die bestehenden Beziehungen zu verändern, gegebenenfalls zu intensivieren. Diese schwierige Aufgabe erfordert unbedingt die Bereitschaft, selbst aktiv zu werden, als erste(r) Kontakt aufzunehmen und bei solchen Aktivitäten auch Misserfolge in Kauf zu nehmen. Generell sollte niemand zu viel von neuen Bekannten erwarten, um große Enttäuschungen zu vermeiden.

Kontakt aufnehmen

Sind Kontakte dann erst einmal geknüpft, kommt es darauf an, bewusst Verbindung zu halten. In gemeinsamen Gesprächen ist es ratsam – bei allem Mitteilungsbedürfnis – nicht nur von sich zu erzählen, sondern das Gegenüber ins Gespräch einzubeziehen und GesprächspartnerInnen das eigene Interesse oder die Freude an der Unterhaltung wirklich zu zeigen.

Verminderung von Sinnesreizen:

Die Erwerbstätigkeit zwingt den Menschen, mehr oder weniger regelmäßig die vertraute Umgebung, die eigene Wohnung zu verlassen. Der Weg zur Arbeit oder der Arbeitsplatz selbst bringt mehr oder weniger Abwechslung und damit eine Vielzahl von Sinnesreizen mit sich, die auf den Menschen einströmen. Hört diese Automatik auf, fehlt es oftmals an Motivation, sich freiwillig aus dem Haus zu begeben, die gewohnten vier Wände zeitweise zu verlassen.

Doch das Aus-dem-Haus-Gehen – soviel Überwindung es für manche kosten mag – ist ein äußerst wichtiger Faktor zum Erhalt der Selbständigkeit. Tapetenwechsel heißt hier die Devise. Sich gezielt Anregung zu verschaffen und dabei möglichst viele Sinnesorgane gleichzeitig zu beanspruchen, ist eine wichtige Voraussetzung, um langfristig die Alltagsanforderungen bewältigen zu können. Solch ein Tapetenwechsel muss in keiner Weise langweiliges Training und Pflichtübung sein, sondern wird über kurz oder lang Interesse wecken oder erhalten und kann und sollte Freude bereiten.

Tapetenwechsel

Vielen alten Menschen hilft ein Tier, besonders ein Hund, um sich zum regelmäßigen Ausgehen zu zwingen und so Sinnesreize zu erfahren. Gleichzeitig wirkt ein Haustier anderen Problem-Feldern entgegen, indem es z.B. die Kontaktaufnahme mit Fremden spürbar erleichtert. Gleichzeitig stellt es eine verantwortungsvolle Aufgabe hinsichtlich der Versorgung dar und kann das Gefühl, gebraucht zu werden, erhalten oder herstellen helfen.

Verlust an Anerkennung und Wertschätzung:
Mit dem Beruf und der damit verbundenen Position in der Gesellschaft erfährt der Mensch Anerkennung und Wertschätzung von außen. Nach Ende der Berufstätigkeit ist in unserer leistungsorientierten Gesellschaft häufig eine deutliche Einbuße an Anerkennung zu verzeichnen. Es wird nicht mehr so klar messbar ein Beitrag für die Gemeinschaft erbracht wie über die Erwerbsarbeit. Der Mensch wird vielfach nicht mehr als so nützliches Mitglied der Gesellschaft betrachtet wie zuvor, sondern oft im Gegenteil als Nutznießer von Leistungen.

Diese fehlende Anerkennung von außen kann zu einem veränderten Selbstbewusstsein, zu geringerem Selbstwertgefühl führen. Die Aussage »Ich bin ja zu nichts mehr nütze ...!« von zahlreichen alten Menschen kennen wohl alle, die mit älteren Generationen in Berührung kommen.

Übernahme neuer Aufgaben

Doch Möglichkeiten für sinnvolle Betätigung und die Übernahme neuer Aufgaben gibt es in der nachberuflichen Lebensphase allemal. Diese beschränken sich keineswegs nur auf den familiären Bereich mit Betreuung von Enkelkindern! Ehrenamtliche Tätigkeit bietet eine gute Alternative, schafft für viele neuen Lebenssinn und neue Ziele. Gerade in Deutschland, der Nation der Vereine, ist die Vielfalt an ehrenamtlichen Tätigkeitsfeldern unerschöpflich. Es muss nicht immer gleich ein Amt, eine offizielle Funktion in einem eingetragenen Verein sein. Lockere Formen der Nachbarschaftshilfe, Interessenvertretungen und Selbsthilfegruppen, Bürgerinitiativen etc. sind weitere Möglichkeiten für bürgerschaftliches Engagement. Die Politik auf all ihren Ebenen kann zur neuen Aufgabe werden –

ob der Einsatz in einem Seniorenbeirat oder die Mitarbeit in einer Partei. Und nicht zuletzt die ganz eigenen Hobbies zu pflegen, kann der neuen Lebensphase Sinn geben. Neue Interessen zu entdecken und daraus neue Fähigkeiten und Fertigkeiten zu entwickeln, hat schon manchem Menschen zu eigener Erfüllung und zur Anerkennung durch andere verholfen. Immer mehr Menschen nutzen die frei verfügbare Zeit, um ihre Bildung zu erweitern und zu vervollständigen, besuchen Kurse und Seminare, und auch in den Hörsälen der Universitäten gehören ältere Menschen heute zum Alltag, ob als GasthörerInnen oder als ordentliche StudentInnen, die sich zum Teil Ausbildungswünsche aus früheren Jahren erfüllen.

Bildung

Finanzielle Einbußen:

Der Einstieg ins Rentenalter bedeutet für viele Menschen finanzielle Einbußen hinzunehmen. Längst nicht allen steht der Weg offen, diese Einkommensminderung schon im Vorfeld während der Erwerbstätigkeitsphase durch private Vorsorge auszugleichen.

Wenngleich das durchschnittliche Einkommen der älteren Generationen einen akzeptablen Lebensstandard gewährleistet, sind dennoch viele Menschen im Alter von Armut betroffen.

Lebensstandard

Die Koppelung der Renten an die Löhne ermöglicht den meisten Erwerbstätigen, ihren Lebensstandard im Alter weitgehend aufrechtzuerhalten. Wer als DurchschnittsverdienerIn ohne Unterbrechung gearbeitet hat und 45 Beitragsjahre nachweisen kann, darf damit rechnen, dass die Rente etwa 70 Prozent des früheren Arbeitseinkommens erreicht. Je nach Anzahl der Beitragsjahre und Einkommenshöhe in dieser Zeit kann dennoch eine Verringerung der monatlichen Einkünfte spürbare Veränderungen bringen. Lebensläufe sind nicht immer so geradlinig wie das Rentenrecht sie erwartet. Brüche und Pausen in der Erwerbsbiografie, z.B. Arbeitslosigkeit, Teilzeitbeschäftigungen usw., können dazu führen, dass die veranschlagten 45 Beitragsjahre eines Tages die Ausnahme sein werden. Besonders Frauen sind betroffen und müssen oft auf ausreichende Renten verzichten. Sie sind häufig – wenn überhaupt – als Teilzeitkräfte erwerbstätig. Trotz aller Gleichberechtigung sind es

Erwerbsbiografie

auch in der Regel die Frauen, die zugunsten der Kindererziehung ihre Berufstätigkeit unterbrechen oder gar ganz auf eine berufliche Karriere verzichten. Daher müssen sie sich im Alter häufig mit niedrigen Renten begnügen.*

Eine Bewältigung der Situation kann und muss sicherlich zum einen erfolgen, indem eine genaue Finanz-Planung für das vorhandene Einkommen vorgenommen wird. Bewusste Einteilung, gezielte Sparmaßnahmen etc. gehören dazu. Aber das allein reicht vielfach nicht aus, um den Lebensunterhalt zu sichern geschweige denn ein Mindestmaß an Lebensqualität zu erlangen.

Möglichkeiten finanzieller Hilfen

In diesem Fall ist es vor allen Dingen wichtig, sich über die Möglichkeiten finanzieller Hilfen durch öffentliche Mittel genau zu informieren und diese schließlich selbstbewusst in Anspruch zu nehmen. Oft hält falsche Scham gerade alte Menschen zurück, ihnen zustehende finanzielle oder materielle Leistungen zu beantragen. Gemeinsames Engagement mit anderen Betroffenen zur Vertretung der eigenen (finanziellen) Interessen kann ein Weg sein, die Situation besser zu bewältigen.

Die hier dargestellten Problem-Felder und Lösungsstrategien können nur schematische Beispiele sein. Konkret bringt die Pensionierung** für jeden Menschen andere, sehr individuelle Veränderungen und Probleme, die ebenso individueller Lösungen bedürfen.

Lebensphase Ruhestand – immer individueller gestaltet

Zunehmende Pluralisierung

Gesellschaftlich ist eine zunehmende Pluralisierung *(lat. plura = mehr, mehrere →Vielfalt)* von Lebensstilen als Ausdruck eines umfassenden Individualisierungs-Prozesses zu beobachten. Die standardi-

---

*) vgl.: Perina, Udo; Im Alter mit leeren Händen; in: ZEIT-Punkte. Keine Angst vor dem Alter, Zeit-Magazin, Nr. 1/1996, S. 75ff.

**) Der Begriff Pensionierung wird – entsprechend dem üblichen Sprachgebrauch – im Folgenden immer allgemeingültig für die Beendigung der Erwerbstätigkeit auch von Arbeitern und Angestellten benutzt, nicht nur für das Ende der Berufstätigkeit bei Beamten – wie eigentlich sachlich korrekt.

sierten Verhaltensmuster der dreigeteilten Normalbiografie lösen sich immer mehr auf. Die starre Abfolge von

Dreigeteilte Normalbiografie

1. Ausbildungsphase,
2. Erwerbsphase,
3. Ruhestandsphase

wird immer mehr aufgebrochen und neu gestaltet.* Besonders die Lebensphase des so genannten Ruhestands wird immer unterschiedlicher ge- und erlebt.

Was in der Erwerbsphase viele vermissten oder als zu wenig empfanden, die freie Zeit, steht nun in großem Umfang zur Verfügung. Mit dieser freien Zeit umzugehen, haben nicht alle Menschen ausreichend gelernt und geübt.

So wird das freie Leben ohne Erwerbsarbeit für die einen zu einer positiven Zeit, geprägt von Individualität, Gesundheitsbewusstsein, Freiheit und Genuss und gleichzeitig für die anderen zur Negativ-Zeit, gekennzeichnet durch Gebrechen, Entbehrung, Verbitterung.

Wohlverdienter Ruhestand

Für den »wohlverdienten Ruhestand« haben sich die meisten viel vorgenommen. Die Zeit der Pflichterfüllung ist vorüber. Das Dasein, das Berufstätige früher nur als UrlauberInnen kannten, sollen sie künftig ständig genießen können. Sie können sich frei und ungebunden fühlen. Die Kinder sind aus dem Haus und versorgt, der Ärger am Arbeitsplatz ist Vergangenheit. Endlich mit dem/der PartnerIn die langersehnte Reise unternehmen, Verwandte und Bekannte besuchen, ins Theater und ins Konzert gehen, ausgedehnte Spaziergänge machen, sich so richtig dem Garten widmen, die Briefmarken aus aller Welt sortieren, den Keller aufräumen und in aller Ruhe allen jahrelang aufgeschobenen Lieblingsbeschäftigungen nachgehen können ... So oder ähnlich freuen sich viele auf die bevorstehende gute Zeit. Kommt sie tatsächlich?

Biografie

In welche Richtung sich die Situation entwickelt, wird nicht erst am Tag der Pensionierung bestimmt. Die Grundsteine legt die Biografie. Prägende Faktoren während der bereits durchlebten Soziali-

*) vgl.: Wachtler, Günther; a.a.O.

sationsphasen wirken sich hier aus. Familie, Bildung, Beruf, Arbeit, soziale Verflechtungen, Freizeiterfahrung, Wohnumfeld, Einkommen, Gesundheitszustand usw. spielen eine entscheidende Rolle.

Pensionierung und Partnerschaft

Ganz hautnah wird die Veränderung oft zunächst in der Familie bzw. in der Partnerschaft erlebt. In den Generationen heute alter Menschen ist das traditionelle Geschlechterrollenverständnis noch stark verwurzelt. Das bedeutet, dass in der Mehrheit der Ehen bzw. Partnerschaften der Mann der Erwerbstätigkeit nachging, während die Frau sich um Haushalt und Familie kümmerte.

Mit der Pensionierung erleidet der Mann in diesem Fall oft den bereits beschriebenen Pensionierungsschock mit schwerwiegenden Verlusten in einzelnen Problem-Feldern. Für die Frau ändert sich zunächst ihre Aufgabe im Haushalt nicht wesentlich. Der Auszug der Kinder liegt bereits Jahre zurück, die Anpassung an die veränderte Rolle der Frau in der Familie hat längst stattgefunden. Ihre Aufgaben im Haushalt bleiben auch nach Ende der Berufstätigkeit des Mannes weitgehend bestehen.

Veränderte Rolle der Frau

Und dennoch betrifft die Pensionierung als einschneidendes Ereignis ebenso die Frauen. Plötzlich nicht mehr tagsüber allein, erleben sie die ständige Gegenwart des Mannes im häuslichen Umfeld nicht immer nur als erfreuliche Gemeinsamkeit. Nicht selten wird daraus im Gegenteil die Bedrohung der Selbständigkeit, der eigenen Entscheidungsfreiheit. Meldet der Mann plötzlich Interesse und Rechte an der (Mit-)Bestimmung der Geschehnisse im häuslichen Bereich an, so ist die Konfrontation kaum vermeidbar.

In solchem Fall müssen Gespräche stattfinden, wie die veränderte Situation von beiden Betroffenen erlebt wird. Gegenseitiges Verständnis ist ebenso unerlässlich wie eine Umverteilung von Aufgaben und Verantwortlichkeiten. Klare Absprachen und Abgrenzungen helfen, Konflikte zu vermeiden.

Umverteilung von Aufgaben

Gemeinsame Planung der Pflichten wie der zu gestaltenden Freizeit und das Eröffnen neuer – auch gemeinsamer – Interessen- und Tätigkeitsfelder sind wichtig für die Partnerschaft.

Freizeit – noch vor Jahrzehnten ein Fremdwort?

Für die derzeit hochaltrigen Menschen ist Freizeit zum Teil heute noch ein Fremdwort. Auf die Frage »Was haben Sie denn früher in Ihrer Freizeit gemacht?« hat schon so manche(r) AltenpflegerIn die Antwort bekommen: Die hatten wir nicht!

Ganz so einfach lässt sich das zwar bei objektiver Betrachtung nicht behaupten, denn zu allen Zeiten und in allen Generationen gab es ein gewisses Maß an frei zu gestaltender Zeit, wenn auch in sehr unterschiedlichem Umfang. Der Begriff Freizeit allerdings und die Entwicklung einer regelrechten Freizeitkultur ist durchaus ein Phänomen unserer heutigen Zeit.

Spielte sich die Gestaltung der freien Zeit früher eher im häuslichen Umfeld, in Nachbarschaft und Familie ab, ist zu unserer Zeit eher das Bedürfnis nach Aktivitäten außerhalb von Wohnung und Familie zu beobachten.

Noch vor Jahrzehnten waren die Aktivitäten eher hausgemacht mit wenig oder ohne finanziellen Aufwand und viel eigener Initiative und Kreativität. Freizeit und Kommerz *(lat. commercium = Handel)* sind dagegen heute kaum noch zu trennen. Eine ganze Freizeitindustrie lebt davon, dass Menschen einen großen Teil ihres Einkommens für die Gestaltung der freien Zeit ausgeben.

Gestaltung der freien Zeit

Automatisch durch das familiäre und nachbarschaftliche Umfeld waren früher die Aktivitäten wie Handarbeiten, Gesellschaftsspiele, Hausmusik und Feste usw. eher von Geselligkeit und Gemeinschaft geprägt, während heute der Trend zur Individualität bei Computerspielen und beim Surfen im Internet unübersehbar ist.

Was die Generationen unserer Großeltern und Urgroßeltern eher zwanglos und situationsabhängig an Aktivitäten entwickelten, ist bei nachfolgenden Altersgruppen mehr von außen geregelt und organisiert, häufig stark von Konsum *(lat. consumere = Verbrauch, Verzehr, Verschwendung)* geprägt.

Diese schwarz-weiß-malerische Gegenüberstellung ist nicht mit Positiv und Negativ zu bewerten. Die Entwicklung in puncto Freizeit ist schlicht ein Produkt der Entwicklung in allen anderen Bereichen, in Gesellschaft, Politik und Technik.

Die vorindustrielle Gesellschaft kannte keine klare Trennung zwischen Arbeit und Freizeit, weder faktisch (*lat. factus = gemacht, getan, bearbeitet, vollzogen →tatsächlich)* noch als Begriff. Fließende Übergänge prägten den Alltag, vor allem in ländlichen Produktionsgemeinschaften.

Die Aktivitäten der Menschen damals müssen in ihren zeitlichen Zusammenhängen betrachtet werden. Wenn z.B. beim sonntäglichen oder abendlichen Zusammensitzen gestrickt und genäht wurde, so war dies damals Notwendigkeit, um die nötige Kleidung herzustellen. Aus unserer heutigen Sicht in einer Zeit, in der wir alles kaufen können, ist solche Betätigung in gleicher Weise wie das Heimwerkern oder das Hobby-Gärtnern eher der Freizeit zuzuordnen.

Doch unabhängig von der Betrachtungsweise ist eindeutig festzustellen, dass die Menge an freier Zeit gegenüber der Arbeitszeit stetig gestiegen ist. Gleichgültig, ob wir die Lebens-, Jahres-, Monats-, Wochen- oder die Tages-Arbeitszeit betrachten – in der Summe arbeiten wir immer weniger und haben immer mehr Freizeit.

Nicht nur die Arbeitszeit hat Veränderungen erfahren. Insgesamt sind Arbeitsbedingungen – ebenso wie die Lebensbedingungen – heute anders als in früheren Jahren.

Arbeit hat sich in ihrer Qualität völlig verändert. Harte körperliche Arbeit gibt es zwar heute noch, aber – als Folge zunehmender Technisierung und Industrialisierung – keineswegs mehr in dem Umfang früherer Zeiten. Dennoch ist Arbeit heute keineswegs frei von Belastungen, vor allen Dingen psychischen. Von Stress bis Mobbing reicht hier die Palette der Faktoren, die Arbeit zum nicht nur angenehmen Erlebnis werden lässt.

Freizeitgestaltung will gelernt sein!

Die Auffassung, Arbeit sei absolut und lebensbestimmend, und Freizeit diene im Wesentlichen der Erholung zur Wiederherstellung der Arbeitskraft, ist heute veraltet und nicht mehr vorherrschend, sondern bereits am Aussterben. Dennoch sind ihre Nachwirkungen noch immer zu spüren, und besonders bei hochaltrigen Menschen noch immer zu finden.

Zunehmend wachsen jedoch neue Generationen alter Menschen nach, die ihre im mittleren Lebensalter erworbenen Lebens- und Freizeitstile überwiegend auch im höheren Alter beibehalten. Die späteren Generationen alter Menschen finden heute für die Gestaltung ihrer Freizeit weit günstigere Bedingungen als ihre VorgängerInnen, denn sie haben eher gelernt, ihre Freizeit bewusst zu gestalten.*

Lebens- und Freizeitstile

Bei einer Untersuchung von Kruse 1996 bei Menschen im Alter zwischen 68 und 103 Jahren kristallisierten sich hinsichtlich der Alltagsgestaltung vier unterschiedliche Gruppen heraus. Diese unterscheiden sich deutlich voneinander in Tätigkeitsspektrum und Aktivitätsgrad: von einem breiten Spektrum und hoher Aktivität in zahlreichen Tätigkeiten (siehe Gruppe 1 der nachfolgenden Tabelle) bis hin zu einem sehr engen Spektrum mit geringem Aktivitätsgrad in allen Tätigkeiten (siehe Gruppe 4).

Aktivitätsgrad

»Zwischen den objektiv gegebenen Lebensbedingungen (wie Gesundheit, Bildung, Einkommen, Wohnqualität), dem Aktivitätsgrad sowie dem Tätigkeitsspektrum bestehen Zusammenhänge. Dies ergibt vor allem der Vergleich der Gruppe 2 mit den Gruppen 3 und 4. Die drei Gruppen unterscheiden sich nicht im Alter, die Lebensbedingungen sind jedoch in Gruppe 2 durchschnittlich besser als in den Gruppen 3 und 4.

Unter einschränkenden Lebensbedingungen (eher schlechte Gesundheit, eher niedrige Bildungsschicht, eher geringes Einkommen, eher schlechte Wohnbedingungen) ist die Aktivität deutlich geringer und das Spektrum ausgeübter Tätigkeiten deutlich enger als unter günstigen Lebensbedingungen. In Gruppe 4 findet sich eine Häufung einschränkender Lebensbedingungen, die mit großer

*) vgl.: Agricola, Sigurd; Alte Menschen und Freizeit; in: Der Landkreis, Nr. 8-9/1993, S. 367f.

Charakterisierung von 4 Gruppen in bezug auf Form der Alltagsgestaltung, soziodemographische Merkmale und Gesundheit

Gruppe	Form der Alltagsgestaltung	soziodemographische Merkmale und Gesundheitszustand
1	Hohe Aktivität in zahlreichen Tätigkeiten. Das Spektrum von Aktivitäten ist breit. Besonderes Gewicht wird auf Kontakte sowie auf Tätigkeiten außer Haus gelegt.	Eher *jung*, eher gute Gesundheit, eher mittlere bis höhere Bildungsschicht, eher mittleres bis höheres Einkommen, eher gute Wohnbedingungen.
2	Unterschiedlich aktiv in den einzelnen Tätigkeiten; im Durchschnitt besteht ein mittlerer Aktivitätsgrad. Ein mittleres Tätigkeitsspektrum ist erkennbar. Besonderes Gewicht wird auf Lesen und Kontakt gelegt.	Breites Altersspektrum, eher mittlere bis gute Gesundheit, eher mittlere Bildungsschicht, eher mittleres Einkommen, eher gute Wohnbedingungen.
3	Eher geringe Aktivität in den Tätigkeiten, mit Ausnahme der Tätigkeit Lotto- und Totospielen. Enges Tätigkeitsspektrum	Breites Altersspektrum, mittlere Gesundheit, mittlere bis untere Bildungsschicht, mittleres bis geringes Einkommen, eher zufrieden stellende Wohnbedingungen
4	Geringe Aktivität in allen Tätigkeiten, sehr enges Tätigkeitsspektrum	Breites Altersspektrum, eher schlechte Gesundheit, eher niedrige Bildungsschicht, eher geringes Einkommen, zufrieden stellende bis schlechte Wohnbedingungen

Wahrscheinlichkeit von den Betroffenen nur noch schwer kompensiert *(lat. compensare = ausgleichen, ersetzen)* werden können.

Der Befund, dass alte Menschen, die unter einschränkenden Bedingungen leben, mit höherer Wahrscheinlichkeit ein enges Tätigkeitsspektrum und geringere Aktivität aufweisen, widerlegt keineswegs die Annahme, dass die im Lebenslauf ausgeübten Tätigkeiten für die Alltagsgestaltung im Alter bedeutsam sind: Die meisten dieser Menschen haben auch in jüngeren Jahren unter einschränkenden Bedingungen gelebt. Es ist davon auszugehen, dass eine Person im Lebenslauf ein Interessen- und Tätigkeitsspektrum entwickelt, welches auch von den Möglichkeiten und Grenzen ihrer Lebensbedingungen bestimmt wird. Doch ist zu bedenken, dass die größere Anfälligkeit für Krankheiten im Alter zunehmend von den objektiv gegebenen Lebensbedingungen abhängig macht (so z.B. von den Wohnverhältnissen). Aus diesem Grunde überrascht es nicht, dass Menschen mit einem eher schlechten Gesundheitszustand, die unter einschränkenden Lebensbedingungen leben müssen (wie in Gruppe 4), ein enges Tätigkeitsspektrum und geringe Aktivität zeigen. In diesen Fällen sind die Möglichkeiten zur Kompensation von eingetretenen Einschränkungen der körperlichen Leistungsfähigkeit und der Beweglichkeit sehr reduziert.«*

Einschränkende Lebensbedingungen

Wunsch und Wirklichkeit stimmen nicht immer überein!

Die Wünsche Berufstätiger für die Zeit des Ruhestands und die tatsächlichen Aktivitäten der RentnerInnen-Generation stimmt nicht immer überein, wie die nachstehende Tabelle zeigt. Bei dieser Untersuchung des Allensbacher Instituts wurden Erwerbstätige um Angaben gebeten, wie sie einmal im Rentenalter ihre Zeit verbringen wollen. Gleichzeitig wurden Altersruhegeld-EmpfängerInnen befragt, wie sie tatsächlich ihre Freizeit verbringen.

Zwar sind Abweichungen festzustellen zwischen den Wunschvorstellungen und den tatsächlichen Aktivitäten, aber beide liegen in vielen Punkten dennoch relativ dicht beieinander. Außerdem unterscheidet sich die RentnerInnen-Generation von 1993 in der Art ihrer tatsächlichen Freizeitbeschäftigungen von ihrer VorgängerInnen.

*) aus: Kruse, Andreas / Lehr, Ursula; Reife Leistung. Psychologische Aspekte des Alterns; in: Deutsches Institut für Fernstudienforschung an der Universität Tübingen DIFF (Hg.); Funkkolleg Altern, Studienbrief 2, Tübingen 1996, S. 5/14f.

Freizeitverhalten: Wunsch und Wirklichkeit
Freizeitgestaltung im Alter

	Berufstätige: Was würden Sie als RentnerIn gern machen?	RentnerInnen: Wie verbringen Sie Ihre Zeit?	Differenz
Reisen	77 %	46 %	-21 %
Ein Hobby intensiv betreiben	60 %	37 %	-23 %
Mit anderen zusammenkommen	53 %	49 %	-4 %
Sich um Kinder / Enkel kümmern	52 %	61 %	+9 %
Mehr lesen	50 %	57 %	+7 %
Sich um Garten / Haus kümmern	48 %	62 %	+14 %
Etwas für die Gesundheit tun / Kur	47 %	57 %	+10 %
Sport treiben	42 %	36 %	-6 %
Mehr wandern / spazieren gehen	39 %	13 %	-26 %
In Konzerte, Theater, Oper gehen	38 %	21 %	-17 %
Museen, Ausstellungen besuchen	30 %	18 %	-12 %
In einem Verein aktiv sein, werden	27 %	23 %	-4 %

Quelle: Allensbacher Institut für Demoskopie 1993, zit. nach BAGSO, Fakten und Felder der Seniorenarbeit 1995

Noch in den 80er Jahren standen bei verschiedenen Untersuchungen der Freizeitaktivitäten Lesen und Rätsel lösen ganz oben auf der Beliebtheitsskala, mit weitem Abstand gefolgt von handwerklichen und kreativen Hobbies, Spazierengehen und Fernsehen. Die Beteiligung an kulturellen Angeboten, das Reisen, der Sport und die Pflege der Gesundheit rangierten auf kaum nennenswertem Niveau.

Mehr Eigenständigkeit und Initiative

Es ist eine Entwicklung zu mehr Aktivität, mehr Eigenständigkeit und Initiative, weniger Konsumverhalten und größerem Gesundheitsbewusstsein und erhöhtem kulturellen Interesse zu beobachten, wenngleich die unterschiedlich angelegten Untersuchungen den direkten Vergleich nicht erlauben.

Diese Entwicklung kommt sicherlich nicht von ungefähr, sondern wurde und wird über Jahre zielgerichtet verfolgt und mit politischen Steuerungsinstrumenten gefördert. Spezielle Maßnahmen auf Bundes- und Landesebene zielen alle in dieselbe Richtung: mehr Beteiligung älterer Menschen am gesellschaftlichen Leben. Die Wege zu diesem Ziel sind unterschiedlich, aber alle haben gleichzeitig etwas mit ideeller und finanzieller Unterstützung bürgerschaftlichen Engagements und ehrenamtlicher Tätigkeit zu tun. Gemeinnützige Organisationen wie Verbände der freien Seniorenarbeit und Wohlfahrtsverbände wurden auf breiter Ebene als Träger oder als Motoren gewonnen, um Aktivitäten anzustoßen und mit dem Ziel späterer Eigenständigkeit in Gang zu bringen. Zwei Beispiele seien hier genannt: Die Wissensbörsen und die Senioren-Büros.

Die Wissensbörsen:

Die erste so genannten Wissensbörse entstand modellhaft 1987. Seit 1989 bestehen auf Initiative eines freien Seniorenverbandes, des Deutschen Senioren-Rings e.V., gezielte Aktivitäten zur Verbreitung der Wissensbörsen.

Den Wissensbörsen, inzwischen meist als Vereine organisiert und in einer Bundesarbeitsgemeinschaft Wissensbörsen BAG-WB zusammengeschlossen, geht es vor allen Dingen darum, Wissen, Erfahrungen und Kenntnisse alter Menschen vermehrt nutzbar zu machen und gleichzeitig jüngere Menschen anzuregen, den Älteren ihr Wissen zu vermitteln.

Angebot und Nachfrage

Wissensbörsen vermitteln zwischen Angebot und Nachfrage. In Form von so genannten Börsenbriefen werden per Kleinanzeige Suchende und Bietende zusammengebracht. Da sucht jemand PartnerInnen zum Kartenspiel oder Begleitung für eine Reise, Beratung für die Gartenpflege, jemanden zum Vorlesen oder Kinderbetreuung am Vormittag. Unter den Angeboten sind ebenfalls unterschiedlichste Bereiche zu finden – jemand möchte seine Sprachkenntnisse in Englisch weitergeben, eine andere bietet Ausleihe aus ihrer umfangreichen Privatbibliothek, möglichst gegen gemeinsame Gespräche über Gelesenes usw. Der Austausch muss nicht nur auf dem Weg über den Börsenbrief stattfinden. Viele Wissensbörsen haben mittlerweile zusätzlich umfangreiche Veranstaltungsangebote und regelmäßige Treffen.

Manche dieser Wissensbörsen sind heute verknüpft mit den etwas später auf politische Initiative hin entstandenen Senioren-Büros.

Die Senioren-Büros:

Senioren-Büros wurden auf Anregung des zuständigen Bundesministeriums für Senioren seit 1992 modellhaft bundesweit eingerichtet mit befristeter finanzieller, personeller und ideeller Unterstützung sowie mit wissenschaftlicher Begleitung. Die Rahmenvorgaben ließen viel Spielraum für unterschiedlichste Ausprägungsformen bezüglich der Organisations- und Angebotsstrukturen. Aus der ursprünglichen Idee, eine Art Arbeitsamt für ehrenamtliche Tätigkeiten zu kreieren, sind vielerorts Senioren-Büros mit unterschiedlichsten Schwerpunkten geworden. In zwei Punkten entsprechen sie alle der ursprünglichen Zielsetzung:

Arbeitsamt für ehrenamtliche Tätigkeiten

1. Sie ermöglichen Kontakte zwischen den Menschen und regen zu gemeinsamem Tun an, und
2. sie zeigen Möglichkeiten des Engagements auf und vermitteln Interessierte in die Tätigkeitsfelder.

Entsprechend diesen Zielen, sind die inzwischen funktionstüchtigen Senioren-Büros in den folgenden drei Aufgabenbereichen tätig:

Drei Aufgabenbereiche

1. Nachberufliche Tätigkeitsfelder und ehrenamtliches soziales Engagement,
2. Selbsthilfeaktivitäten und -gruppen, und
3. Einbindung älterer Menschen in Nachbarschaft und Beziehungsnetze.

Heute arbeiten diese Senioren-Büros weitgehend eigenständig und ohne Hilfen von außen. In einigen Bundesländern, so z.B. in Baden-Württemberg, gibt es flankierende Maßnahmen des Landes, die vor allem auf Erfahrungsaustausch und Qualifikation der ehrenamtlichen MitarbeiterInnen setzen. Es wird im Sinn eines Netzwerks gearbeitet, das immer weiter auf- und ausgebaut wird. Auf Bundesebene besteht eine Arbeitsgemeinschaft als eingetragener Verein, die Bundesarbeitsgemeinschaft Seniorenbüros BaS.

Angebote für Pflegebedürftige

Trotz des immer größer und für die Wirtschaft interessanter werdenden Freizeitmarktes für Ältere, sollte eine spezielle Zielgruppe unter den alten Menschen nicht übersehen werden: die der Pflegebedürftigen. Sie haben meist deutlich weniger Möglichkeiten, sich aktiv zu betätigen. Als Konsumenten sind sie für den Markt oft nur interessant durch die Nutzung von Pflegehilfsmitteln (ein Markt, der allerdings ebenfalls immer größer wird – durch mehr NutzerInnen und ständig neue technische Entwicklungen!).

Für pflegebedürftige alte Menschen reduziert sich der Lebens- und Aktionsraum stark und ist oft auf die eigene Wohnung bzw. das Zimmer, den Teil eines Zimmers oder die Gemeinschaftsräume in einer stationären Einrichtung begrenzt. Wichtig ist, in diesem Fall das Umfeld so zu gestalten, dass Freiräume für sinnvolle Nutzung der verfügbaren Zeit vorhanden sind. Einladende Plätze zum Verweilen, die einerseits dem Bedürfnis nach Vertrautem und Schutz entsprechen und andererseits Kontakte ermöglichen und Abwechslung bieten, sollten geschaffen werden.

Abwechslung bieten

Das Sich-Beschäftigen als wichtige Aktivität des täglichen Lebens sollte in den Angeboten stationärer Einrichtungen vermehrt Berücksichtigung finden. Pflegebedürftige alte Menschen benötigen oftmals Hilfe bei der Gestaltung ihrer Freizeit – ebenso wie bei anderen Aktivitäten ihres täglichen Lebens. Hier sollten Wahlmöglichkeiten geboten und Entscheidungsfreiheit gewährt werden wie bei anderen – noch in höherem Maß selbständigen – alten Menschen. Diese Wahl kann und soll nicht nur darin bestehen, sich der Berieselung des Fernsehgeräts im Gemeinschaftsraum auszusetzen oder nicht.

Bewusste Entscheidungen

Freizeit nicht nur totzuschlagen, sondern zu gestalten heißt vor allen Dingen, dies bewusst zu tun, bewusste Entscheidungen zu treffen. Dies gilt auch für Pflegebedürftige. Die personelle Ausstattung von Einrichtungen der stationären Altenhilfe lässt die Unterstützung von BewohnerInnen bei der Freizeitgestaltung meist nicht im notwendigen Umfang zu. Dennoch sollten AltenpflegerInnen sich immer der Tatsache bewusst sein, dass Angebote in diesem Bereich genauso zu ihren Aufgaben gehören wie im medizinisch-pflegerischen Feld. Zeitliche Freiräume bei der Arbeit sollten daher vorrangig für derartige Tätigkeiten genutzt werden.

Die Angebote zur Gestaltung der Freizeit sollten den persönlichen Interessen der alten Menschen entsprechen. Die Möglichkeiten sind vielfältig und werden in der Altenpflege meist im Rahmen von Aktivierung und Rehabilitation angeboten. Hier nur einige Beispiele:

- **Schreiben:** Briefe und Karten, Tagebuch, Gedichte, Geschichten ...
- **Lesen:** Zeitungen, Zeitschriften, Bücher – unterhaltsame, bildende, aktuelle politische, fachliche Literatur ...(auch Großdruckbücher, Hörbibliothek ...);
- **Bewegung:** Gymnastik, Bewegungsspiele, Tanz, Sitztanz ...;
- **Gartenarbeit:** Mithilfe oder selbständige Gestaltung von Garten(teilen) in Eigenverantwortung;
- **Spiel:** Gesellschaftsspiele – Karten-, Brett-, Würfelspiele ...;
- **Geistiges Training:** Gehirn- und Gedächtnistraining, Strategiespiele, Wahrnehmungs- und Konzentrationsübungen ...;
- **Musizieren:** Instrumente spielen, allein oder in der Gruppe singen;
- **Aktives Musikhören:** (unterscheidet sich deutlich von passiver Berieselung!) Beschäftigung mit bestimmten Musikrichtungen oder InterpretInnen, Auseinandersetzung mit Musikstilen, Texten ...;
- **Kreative Beschäftigungen:** Werken, Heimwerkern, Handarbeiten, Fotografieren, Kochen ...;

- **Kulturelle Aktivitäten:** Literaturzirkel, Autorenlesungen, Ausstellungen, Kino-, Theater, Museumsbesuche ...;
- **Engagement in Gruppen:** Interessenvertretung, politische Aktivitäten, Selbsthilfe ...;
- **Geselligkeit:** Gespräche, Ausflüge, Freizeiten, Urlaube, Feste (jahreszeitliche, kirchliche, persönliche, Jubiläen ...) ...
- ...

Derartige Programme können gegebenenfalls von BewohnerInnen oder alten Menschen aus dem Einzugsgebiet für BewohnerInnen geplant und durchgeführt werden, sofern genügend mobile alte Menschen bereit sind bzw. motiviert werden können, sich zu engagieren. Oft bedarf es nur eines Anstoßes seitens des Personals, um erste Initiativen in Gang zu bringen.

Wichtige Faustregeln für Freizeit-Angebote im Rahmen der Altenpflege:

- Themen bzw. Aktivitäten an Interessen der Zielgruppe(n) orientieren!
- Lieber kleine als große Gruppen bilden, notfalls auch bei dann kürzerer Dauer der Aktivitäten (zwei Gruppen je fünf TeilnehmerInnen für 30 Minuten statt eine Gruppe mit zehn TeilnehmerInnen für 60 Minuten)!
- Lieber häufig kleine Veranstaltungen mit kurzer Dauer durchführen als wenige große lang dauernde mit viel Aufwand!
- Möglichst festen Kern von TeilnehmerInnen bilden, aber offen bleiben für neue InteressentInnen! mögl. regelmäßig
- Programm so ausrichten, dass Eigeninitiative und -aktivität gefördert wird anstelle von Konsumorientierung!
- Kontakt-stiftende Programmpunkte einbauen!
- Wochentage und Tageszeiten gut auf Situation der Zielgruppe(n) abstimmen und mit anderen Aktivitäten koordinieren!
- ... gut koordiniert mit anderen Angeboten an d. gleiche Zielgruppe – an Zielgruppe Interessen orientiert

Wichtig

- Der Beruf, die Erwerbsarbeit, prägt den Menschen und bestimmt über viele Jahre und Jahrzehnte wesentlich den Lebensverlauf mit.
- Arbeitszeiten sind während der Erwerbsphase rhythmisierender Faktor, beeinflussen quasi die gesamte Lebensgestaltung.
- Aus der Erwerbsarbeit ergibt sich eine Vielzahl wichtiger sozialer Kontakte.
- Die Wertschätzung eines Menschen, sein Ansehen in der Gesellschaft, wird in großem Umfang durch den Beruf bzw. die Arbeit geprägt. Prestige, Image, aber auch Macht und Mitsprache bei Entscheidungen sind meist eng mit der beruflichen Position verbunden.
- Das Einkommen aus beruflicher Arbeit entscheidet wesentlich über den Lebensstandard und die Lebensbedingungen insgesamt während der Zeit der Erwerbstätigkeit. Es bestimmt aber auch die Höhe der späteren Rente mit, abhängig von der Beitragszahlung in die Rentenversicherung während des Arbeitslebens und gegebenenfalls weiterer materieller Vorsorge.
- Der Zeitraum der Erwerbstätigkeit wird immer kürzer durch Verschiebungen an beiden Enden des Lebensverlaufs. Das Ende der Berufstätigkeit liegt heute durchschnittlich bei 59 Jahren. Es stehen dann noch 20 nachberufliche Jahre bevor – beinahe die Hälfte der Lebenszeit in der Erwerbsphase.
  In der Erwerbsphase wird deutlich weniger Lebenszeit verbracht als insgesamt in den Zeiten ohne Berufstätigkeit.
- Die Entberuflichung des Alters ist heute keineswegs mehr uneingeschränktes Ziel. Dagegen wird

eine Flexibilisierung angestrebt, die neue Altersgrenzen schafft. Diese sind generell an der gesetzlichen Regelaltersgrenze von 65 Jahren für den Bezug einer vollen Altersrente orientiert.

- Das Ende der Berufstätigkeit ist ein einschneidendes Ereignis. Oftmals führt dieser Wendepunkt im Leben zu Problemen, vielfach mit dem Begriff Pensionierungsschock bezeichnet.
- Problem-Felder nach der Pensionierung sind vor allen Dingen fehlende Zeitstruktur, Verminderung von Sozialkontakten, Verminderung von Sinnesreizen, Verlust an Anerkennung und Wertschätzung und finanzielle Einbußen.
  Zur Vermeidung bzw. Bewältigung von Problemen sind vor allen Dingen bewusste Auseinandersetzung und rechtzeitige Vorbereitung auf die neue Situation erforderlich.
- Von finanziellen Problemen im Alter sind – auf Grund von Brüchen und Pausen in der Erwerbsbiografie – vorrangig Frauen betroffen.
- Die Pensionierung hat meist deutlich spürbare Auswirkungen auf die Partnerschaft.
- Organisierte Freizeit im Sinn einer ganzen Freizeitkultur ist ein Phänomen unserer Zeit. Noch vor Jahrzehnten galten für die Gestaltung der frei verfügbaren Zeit andere Merkmale.
- Die klare Trennung von Arbeit und Freizeit ist erst im Zuge der Industrialisierung entstanden. Auch danach war und ist die Regelung von Arbeitszeiten und -bedingungen einer ständigen Entwicklung unterlegen.
- Freizeitgestaltung muss gelernt werden. Die Fähigkeit, die eigene Zeit sinnvoll zu gestalten, ist

sowohl von soziodemografischen Faktoren als auch vom Gesundheitszustand abhängig.

- **Im Freizeitverhalten der älteren Generationen ist eine Entwicklung zu mehr Aktivität, mehr Eigenständigkeit und Initiative, weniger Konsumverhalten und größerem Gesundheitsbewusstsein zu beobachten.**
- **Auf politischer Ebene wird mehr Beteiligung älterer Menschen am gesellschaftlichen Leben angestrebt. Die Übernahme von Ehrenämtern und bürgerschaftliches Engagement Älterer werden als Möglichkeiten betrachtet, Erfahrungen und Kenntnisse von AltersruhegeldbezieherInnen vermehrt zu nutzen.**
- **Sich-Beschäftigen ist eine wichtige Aktivität des täglichen Lebens. Sie gehört zu den Bedürfnissen und Rechten pflegebedürftiger alter Menschen genauso wie für Selbständigere. Allerdings brauchen sie zur Gestaltung ihrer Freizeit oftmals Hilfe.**

Übungen

1. Fragen Sie ältere Menschen aus Ihrem Umfeld nach ihrem Freizeitverhalten. Versuchen Sie Unterschiede nach soziodemografischen Faktoren und Gesundheitszustand herauszufinden und vergleichen Sie dann die Aktivitäten!
2. Stellen Sie sich vor, Sie sollten eine(n) älteren ArbeitnehmerIn, dessen bzw. deren Pensionierung in zwei Jahren bevorsteht, beraten! Was ist für die betroffene Person zu tun?
   Führen Sie das Gespräch in Form eines Rollenspiels mit einem/einer KollegenIn oder mit einer anderen Person aus Ihrem Umfeld. Sie selbst sind als professionell in der Altenarbeit Tätige(r) die bzw. der Beratende!

Wiederholungsfragen

1. Wieso sind auch selbst nicht Erwerbstätige, häufig Frauen, von Einflüssen des Arbeitslebens betroffen?
2. Erklären Sie Ziele und Aufgabenfelder von Senioren-Büros!
3. Wieviel Zeit hat ein Mensch heute durchschnittlich nach Ende seiner Berufstätigkeit noch zur Verfügung?
4. Welches sind die wesentlichen Problem-Felder nach Ende der Berufstätigkeit? Erläutern Sie die einzelnen und führen Sie Lösungsmöglichkeiten an!
5. Was ist unter der »Lebenskraft-Aufbrauch-Theorie« zu verstehen? Wie wird sie heute eingeschätzt?
6. Wie beeinflusst Arbeit die sozialen Kontakte eines Menschen?
7. Wo liegt die gesetzliche Regelaltersgrenze und was hat sie zu bedeuten?
8. Wie entwickelt sich die Dauer der so genannten »Erwerbsphase«? Warum verändert sie sich in dieser Weise?
9. Wieviele Beitragsjahre benötigt ein Arbeitnehmer bzw. eine Arbeitnehmerin, um später eine Rente in Höhe von ca. 70 Prozent des Arbeitseinkommens erhalten?
10. Welche Möglichkeiten für Angebote zur Freizeitgestaltung gibt es in der Altenpflege? Was macht die praktische Umsetzung der Möglichkeiten oft schwierig?
11. Wie war die heute aussterbende, aber früher allgemein verbreitete, Vorstellung von Sinn und Ziel der Freizeit?
12. Wieviele RentnerInnen gehen nach dem offiziellen Ende ihrer Berufstätigkeit weiterhin in irgendeiner Form einer bezahlten Arbeit nach? Warum tun sie dies?
13. Wie unterscheiden sich Freizeitgestaltung früher und heute? Stellen Sie die wesentlichen Merkmale bzw. Unterschiede einander gegenüber!
14. Wie hat sich das Freizeitverhalten alter Menschen in den letzten Jahren verändert?

15. Warum wird Erwerbsarbeit als »rhythmisierender Faktor« bezeichnet?
16. Erklären Sie den Begriff »Pensionierungsschock«!
17. Was ist unter dem Stichwort »Erwerbsbiografie« zu verstehen?
18. Was hat Berufsarbeit mit der Identität und Persönlichkeit eines Menschen zu tun?
19. Wie kann sich die Pensionierung auf die Partnerschaft auswirken? Welche Lösungsmöglichkeiten gibt es für eventuelle Probleme?
20. Wie verhalten sich in puncto Freizeitverhalten bzw. Freizeitgestaltung im Alter Wunsch und Wirklichkeit zueinander?
21. Warum wird die Entberuflichung des Alters als soziale Errungenschaft betrachtet? Aus welcher Zeit stammen diese Grundgedanken? Was waren damals ihre Ziele?
22. Erläutern Sie Idee und Arbeitsweise von Wissensbörsen!
23. Was kennzeichnet das Freizeitverhalten von pflegebedürftigen alten Menschen?
24. Warum ist »Freizeit« für viele heute hochaltrige Menschen ein Fremdwort?
25. Was ist unter »Altersteilzeitarbeit« zu verstehen?
26. Warum ist Bildung ein so wichtiger Einflussfaktor für die Anpassung an die nachberufliche Lebensphase?
27. In welche drei Phasen gliedert sich die so genannte »Normalbiografie«?
28. Wie haben sich die Arbeitsbedingungen seit Ende des vorigen Jahrhunderts bis heute entwickelt?
29. Welche Einflüsse üben soziodemografische Faktoren und Gesundheitszustand das Alltagsverhalten alter Menschen aus?
30. Wie sah die Gestaltung der freien Zeit der heute alten Menschen in deren mittlerem Erwachsenenalter aus?
31. Nennen Sie einige Faustregeln zur Gestaltung von Freizeit-Angeboten in der Altenpflege!

32. Wann endet heute durchschnittlich die Erwerbsphase?
33. Warum ist die Biografie so entscheidend für das Alltags- und Freizeitverhalten im Alter?
34. Beschreiben Sie die Arbeitssituation in der vorindustriellen Gesellschaft! Wie lang war damals die Erwerbsphase?

Literatur

Agricola, Sigurd; Alte Menschen und Freizeit; in: Der Landkreis, Nr. 8-9/1993, S. 367f.

Agricola, Sigurd; Freizeitmarkt für Ältere; in: BAGSO-Nachrichten Nr. 4/1995, S. 18f.

Bäcker, Gerhard; Im Übergang vom Erwerbsleben in den Ruhestand; in: Bundeszentrale für politische Bildung (Hg.), Aus Politik und Zeitgeschichte, Beilage zur Wochenzeitung Das Parlament, B44/1993, S. 24

Bundesarbeitsgemeinschaft der Seniorenorganisationen (BAGSO) Hrsg.; BAGSO-Nachrichten. Zeitschrift für Multiplikatoren in der Seniorenarbeit, Leitthema: Arbeitsmarkt für Ältere, Nr. 2/1996, Bonn

Bundesarbeitsgemeinschaft der Seniorenorganisationen BAGSO (Hg.); Fakten und Felder der freien Seniorenarbeit, Bonn 1995

Brauchbar, Mathis / Heer, Heinz; Zukunft Alter. Herausforderung und Chance, Reinbek 1995

Perina, Udo; Im Alter mit leeren Händen; in: ZEIT-Punkte. Keine Angst vor dem Alter, Zeit-Magazin, Nr. 1/1996, S. 75ff

Reimann, Helga + Reimann, Horst; Das Alter, Enke Verlag, Stuttgart, 3. neu bearbeitete Auflage, 1994

Schneider, Hans-Dieter; Ende der Berufstätigkeit: Startschuß für neue Initiativen? in: Evangelische Impulse, Nr. 1/1994, S. 5f

Seel, Mechthild; Die Pflege des alten Menschen, Brigitte Kunz Verlag, Hagen 1994

Thiede, Dr. Reinhold; Kernelement der materiellen Versorgung im Alter: Gesetzliche Rentenversicherung; in: Der Landkreis, Nr. 8-9/1993, S. 382f.

Sackgasse Alter?

DAS ZIEL IST:

Das Ziel ist,

- *Formen abweichenden Verhaltens (alter Menschen) erkennen und erklären zu können,*
- *zu erkennen, dass die Einschätzung von Verhalten als normal oder abweichend schwierig und subjektiv ist,*
- *stoffgebundene Abhängigkeiten und stoffungebundene Verhaltensstörungen als Gefahr für alte Menschen und für AltenpflegerInnen zu erkennen,*
- *Suizid als große Gefahr gerade für pflegebedürftige alte Menschen wahrnehmen und auf den Umgang mit Gefährdeten vorbereitet sein.*

Abweichendes Verhalten als Antwort auf Verlust und Einschränkung

Altern bedeutet auch Auseinandersetzung mit Veränderungen. Es ist eine Entwicklungsaufgabe, die der Mensch bis zum Tod behält. Diese Veränderungen treten im körperlichen Bereich ebenso auf wie im geistig-seelischen und im sozialen Bereich. In all diesen Feldern entstehen unterschiedliche Probleme, die wir im Lauf des Lebens zu bewältigen haben.

Fähigkeit zur Lebensbewältigung individuell verschieden

Konfliktsituationen lösen

Die Problembewältigung gelingt in den einzelnen Bereichen unterschiedlich gut. Wir können in Problem- oder Konfliktsituationen verschiedene Wege wählen. Die Möglichkeiten reichen hier von Kämpfen über Rückzug (und damit Verzicht), Anpassen (also Nachgeben), Kompromisse bis hin zu echten Problemlösungen. Die Fähigkeit, mit Veränderungen im Leben umzugehen, ist individuell verschieden.

Die Mehrheit findet ihren Weg, schafft es sich so zu verhalten, dass sie nicht auffällt, sich an Werte und Normen der Gesellschaft hält. Sie verhält sich normal. Die Einschätzung, was normal ist, weicht jedoch in unterschiedlichen gesellschaftlichen Zusammenhängen und Kulturen stark voneinander ab.

Geltende Normen

Gelingt es einem Menschen nicht, sich an geltende Normen anzupassen, verhält er sich abweichend. Es wird auch von so genannten deviantem *(lat. devius = vom Wege abliegend, entlegen)* Verhalten gesprochen.

→ **Devianz**

»abweichendes Verhalten, zusammenfassende Bezeichnung für alle Formen individuellen Verhaltens, die qualitativ oder quantitativ von einer allgemein als gültig empfundenen Norm abweichen. Hierbei spielen soziale bzw. gesellschaftliche Bezugssysteme eine wesentliche Rolle, da deren Normen die Definition bzw. Ausprägung von Devianz zum Teil entscheidend mit bestimmen. Als deviant kann ein

Verhalten erst bei einem erheblichen und konstanten Missverhältnis zwischen Umweltansprüchen und individuellem Beitrag gegenüber diesen Ansprüchen eingestuft werden.«*

»Abweichendes Verhalten kann definiert werden als eine Verletzung von sozialen Regeln und Tabus. Verhalten, das die sozialen Normen verletzt oder sie ignoriert, gefährdet zugleich die Grundlage der Beziehungen innerhalb sozialer Gruppen. Menschen, die aus welchen Gründen auch immer sich Regeln widersetzen, provozieren damit eine gesellschaftliche Reaktion.«**

Stigmatisierung des Alters

Ein negatives Altersbild, die Stigmatisierung des Alters bzw. alter Menschen, Rollen- und Funktionsverluste, Defizite, Vereinsamung oder extreme Armut können ebenso dazu führen, dass ein alter Mensch sich abweichend verhält wie physiologische Abbauprozesse und Erkrankungen. Entscheidend ist, wie der alte Mensch die Veränderungen psychisch verkraftet. Gelingt es ihm, »Verluste auszugleichen und für sich einen neuen Standpunkt hinsichtlich seiner Bedeutung und Möglichkeiten in seinem sozialen Umfeld zu gewinnen, dann wird er mit seiner Umwelt zu einem neuen, stabilen Gleichgewicht gelangen. Kann er dagegen die Abbauprozesse und Funktionsverluste nicht bewältigen, so wird er möglicherweise unangemessen reagieren.«***

Deviantes Verhalten in allen Generationen

Deviantes Verhalten tritt in allen Generationen und unabhängig vom Geschlecht oder sozialer Schicht auf. So betrügen, stehlen und töten auch alte Menschen. Die Reaktionen der Gesellschaft auf Devianz können von Tolerieren bis Bestrafen reichen. Die Grenzen sind fließend und nicht immer eindeutig. So wird z.B. bei so genannter Bagatellkriminalität meist eher mit Verständnis reagiert als bei

Reaktionen der Gesellschaft

*) aus: Meyers Lexikonredaktion (Hg.); Schüler-Duden: Die Psychologie, Bibliographisches Institut & F. A. Brockhaus, Mannheim 1996, S. 75

**) aus: Stracke-Mertes, Ansgar; Soziologie. Der Blick auf soziale Beziehungen, 2. vollständig überarbeitete und erweiterte Auflage, Vincentz Verlag, Hannover 1998, S. 20

***) aus: Witterstätter, Kurt; Soziologie für die Altenarbeit, Freiburg 1981, 7. Aufl. 1991, S. 49

schwerer Gewaltkriminalität. Was jedoch als Bagatelle eingestuft wird, ist dem Wertewandel und subjektiver Einschätzung unterworfen. Gehören etwa das Schwarzfahren in öffentlichen Verkehrsmitteln oder Steuerhinterziehung dazu oder nicht? Die Rechtslage ist eindeutig, die Einschätzung durch die Gesellschaft bzw. gesellschaftliche Gruppen nicht immer.

Soziale Kontrolle

Die Instanzen sozialer Kontrolle – und damit Verhaltenskontrolle – können aber nur einsetzen, wenn der Mensch in ein Netz sozialer Beziehungen eingebunden ist. »Das kann beim alten Menschen sogar unbewusst zu auffälligem Verhalten führen, mit dem er Reaktionen bei seinem sozialen Umfeld auslösen möchte. So schafft er sich ein Erlebnis, das er ohne seine Abweichung nicht gehabt hätte. Die geringen gesellschaftlichen Reaktionen auf das Verhalten Älterer schaffen auch einen Freiraum zu abweichendem Verhalten.«*

Mittel sozialer Kontrolle reichen von gesetzlichen Möglichkeiten – wie im Fall der Kriminalität – bis hin zu Verhalten von Mitgliedern sozialer Bezugsgruppen, das sich u.a. in Form von Gruppendruck, Isolation und Ausgrenzung innerhalb der Gruppe, Schweigen, Aggression oder Auslachen äußern kann.

Was ist normal?

Die Antworten alter Menschen auf mit dem Älterwerden verbundene Einschränkungen und Verluste sind vielfältig. Sie können von erhöhter Niedergeschlagenheit und Trauer bis zur Depression reichen. Manche reagieren mit Süchten, die nächsten mit Suizid *(lat. sui caedere = sich töten, morden, schlachten, niederhauen)* und wieder andere mit Kriminalität.

Soziales Umfeld

Die Einschätzung aber, wann Verhalten normal ist und wann abweichend, ist schwierig und subjektiv. Sie ist mit davon abhängig, ab wann ein Verhalten das soziale Umfeld stört.

»Abweichendes Verhalten, beispielsweise durch eine dementielle Erkrankung, bedeutet soziologisch betrachtet nichts anderes,

*) aus: Witterstätter, Kurt; a.a.O., S. 49

als dass der betroffene Mensch seinen Rollenerwartungen nicht mehr nachkommt. Er irritiert das Kontrollbedürfnis seiner sozialen Gruppe und provoziert damit soziale Kontrolle. Ist er verwirrt, erfährt er soziale Einschränkungen. Er wird beobachtet, seine Tätigkeiten werden überwacht, er erhält sedierende Medikamente oder wird sogar mit technischen Mitteln fixiert.«*

Rigide Regeln

Oft sind es aber erst die rigiden Regeln einer Altenpflege-Einrichtung, die das Verhalten erzeugen. Stark festgelegte Tagesstrukturen, geringe Privat- und Intimsphäre, Hausordnungen und vorbestimmte Funktionalität in vielen Bereichen nehmen den alten Menschen oft die Gestaltungsfreiheit und schaffen quasi allgegenwärtige soziale Kontrolle.

Im Umgang mit dementen alten Menschen wird abweichendes Verhalten besonders zum Problem. Gerade in der stationären Altenpflege überfordern auffällige Verhaltensweisen häufig die Pflegenden. »Die Integration störender Bewohner in die Heimgemeinschaft beginnt für Pflegende mit dem Erkennen und der Integration eigener Fehler und Störungen. Wer den Balken im eigenen Auge eher erkennt als den Splitter im Auge des anderen, wird Störende nicht länger ausschließen, sondern nachsichtig mit ihnen umgehen.«**

Integration störender Bewohner

AltenpflegerInnen sollten sich im Hinblick auf einen vorurteilsfreien Umgang mit störenden alten Menschen zunächst über ihre eigenen Probleme klar werden. Warum fühle ich mich gestört? Überfordert mich der Umgang mit dem Verhalten? Habe ich Schwierigkeiten, das Verhältnis von Nähe und Distanz ins Gleichgewicht zu bringen? Erinnert mich die störende Person an jemanden aus meinem privaten Umfeld? usw. Klärt eine Pflegekraft dies nicht mit sich selbst, läuft sie Gefahr, den störenden Menschen abzulehnen. Und aus Ablehnung folgen Ungleichbehandlung und Diskriminierung.

---

*) aus: Stracke-Mertes, Ansgar; Soziologie. Der Blick auf soziale Beziehungen, 2. vollständig überarbeitete und erweiterte Auflage, Vincentz Verlag, Hannover 1998, S. 174

**) aus: Grond, Erich; Der stört ja immer, in: Altenpflege Nr. 2/1993, S. 75

Der undankbare Sohn

Es saß einmal ein Mann mit seiner Frau vor der Haustür, und sie hatten ein gebratenes Huhn vor sich stehen, und wollten das zusammen verzehren, da sah der Mann, wie sein alter Vater daher kam, geschwind nahm er das Huhn und versteckte es, weil er ihm nichts davon gönnte. Der Alte kam, tat einen Trunk und ging fort. Nun wollte der Sohn das gebratene Huhn wieder auf den Tisch tragen, als er aber danach griff, war es eine große Kröte geworden, die sprang ihm ins Angesicht, und saß da und ging nicht wieder weg, und wenn sie jemand weg tun wollte, sah sie ihn giftig an, als wollt' sie ihm ins Angesicht springen, so dass keiner sie anzurühren getraute. Und die Kröte musste der undankbare Sohn alle Tage füttern, sonst fraß sie ihm aus seinem Angesicht, und also ging er in der Welt hin und her.

Jacob (1785-1863) und Wilhelm (1786-1859) Grimm

Als Beispiele für deviantes Verhalten werden im Folgenden Sucht und Suizid behandelt.

Sucht macht vor dem Alter nicht halt

Die Zahl der Suchtkranken in allen Generationen nimmt in den Industrieländern zu. Davon sind auch alte Menschen betroffen. Der Begriff Sucht wird heute zunehmend durch den Begriff Abhängigkeit ersetzt.

→ Sucht

»... Bezeichnung für einen Zustand periodischer oder chronischer Vergiftung (Intoxikation), der durch wiederholten Gebrauch einer natürlichen oder synthetischen Droge hervorgerufen wird und psychische, körperliche, pharmakologische und soziale Phänomene zur Folge hat.«*

*) aus: Meyers Lexikonredaktion (Hg.); Schüler-Duden: Die Psychologie, Bibliographisches Institut & F. A. Brockhaus, Mannheim 1996, S. 396f.

Zu den Süchten zählt auch das Bedürfnis, bestimmte Tätigkeiten immer wieder auszuführen, z.B. Spielen, Putzen, Arbeiten, Kaufen usw.

Formen der Sucht

Bei den Formen der Sucht wird seit Mitte der 80-er Jahre unterschieden zwischen stoffgebundenen und stoffungebundenen Abhängigkeiten.

- **Stoffgebundene** Abhängigkeiten von: legale Drogen wie Koffein, Nikotin, Alkohol, Medikamente, Schnüffelstoffe und illegale Drogen wie Haschisch, Marihuana, Heroin etc.
- **Stoffungebundene** Verhaltensstörungen wie: Essstörungen (Fettsucht, Ess-Brech-Sucht, Magersucht ...), Fernsehsucht, Spielsucht, Arbeitssucht, Geltungssucht, Kaufsucht etc.*

In der Altenpflege ist es in zweierlei Hinsicht wichtig, sich mit Sucht und Suchtverhalten auseinanderzusetzen. Zum einen vor dem Hintergrund, dass alte Menschen gefährdet sind, den Ausweg der Sucht aus Krisen zu wählen, zum anderen weil Pflegekräfte hohen Belastungen unterliegen und gleichzeitig durch die Nähe von und den Umgang mit Medikamenten in die Gefahr geraten können, sich in Abhängigkeit zu begeben.

Für die Altenpflege sind Alkohol und Tabletten die bedeutendsten Suchtmittel, auch in Kombination.

Ein Tröpfchen in Ehren ... – Alkohol im Alter

Selbstverständliches Rollenverhalten

Die Abhängigkeit von Alkohol ist die in unserer Gesellschaft am leichtesten entstehende. Das Suchtmittel ist leicht zu beschaffen, und das Alkoholtrinken wird in unserer Gesellschaft meist als selbstverständliches Rollenverhalten erlernt. Es ist grundsätzlich sozial akzeptiert. Überhöhter Konsum in bestimmten Situationen wird leicht bagatellisiert und augenzwinkernd entschuldigt. Die soziale Umgebung tritt oft als Verstärker auf. Aus Genuss kann Gewohn-

*) vgl.: Meyers Lexikonredaktion, Bibliographisches Institut & F. A. Brockhaus (Hg.); a.a.O., S. 397

heit entstehen, und es produziert sich schließlich eine schleichende Abhängigkeit. Dies gilt für alle Generationen.

»Alkoholismus im Alter wird als soziales Problem selten ernst genommen – ein Großteil der chronischen Alkoholiker stirbt vor dem Eintritt ins höhere Alter. Jedoch ist die Annahme, der Alkoholismus sei eine sich selbst begrenzende Krankheit, durch die demografische Entwicklung überholt: zum einen aufgrund der gestiegenen Lebenserwartung, zum anderen durch die Zunahme des Anteils älterer Menschen an der Gesamtbevölkerung. Immer mehr ältere Menschen bedeuten also auch immer mehr alkoholabhängige ältere Menschen. Etwa 2,5 Prozent der über 60-jährigen gelten nach einer Untersuchung von Karl Schmitz-Moormann als alkoholgefährdet oder alkoholabhängig, andere Einschätzungen gehen gar bis zu sechs Prozent. Ein Großteil dieser Menschen wird früher oder später von Senioren- und Pflegeeinrichtungen ambulant oder stationär betreut werden müssen.«*

Neuere Untersuchungen zum Alkoholkonsum im Alter zeigen, dass über 50 Prozent der 60- bis 70-jährigen ihn regelmäßig verzehren. Von den über 70-jährigen trinken ca. 80 Prozent der Männer und 60 Prozent der Frauen. Ein überhöhter Alkoholkonsum wird von zehn bis 20 Prozent der Männer und bis zu zehn Prozent der Frauen über 60 Jahre betrieben. Problematisches Trinkverhalten wird nach entsprechenden Untersuchungen zwei bis drei Prozent der Männer und einem halben bis einem Prozent der Frauen bescheinigt.**

Problematisches Trinkverhalten

Menschen müssen in keiner Weise auf Alkohol verzichten und abstinent leben, nur weil sie alt sind. Alten Menschen schmeckt zu bestimmten Anlässen ein Glas Wein oder Bier besser als lauwarmer Kamillentee – genau wie allen anderen Generationen. Die Mehrheit der alten Menschen hat jahrzehntelange Erfahrung im dosierten Umgang mit Alkohol sammeln können und weiß sehr wohl, was

*) aus: Raasch, Rolf; Aus Genuß und aus Gewohnheit, in: Altenpflege Nr. 2/1998, S. 26

**) vgl.: Jonas, Ines; Alkoholische Getränke. Lebenselexier oder Risikofaktor?, in: Pro Alter Nr. 1/1999, S. 6f.

dem Einzelnen gut tut und was nicht. Mäßiger Alkoholgenuss schadet auch im Alter nicht. Einige MedizinerInnen sehen sogar im wohl dosierten Alkoholkonsum positive Wirkungen, u.a. im Hinblick auf koronare Erkrankungen.

Die Frage ist nur – was zählt als moderater Konsum? Dazu hat das Bundesministerium für Gesundheit Orientierungswerte festgelegt. Danach gelten tägliche Alkoholmengen von 20 Gramm für Frauen und 40 Gramm für Männer als verträglich. 20 Gramm Alkohol sind z.B. enthalten in 0,2 Liter Wein oder einem halben Liter Bier oder 0,04 Liter Weinbrand. Diese Alkoholmengen werden als verträglich und vertretbar bezeichnet, sofern die individuellen Gegebenheiten wie körperliche Konstitution etc. dies zulassen.

Risikoarme Trinkmenge

Die Deutsche Hauptstelle gegen die Suchtgefahren definiert die tägliche, risikoarme Trinkmenge etwas anders. Sie geht davon aus, dass die Menge zeitlich verteilt und nicht auf einmal konsumiert werden sollte. So hält sie für Männer dreimal 1/4 Liter Bier oder dreimal 1/8 Liter Wein und für Frauen zweimal 1/4 Liter Bier oder zweimal 1/8 Liter Wein für vertretbar.

Bei alten Menschen ist zusätzlich die Verlangsamung des Alkoholabbau-Prozesses zu berücksichtigen.

Es gibt Abgrenzungen der Begriffe Genuss, Missbrauch, Gewöhnung und Abhängigkeit.

- **Genuss** – wenn der Alkohol (bzw. generell das Suchtmittel) nicht benötigt, aber bei Gebrauch als angenehm empfunden wird = ich genieße einen Abend mit Kerzenschein, einem guten Buch und einem Glas Wein;
- **Missbrauch** – schädliche Verwendung qualitativer oder quantitativer Art = ich trinke Alkohol und fahre anschließend mit dem Auto nach Hause;
- **Gewöhnung** – physische oder psychische Bindung an das Suchtmittel = ich brauche abends mein Bier zum Abschalten;
- **Abhängigkeit** – chronische Bindung an das Suchtmittel, Nichtkonsum führt zu Entzugserscheinungen = ich verliere die Kontrolle, kann mich nicht mehr selbst steuern, brauche den Alkohol zwanghaft.

Alkoholkrankheit wird bei älteren Menschen schwieriger erkannt als bei jüngeren. Sie unterliegen nicht mehr in dem Umfang sozialen Kontrollmechanismen wie andere Generationen. Arbeitsleben und viele soziale Kontakte fallen weg, und sie leben oft zurückgezogener als Jüngere. Auch von MedizinerInnen werden Suchtsymptome oft als Demenz verkannt, denn chronischer Alkoholmissbrauch führt u.a. zu erheblichen Beeinträchtigungen von Denken und Gedächtnis. Zwar kann parallel eine eigenständige dementielle Erkrankung vorliegen, aber bei den folgenden Symptomen sollte immer auch an eine mögliche Alkoholabhängigkeit gedacht werden: Gedächtniseinbußen, Lustlosigkeit, Apathie, Einschränkungen der Beweglichkeit, Ungeschicklichkeit, Stürze, Gewichtsverlust, Übelkeit, Schlafstörungen, Durchfall und Inkontinenz.*

Wechselwirkung

Die Wechselwirkung mit der Einnahme von Medikamenten wird oftmals unterschätzt, und die per Selbstmedikation von vielen alten Menschen konsumierten Stärkungsmittel mit vielfach hohem Alkoholgehalt führt zur versteckten Aufnahme von Alkohol.

Alkoholkrankheit in Heimen

Nach unterschiedlichen Untersuchungen ist davon auszugehen, dass BewohnerInnen von Alten- und Pflegeheimen hinsichtlich von Alkoholmissbrauch eine besondere Risikogruppe darstellen. Bis zu 15 Prozent der dort lebenden alten Menschen sollen alkoholabhängig oder zumindest gefährdet sein. Manche greifen erst im Heim auf Grund der veränderten Lebenssituation zum Alkohol, andere kommen bereits abhängig dorthin. Die Heime sind normalerweise nicht auf AlkoholikerInnen mit ihren körperlichen und psychosozialen Bedürfnissen eingestellt.

Das Pflegepersonal ist in diesem Bereich oft hilflos und weiß nicht mit den Abhängigen umzugehen. Manche Einrichtungen reagieren mit Alkoholverboten, die jedoch aus rechtlicher Sicht zweifelhaft sind.

*) vgl.: Wolter-Henseler;Suchtsymptome werden oft als Demenz verkannt, in: Pro Alter Nr. 1/1999, S. 17f.

AltenpflegerInnen sollten um Umgang mit den alten Menschen immer auf die bereits beschriebenen Symptome für eine Alkoholkrankheit achten und z.B. auftretende Störungen der Gedächtnisleistung oder der Feinmotorik nicht vorschnell als alternsbedingte Beschwerden interpretieren. Bei Beobachten möglicher Anzeichen einer Alkoholkrankheit sollte ärztlicher Rat eingeholt werden.

Wenn AltenpflegerInnen im Umgang mit Alkoholproblemen unsicher sind, sollten sie nicht nur im Pflegeteam die Schwierigkeiten konkret ansprechen, sondern auch fachkundige Hilfe in einer Suchtberatungsstelle suchen.*

Altersgerechte Therapien

Altersgerechte Therapie-Programme

Das weit verbreitete Vorurteil, dass Intervention im Alter kaum noch möglich sei und ältere AlkoholikerInnen schlechte Heilungschancen hätten, ist überholt. Es gibt heute altersgerechte Therapie-Programme, die zum Teil hohe Abstinenzraten und niedrigere Rückfallquoten bei 50- bis 75-jährigen gegenüber jüngeren Menschen erreichen.

Spezielle Fachkliniken existieren auf diesem Gebiet ebenso wie besondere Tagespflegeeinrichtungen mit Betreuungsprogrammen für alt gewordene Alkoholabhängige. Wohnheime, psychiatrische Krankenhäuser, Beratungsstellen und Selbsthilfegruppen sind weitere Stellen, an denen Alkoholabhängige Rat und Unterstützung finden.**

*) vgl.: Jenrich, Holger; Viele Heime befürchten eine Rufschädigung, in: Altenpflege 2/1998, S. 28f.
vgl.: Maciejewski, Britta; Anspruch auf Genuss – auch im Heim, in: Pro Alter Nr. 1/1999, S. 20f.

**) vgl.: Raasch, Rolf; a.a.O., S. 28
vgl.: Kuttig, Gisela; In trockenen Tüchern. Tagespflegestätte für alt gewordene alkoholabhängige Frauen, in: Altenpflege Nr. 6/2000, S. 39f.

Medikamentenabhängigkeit – die unauffällige Sucht

Das Gros ärztlich verordneter Medikamente konzentriert sich – wie wegen der Häufigkeit chronischer Erkrankungen und der Multimorbidität nicht anders zu erwarten – bei älteren Menschen. »Jeder mindestens 60-jährige Versicherte erhielt 1992 durchschnittlich 30 Arzneimittelpackungen auf Rezept [...]. Diese Verordnungsmenge entspricht 1.089 Tagesdosen, d.h. im Mittel wurde jeder Versicherte dieser Altersgruppe mit etwa drei Arzneimitteln dauertherapiert.«* Dabei sind Teilbereiche, wie z.B. zusätzliche Selbstmedikation oder in Krankenhäusern verabreichte Medikamente, noch nicht berücksichtigt. »In Heimen erhalten 60 bis 75% der Bewohner Psychopharmaka.«**

Medikamentenmissbrauch

Der Missbrauch von Medikamenten ist bei alten Menschen noch stärker verbreitet als der von Alkohol.

»Alte Menschen gehen mit vielen, auch nichtsomatischen Beschwerden zu ihrem Hausarzt. Sie erwarten Unterstützung, Beratung und Hilfe. Oft genug reagieren niedergelassene Ärzte auf psychosoziale Probleme medikamentös. Die Medikamentensucht ist wahrscheinlich eine der am häufigsten geförderten und wirtschaftlich einträglichsten Suchtform überhaupt.«***

Der Missbrauch von Arzneimitteln und der Weg in die Abhängigkeit geschehen eher unauffällig. »Medikamente nimmt man, weil man krank ist. Man tut etwas, um wieder auf die Beine zu kommen, gesund zu werden. Den Nachweis zu führen, wo die Grenze zwischen Gebrauch und Missbrauch liegt, ist hier ungemein viel schwieriger als beim Alkohol. Überdosierte oder ohne medizinische Indikation genommene Medikamente sieht und riecht man dem Abhängigen nur sehr mittelbar an.«° »Bei älteren Menschen ist der

---

*) aus: Klauber, Jürgen; Arzneimittelverbrauch im Alter, in: BAGSO-Nachrichten Nr. 1/1994, S. 21f.

**) aus: Grond, Erich; Aber ich brauche das doch...!, in: Altenpflege Nr. 8/1994, S. 489 ff.

***) aus: Stracke-Mertes, Ansgar; a.a.O., S. 299

°) aus: Hoppe, Birgit; a.a.O., S. 199

Arzneimittelverbrauch so hoch, dass nicht selten eine Übermedikamentierung vermutet werden muss. Noch lange nicht jedes verordnete Arzneimittel ist therapeutisch wirksam oder sinnvoll.«*

Bei gleichzeitig Alkohol- und Medikamentenabhängigen dient die Arznei der Potenzierung oder als Ersatz bei Entzugserscheinungen.

Entzugs-
erscheinungen

Demenzkranke werden noch immer allzu häufig mit Arzneimitteln ruhig gestellt, obwohl nichtmedikamentöse Therapien ersatzweise oder begleitend oft größere Erfolge versprechen.

Ist Medikamentenabhängigkeit bei den bis 39-jährigen nur in sehr geringem Umfang vertreten mit 0,4% bei den Männern und 0,1% bei den Frauen, so steigt die Häufigkeit deutlich mit zunehmendem Lebensalter. Bei den 70-jährigen und Älteren sind 4,5% der Männer und mehr als 5,5% der Frauen von Arzneimitteln abhängig. Der Anteil der Frauen, verteilt auf alle Altersgruppen, ist doppelt so hoch wie der der Männer.**

Das Suchtmittel ist auf Rezept in der Apotheke erhältlich, meist gegen relativ geringe kostenmäßige Selbstbeteiligung. Tabletten, Dragees, Kapseln oder Tropfen – sie helfen gegen Schmerzen oder Schlaflosigkeit, nehmen Ängste und Depression, helfen beim Abführen usw. Im Vorhinein eingenommen, beugen sie unangenehmen Empfindungen vor, und viele sind auch rezeptfrei zu haben. Sie verursachen keine Fahne, die Vorratshaltung ist relativ einfach zu organisieren. Die Einnahme erregt zusätzlich Mitleid im Umfeld, denn wer viele Medikamente einnehmen muss, muss schließlich schwer krank sein.

Hinweise oder
Verdachtsmomente

Medikamentenabhängigkeit ist schwierig festzustellen. Hinweise oder Verdachtsmomente bestehen bei Bewusstseins- und Schlafstörungen, intellektuellem und ethischem Abbau, Stürzen, Desorientiertheit oder Krämpfen bei Entzug.

---

*) aus: Klauber, Jürgen; a.a.O., S. 21

**) vgl.: Bundesarbeitsgemeinschaft der Senioren-Organisationen (BAGSO) Hrsg.; Fakten und Felder der freien Seniorenarbeit. Ältere Menschen in Deutschland, Köln 1995, S. 58

AltenpflegerInnen haben gerade im Hinblick auf diese Form der Abhängigkeit einen oft schwierigen Balanceakt zu vollbringen. Sie müssen nicht nur die zu Pflegenden sehr genau beobachten und darüber hinaus beim Horten von Medikamenten aufmerksam werden. Ihnen obliegt häufig die rechtlich fragwürdige Aufgabe, in Zusammenarbeit mit ÄrztInnen die Verabreichung von Medikamenten bei Bedarf vorzunehmen. Diese verbreitete und fast alltägliche Regelung birgt nicht unerhebliche Risiken, deren sich die Pflegekraft stets bewusst sein sollte.

Bei Problemen im Umgang mit (eventueller) Medikamentenabhängigkeit gelten weitgehend dieselben Verhaltensregeln wie bei der Alkoholabhängigkeit.

Fort- und Weiterbildung

Im Übrigen scheint Fort- und Weiterbildung für ÄrztInnen und Pflegekräfte ein wichtiges Instrument zu sein, um die Situation zu verbessern. »Unnötige Langzeitbehandlungen, Medikamentenwechselwirkungen und ungünstige Nebenwirkungen wären zum großen Teil vermeidbar, wenn die pharmakologische Aus- und Fortbildung von Hausärzten verbessert würde.«*

Nicht der Entzug allein,
sondern nur Erfüllung der dahinter stehenden Sehnsucht
kann dem alten Suchtkranken helfen.
Erich Grond**

*) aus: Zimber, Andreas; Sucht in der Pflege – ein institutionelles Problem?, in: Altenpflege 2/1998, S. 34

**) aus: Altenpflege Nr. 8/1994

Häufigkeit von Suiziden im Alter steigt

Die Anzahl der Suizide, der Selbsttötungen, liegt bei den über 65-jährigen vergleichsweise höher als in allen anderen Altersgruppen. 1997 nahmen sich in der Bundesrepublik Deutschland 58,6 Männer dieser Altersgruppe (gegenüber 26,5 in der männlichen Gesamtbevölkerung) das Leben. Bei den Frauen über 65 Jahren waren es 24,3 (gegenüber 12,5 in der weiblichen Gesamtbevölkerung. Noch höher liegt die Rate bei den über 75-jährigen.

Bei Menschen jenseits des 60. Lebensjahres enden 80% der Suizidversuche tödlich, bei jüngeren dagegen nur jeder achte Versuch. Befragungen zeigen, dass bis zu 20% der älteren Menschen schon konkret an die Möglichkeit eines Suizides gedacht haben.*

Die Dunkelziffer liegt weit höher, denn viele Suizidversuche oder vollendete Suizide werden nicht als Selbsttötungen erkannt und deshalb in Statistiken nicht erfasst.

»Die Suizidraten in der Bundesrepublik Deutschland sind höher als die entsprechenden Raten anderer westeuropäischer Länder.«**

→ Selbsttötung

»die absichtliche Vernichtung des eigenen Lebens. Anthropologisch gesehen, lässt sich die Selbsttötung als Ausschöpfung der spezifisch menschlichen Freiheit, psychiatrisch gesehen jedoch als Abschluss einer krankhaften Entwicklung deuten. Tatsächlich wird man die Selbsttötung immer zugleich als aktive, freie Handlung und als Ausdruck einer psychischen Krise bzw. einer krankhaften psychischen Einengung auffassen müssen.«***

Als Ursachen bzw. Motive für Alterssuizid werden zusammenfassend genannt

- Einsamkeit und Isolation,

---

*) vgl.: Statistisches Bundesamt 1998, in: Stracke-Mertes, a.a.O., S. 288

**) aus: Bundesministerium für Familie und Senioren, in: Sölken, Ulrich; Suizid im höheren Lebensalter, in: Pflegezeitschrift Nr. 12/1997, S. 2

***) aus: Meyers Lexikonredaktion, Bibliographisches Institut & F. A. Brockhaus (Hg.); a.a.O., S. 362

- Belastungen im zwischenmenschlichen Bereich,
- schwere chronische und unheilbare körperliche Erkrankungen,
- psychische Erkrankungen.*

Das öffentliche Urteil über die Selbsttötung ist stark negativ geprägt, aber nicht immer einheitlich. Gesellschaftliche Bewertung von Suizidhandlungen reicht von Akzeptanz (Recht auf freien Willen) bis zur Ablehnung (Sünde). Bei Suiziden alter Menschen reagiert die Öffentlichkeit eher mit Verständnis – der/die Betreffende will niemandem mehr zur Last fallen – als bei jungen.

Ältere Menschen sind in ihren Suizidversuchen entschiedener als jüngere. Vor allen Dingen Männer wählen meist radikalere

Methoden

Methoden – Erhängen, Erschießen, Überfahren lassen, Sprünge aus großer Höhe usw. Frauen entscheiden sich eher für weiche Methoden wie Tabletten.**

Die Vorbereitung auf eine Selbsttötung dauert bei verschiedenen Menschen unterschiedlich lang. Manche Suizidhandlungen werden angekündigt, andere ergeben sich eher spontan, einem Impuls folgend. Generell ist jede Ankündigung ernst zu nehmen, und die verbreitete Meinung, Wer von Selbsttötung redet, tut es nicht, ist schlicht falsch.

Präsuizidales Syndrom

Viele Suizidale durchlaufen vor ihrem Suizidversuch typische Entwicklungsphasen, auch als präsuizidales Syndrom bezeichnet:

- **Einengung** – Interessen und Gedanken kreisen um ein einziges Thema, die als ausweglos gesehene eigene Lebenssituation; soziale Kontakte werden eingeschränkt;
- **Aggressionshemmung** – Aggressionen gegen andere werden nicht mehr oder nur noch versteckt geäußert, nur noch in Form von Schuldgefühlen gegen sich selbst gerichtet;
- **Flucht in Fantasien** – eigener Tod, Beerdigung, Trauer der Angehörigen etc. prägen die Gedanken;

---

*) vgl.: Trebert, Martin; Psychiatrische Altenpflege, Weinheim 1991, S. 103f.

**) vgl.: Trebert, Martin; a.a.O.

- **Konkrete Planung und Vorbereitung** – es erfolgt die detaillierte organisatorische Vorbereitung wie Tabletten-Sammeln etc.;
- **Ruhe vor dem Sturm** – fast entspannte Ruhe und Leichtigkeit.

Frühere eigene Suizidversuche der betroffenen Person sind ebenso als zusätzlicher Hinweis auf drohende Gefahr zu werten wie Suizide oder Suizidversuche in der Verwandtschaft oder der näheren Umgebung.

Prävention und Krisenintervention sind wichtig bei Suizidgefährdeten. Je weniger ein Mensch in soziale Beziehungsnetze eingebunden ist, desto stärker ist die Gefährdung für suizidale Handlungen. In der Unterstützung der Betroffenen arbeiten am besten Professionelle (PsychologInnen, ÄrztInnen, Pflegekräfte etc.) und Laien (Angehörige, Freunde, NachbarInnen etc.) zusammen.

Verhaltensregeln

Dabei sind wichtige Verhaltensregeln

- vor einer akuten Krise (wenn der/die Betroffene noch unentschlossen ist):
  - feste und möglichst verbindliche soziale Kontakte schaffen,
  - Suizidgedanken offen aussprechen lassen,
  - nichts beschönigen oder bagatellisieren;
- in einer akuten Krise:
  - Rund-um-die-Uhr-Betreuung sicherstellen,
  - dauerndes Gesprächsangebot machen (keine Überwachung!),
  - auch kleinste Anzeichen von Lebenswillen aufgreifen;
- nach einer akuten Krise:
  - sich langsam aus der Verantwortung für die suizidale Person zurückziehen,
  - Betroffene(n) das eigene Leben langsam wieder selbst positiv in die Hand nehmen lassen,
  - feste Bindungen, Kontakte und Interessen im Sinn von Lebensplanung besprechen.*

*) vgl.: Trebert, Martin; a.a.O., S. 106

Auseinandersetzung mit dem Thema

Ein Suizid oder Suizidversuch im eigenen sozialen Umfeld – in der Familie, der Nachbarschaft, dem Arbeitsbereich – ist immer ein Schock. Das gilt auch für Pflegekräfte. Die Auseinandersetzung mit dem Thema ist wichtig. Gespräche mit KollegInnen brauchen Raum und Zeit. Es muss Trauerarbeit geleistet und eventuell aufkommende eigene Schuldgefühle müssen bewältigt werden.

Zum eigenen Schutz und dem der zu pflegenden alten Menschen sollten AltenpflegerInnen niemals auf die Forderung einer suizidgefährdeten Person eingehen, die einzige Bezugsperson zu sein. Sie sollten immer das Gespräch mit dem Pflegeteam suchen und gegebenenfalls ärztliche oder psychologische Hilfe in Anspruch nehmen. Nach akuten Krisensituationen kann Superversion bei der Bewältigung helfen.

Suizidalität bei HeimbewohnerInnen wird weitgehend als Tabuthema behandelt. »Suizid ist in Altenheimen etwa ähnlich häufig wie in der häuslichen Umgebung.«* Über suizidales Verhalten von HeimbewohnerInnen gibt es nur wenige empirische Untersuchungen. »Zuverlässige Angaben über Art und Häufigkeit suizidaler Verhaltensweisen von alten Menschen in Heimen liegen für die Bundesrepublik [Deutschland] nicht vor.«**

Die Gründe für den sehr zurückhaltenden Umgang mit dem Thema in der Öffentlichkeit liegen auf der Hand. Wird ein Suizid oder Suizidversuch in einem Heim bekannt, schadet das dessen Image. Das abweichende Verhalten des alten Menschen könnte mit der Pflegequalität der Einrichtung in Zusammenhang gebracht werden.

---

*) aus: Stracke-Mertes; a.a.O., S. 268

**) aus: Erlemeier, Norbert; Bundesministerium für Familie und Senioren (Hrsg.), Suizidalität im Alter, Kohlhammer Verlag, Stuttgart 1992, S. 53

Wichtig

- **Gelingt es einem Menschen nicht, sich an geltende Normen anzupassen, verhält er sich abweichend. Es wird auch von so genannten deviantem Verhalten gesprochen.**
- **Ein negatives Altersbild, die Stigmatisierung des Alters bzw. alter Menschen, Rollen- und Funktionsverluste, Defizite, Vereinsamung oder extreme Armut können ebenso dazu führen, dass ein alter Mensch sich abweichend verhält wie physiologische Abbauprozesse und Erkrankungen.**
- **Deviantes Verhalten tritt in allen Generationen und unabhängig von Geschlecht oder sozialer Schicht auf.**
- **Die Einschätzung, wann ein Verhalten normal ist und wann abweichend, ist schwierig und subjektiv. Sie ist mit davon abhängig, ab wann ein Verhalten das soziale Umfeld stört.**
- **Gerade im Umgang mit dementen alten Menschen wird abweichendes Verhalten zum Problem und überfordert oft die Pflegenden.**
- **Bei den Formen der Sucht wird unterschieden zwischen stoffgebundenen Abhängigkeiten und stoffungebundenen Verhaltensstörungen.**
- **Zweieinhalb bis sechs Prozent der über 60-jährigen gelten als alkoholgefährdet oder alkoholabhängig.**
- **Alkoholabhängigkeit wird bei älteren Menschen schwieriger erkannt als bei jüngeren. Sie unterliegen meist in geringerem Umfang sozialen Kontrollmechanismen.**
- **Alkoholabhängigkeit wird bei älteren Menschen oft als Demenz verkannt.**
- **Der Missbrauch von Medikamenten ist bei alten Menschen noch stärker verbreitet als der von Alko-**

hol. Medikamentenabhängigkeit wird auch als unauffällige Sucht bezeichnet.

- **Die Häufigkeit von Suiziden steigt mit zunehmendem Lebensalter. Alte Männer sind unter den Suizidalen besonders stark vertreten.**
- **Ältere Menschen sind in ihren Suizidversuchen entschiedener als jüngere. Männer wählen meist radikalere Methoden, Frauen eher sanftere.**
- **Jede Ankündigung von Suizidgedanken ist ernst zu nehmen!**

Übungen

1. Wann und in welchem Zusammenhang haben Sie schon deviantes Verhalten beobachtet oder davon gehört? Haben Sie selbst sich schon deviant verhalten? Diskutieren Sie diese Fragen mit KollegInnen und/oder mit FreundInnen, Bekannten und Verwandten!
2. Machen Sie ein Brainstorming. Schreiben Sie ungeordnet alle Gründe auf, die Ihnen einfallen, warum ein alter Mensch in unserer Gesellschaft sich abweichend verhalten könnte.
3. Sammeln Sie Zeitungsausschnitte mit Meldungen und Artikeln über deviantes Verhalten alter Menschen. Versuchen Sie, dabei möglichst viele Formen abweichenden Verhaltens zu finden.
4. Sprechen Sie in Ihrem Pflegeteam mit KollegInnen über deren Erfahrungen mit Abhängigkeiten bzw. Süchten in der Arbeit mit alten Menschen. Gibt es konkrete Erfahrungen? Wie sind die einzelnen mit den Situationen umgegangen?
5. Diskutieren Sie mit FreundInnen, Verwandten und Bekannten, wie sie auf das Thema Suizid reagieren. Macht es für sie einen Unterschied, ob sie die Nachricht vom Suizid einer 25-jährigen Frau oder dem eines 89-jährigen Mannes erhalten?

Wiederholungsfragen

1. Was ist ein »präsuizidales Syndrom«?
2. Wie lässt sich abweichendes Verhalten alter Menschen in unserer Gesellschaft erklären?
3. Wie ist die Gefährdung alter Menschen im Hinblick auf Alkoholabhängigkeit einzuschätzen?
4. Welche Bedeutung hat der Suizid im Zusammenhang mit alten Menschen?
5. Welche Gefahr liegt für eine Pflegekraft darin, wenn sie einen alten Menschen als »störend« empfindet?
6. Warum wird Medikamentenabhängigkeit auch als unauffällige Sucht bezeichnet?
7. Grenzen Sie die Begriffe »Genuss«, »Missbrauch«, »Gewöhnung« und »Abhängigkeit« gegeneinander ab!
8. Welche Symptome beim alten Menschen können Hinweise auf eine Suchterkrankung sein?
9. Erklären Sie den Begriff »Devianz«!
10. Über welche Abhängigkeiten bzw. Süchte sind in der Altenpflege Kenntnisse besonders wichtig?
11. Wonach richtet sich die Reaktion der Gesellschaft auf Devianz?

Literatur

Bude, Werber/ Raasch, Rolf; SOWAS! Soziales Wohnen alkoholkranker Senioren unterstützt ältere Alkoholiker im Kampf gegen Sucht, in: Altenpflege Nr. 11/1994, S. 674f.

Bundesarbeitsgemeinschaft der Senioren-Organisationen (BAGSO) Hrsg.; Fakten und Felder der freien Seniorenarbeit. Ältere Menschen in Deutschland, Köln 1995

Devons, C.; Suizid im Alter, in Geriatrie Praxis Nr. 6/1997, S. 66f.

Erlemeier, Norbert; Bundesministerium für Familie und Senioren (Hrsg.), Suizidalität im Alter, Kohlhammer Verlag, Stuttgart 1992

Grond, Erich; Der stört ja immer, in: Altenpflege Nr. 2/1993, S. 75f.

Grond, Erich; Aber ich brauche das doch ...!, in: Altenpflege Nr. 8/1994, S. 489f.

Grüneberg, Lutz / Hauser, Paul; Gerontologie für Altenpflegeberufe, Stam Verlag, Köln 1997

Hirsch, Anna Maria; Psychologie für Altenpfleger, Band I, Probleme des Alterns, 2. aktualisierte Aufl., München, 2001

Hoppe, Birgit; Lehrbuch Altenpflege: Psychologie. Verstehen lernen, Vincentz Verlag, Hannover 1997

Jankovich, Stefan von; Suizid älterer Menschen – Erklärungsansätze und Umgang mit Gefährdeten, in: Lade, Eckhard, Ratgeber Altenarbeit, Verlag Kümmerly & Frey, Ostfildern 1997

Jenrich, Holger; Viele Heime befürchten eine Rufschädigung, in: Altenpflege 2/1998, S. 28f.

Jonas, Ines; Suchttherapie speziell für Ältere in der Fachklinik Fredeburg: Die Welt wieder mit anderen Augen seh'n, in: Pro Alter Nr. 1/1999, S. 13f.

Jonas, Ines; Alkoholische Getränke. Lebenselexier oder Risikofaktor?, in: Pro Alter Nr. 1/1999, S. 6f.

Klauber, Jürgen; Arzneimittelverbrauch im Alter, in: BAGSO-Nachrichten Nr. 1/1994, S. 21f.

Krollpfeiffer, Hannelore; Telefonspiele. Roman, Frankfurt 1995

Kuttig, Gisela; In trockenen Tüchern. Tagespflegestätte für alt gewordene alkoholabhängige Frauen, in: Altenpflege Nr. 6/2000, S. 39f.

Lehr, Ursula; Psychologie des Alterns, Heidelberg 1977

Maciejewski, Britta; Rauchen im Alter: Lust und Frust am blauen Dunst, in: Pro Alter Nr. 1/1999, S. 18f.

Maciejewski, Britta; Anspruch auf Genuss – auch im Heim, in: Pro Alter Nr. 1/1999, S. 20f.

Raasch, Rolf; Aus Genuß und aus Gewohnheit, in: Altenpflege Nr. 2/1998, S. 26f.

Reimann, Helga + Reimann, Horst; Das Alter, Enke Verlag, Stuttgart, 3. neu bearbeitete Auflage, 1994

Sölken, Ulrich; Suizid im höheren Lebensalter, in: Pflegezeitschrift Nr. 12/1997, S. 2f.

Stanjek, Karl (Hrg.); Altenpflege konkret: Sozialwissenschaften, Gustav Fischer Verlag, Lübeck, Stuttgart, Ulm, Jena 1998

Stracke-Mertes, Ansgar; Soziologie. Der Blick auf soziale Beziehungen, 2. vollständig überarbeitete und erweiterte Auflage, Vincentz Verlag, Hannover 1998

Trebert, Martin; Psychiatrische Altenpflege, Weinheim 1991

Weiß, Thomas; Schwieriger Balanceakt. Bedarfsmedikation, verabreicht durch Altenpflegekräfte, in: Altenpflege Nr. 2/1999, S. 40f.

Willig, Wolfgang / Ebel, Thomas / Erben, Monika / Pulvermüller, Gerhard; Psychologie – Soziologie – Gesprächsführung in der Altenpflege, Balingen, 4. überarbeitete Auflage, 1996

Witterstätter, Kurt; Soziologie für die Altenarbeit, Freiburg 1981, 7. Aufl. 1991

Wojnar, Jan; Oft helfen keine Pillen, in: Altenpflege Nr. 2/1997, S. 44f.

Wolter-Henseler; Suchtsymptome werden oft als Demenz verkannt, in: Pro Alter Nr. 1/1999, S. 17f.

Zimber, Andreas; Sucht in der Pflege – ein institutionelles Problem?, in: Altenpflege 2/1998, S. 32f.

Der Apfel fällt nicht weit vom Stamm?

Das Ziel ist,

- → *Ganzheitlichkeit als wichtige Grundhaltung für die Altenpflege begreifen,*
- → *Persönlichkeitsmerkmale und deren prägende Faktoren kennen,*
- → *den Menschen als Produkt aus Anlage und Umwelt einordnen,*
- → *Auslöser und Steuerungsfaktoren für menschliches Verhalten kennen,*
- → *die Rolle des Unbewussten im menschlichen Seelenleben verstehen,*
- → *Beispiele für tiefenpsychologische Betrachtungsweisen und Modelle kennen.*

DAS ZIEL IST...

Der Mensch als ganzheitliches Wesen

Die stets geforderte Ganzheitlichkeit der Altenpflege wurde bereits in verschiedenen Kapiteln behandelt. Im hier folgenden Abschnitt geht es vorrangig um das Individuum als Ganzheit oder Einheit von Erleben (bzw. Fühlen) und Verhalten, von Geist und Körper. Welches sind Beweggründe für das Erleben und Verhalten des (alten) Menschen und was macht seine Persönlichkeit aus, und wie verändert sich diese mit zunehmendem Lebensalter? – Das sind die zentralen Fragen dieses Kapitels.

Die Betrachtung des Menschen als ganzheitliches Wesen wird in der Pflege als holistische Auffassung bezeichnet. Der Holismus, die Ganzheitslehre, ist eine philosophische Denkrichtung. Dabei wird der Mensch als ganzheitliches Wesen angesehen mit einem strukturierten und nach außen offenen System, dessen einzelne Teile in wechselseitiger Beziehung zueinander stehen.

Holismus

Die Ganzheitlichkeit des Menschen [1]

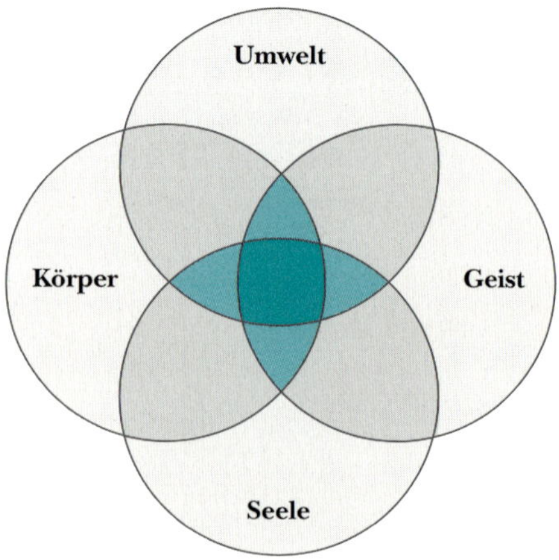

[1] *nach: Seel, Mechthild; Die Pflege des alten Menschen, Brigitte Kunz Verlag, Hagen 1994, S. 1*

Konkret bedeutet dies, dass der Mensch als eine Körper-Seele-Geist-Einheit in ständiger Wechselbeziehung mit sich selbst und seiner Umwelt steht.

Körper meint den gesamten Leib und die damit zusammenhängenden Strukturen und Funktionen.

Seele meint die Gesamtheit beobachtbarer Vorgänge des Erlebens und Empfindens.

Geist meint das Denken, die Vernunft und das Bewusstsein.

Umwelt umfasst die gesamte Umgebung des Menschen, sowohl den natürlichen Lebensraum als auch den durch menschliche Einflüsse veränderten. Im weiteren Sinn gehören zur natürlichen Umwelt auch die Mitmenschen.

Geist und Seele

Geist und Seele gehören eng zusammen, zumal sich beide auf das Erleben und Empfinden beziehen. Der Geist ist der sachlichere und objektivere Teil, die Seele mehr der subjektive und bewertende.

Der Mensch wird geprägt von seinen Beziehungen zu sich selbst und seiner sozialen Umwelt, d.h. zu den Mitmenschen, zur natürlichen und künstlichen Umwelt und zum Übersinnlichen wie Glaube, Religion, Transzendenz *(lat. = Überschreiten der Grenzen der Erfahrung, des Bewusstseins, des Diesseits).* Das Ganze ist mehr als die Summe seiner Teile; es entsteht durch das Zusammenwirken und durch wechselseitige Beeinflussung das Ganze als Einheit.

System Mensch

Zum besseren Verstehen der Beschaffenheit und des Funktionierens können die einzelnen Elemente zwar getrennt werden, in der Realität aber gehören die Teile des Systems Mensch untrennbar zusammen. Diese Einheit von Seele, Geist und Körper in ihrer Auseinandersetzung mit der Umwelt macht schließlich die Einmaligkeit, die Persönlichkeit des Menschen, aus.*

*) vgl: Seel, Mechthild; Die Pflege des alten Menschen, Brigitte Kunz Verlag, Hagen 1994

→ Persönlichkeit

»Umfassende Bezeichnung für Beschreibung und Erklärung der Bedingungen, Wechselwirkungen und Systeme, die interindividuelle Unterschiede des Erlebens und Verhaltens erfassen und gegebenenfalls eine Vorhersage künftigen Verhaltens ermöglichen. Verschiedene Bezugssysteme [...] führten zur Ausformung recht verschiedenartiger Persönlichkeits-Theorien. Den zurzeit gängigen Ansätzen ist gemeinsam, dass sie sich quantitativer Methoden der Merkmalerfassung bedienen. [...]

Allport [Gordon Williard A~, amerikanischer Psychologe, 1897-1967], ein Schüler Sterns, sah in der Persönlichkeit die dynamische Ordnung jener psychophysischen Systeme des Individuums, die seine einzigartige Anpassung an die Umwelt bestimmen. Dynamische Ordnung bedeutet ein übergeordnetes System, das sich durch fortgesetzte Entwicklungen und Selbstregulation wandelt. Die psychophysischen Teilsysteme werden als Eigenschaften im Sinne von Dispositionen, Gewohnheiten und Einstellungen verstanden. In ihnen fließen angeborene und erworbene Verhaltenstendenzen zusammen. [...]

Die Wechselwirkungstheorie geht [...] einen kognitiven Weg und beschreibt die Persönlichkeit als System von Erwartungen, die ein Individuum in Bezug auf die Konsequenzen von Ereignissen oder eigenen Handlungen entwickelt hat, um sie in konkreten Situationen ins Spiel zu bringen....«*

»Der Begriff Persönlichkeit hat ... den früher üblichen Begriff Charakter weitgehend ersetzt.«**

Vier Dimensionen

Die Persönlichkeit lässt sich nach Hans-Jürgen Eysenck (1916-1997) nach den vier Dimensionen introvertiert *(lat. intro = nach innen, innerhalb; vertere = drehen, wenden, kehren; = nach innen*

*) aus: Fröhlich, Werner D.; Wörterbuch Psychologie, 23. Aufl., München 2000, S. 330

**) aus: Meyers Lexikonredaktion (Hg.); Schüler-Duden: Die Psychologie, Bibliographisches Institut & F. A. Brockhaus, Mannheim 1996, S. 286

Dimensionen der Persönlichkeit nach Hans-Jürgen Eysenck

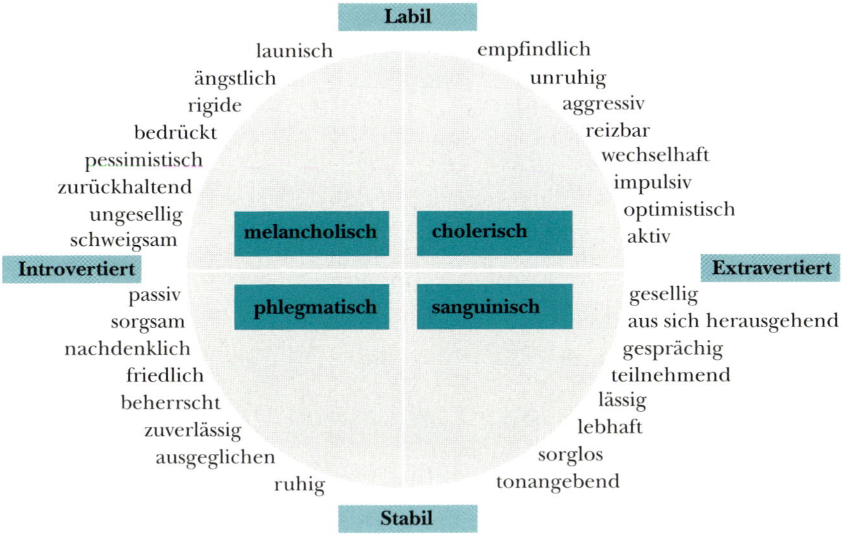

gekehrt) bis extrovertiert *(lat. extro = nach außen)* und stabil bis labil beschreiben:*

Eine andere Betrachtungsweise der Persönlichkeit nahm Joy Peter Guilford 1970 vor. Er ging davon aus, dass unterschiedliche Merkmale oder Wesenszüge aus verschiedenen Bereichen die Persönlichkeit prägen. Dabei können Menschen durchaus einzelne Merkmale gemeinsam haben. In der Kombination der Einzelmerkmale aber unterscheiden sie sich und stellen so ein unverwechselbares Individuum dar.

*) vgl: Meyers Lexikonredaktion (Hg.); Schüler-Duden: Die Psychologie, Bibliographisches Institut & F. A. Brockhaus, Mannheim 1996

Persönlichkeitsbereiche nach Guilford

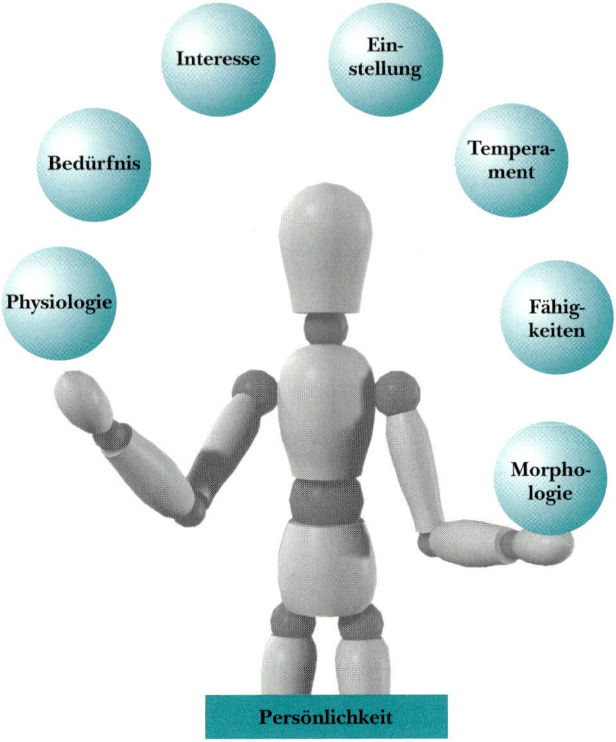

Konkret gemeint sind die folgenden Persönlichkeitsbereiche.

Morphologie: biologisch gegebene äußere Erscheinung wie Körpergröße, Haarfarbe, Hautfarbe, Gesichtszüge ...

Physiologie: biologisch gegebene, nicht unbedingt sichtbare Funktionen wie Stoffwechsel, Pulsschlag ...

Bedürfnisse: Wünsche nach bestimmten Zuständen ...

Interessen: Wünsche nach bestimmten Tätigkeiten ...

Einstellungen: Haltungen und Meinungen zu Sachverhalten und Personen ...

Fähigkeiten: logisches Denken, Kreativität, Musikalität, Geschicklichkeit ...

Temperament: Grundstimmungen des Menschen.*

Die Ausprägung einzelner Persönlichkeitsmerkmale und deren Kombination insgesamt hängt zwar auch von angeborenen Dispositionen *(lat. dispositio = Anordnung; angeborene Anlage zu immer wieder durchbrechenden Eigenschaften bzw. Verhaltensweisen)* ab, aber entscheidend sind vor allem die individuelle Sozialisation, die Lerngeschichte und die aktuellen Umweltbedingungen des Menschen.

Dispositionen

Der Mensch als Produkt aus Anlage und Umwelt

Jeder Mensch ist ein komplexes Wesen. Dahinter steht eine ganzheitliche Persönlichkeit *(lat. personare = durchtönen, laut verkünden, ertönen, widerhallen)*. Diese bildet den Kern menschlichen Seins, d.h. die Mitte des Menschseins. Diese Persönlichkeit entwickelt sich im Lauf des Lebens (siehe dazu auch Kapitel Wege ins Alter, S. 293 ff.).

Doch bereits bei der Geburt besitzt er eine Reihe von Merkmalen, die ihn deutlich von anderen Menschen unterscheiden, z.B. äußere Erscheinung, körperliche Verfassung, Temperament usw. Das heißt, der Mensch kommt keineswegs als unbeschriebenes Blatt auf die Welt. Er hat außerdem physiologische und soziale Grundbedürfnisse und verschiedene Verhaltensmöglichkeiten wie sehen, hören, greifen etc. Darüber hinaus ist dem Menschen die – vielleicht wichtigste – Fähigkeit gegeben: die Fähigkeit zu lernen (siehe dazu auch Kapitel »Was Hänschen nicht lernt ...«, S. 369 ff.).

Aus dem Prozess des Lernens und Reifens bildet sich die Persönlichkeit, die schließlich das Verhalten des Menschen, seine Einstellungen und Haltungen, bestimmt. Hier sind innere und äußere Faktoren wirksam. Schon Johann Heinrich Pestalozzi (1746-1827)

Verhalten

*) vgl.: Wirsing, Kurt; Psychologisches Grundwissen für Altenpflegeberufe. Ein praktisches Lehrbuch, Weinheim 1987, S. 110

bezeichnete den Menschen als das Werk der Natur, der Gesellschaft und seiner selbst.

Die inneren Faktoren sind die so genannten endogenen *(gr. = im Innern entstehend)*. Die äußeren Einflüsse werden als exogen *(gr.-nlat. = außen entstehend, von außen einwirkend)* bezeichnet. Das folgende Schaubild zeigt, wie beide zusammenwirken, sich gegenseitig beeinflussen und schließlich zur Bildung des Individuums mit seiner unverwechselbaren Persönlichkeit führen.*

Das Individuum als Produkt aus Anlage und Umwelt

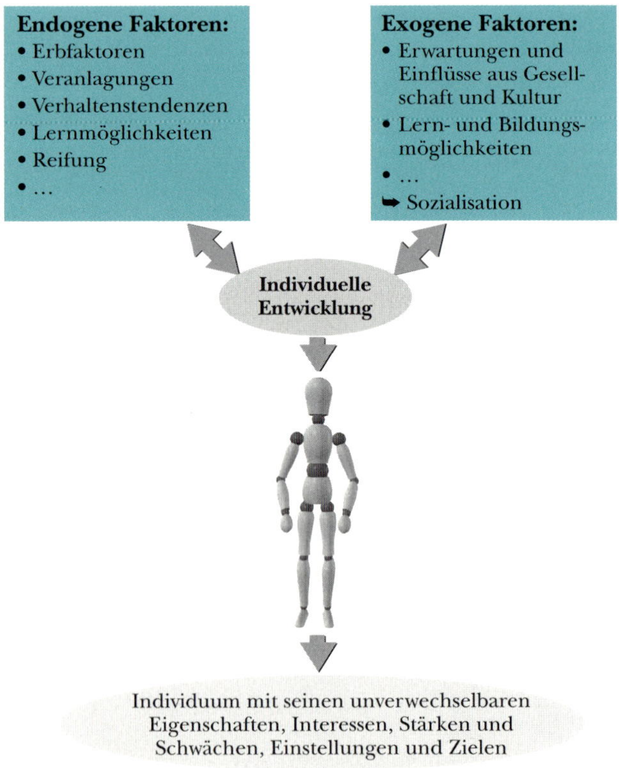

*) vgl: Hirsch, Anna Maria; Psychologie für Altenpfleger, Band I, Probleme des Alterns, 2. aktualisierte Aufl., München, 2001, S. 57f.

Das konkrete Verhalten eines Menschen ist nicht durch Anlage vorgegeben. Kein Mensch muss sich in einer ganz bestimmten Art und Weise verhalten. Angeboren sind Neigungen und Tendenzen im Verhalten, bestimmte Verhaltensmöglichkeiten.

Die Umsetzung dieser Anlagen in Verhalten bzw. Verhaltensmuster ist abhängig von dem Wechselspiel mit Einflüssen aus Gesellschaft und Kultur.

Die Wechselwirkung von endogenen Faktoren und exogenen Einflüssen erzeugt Herausforderungen an die Person, schafft Entwicklungsaufgaben. Im Umgang mit diesen Herausforderungen bildet sich die Persönlichkeit, das unverwechselbare Individuum. Die Persönlichkeit ist etwas Dynamisches, Flexibles. Der Prozess der Persönlichkeitsbildung und -veränderung erfolgt lebenslang. Er ist zu keinem Zeitpunkt abgeschlossen.

Endogene Faktoren und exogene Einflüsse

Die Gewichtung von endogenen Faktoren und exogenen Einflüssen ist unter den WissenschaftlerInnen schon immer umstritten. Eine exakte Bestimmung des jeweiligen prozentualen Anteils anlage- bzw. umweltbedingter Faktoren am Zustandekommen menschlichen Verhaltens ist weder möglich noch sinnvoll.

Weitgehende Übereinstimmung gibt es jedoch zu der Auffassung, dass die Bedeutung der ererbten Anlagen mit zunehmendem Lebensalter immer geringer wird. Ein Erwachsener, und speziell ein Mensch im höheren Alter, wird mehr durch seine Umwelt beeinflusst als durch seine Anlagen.*

Persönlichkeit verändern

Alte Menschen können sich also durchaus in ihrer Persönlichkeit verändern. Auffassungen aus den Dreißiger Jahren, dass im höheren Alter ein altersbedingter Persönlichkeitswandel erfolgt, lassen sich jedoch nicht belegen und gelten heute als veraltet. Basierend auf Beobachtungen an Einzelpersonen und Extremgruppen, waren damals z.B. zunehmende Abgeklärtheit und Weisheit, aber auch beginnende Stumpfheit und mangelnde Fühlfähigkeit beschrieben worden.

---

*) vgl: Willig, Wolfgang / Ebel, Thomas / Erben, Monika / Pulvermüller, Gerhard; Psychologie – Soziologie – Gesprächsführung in der Altenpflege, Balingen, S. 155

Neuere Untersuchungen über das normale menschliche Altern weisen auf eine hohe Beständigkeit wesentlicher Persönlichkeitsmerkmale hin. Außerdem zeigten sich hohe emotionale Stabilität und Aufgeschlossenheit gegenüber der Umwelt, auch bei der Auseinandersetzung mit Alltagsproblemen.*

Dies gilt für gesunde alte Menschen. Schwerwiegende Persönlichkeitsveränderungen können im Zusammenhang mit – vor allem im höheren Alter auftretenden – dementiellen Erkrankungen eintreten.

Der Mensch lebt nicht vom Brot allein ...

Jeder Mensch hat eine Reihe von Bedürfnissen – alte und junge Menschen, Pflegekräfte und zu Pflegende. Bedürfnisse sind lebensnotwendige Elemente und können in ihrer Ausprägung individuell verschieden sein.

→ Bedürfnis

Bedarfs- und Mangelzustand, der die Aktivität des Individuums anregt, nach Beseitigung des Mangels, d.h. nach Bedürfnisbefriedigung, zu streben.

Bedürfnisse, die durch biophysische Mangelzustände bedingt sind, werden als primäre oder angeborene Bedürfnisse, auch als Trieb- oder Vitalbedürfnisse, bezeichnet (z.B. Hunger, Durst, Schlaf, Sexualität, Schutz vor Gefahr).

Sekundäre bzw. erworbene Bedürfnisse werden erlernt oder anerzogen. Dies geschieht im Lauf der Sozialisation. Zu den sekundären Bedürfnissen gehören z.B. geistig-kulturelle und zivilisatorische Interessen, unter denen der Gelderwerb ein typisches ist.

Der amerikanische Psychologe Abraham Maslow (1908-1970) ordnete die Bedürfnisse hierarchisch an. Danach steigen die Bedürfnisse von den physischen über die psychischen bis hin zu den geistigen.

---

*) vgl: Reimann, Helga + Reimann, Horst; Das Alter, Enke Verlag, Stuttgart, S. 216

Die grundlegenden Bedürfnisse müssen befriedigt sein, bevor die Bedürfnisse der nächsthöheren Stufe in den Vordergrund treten.

Bedürfnishierarchie

Bedürfnishierarchie nach Maslow

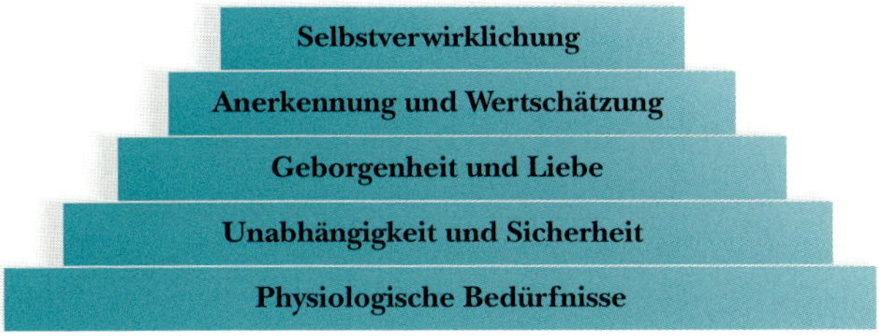

Auf einer höheren Ebene stehen Bedürfnisse nach

- Wissen und Verstehen (auch ästhetische Bedürfnisse, →Schönheit, Harmonie ...) und
- Transzendenz (→Sinnfindung).

Maslow geht bei seiner Einteilung von einer holistischen Betrachtung des Menschen aus.

Im Zusammenhang mit Bedürfnissen wird häufig, oft auch synonym *(gr.-lat. = bedeutungsähnlich, bedeutungsgleich)* ein weiterer Begriff benutzt: der Trieb.

→ Trieb

»Seelischer oder körperlich-seelischer Antrieb, der gefühlsmäßig als dranghaft erlebt wird und ohne Vermittlung des Bewusstseins entstehen kann. Triebe lösen Reizsuche sowie gerichtete Handlungsweisen aus, die eine Aufhebung des psychophysischen Spannungszustands, d.h. eine Triebbefriedigung, zum Ziel haben. Der Begriff wird unterschiedlich weit gefasst. Im engeren Sinn werden zu den Trieben beim Menschen die angeborenen, körperlich begründeten Bedürfnisse gerechnet (z.B. Nahrungs-, Sexual- und Selbsterhaltungstrieb).

Hier bestehen gewisse Parallelen zu Instinktverhalten beim Tier. Im weiteren Sinn werden auch Motivationen, (emotionale) Bedürfnisse und Interessen als Triebverhalten bezeichnet, wenngleich diese stark von geistigen und psychischen Impulsen geprägt sind. ...«*

Angeboren und erworben

Jeder Mensch trägt also eine Reihe von Bedürfnissen (auch: Motiven), angeborenen und erworbenen, in sich. Durch bestimmte Situationen und Umstände werden diese schlummernden Motive quasi wachgerufen und richten das Verhalten des Menschen auf das Erreichen bestimmter Ziele hin aus. Diese zeitweilige Wirksamkeit einzelner Bedürfnisse bzw. Motive, auch Triebe, in ihrer Gesamtheit wird auch als Motivation bezeichnet.

Wie wird menschliches Verhalten ausgelöst bzw. gesteuert?

In der zwischenmenschlichen Begegnung taucht immer wieder die Frage nach Beweggründen für ein bestimmtes Verhalten auf. Was steckt hinter dem Verhalten meines Gegenübers, was will es damit erreichen? Das Beschäftigen mit solchen Fragen erleichtert den Umgang miteinander und schafft Verständnis. Die Frage nach Beweggründen für eigenes Verhalten ist zur Selbstkontrolle und -steuerung ebenfalls notwendig.

Der vermutete Beweggrund hinter dem Verhalten eines Gegenübers bestimmt die Reaktion der Mitmenschen. Vermutet z.B. ein(e) AltenpflegerIn hinter dem ständigen Fragen einer Bewohnerin nach der Tageszeit Angst, wird die Reaktion auf die wiederkehrenden Fragen anders sein als wenn sich die Pflegekraft das Verhalten mit der Absicht erklärt, sie ärgern zu wollen.

Im Zusammenhang mit Erklärungsversuchen und Schlussfolgerungen über menschliches Verhalten spricht die Psychologie von Motivation.

---

*) aus: Meyers Lexikonredaktion (Hg.); Schüler-Duden: Die Psychologie, Bibliographisches Institut & F. A. Brockhaus, Mannheim 1996, S. 417

Motivation

(lat. movere = bewegen, in Bewegung setzen) Verhaltensauslösender und -steuernder Vorgang, der konkrete Motive aktualisiert und den Menschen auf eine zielgerichtete Handlung hin ausrichtet.*

Die aus beobachtetem Verhalten erschlossene Handlungsbereitschaft, ein Bedürfnis zu befriedigen oder ein Ziel, das der Organismus anstrebt, zu erreichen. Die Motivation bestimmt zusammen mit äußeren Reizen, Wahrnehmungs- und Lernvorgängen sowie Fähigkeiten und Fertigkeiten das menschliche Verhalten. Sie ist Produkt einer Wechselwirkung zwischen personenspezifischen und situationsspezifischen Merkmalen.**

Motivationsprozess

Zur Erklärung und Systematisierung von Motivationsprozessen wurden verschiedene Theorien und Modelle entwickelt. Diese lassen sich vier Hauptgruppen zuordnen:

1. **Instinkt- und Triebmodelle**
   Die Entstehung und Steuerung von Verhalten beruht auf internen, also angeborenen, Instinkten oder Trieben des Organismus. Nach Ansicht bedeutender Verhaltensforscher sind diese Verhaltensmuster durch Lernprozesse praktisch nicht veränderbar. Vertreter der Tiefenpsychologie sehen das menschliche Verhalten von bestimmten Trieben (Selbsterhaltungs-, Sexual-, Aggressions-, Machttrieb) aktiviert und gesteuert.

2. **Antriebs- und Anreizmodelle**
   Nach frühen Lerntheoretikern resultiert Verhaltensaktivierung aus einem allgemeinen Trieb, der sich aus physiologischen Einzeltrieben wie Hunger oder Durst zusammensetzt, sowie aus einem vom Zielobjekt wie Nahrung oder Wasser ausgehenden Reiz.

---

*) vgl.: Wirsing, Kurt; Psychologisches Grundwissen für Altenpflegeberufe. Ein praktisches Lehrbuch, Weinheim 1987, S. 93

**) vgl.: Meyers Lexikonredaktion (Hg.); Schüler-Duden: Die Psychologie, Bibliographisches Institut & F. A. Brockhaus, Mannheim 1996, S. 255

3. **Psychophysiologische Aktivierungsmodelle**
Auf der Basis von Erkenntnissen über das Nervensystem ergibt sich die Auffassung, dass der Organismus ein mittleres Aktivierungsniveau anstrebt und dieses sich auch auf ein bestimmtes Verhalten wie Lernen oder Leistung am positivsten auswirkt.

4. **Kognitive Modelle**
Diese neueren Theorien räumen kognitiven *(lat. cognoscere = kennenlernen, erkennen)* Prozessen eine entscheidende Rolle bei der Motivation ein. Gemeint ist z.B. die gedankliche Vorwegnahme von Handlungsergebnissen, Situationsinterpretation ...*

Triebe und Reize

Die früheren Motivationstheorien waren von den Gedanken an Triebe und Reize bestimmt, also stark mechanisch orientiert. Neuere Ansätze und Denkmodelle sehen das Individuum in einer aktiveren und von eigenen Entscheidungsvorgängen getragenen Rolle.

Tiefenpsychologie – Schlüssel zur Seele

Unbewusste oder tief-unbewusste Phänomene

Die Tiefenpsychologie versucht, Erleben und Verhalten mit unbewussten oder tief-unbewussten Phänomenen zu erklären. Sie gilt als Sammelbezeichnung für die psychologischen Richtungen, nach deren Auffassung der Schlüssel zum Verständnis des Seelenlebens im Unbewussten liegt. Der konkrete Begriff Tiefenpsychologie wurde von Eugen Bleuler (1857-1939) geprägt.

Die Psychologie des Unbewussten wurde um die Jahrhundertwende vom 19. zum 20. Jahrhundert entdeckt. Sigmund Freud (1856-1939), der Begründer der Psychoanalyse, wies als erster darauf hin, dass das Ich weitgehend abhängig ist von den Kräften biologischer Triebe auf der einen und der Außenwelt auf der anderen Seite. Mit beiden Faktoren muss der Mensch sich quasi einigen. Freuds Schüler Alfred Adler (1870-1937), Begründer der Individual-

*) vgl.: Meyers Lexikonredaktion (Hg.); Schüler-Duden: Die Psychologie, Bibliographisches Institut & F. A. Brockhaus, Mannheim 1996, S. 255f.

psychologie, und Carl Gustav Jung (1875-1961), Begründer der Analytischen Psychologie, entwickelten die psychoanalytische Lehre weiter in Richtung der Sozialwissenschaften und in Richtung des kollektiven Unbewussten.

Modelle der Tiefenpsychologie

Aus verschiedenen tiefenpsychologischen Betrachtungsweisen und Forschungsergebnissen sind verschiedene Modelle zur Entwicklung von Persönlichkeitsstrukturen entstanden. Zwei davon, das Schichtenmodell nach Sigmund Freud und das Krisen-Modell nach Erikson, sollen hier beispielhaft kurz vorgestellt werden.

Psychoanalyse

Freud lenkte mit der Entwicklung seiner Psychoanalyse die Aufmerksamkeit vor allen Dingen auf die folgenden Gesichtspunkte, mit denen er sich besondere – auch von seinen Kritikern anerkannte – Verdienste um die Erforschung der menschlichen Entwicklung erwarb:

- »Menschliches Verhalten ist nicht völlig der rationalen *[lat. ratio = Vernunft, Verstand, Überlegung, Berechnung, Begründung; rational = die Ratio betreffend]* Kontrolle des Willens unterworfen, sondern wird auch durch unbewusste und irrationale Steuerungsmechanismen angetrieben.
- Konfliktsituationen, in denen die seelische Spannkraft des Menschen überfordert wird, können dadurch zum Schein aufgelöst und vordergründig bewältigt werden, dass einzelne der an ihnen beteiligten Regungen aus dem Bewusstsein ins Unbewusste verdrängt werden.
- Gegen die Bewusstmachung des Verdrängten richten sich Widerstände, die dazu bestimmt sind, dem Menschen eine eventuell peinliche Einsicht in seine Konfliktsituation zu ersparen.
- Die Herabsetzung der Widerstände, z.B. im Traum, bringt verdrängte Strebungen in den Bereich der bewussten Identifizierbarkeit und macht diese daher der Deutung zugängig (Traumdeutung als Methode der Psychoanalyse).

- Die Erfahrungen der frühen Kindheit spielen eine wichtige Rolle für die spätere Persönlichkeitsentwicklung und bei der Anpassung an die jeweiligen Umweltgegebenheiten.
- Die seelischen Vorgänge sind genauso durch miteinander verbundene Gesetzmäßigkeiten bedingt wie z.B. physikalische Prozesse; nichts geschieht zufällig, auch wenn die Konstellation der Ursachen nicht immer zu erkennen ist.«*

Das Schichtenmodell (auch: Instanzenmodell) nach Freud

Unter dem Titel »Psychoanalyse« begründete Freud seine Methode zur Erklärung seelischen Geschehens und zur Entstehung und Behebung psychischer Störungen. Ihr liegt die These zugrunde, dass seelisches Geschehen immer individuell und durch vorangegangene Prozesse bestimmt ist. Entscheidende Verhaltensantriebe bleiben meist unbewusst auf Grund bestimmter Abwehrmechanismen, kommen aber dennoch in Handlungen, Gedanken, Träumen und Fantasien zum Ausdruck.

Sexualtrieb und der Destruktionstrieb

Nach Freud sind im Individuum zwei Haupttriebe wirksam – der Sexualtrieb und der Destruktionstrieb *(lat. destruere = zerstören, zugrunde richten, vernichten)*. Psychische Vorgänge folgen dem Lustprinzip und können unbewusst, vorbewusst oder bewusst sein.

Freud entwickelte die Modellannahme, dass sich das Seelenleben des Menschen in drei funktional miteinander verbundene Schichten gliedert – das Es, das Ich und das Über-Ich.

Das Es, das Ich und das Über-Ich

Das Es ist die Bezeichnung für das Unbewusste, die Gesamtheit aller Triebe und Impulse, die das Individuum nicht bewusst kontrollieren kann. Es handelt nach dem Lustprinzip. Impulse aus dem Es können nur indirekt über die Analyse von Träumen, Tagträumen oder freien Assoziationen der bewussten Verarbeitung zugänglich gemacht werden.

Beim Neugeborenen wird die menschliche Persönlichkeit zunächst ausschließlich durch das Es und seine Triebimpulse regiert.

---

*) aus: Wirsing, Kurt; Psychologisches Grundwissen für Altenpflegeberufe. Ein praktisches Lehrbuch, Weinheim 1987, S. 86f.

Erst mit der weiteren Entwicklung und der zunehmenden Auseinandersetzung mit Anforderungen der Umwelt und des sozialen Umfeldes bilden sich die anderen Instanzen der Persönlichkeit heraus.

Das Über-Ich bildet sich etwa ab dem dritten Lebensjahr aus verinnerlichten Ge- und Verboten der Bezugspersonen und gesellschaftlichen Normen. Das Über-Ich repräsentiert das Gewissen, die moralischen Werte der Persönlichkeit. Es enthält auch Vorstellungen, wie das Individuum gern sein möchte, sein Ich-Ideal. Das Über-Ich handelt nach dem Moralitätsprinzip und wehrt solche Triebwünsche des Es ab, die moralisch nicht akzeptabel sind.

Gewissen

Verstöße gegen das Über-Ich kommen in Schuld-, Scham- und Minderwertigkeitsgefühlen zum Ausdruck, wenn das Individuum seinem Ich-Ideal nicht gerecht werden kann. Eine zu strenge und starre Ausprägung des Über-Ichs gilt als eine der Ursachen von Neurosen.

Das Ich als zentrale Organisationsinstanz bzw. Schicht des psychischen Apparats hat die Aufgabe, eine realitätsbezogene Anpassung an die Umweltbedingungen vorzunehmen. Es versucht, einen Ausgleich zwischen den im Über-Ich repräsentierten moralischen Anforderungen einerseits und der sozialen Umgebung andererseits zu finden. Es handelt nach dem Realitätsprinzip.

Umwelt-
bedingungen

Das funktiontioniert nicht immer ohne Konflikte und Frustrationen, denn Emotionen, Körper, Verstand und Gesellschaft stellen permanent Ansprüche, die oftmals widersprüchlich sind.

Viele Konflikte kann das Ich rational auf der Stufe des Bewusstseins lösen, z.B. durch

- vermehrte Anstrengung, um ein Problem zu bewältigen,
- Verminderung oder Veränderung eines Ziels,
- neue, angepasste Einschätzung einer Situation,
- Unterdrückung.

Bei der Unterdrückung werden Gefühle bewusst ausgeschaltet. So kann ein(e) AltenpflegerIn z.B. sich bei der Arbeit häufig überfordert fühlen und sich dessen bewusst sein, aber gleichzeitig das Gefühl unterdrücken und die Arbeit fortsetzen, ohne Veränderungen anzustreben.

Anpassungsprozess

Bei emotionalen Konflikten zwischen Es, Über-Ich und Umwelt kann es zu einer Zerreißprobe kommen, auf die das Ich mit unbewussten Anpassungsprozessen reagiert. Solche Anpassungsprozesse werden auch als Abwehrmechanismen bezeichnet.

→ **Abwehrmechanismus**

Ein Selbstschutzprogramm. Es versucht das Ich vor seelischen Konflikten zu schützen, die vor allem aus der Diskrepanz *(lat. discrepare = nicht übereinstimmen, verschieden sein; →Unstimmigkeit, Missverhältnis)* zwischen den Triebwünschen des Es und den Forderungen des Über-Ich, aber auch aus den Forderungen des Ich selbst entstehen können.

Jeder Mensch bedient sich zum Selbstschutz in gewissem Umfang solcher Mechanismen. Bei längerem und intensivem Einsatz solcher Abwehrmechanismen können seelische Störungen (→Neurosen) entstehen.

Solche Abwehrmechnismen sind z.B. Verdrängung, Projektion, Regression, Rationalisierung, Verschiebung ...

Verdrängung Dies ist ein Prozess, bei dem Konflikte vordergründig gelöst werden, indem nicht akzeptable Wünsche oder Gedanken nicht ins Bewusstsein dringen, also verdrängt werden.

Beispiel: Jemand verdrängt das Wissen über eigene unheilbare Krankheit, weil diese das Ich in seiner Identität erheblich bedroht und Angst auslöst.

Projektion *(lat. = Übertragung)* Eigene Unzulänglichkeiten und unmoralische Wünsche werden nicht zugelassen und auf andere Personen übertragen.

Beispiel: Jemand kann eigene unmoralische, z.B. sexuelle, Wünsche nicht zulassen und überträgt diese auf eine andere Person. Dies führt häufig zu Verdächtigungen etc. und beeinträchtigt dann nachhaltig die Beziehungen zwischen den betroffenen Personen.

Regression *(lat. regressus = Rückzug, Rückkehr, Zuflucht, Zurückziehen)* Eine Konflikt- oder Stresssituation wird mit Rückzug auf frühere Entwicklungsstufen beantwortet. Es erfolgt eine Flucht in infantile *(lat. infans = Kleinkind; →kleinkindhaft)* Verhaltensweisen oder die Reaktion mit Essstörungen, psychosomatischen Krankheiten o.Ä.

Beispiel: Nach dem unfreiwilligen Einzug in ein Heim verliert ein alter Mensch plötzlich ohne erkennbare körperliche oder geistige Beeinträchtigungen Fähigkeiten, die bis zum Zeitpunkt des Heimeintritts noch vorhanden waren.

Rationalisierung Eigenes Verhalten wird durch scheinbar rationale Argumente erklärt, weil die wahren Begründungszusammenhänge nicht akzeptiert werden können.

Beispiel: Jemand weicht einer unangenehmen Situation, etwa dem Gespräch über einen Konflikt mit einer Kollegin, ständig aus und begründet das eigene Verhalten mit der nachvollziehbaren Erklärung, dass auf Grund arbeitsmäßiger Überbelastung keine Zeit für ein Gespräch sei.

Verschiebung Aufgestaute unangenehme Gefühle werden bei solchen Personen entladen, die die Emotionen nicht ursprünglich verursacht haben, von denen aber weniger Gegenwehr zu erwarten ist als von der Person, die die heftigen Gefühle erregte.

Beispiel: Jemand ärgert sich über eine Anordnung eines Vorgesetzten und reagiert diesen Ärger ab durch Vergabe eines unangenehmen Auftrags an eine Auszubildende.

Das Krisen-Modell nach Erikson

Die menschliche Entwicklung erfolgt in verschiedenen Phasen. Diese werden – je nach Betrachtungsweise – unterschiedlich eingeteilt. Die Einteilung in Kindheit, Jugend und Erwachsenenalter ist dabei die einfachste.

In einigen Modellen wird in weitere Phasen untergliedert. So unterteilt z.B. Freud allein die Kindheit in sechs verschiedene Stufen mit unterschiedlicher Entwicklung. Dabei stehen biologische Einflüsse und die psycho-sexuelle Entwicklung im Mittelpunkt.

Persönlichkeit bildender Zeitraum

Der amerikanische Psychoanalytiker Erik Erikson (1902-1982) geht mit seiner Gliederung über die Kindheit hinaus und betrachtet die gesamte Lebensspanne als Persönlichkeit bildenden Zeitraum. Er geht mit seinem Krisen-Modell vor allem auf die psycho-soziale Entwicklung ein. Nach Erikson entstehen so genannte Krisen durch die Einwirkung jeweils zweier gegensätzlicher Pole in den einzelnen Entwicklungsstadien, z.B. Urvertrauen gegenüber Misstrauen. Nach seiner Theorie ist jede Phase mit einer Krise verbunden, die die Chance zu einer positiven oder negativen Weiterentwicklung liefert. Dabei unterscheidet er die folgenden acht Stadien:

»1. Urvertrauen gegenüber Misstrauen:

Erstes Lebensjahr

Im ersten Lebensjahr lernt der Säugling, entweder seiner Umwelt zu vertrauen oder zu misstrauen. Diese Erfahrung erwirbt er für sein ganzes Leben.

2. Autonomie gegenüber Scham und Zweifel:

Zweites und drittes Lebensjahr

Im zweiten und dritten Lebensjahr entdeckt das Kind verschiedene Fähigkeiten an sich. Hat es die Möglichkeit, diese Fähigkeiten auszuprobieren, so erwirbt es Selbständigkeit (Autonomie). Wird es dagegen kritisiert und bestraft (z.B. für selbstbewusstes Verhalten, das sich als Trotzen äußert), so zweifelt es an sich selbst. In dieser Zeit wird die Reinlichkeitserziehung sehr wichtig. Wird hier das Kind von den Eltern überfordert, entwickelt es eine Schamhaltung.

3. Initiative gegenüber Schuldgefühl:

Im vierten und fünften Lebensjahr zeigt das Kind immer mehr Eigeninitiative (z.B. im Kindergarten). Eltern können diese Ablösung von zu Hause begrüßen und somit die Initiative verstärken, oder durch Verbote einengen und somit Schuldgefühle erzeugen.

Viertes und fünftes Lebensjahr

4. Leistungsfähigkeit und Fleiß gegenüber Minderwertigkeitsgefühl:

Im sechsten bis elften Lebensjahr interessiert sich das Kind dafür, wie die Dinge funktionieren. Erfährt sich hier das Kind als dumm oder störend, entwickelt es ein Minderwertigkeitsgefühl. Diese Erfahrung macht es vor allem außerhalb des Elternhauses (Grundschule).

Sechstes bis elftes Lebensjahr

5. Identitätsfindung gegenüber Rollendiffusion *[lat. diffundire = auseinanderfließen lassen, zerstreuen]:*

Der Jugendliche (12 bis 18 Jahre) erfährt eine neue Welt. Er verhält sich in verschiedenen Situationen unterschiedlich und probiert somit verschiedene Rollen aus. Dies hilft ihm zur Antwort auf seine Frage, wer er eigentlich ist (Identitätsfindung). Findet er hierzu keine Antwort, lernt er nicht seine Rolle zu finden. Er wechselt daher ständig seine Rollen bzw. er landet in einer negativen Rolle, die von der Gesellschaft abgelehnt wird (z.B. Rocker, Punker ...).

12 bis 18 Jahre

6. Intimität und Kontaktfähigkeit gegenüber Isolation:

Der junge Erwachsene sucht den Kontakt zu anderen Personen, insbesondere zum anderen Geschlecht (Partnerschaft und Bindung). Daraus kann sich eine Intimität in sexueller, gefühlsmäßiger und moralischer Hinsicht entwickeln. Scheitert jedoch die Kontaktaufnahme, wird sich der Erwachsene in die Isolation zurückziehen.

Junge Erwachsene

7. Schaffenskraft und soziale Entwicklung gegenüber Stagnation *[lat. stagnum = stehendes Wasser; →Stagnation = Stillstand, Stau]:*

Im mittleren Erwachsenenalter (ca. 30 bis 50 Jahre) richtet sich das

30 bis 50 Jahre

Interesse über die eigene Person hinaus auf die Familie, auf die Gesellschaft, auf zukünftige Generationen. Man will sich und seine Fähigkeiten an die Nachkommen weitergeben. Erlebt man dabei die Enttäuschung, dass der eigene Beitrag bei den anderen nicht ankommt, erfolgt ein Rückzug auf sich selbst, z.B. ein Sichbeschränken auf den rein materiellen Besitz.

8. **Ich-Integrität** *[lat. integritas = Makellosigkeit, Reinheit, Redlichkeit, Unbescholtenheit]* **und Lebenserfüllung gegenüber Verzweiflung:**

Ab ca. 60 Jahren

Ab ca. 60 Jahren steht der Erwachsene vor einem Entwicklungsabschnitt, den er als Abstieg erlebt: Verlust der Berufstätigkeit und somit von sozialer Anerkennung, körperlicher und geistiger Abbau. Er muss sich jetzt auf den Tod hin orientieren. Hieraus kann Verzweiflung folgen, wenn das Leben insgesamt als unbefriedigend erlebt wurde. Sieht er jedoch sein Leben als erfüllt an, empfindet er sich als eine Ich-Integrität: Ich habe es geschafft, es war gut so, ich werde es weiter schaffen.«*

Wichtig

- **Die Betrachtung des Menschen als ganzheitliches Wesen wird in der Pflege als holistische Auffassung bezeichnet. Die Einheit von Seele, Geist und Körper in ihrer Auseinandersetzung mit der Umwelt macht die Einmaligkeit, die Persönlichkeit des Menschen, aus.**
- **Eysenck beschrieb die Persönlichkeit nach den vier Dimensionen: introvertiert bis extrovertiert und stabil bis labil.**
- **Bei der Betrachtung der Persönlichkeit ging Guilford davon aus, dass unterschiedliche Merkmale**

*) aus: Willig, Wolfgang / Ebel, Thomas / Erben, Monika / Pulvermüller, Gerhard; Psychologie – Soziologie – Gesprächsführung in der Altenpflege, Balingen, 4. überarbeitete Auflage, 1996, S. 158f.

oder Wesenszüge aus verschiedenen Bereichen die Persönlichkeit prägen. Die unterschiedliche Kombination der Einzelmerkmale ergibt das unverwechselbare Individuum.

- **Der Mensch ist ein Produkt aus Anlage und Umwelt. Die Wechselwirkung von endogenen Faktoren und exogenen Einflüssen erzeugt Herausforderungen an die Person, schafft Entwicklungsaufgaben.**
- **Das konkrete Verhalten eines Menschen ist nicht durch Anlage vorgegeben. Angeboren sind lediglich Neigungen und Tendenzen im Verhalten, bestimmte Verhaltensmöglichkeiten.**
- **Auch alte Menschen können ihre Persönlichkeit verändern. Es muss jedoch – entgegen früheren Auffassungen – keinen automatischen altersbedingten Persönlichkeitswandel geben. Wesentliche Persönlichkeitsmerkmale scheinen auch im höheren Alter beständig zu sein.**
- **Maslow ordnete die Bedürfnisse hierarchisch an. Danach steigen die Bedürfnisse von den physischen über die psychischen bis hin zu den geistigen. Die grundlegenden Bedürfnisse müssen befriedigt sein, bevor die Bedürfnisse der nächsthöheren Stufe in den Vordergrund treten.**
- **Jeder Mensch trägt eine Reihe von Bedürfnissen oder Motiven, angeborenen und erworbenen, in sich. Durch bestimmte Situationen und Umstände werden diese schlummernden Motive wachgerufen und richten das Verhalten des Menschen auf das Erreichen bestimmter Ziele aus. Diese zeitweilige Wirksamkeit einzelner Bedürfnisse in ihrer Gesamtheit wird als Motivation bezeichnet.**

- **Das Beschäftigen mit Fragen der Motivation erleichtert den Umgang der Menschen miteinander und schafft gegenseitiges Verständnis.**
- **Frühe Motivationstheorien waren von den Gedanken an Triebe und Reize bestimmt, also stark mechanisch orientiert. Neuere Ansätze und Denkmodelle sehen das Individuum in einer aktiveren und von eigenen Entscheidungsvorgängen getragenen Rolle.**
- **Die Tiefenpsychologie beschäftigt sich mit menschlichem Verhalten und Erleben und versucht, dies mit unbewussten oder tief-unbewussten Phänomenen zu erklären.**
- **Freud kam im Rahmen seiner psychoanalytischen Lehre zu der Erkenntnis, dass menschliches Verhalten nicht völlig der rationalen Kontrolle des Willens unterworfen ist, sondern auch durch unbewusste und irrationale Steuerungsmechanismen angetrieben wird. Damit erwarb er sich besondere Verdienste, die auch von seinen Kritikern anerkannt wurden.**
- **Nach Freuds Schichtenmodell gliedert sich das Seelenleben des Menschen in drei funktional miteinander verbundene Schichten – das Es, das Über-Ich und das Ich.**
- **Die drei Schichten der menschlichen Seele folgen unterschiedlichen Prinzipien – das Es dem Lustprinzip, das Über-Ich dem Moralitätsprinzip und das Ich dem Realitätsprinzip.**
- **Bei emotionalen Konflikten zwischen Es, Über-Ich und Umwelt kann das Ich mit unbewussten Anpassungsprozessen, so genannten Abwehrmechanismen, reagieren. Jeder Mensch bedient sich zum**

Selbstschutz in gewissem Umfang solcher Mechanismen. Bei längerem und intensivem Einsatz von Abwehrmechanismen können seelische Störungen entstehen.

- **Erikson betrachtet in seinem Krisen-Modell – anders als Freud – die gesamte Lebensspanne als Persönlichkeit bildenden Zeitraum, nicht nur die Kindheit. Dabei misst er der psycho-sozialen Entwicklung besondere Bedeutung zu.**
- **Beim Krisen-Modell nach Erikson werden acht Lebens-Stadien unterschieden, die jeweils mit einer Krise verbunden sind. Jedes Stadium bzw. jede Krise bietet die Chance zu einer positiven oder negativen Weiterentwicklung.**

Wiederholungsfragen

1. Erklären Sie den Begriff »Motivation«!
2. Nach welchen vier Dimensionen lässt sich – nach Eysenck – die Persönlichkeit beschreiben?
3. Nennen Sie Beispiele für exogene Faktoren bei der Entwicklung des Individuums!
4. Definieren Sie den Begriff »Trieb«!
5. Was ist die so genannte »holistische« Auffassung der Pflege?
6. In welche drei funktional miteinander verbundenen Schichten teilte Freud das Seelenleben des Menschen ein?
7. Wie haben sich Motivationstheorien im Lauf der Zeit gewandelt?
8. Warum ist die hinter einem Verhalten eines Menschen stehende Motivation bedeutsam für die Mitmenschen?
9. Erklären Sie die Begriffe: »Es«, »Über-Ich« und »Ich«!

10. Welche vier Elemente stehen im Menschen nach holistischer Auffassung in ständiger Wechselbeziehung?
11. Welchen Prinzipien folgen die einzelnen Schichten des menschlichen Seelenlebens nach Freud?
12. Welche zwei Arten von Bedürfnissen werden unterschieden? Nennen Sie jeweils Beispiele dazu!
13. Welches sind endogene Faktoren bei der Entwicklung des Individuums?
14. Was war das besondere Verdienst Freuds beim Erforschen der menschlichen Entwicklung?
15. Definieren Sie den Begriff »Persönlichkeit«!
16. Was ist die Grundidee des so genannten Krisen-Modells nach Erikson?
17. Womit beschäftigt sich die Tiefenpsychologie?
18. Was ist ein so genannter »Abwehrmechanismus«?
19. Wie sieht die Betrachtungsweise der Persönlichkeit nach Guilford aus?
20. Wer war der Begründer der Psychoanalyse?
21. Was ist ein Bedürfnis?
22. In welchem Verhältnis stehen Anlage und Umwelt bei der Entwicklung des Individuums?
23. Wie unterscheidet sich das Krisen-Modell Eriksons von Freuds Theorien?
24. Nennen und erklären Sie Beispiele für so genannte »Abwehrmechanismen«!
25. Wie verändert sich die Persönlichkeit im höheren Lebensalter?

Literatur

Brocher, Tobias; Das unbekannte Ich, Einführung in die Psychologie des Alltags, rororo, Reinbek 1973

Freud, Sigmund; Über Träume und Traumdeutungen, Fischer Verlag, Frankfurt 1971

Hirsch, Anna Maria; Psychologie für Altenpfleger, Band I, Probleme des Alterns, 2. aktualisierte Aufl., München, 2001

Hoppe, Birgit; Lehrbuch Altenpflege: Psychologie. Verstehen lernen, Vincentz Verlag, Hannover 1997

Köther, Ilka/Gnamm, Else; Altenpflege in Ausbildung und Praxis, Thieme Verlag, Stuttgart 1995

Lehr, Ursula; Psychologie des Alterns, Heidelberg 1977

Meyers Lexikonredaktion (Hg.); Schüler-Duden: Die Psychologie, Bibliographisches Institut & F. A. Brockhaus, Mannheim 1996

Rattner, Josef; Neue Psychoanalyse und intensive Psychotherapie, Fischer Verlag, Frankfurt 1974

Reimann, Helga + Reimann, Horst; Das Alter, Enke Verlag, Stuttgart, 3. neu bearbeitete Auflage, 1994

Seel, Mechthild; Die Pflege des alten Menschen, Brigitte Kunz Verlag, Hagen 1994

Willig, Wolfgang / Ebel, Thomas / Erben, Monika / Pulvermüller, Gerhard; Psychologie – Soziologie – Gesprächsführung in der Altenpflege, Balingen, 4. überarbeitete Auflage, 1996

Wirsing, Kurt; Psychologisches Grundwissen für Altenpflegeberufe. Ein praktisches Lehrbuch, Weinheim 1987

Wege ins Alter

Das Ziel ist,

- → *zu erkennen, dass die Biografie eines Menschen aus objektiven Daten und subjektiven Erinnerungen besteht,*
- → *die Einflüsse der Zeitgeschichte zu verstehen,*
- → *die Chancen biografischer Kenntnisse für ganzheitliche Pflege zu erkennen,*
- → *sich bewusst zu machen, dass aus biografischen Informationen Machtpotentiale entstehen können und sorgsamen Umgang mit vertraulichen Informationen als Notwendigkeit zu verstehen,*
- → *Quellen für biografische Informationen wahrzunehmen,*
- → *konkrete Möglichkeiten für Erinnerungsarbeit zu kennen.*

DAS ZIEL IST...

Schicksal oder Chance?

Biografiearbeit hilft verstehen

Kein Mensch ist plötzlich alt, von heute auf morgen. Der Weg ins Alter ist ein langer Prozess. Wie sich schließlich das Leben im Alter gestaltet und wie der einzelne Mensch damit zurechtkommt, was er daraus macht, daran sind viele Faktoren beteiligt. Der Mensch im Alter ist das Produkt vieler Erfahrungen und Erlebnisse, die ihn im Lauf seines langen Lebens prägten und weiterhin zeitlebens prägen. Alle Alternsprozesse sind immer im Kontext *(lat. contextus = Zusammenhang)* mit dem gesamten Lebenslauf, mit Vergangenheit, Gegenwart und Zukunft, zu sehen.

Vergangenheit, Gegenwart und Zukunft

Die Sozialisation mit ihren prägenden Einflüssen ist niemals abgeschlossen. Mit zunehmendem Alter gewinnt der Mensch an Individualität und wird immer unverwechselbarer.

Biografie heißt ein wichtiges Schlüsselwort in der Altenarbeit. Wer eine Beziehung zu einem Menschen aufbaut und pflegt, geht immer zugleich eine Beziehung mit der Biografie dieses Menschen ein, wird ein Teil davon.*

Aber was ist nun eigentlich diese Biografie? Was macht sie aus? Biografische Daten hat wohl jeder Mensch schon vielfach in seinem Leben zusammenstellen und in viele Formulare eintragen müssen. Für Anträge bei Behörden, bei Bewerbungen und in vielen verschiedenen Lebenssituationen sind Angaben zur Biografie gefragt – auch bei der Heimaufnahme. Die erfragten Informationen weichen in Art und Zusammenstellung dabei sehr stark voneinander ab.

Diese Zusammenstellung von Fakten über eine Person reicht wohl kaum, um wirklich etwas über den Menschen, der dahinter steckt, zu erfahren. Biografie ist also etwas anderes.

---

*) vgl.: Köther, Ilka / Gnamm, Else; Altenpflege in Ausbildung und Praxis, Thieme Verlag, Stuttgart – New York, 3. Auflage, 1995, S. 151

Biografie Lebensbeschreibung, Darstellung der äußeren Geschichte wie der inneren geistigen und sittlichen Entwicklung einer Person ...*

Lebensbeschreibung

Nach dieser Definition ist die Biografie eine Lebensbeschreibung. Sie beschreibt und begleitet das Leben eines Menschen bis zum Tod. Biografie – das ist nicht nur Vergangenheit, sondern eines Menschen Zeit von der Geburt bis zum Tod. Sie liegt nicht nur im Früher, sondern schließt das Heute mit ein und reicht bis ins Morgen bzw. in die Vorstellung und Planung der betroffenen Person von ihrer eigenen Zukunft.

Äußere Geschichte

Die äußere Geschichte ist mit prägender Faktor. Dazu gehören viele Stationen auf dem Lebensweg, die sich z.B. in Lebensläufen bei Bewerbungen und ähnlichen Anlässen wiederfinden – der Familienstand, die Ausbildung, die beruflichen Tätigkeiten, einschneidende positive und negative Ereignisse wie Glück in Partnerschaft und Familie, berufliche und private Erfolge, Karrieren, Vertreibung, Trennung von Partner oder Partnerin, Tod nahestehender Menschen, Unfälle und Katastrophen usw., aber auch die Zeitgeschichte.

Geistige und moralische Entwicklung

Eng verknüpft mit dieser äußeren Geschichte ist die geistige und moralische Entwicklung, das Entstehen und der Wandel von Haltungen, Einstellungen, Wertvorstellungen, Meinungen usw., der Umgang mit und das Verarbeiten von einschneidenden Ereignissen im Leben.

Innere und äußere Identität

Es wird auch von so genannter innerer und äußerer Identität gesprochen. Dabei hängt die innere Identität eng mit dem Selbstbild zusammen. Sie beinhaltet das, was ein Mensch subjektiv wahrnimmt und empfindet, was ihm selbst über sich bewusst ist.

Die äußere Identität dagegen orientiert sich am Fremdbild. Zu ihr gehören die Daten und Fakten, die andere Menschen wahrnehmen ebenso wie die Beobachtungen anderer über Verhalten, Eigenschaften etc.

---

*) aus:dtv-Lexikon, Band 2, München 1970

Viel Biografisches erfährt eine Pflegeperson aus Gesprächen.

Wichtige Anknüpfungspunkte in solchen biografisch orientierten Gesprächen können Themen sein wie

- erlebte Zeitgeschichte: politische Führungspersönlichkeiten, sich verändernde Lebenssituationen, Staatsformen, Kriege, (Wieder)aufbau, Währungsreform(en), Naturereignisse und -katastrophen ...;
- Technik: im Haushalt, in Handwerk und Industrie, im Straßenverkehr, in der Nachrichtenübermittlung ...;
- Kindheit und Jugend: Spiele, Erziehung, Verpflichtungen, Chancen, Mode ...;
- Schule und Ausbildung bzw. Lehre: Dauer, Inhalte, Regeln, Schul- bzw. Ausbildungsformen ...;
- Arbeit: Anforderungen, Einstiegsalter, Auswahlmöglichkeiten, Bedingungen, Verträge, Arbeitszeiten, Arbeitskleidung ...;
- soziale Bindungen: Freundschaften, Verwandtschaft, Vereinsmitgliedschaften, Feste und ihre Bräuche ...;
- Reisen ...

Wandel im Lauf von Jahrzehnten

Bei solchen Gesprächen sollte nicht nur das Früher in Erinnerung gebracht, sondern vor allen Dingen der Wandel im Lauf von Jahrzehnten angesprochen werden. Biografiearbeit beginnt beim Jetzt, besteht im Anknüpfen an Gegenwartssituationen. Dabei werden Vergangenheit und Zukunft in Beziehung zueinander gebracht und für die Zukunft genutzt.

Zur Biografie eines Menschen gehören u.a.

- seine Lebensgeschichte bis ins Heute,
- seine erlebte Zeitgeschichte,
- seine Vorlieben und Abneigungen,
- seine Interessen und Fähigkeiten,
- seine sozialen Beziehungen

d.h. es handelt sich um

- objektive Daten + subjektive Erinnerungen.

So fügen sich Informationen aus verschiedenen Persönlichkeitsbereichen schließlich zu einem Gesamtbild zusammen. Diese können z.B. unterteilt werden in den

Persönlichkeitsbereiche

- psychisch-emotionalen Bereich:
  hier fließt u.a. ein, wie der Mensch mit seinen Gefühlen umgeht, wie er wahrnimmt, wie er Probleme löst und Schwierigkeiten bewältigt, seine Lebenseinstellungen usw.;
- körperlich-psychomotorischen Bereich:
  hier fließen u.a. persönliche Hygiene, Bewegungsverhalten, Ess- und Trinkgewohnheiten usw. ein;
- sozialen Bereich:
  hier kommt der Umgang mit anderen Menschen zum Tragen, wie kommuniziert der Mensch, wie baut er Beziehungen auf und wie pflegt er diese, wie ist es um sein Einfühlungsvermögen bestellt usw.;
- ökologischen Bereich:
  hier fließt ein, wie der Mensch seiner Persönlichkeit, seiner Identität, Ausdruck verleiht, sein Erscheinungsbild, seine Kleidung, die Gestaltung des Wohnumfelds usw.;
- metaphysisch-religiösen Bereich:
  Denkweisen, Einstellungen, Haltungen, werden hier ebenso wirksam wie Glauben und Hoffen, der Umgang mit Werten usw.*

All diese Bereiche, gegebenenfalls nach anderer Unterteilung, machen schließlich zusammen das Einzigartige, das Unverwechselbare, die Persönlichkeit eines Menschen aus.

Übrigens – obwohl sich Millionen Menschen vor dem Altern fürchten, scheint die Angst vor dem Altern unnötig, so ergab überraschend eine US-Untersuchung.** Nach dieser Langzeitstudie wer-

*) vgl: Stracke-Mertes, Ansgar; Was der Mensch heute ist, ist er geworden; in Altenpflege 03/1998

**) vgl.: SAD; Mit zunehmenden Jahren werden wir glücklicher, in: Die Welt, 06.07.2000

den die Menschen mit zunehmendem Alter glücklicher. Die Ergebnisse werden jedoch von anderen Wissenschaftlern angezweifelt.

Diese Persönlichkeiten, viele Jahrzehnte lang geprägt, lernen wir schließlich in der Altenpflege kennen. Da sind die einen ausgeglichen und zufrieden mit ihrer Lebenssituation im Alter, offen für alle und alles, suchen Chancen und finden in allem etwas Positives, tragen auch schwierige Situationen mit Mut und Optimismus. Da sind aber auch die anderen – verbittert, traurig, mit sich und ihren Mitmenschen unzufrieden, verschlossen gegen ihre Mitmenschen, sehen sie nur das Negative. Und viele Persönlichkeiten bewegen sich in ihren Haltungen im und zum Alter zwischen diesen Extremen.

Eines ist den Menschen gemeinsam, mit denen die Altenpflege heute in Berührung kommt: sie sind alle zu Beginn des 20. Jahrhunderts geboren. Selbst wenn die Zielgruppe der Altenpflege weiter gefasst wird und die Generationen ab fünfzig Jahren mit einschließt, lässt sich feststellen, dass sie alle stark geprägt sind vom Leben in der ersten Hälfte des vorigen Jahrhunderts – mit Industrialisierung, Technisierung, Kriegen, Aufbau, Entwicklung in Kultur und Sport.

Einen Einblick in das Leben in dieser Zeit mit seinen Wertvorstellungen gibt das folgende Gedicht:

Was ein Kind gesagt bekommt

Der liebe Gott sieht alles.
Man spart für den Fall eines Falles.
Die werden nichts, die nichts taugen.
Schmökern ist schlecht für die Augen.
Kohlentragen stärkt die Glieder.
Die schöne Kinderzeit, sie kommt nicht wieder.
Man lacht nicht über ein Gebrechen.
Du sollst Erwachsenen nicht widersprechen.
Man greift nicht zuerst in die Schüssel bei Tisch.

Sonntagsspaziergang macht frisch.
Zum Alter ist man ehrerbötig.
Süßigkeiten sind für den Körper nicht nötig.
Kartoffeln sind gesund.
Ein Kind hält den Mund.

*Bertolt Brecht**

Lebensläufe sind immer auch geprägt von den Regionen, von den Umgebungen, in denen der betreffende Mensch sein Leben oder Teile davon verbracht hat bzw. noch verbringt.

Regionen

Biografieorientierte Arbeit erleichtert das Pflegen und das Gepflegt-Werden

Das Arbeiten an und mit der Biografie hilft dem alten Menschen, seine Lebensbilanz zu ziehen.

Lebensbilanz

Ein alter Mensch, der sich in seiner Persönlichkeit und in seiner Lebens-Geschichte akzeptiert und anerkannt fühlen kann, hat es leichter, Selbstachtung und Selbstwertgefühl zu erhalten oder neu aufzubauen als ein alter Mensch, in dessen Umfeld die persönliche Lebensgeschichte und die Individualität keine Rolle spielen.

Gleichzeitig erleichtert biografieorientierte Arbeit dem Pflegepersonal und anderen Bezugspersonen die gezielte Pflege und einen möglichst für beide Seiten angenehmen Umgang miteinander. Biografieorientiert zu arbeiten, ist unerlässlich für eine sinnvolle ganzheitliche Altenpflege.

Sie trägt dazu bei, den Menschen im Zusammenhang mit seinen persönlichen Lebensereignissen zu verstehen.

Persönliche Lebensereignisse

*) aus: Brecht, Bertolt; Werke. Große kommentierte Berliner und Frankfurter-Ausgabe. Band 14, © Suhrkamp Verlag, Frankfurt, 1993, »Was ein Kind gesagt bekommt«.

Biografiearbeit birgt auch Gefahren!

Biografiearbeit schafft einen ganzheitlichen und lebendigen Zugang zum alten Menschen, aber nur dann, wenn sie niemals einseitig wird. Das heißt, wer etwas von einem anderen Menschen erfahren möchte, sollte immer bereit sein, gleichzeitig Persönliches von sich selbst preiszugeben, seine eigene Persönlichkeit in die Beziehung einzubringen. Einseitiges Ausfragen eines alten Menschen ist falsch verstandene Biografiearbeit.

Eigene Persönlichkeit in die Beziehung einbringen

Wichtig für den Auf- und Ausbau einer Beziehung ist, Neugier von ernsthaftem Interesse unterscheiden zu lernen.

Lebensgeschichten sind nichts Starres, sondern unterliegen der Dynamik des Lebensverlaufs. Sie verändern sich, sind niemals im Leben abgeschlossen. Jeder Tag und jede Stunde gestaltet und vervollständigt die Biografie. Zurückliegende Ereignisse können – abhängig von der aktuellen Befindlichkeit eines Menschen – später neue emotionale Bewertungen und Bedeutungen erhalten. Deshalb sollte in einer Beziehung das Beschäftigen mit der Biografie des Gegenübers zu keinem Zeitpunkt als beendet betrachtet werden. Aussagen wie »Um die Biografie von Frau X. brauchen wir uns nicht mehr zu kümmern, die haben wir komplett in den Unterlagen schriftlich vorliegen ...« sind ebenso unsinnig wie falsch.

Interpretationen

Die Gefahr von Interpretationen ist nicht zu unterschätzen. Daher ist es sinnvoll – sofern möglich –, immer wieder Verständniskontrollen durchzuführen. Nicht selten deutet eine Pflegeperson eine Äußerung, eine Verhaltensweise oder einen Gegenstand anders als diese bzw. dieser vom betroffenen Menschen gesehen wird.

Machtpotentiale

Sogar Machtpotentiale können aus biographischen Informationen entstehen. Jede Information kann für, aber – bewusst oder unbewusst – auch gegen die betroffene Person eingesetzt werden! Hüten Sie sich also vor unüberlegten Äußerungen, Dokumentationen oder Handlungen!

Sorgsamer Umgang mit vertraulichen Informationen sollte selbstverständlich sein!

Richtig verstandene Beziehungspflege hält bei aller gewünschten Nähe gleichzeitig die erforderliche Distanz ein, die keineswegs Entfremdung bedeuten muss!

Außerdem gilt selbstverständlich: Beachten Sie unbedingt immer die geltenden Bestimmungen des Datenschutzes!

Datenschutz

Viele Mosaiksteine ergeben ein Bild

Die Informations-Sammlung ist oft ein mühsamer, aber auch interessanter und spannender Prozess. Es gilt, viele kleine Mosaiksteinchen zu sammeln, um schließlich ein Bild zu erhalten. Dieses kann selbst bei äußerst sorgsamer Arbeit immer nur ein Fremdbild sein. Oftmals muss eine Pflegeperson erst lernen, die vielen ihr zur Verfügung stehenden Informationsquellen überhaupt zu bemerken und richtig auszuschöpfen.

Niemals sollte der zu pflegende alte Mensch sich ausgefragt fühlen! Gespräche müssen zunächst eine Vertrauensbasis schaffen. In zwanglosen Gesprächen ist oftmals eine Vielzahl von kleinen Details versteckt, die später als Mosaiksteinchen das Bild vervollständigen können.

Gespräche mit der betroffenen Person sollten dabei immer an erster Stelle stehen. Zusätzlich tragen Aussagen von Angehörigen, ehemaligen KollegInnen, NachbarInnen, Freunden, Bekannten, langjährigen Hausärzten u.a. weiter zur Informationssammlung bei. Bedenken Sie jedoch immer, dass diese Bezugspersonen alle – wie Sie selbst – immer nur ein Fremdbild des betroffenen Menschen haben! Vergessen Sie außerdem nicht, dass gelegentlich bestimmte Interessen hinter einer Aussage stehen können. Achten Sie bei Gesprächen mit Bezugspersonen immer darauf, dass Sie ein Vertrauensverhältnis nicht gefährden und die Person, um die es geht, sich nicht hintergangen fühlt!

Bezugsperson

Neben Gesprächen können auch Gegenstände wichtige Informationen liefern. Ob Möbelstücke, Kalender, Bilder, Familienfotos, geliebte Kleidungsstücke oder Sammelobjekte – solche und andere Materialien sollten in ihrem Aussagewert nicht unterschätzt werden. Sie können Anknüpfungspunkte für inhaltsreiche Gespräche bieten.

Gelegentlich ist es sinnvoll – wenn auch zeitaufwändig –, gemeinsam mit der betroffenen Person an deren Biografie zu arbeiten und ein Lebensbuch oder Lebens-Album zu erstellen. Dabei sind der Fantasie keine Grenzen gesetzt. Fotos, Texte, Zeichnungen, gesammelte Eintrittskarten, alte Banknoten, Zeitungsartikel usw. finden in Alben, gebundenen Tagebüchern oder Ringordnern mit Klarsichtfolien ihren Platz. Das eigene Leben dabei zu überdenken und Stationen sichtbar festzuhalten und bei Bedarf immer wieder zu verändern, kann für den alten Menschen eine wichtige und äußerst sinnvolle Aufgabe sein, die zusätzlich dabei hilft, Interessantes an Mitmenschen zu vermitteln.

Beobachtung von Verhaltensweisen

Die genaue Beobachtung von Verhaltensweisen ist beim Verstehen einer Lebensgeschichte unerlässlich. Liest der Mensch gern Bücher oder Zeitschriften, bevorzugt er Radio hören oder sieht er viel fern? Singt der Mensch gern Lieder oder hört er eine bestimmte Art von Musik? Gebete, die Beteiligung an Aktivitäten oder die Reaktion auf Besuche oder Post – das alles sind Möglichkeiten, Näheres über einen Menschen zu erfahren.

Stück für Stück entsteht auf diese Weise ein immer genaueres Bild.

Der Mensch ist ein Geheimnis.
Man muss es enträtseln,
und wenn Du es ein ganzes Leben
lang enträtseln wirst,
so sage nicht,
Du hättest die Zeit verloren.
Ich beschäftige mich mit diesem Geheimnis,
denn ich will ein Mensch sein.

Fjodor M. Dostojewski

Erinnerungsnetzwerke

Erinnerungsarbeit in generationsübergreifenden Projekten

Es gibt Institutionen, die sich im Rahmen ganz spezieller Erinnerungsarbeit mit Biografien beschäftigen. Diese Einrichtungen, die ihre Ursprünge Anfang der 80er Jahre in London unter dem Titel Age Exchange – frei übersetzt mit Alters-Austausch bzw. Altersbörse – entwickelten, existieren in zahlreichen Ländern der Erde, ob in USA oder Australien, in Japan oder in europäischen Nationen. Auf europäischer Ebene sind sie inzwischen organisiert als so genanntes Europäisches Erinnerungs-Netzwerk bzw. European Reminiscence Network – Age Exchange. Der Begriff Reminiszenz *(lat. reminiscor = sich ins Gedächtnis zurückrufen, sich erinnern , sich besinnen; Reminiszenz = Erinnerung)* hat sich im deutschen Sprachraum für Erinnerungsarbeit verbreitet.

Reminiszenz

Hier liegt der Anknüpfungspunkt in der Regel nicht im Heute und Jetzt, sondern in der Vergangenheit. Von dort wird meist umgekehrt der Weg in die Gegenwart gesucht.

Im Mittelpunkt steht generationsübergreifende Kulturarbeit. Erinnerungen werden geweckt und sollen zum Erzählen anregen, vor allen Dingen zum Erzählen aus der Vergangenheit. Alte Menschen werden dabei zu Experten für Zeitgeschichte und vermitteln ihre Erinnerungen und Kenntnisse, besonders an jüngere, an Kinder, Jugendliche und junge Erwachsene. Die Themen für Erinnerungsarbeit werden meist gezielt so ausgewählt, dass sie allen Generationen vertraut sind, z.B. Familienleben, Kinderspiele, Schule usw.

Generationsübergreifende Kulturarbeit

Auf verschiedene Weise führen die Erinnerungs-ArbeiterInnen die Beteiligten auf den Weg zur Reise in die Vergangenheit:

- Theatergruppen entwickeln eigene Stücke aus den Erinnerungen alter Menschen;
- Wanderausstellungen werden zusammengestellt;
- so genannte Erinnerungs-Koffer mit themenbezogenen Gegenständen werden gepackt, z.B. zu Themen wie Waschtag, Krieg, Ausgehen;

- Alltagsgegenstände aus früherer Zeit werden gesammelt und in nostalgischen Erinnerungsräumen oder an Erinnerungtafeln gestaltet; sogar ein Museum zum Anfassen wurde eingerichtet, das u.a. die komplette Einrichtung eines Tante-Emma-Ladens enthält;
- Stammbäume mit Fotos und Namen vertrauter Personen werden erstellt;
- gemalte Erinnerungen laden zu Fantasiereisen in die Vergangenheit ein ....

Mit diesen Materialien und Ideen im Gepäck reisen Angehörige der Netzwerkeinrichtungen in Altenheime, Schulen, Jugendclubs, Kulturzentren usw. Fortbildungsveranstaltungen für LehrerInnen, AltenpflegerInnen und andere interessierte Berufsgruppen werden organisiert. Bei all dem berücksichtigen die Erinnerungs-Netzwerks-Mitglieder nicht nur die Vergangenheit der in der jeweiligen Nation Geborenen, sondern sie beziehen gleichzeitig die Erinnerungen alt gewordener Einwanderer mit ein. So entsteht eine enorme kulturelle Vielfalt.

Internationaler Austausch wird bei Veranstaltungen und Kongressen gepflegt. Außerdem erscheint regelmäßig eine Zeitschrift mit dem Titel »Generation« in französischer und portugiesischer Sprache, die über europäische generationsübergreifende Erinnerungs-Projekte informiert.

Erzählcafé

Eine in den 90er Jahren in Deutschland entstandene Idee rief unter dem Titel »Erzählcafé« eine Vielzahl von Aktivitäten ins Leben. Dabei geht es ebenfalls um Erinnerungen. Die Grundidee ist, alte Menschen in gemütlicher Atmosphäre aus ihrem Leben erzählen zu lassen. Leidvolle Erfahrungen sollen in dieser Form verarbeitet, erfreuliche Situationen gedanklich noch einmal durchlebt werden. Erzählcafés sollten Zeitgeschichte greifbar und konkret machen, lokale Bezüge herstellen und so abstraktes Wissen mit konkret Erfahrenem verknüpfen. Zielsetzung des Projektes – wenn auch noch nicht in vollem Umfang umgesetzt – ist wie beim Erinnerungs-Netzwerk das generationsübergreifende Arbeiten.

Die Organisationsformen von Erzählcafés sind ebenso unterschiedlich wie ihre Träger. Ursprünglich entwickelt von der Stiftung Lesen, haben Vereine und Initiativen das Thema ebenso aufgegriffen wie Wohlfahrtsverbände, Kirchengemeinden usw.

Wichtig

- **Die Biografie eines Menschen ist die Beschreibung seines Lebens. Sie endet nicht in der Vergangenheit, sondern setzt diese in Beziehung zur Gegenwart und zu einer möglichen Zukunft. Sie schließt nicht nur äußere Fakten ein, sondern sie beinhaltet ebenso die Entwicklung der Persönlichkeit mit ihren Einstellungen und Haltungen ebenso wie mit ihrem Verhalten.**
- **Biografiearbeit bedeutet nicht nur mit, sondern auch an der Biografie zu arbeiten.**
- **Wer eine Beziehung zu einem Menschen aufbaut und pflegt, geht immer zugleich eine Beziehung mit der Biografie dieses Menschen ein, wird ein Teil davon.**
- **Eine Biografie enthält objektive Daten ebenso wie subjektive Erinnerungen.**
- **Biographische Daten aus verschiedenen Persönlichkeits-Bereichen machen zusammen das Einzigartige, das Unverwechselbare, die Persönlichkeit eines Menschen aus.**
- **Ein Rückblick auf die eigene Lebensgeschichte ermöglicht dem alten Menschen, seine Lebenserfahrungen zu ordnen und zu werten. Dabei werden den Ereignissen und dem Erlebten Bedeutungen zugeschrieben.**
- **Nicht immer fällt bei einer Lebensbilanz die Bewertung von Ereignissen und Erlebnissen im Nachhin-**

ein so aus wie vor Jahren und Jahrzehnten in der jeweiligen Situation selbst.

- **Gründe dafür, dass ein Lebensweg manchmal anders verläuft als gewünscht und erträumt, können sowohl in äußeren Faktoren als auch in einer Person selbst liegen.**
- **Ein alter Mensch, der sich in seiner Persönlichkeit und in seiner Lebens-Geschichte akzeptiert und anerkannt fühlen kann, hat es leichter, Selbstachtung und Selbstwertgefühl zu erhalten oder neu aufzubauen als ein alter Mensch, in dessen Umfeld die persönliche Lebensgeschichte und die Individualität keine Rolle spielen.**
- **Biografieorientiert zu arbeiten, ist unerlässlich für eine sinnvolle ganzheitliche Altenpflege. Diese Arbeitsweise trägt dazu bei, den Menschen im Zusammenhang mit seinen persönlichen Lebensereignissen zu verstehen.**
- **Wer etwas von einem anderen Menschen erfahren möchte, sollte immer bereit sein, gleichzeitig Persönliches von sich selbst preiszugeben, seine eigene Persönlichkeit in die Beziehung einzubringen.**
- **Biografieorientiertes Arbeiten birgt auch Gefahren. Sogar Machtpotentiale können entstehen. Jede Information kann für, aber – bewusst oder unbewusst – auch gegen die betroffene Person eingesetzt werden. Richtig verstandene Beziehungspflege hält bei aller gewünschten Nähe gleichzeitig die erforderliche Distanz ein, die keineswegs Entfremdung bedeuten muss!**
- **Ein echtes Vertrauensverhältnis ist die Basis jeder Biografiearbeit.**

Übungen

1. Interpretieren Sie das Gedicht von Bertolt Brecht auf Seite 298 f. Welche Wertvorstellungen der Gesellschaft dieser Zeit werden darin deutlich? Schreiben Sie auf, welche Werte diesen Aussagen zugrunde liegen!
2. Welche Informationen aus dem Leben eines alten Menschen sind für Ihre Arbeit in der Altenpflege mit dieser Person wichtig und interessant? Erarbeiten Sie eine Liste von Punkten, die Ihnen wichtig erscheinen, um einen alten Menschen besser verstehen und pflegen zu können! Markieren Sie die Punkte, die nach Ihrer Meinung in eine Pflegedokumentation einfließen sollten oder dürften und kennzeichnen Sie solche, die Sie vertraulich behandeln würden!
3. Sammeln Sie Zeitungsartikel mit Lebensbeschreibungen alter Menschen! Oft werden aus Anlass von Jubiläen, Geburtstagen u.Ä. Kurzbiografien veröffentlicht. Der 90. oder 100. Geburtstag, die Diamantene Hochzeit, Ehrungen oder Ähnliches sind dabei Ausgangspunkte, um Lebensläufe der Öffentlichkeit darzustellen. Untersuchen Sie solche Lebensläufe auf wichtige Merkmale wie Geschlechterrollen, Familienstrukturen, politische Ereignisse usw.!
4. Lassen Sie jemand anderen, z.B. eine(n) MitschülerIn, Informationen zu Ihrer Biografie sammeln! Besprechen Sie anschließend gemeinsam die Ergebnisse! Überlegen Sie anschließend Antworten auf die folgenden Fragen:
   - Welche Art von Informationen haben Sie preisgegeben, welche für sich behalten?
   - Welche anderen Informationsquellen hat die von Ihnen ausgewählte Person benutzt?
   - Wie haben Sie sich gefühlt in dem Wissen, dass Informationen zu Ihrer Biografie gesammelt werden?
   - Hat die Aufgabe Ihr Verhältnis mit der Person, die die Informationen gesammelt hat, beeinflusst? Wenn ja, in welcher Weise?
   - Würden Sie die Ergebnisse des Projektes auch anderen Menschen zugänglich machen oder gäbe es da Einschränkungen? Wenn ja, welche?

Wiederholungsfragen

1. Welche Möglichkeiten gibt es, um Einstiege in biografisch orientierte Gespräche zu finden?
2. Warum ist biografieorientiertes Arbeiten in der Pflege wichtig?
3. Was bedeutet der Begriff innere Lebensgeschichte?
4. Was sollten Sie bei der Ermittlung biografischer Daten unbedingt vermeiden?
5. Was ist eine Biografie?
6. Warum ist das Heute und Jetzt bei einer Biografie so wichtig?
7. Was sollten Sie im Umgang mit biografischen Informationen unbedingt berücksichtigen?
8. Welchen Persönlichkeits-Bereichen können biographische Informationen zugeordnet werden?
9. Erklären Sie die Bedeutung der Biografie für die Situation eines Menschen im höheren Lebensalter!
10. Was kann konkret zu einer Biografie gehören, was macht sie aus?
11. Was ist unter der äußeren Lebensgeschichte zu verstehen?
12. Beschreiben und erklären Sie die Idee der Erinnerungs-Netzwerke!
13. Finden Sie Argumente für und gegen die Richtigkeit des Sprichworts »Jeder ist seines Glückes Schmied«!
14. Was ist ein Erzählcafé?
15. Welche Möglichkeiten sehen Sie als AltenpflegerIn, um Informationen zur Biografie eines alten Menschen zu erhalten?
16. Welche Gefahren beinhaltet der Umgang mit biografischen Informationen?

Literatur

Bundesministerium für Familie und Senioren BMFuS (Hg.); So also schmeckt das Leben. Alt und jung gemeinsam – ein Gewinn für uns alle. Preisträger des ersten bundesweiten Literaturwettbewerbs für Senioren, Remscheid 1993

Buijssen, Huub; Biografiearbeit: Zurück in die Vergangenheit; in: Altenpflege Nr. 11/1998, S. 22f.

Delany, Sarah und A. Elisabeth / Hearth, Amy Hill; Unsere ersten hundert Jahre. Die Delany-Schwestern erzählen, München 1995

Köther, Ilka / Gnamm, Else; Altenpflege in Ausbildung und Praxis, Thieme Verlag, Stuttgart – New York, 3. Auflage, 1995

Reimann, Helga + Reimann, Horst; Das Alter, Enke Verlag, Stuttgart, 3. neu bearbeitete Auflage, 1994

Schwarz, Klaus; Die Biografie eines Bewohners als Inhalt des Faches Pflege des alten Menschen; in: Altenpflegerin + Altenpfleger 03/04-1995, S. 25f.

Stracke-Mertes, Ansgar; Was der alte Mensch heute ist, ist er geworden; in: Altenpflege 03/1994, S. 173f.

Trilling, Angelika; Ein internationales Fest der Erinnerung; in: Altenpflege 02/1994, S. 73f.

Trilling, Angelika; Erinnerungen zum Geschenk machen; in: Altenpflege 03/1997, S. 36f.

Trilling, Angelika; Internationale Modelle zur Biografiearbeit und Erinnerungspflege. Neue Kultur der Pflege Altersverwirrter; in: Pro Alter 04/1997, S. 24f.

Trilling, Angelika; Erinnern und Pflegen; in: Altenpflege 11/1998, S. 26f.

Trilling, Angelika; Ein unverdauter Brocken. Was tun, wenn bei alten Menschen der Erinnerungsmüll aus Zeiten des Nationalsozialismus wieder hochkommt? in: Altenpflege 11/1998, S. 30

Trilling, Angelika u.a.; Erinnerungen pflegen, Vincentz Verlag, Hannover 2001

Wirsing, Kurt; Psychologisches Grundwissen für Altenpflegeberufe, Psychologie Verlags Union, München – Weinheim, 3. Auflage 1987

Zimmermann, Ingrid; Herbstblumen. Erzählung, Verlag Zimmermann, Dorsten 1992

Meine Welt – deine Welt

DAS ZIEL IST:

Das Ziel ist,

- → *Grundlagen der Sinnes- und der Gefühlswahrnehmung kennen zu lernen,*
- → *zu erfahren, dass Wahrnehmung niemals objektiv ist,*
- → *konkrete Möglichkeiten zur Stimulierung der Sinneswahrnehmung zu erkennen,*
- → *sich den eigenen Umgang mit Gefühlen bewusst zu machen,*
- → *Techniken zur Bewältigung unangenehmer Gefühle zu kennen.*

Grundlagen der Wahrnehmung

Wahrnehmung bestimmt Erleben und Verhalten

Der Mensch lebt ständig in seiner Umwelt, muss sich laufend mit ihr auseinandersetzen und sich in ihr behaupten. Die Wahrnehmung hilft ihm, diese Umwelt zu erleben, sich in ihr zu orientieren und an sie anpassen bzw. in ihr verhalten zu können. Über die Wahrnehmung werden Informationen bzw. Reize aufgenommen, die es zu verarbeiten gilt, und auf die hin eine bestimmte Reaktion, d.h. ein Verhalten und Erleben stattfindet.

Informationen bzw. Reize

→ Wahrnehmung

»Der Prozess der Informationsgewinnung aus Reizen, die entweder aus der Umwelt (äußere Wahrnehmung) oder dem eigenen Körper (innere Wahrnehmung) stammen.«*

Wir erleben die Welt über zwei verschiedene Arten der Wahrnehmung:

- die äußere Wahrnehmung bzw. Sinneswahrnehmung und
- die innere Wahrnehmung bzw. Gefühlswahrnehmung.

Der Mensch sieht, hört, riecht, schmeckt und ertastet seine Umwelt über die Sinnesorgane und verschafft sich so ein Bild von der Welt außerhalb seines eigenen Körpers. Dieses Bild verbindet er schließlich mit seiner inneren Welt, d.h. mit seinen Gefühlen. Das heißt, er empfindet Lust oder Unlust, Freude oder Traurigkeit, Furcht oder Ekel usw. in Verbindung mit dem, was er aus der ihn umgebenden Welt wahrnimmt.

Äußere Welt

Jeder Mensch kombiniert so auf sehr individuelle Weise seine Wahrnehmung der äußeren Welt mit den eigenen Gefühlen und erlebt so seine Umwelt einzigartig. So entsteht immer ein subjekti-

*) aus: Meyers Lexikonredaktion (Hg.); Schüler-Duden: Die Psychologie, Bibliographisches Institut & F. A. Brockhaus, Mannheim 1996, S. 441

ves Bild, nie ein objektives Abbild der Realität. Die Orientierung in der Umwelt ist nur möglich, indem Personen, Gegenstände und Ereignisse in ihrem räumlichen und zeitlichen Zusammenhang erfasst werden.

Ich traue meinen Augen (nicht) ...

Ein Alltagsbeispiel mag die Einzigartigkeit verdeutlichen. Stellen Sie sich vor, Sie gehen ins Kino und sehen sich einen Film an. Was geht dabei in Ihnen vor?

Das erste und nächstliegende ist die Wahrnehmung der im Film dargestellten Handlung. Sie besteht aus einer Fülle einzelner Abläufe. Zuerst registrieren die Sinnesorgane die Reize bzw. Informationen, die durch das Abspielen des Filmes erzeugt werden. Lichtreize treffen das Auge, werden über die Nervenbahnen weitergeleitet ins Gehirn und dort verarbeitet. Sprache, Musik und andere Geräusche treffen aus den Lautsprechern auf die Ohren und werden über das Gehör aufgenommen. Diese Eindrücke bekommen einen bestimmten Bedeutungsgehalt, geprägt von Erfahrungen und Fantasie. Gedächtnis und Vorstellungsvermögen spielen dabei eine wichtige Rolle, denn Sie erinnern sich an gleiche oder ähnliche Erlebnisse.

Dieser gesamte Vorgang läuft ungeheuer schnell ab. Sie erleben ihn nicht in verschiedenen nebeneinander ablaufenden Prozessen, sondern Sie nehmen ganzheitlich wahr und verstehen sofort die verschiedenen Teile in ihrer Zusammengehörigkeit als ein Ganzes. Doch mit den äußeren Eindrücken und dem Verstehen des Dargebotenen ist es bei einem Kinobesuch nicht getan. Zusammen mit den äußeren Reizen bzw. Informationen stellen sich automatisch Gefühlserlebnisse ein. Sie werden in bestimmter Weise in Ihren Gefühlen angesprochen, Ihre Stimmung wird heiter oder traurig, Sie sind zufrieden oder entsetzt, Sie werden angeregt zum Mitempfinden, vielleicht zum Mitleiden, zu Ironie oder Verachtung. Es gibt eine unendliche Skala gefühlsmäßiger Nuancen. Sie werden wirksam, je nach Art und Weise, in der ein bestimmter äußerer Eindruck auf ein Individuum trifft.

Sind Sie womöglich nicht allein, sondern mit einer Gruppe im Kino, so wird der Film die Einzelnen in unterschiedlicher Weise ansprechen und bei ihnen verschiedenes Erleben und Verhalten auslösen. Der eine ist amüsiert und lacht, die andere ist über denselben Film vielleicht traurig, und vereinzelte Tränen rollen.

Das alles gehört zum Erleben der Umwelt. Aus diesem Erleben können sich in der Folge unterschiedliche Wünsche, Absichten und Handlungen ergeben.

Unterschiedliches Erleben

Das Beispiel des Kinobesuchs zeigt, wie unterschiedlich Menschen auf denselben Film reagieren können. Ähnliches geschieht mit allen anderen Eindrücken aus unserer Umwelt.

Meist machen wir uns keine oder wenig Gedanken um scheinbar Elementares und Selbstverständliches. Was wir mit eigenen Augen gesehen oder mit eigenen Ohren gehört haben, erscheint uns in der Regel als Tatsache, als unumstößliche Gegebenheit. Wir sind meist felsenfest davon überzeugt, durch unsere Sinnesorgane ein genaues Abbild der objektiven Realität zu erhalten. Doch ganz so einfach ist es nicht. Das Zusammenspiel der äußeren und der inneren Wahrnehmung lässt uns gleiche Dinge und Situationen oft sehr unterschiedlich erleben. Das gilt nicht nur für den Kinofilm.

Stellen Sie sich einen alten Herrn vor, der nach einem Schlaganfall mühsam mit seinen Sprachstörungen kämpft, sich aber nicht entmutigen lässt, jede Gelegenheit zum Sprechen nutzt und immer wieder übt. Mehrere Personen sitzen mit diesem Mann in einer Gesprächsrunde. Sie als AltenpflegeschülerIn, der bzw. die sich mit dem Krankheitsbild bereits fachlich auseinandergesetzt hat und Zusammenhänge versteht, nehmen vorrangig das Bemühen des Mannes um seine sprachliche Verständigung wahr, sehen seine Fähigkeiten, die er schon dabei entwickelt hat und motivieren ihn, so weiter zu machen. Ein Jugendlicher, der in seinem Umfeld nie mit Schlaganfallpatienten zu tun hatte, solches Sprachverhalten zum ersten Mal beobachtet und keine Hintergründe kennt, ist zunächst amüsiert, weil die Laute für ihn komisch klingen, und später genervt, weil sein Gegenüber für jeden Satz viel Zeit benötigt. In seinem Verhalten zeigt er deutlich Ablehnung gegenüber seinem Gesprächspartner. Schließlich sitzt in der Gesprächsrunde noch ein Kind, das beim eigenen Großvater Ähnliches erlebt hat. Es kann sich zwar die Gründe für die Sprachstörung nicht erklären, weiß aber noch vom eigenen Großvater, wie sehr dieser unter seinem Problem gelitten hat und fühlt mit dem alten Herrn, der nach Worten ringt. Das Kind erinnert sich außerdem, wie der Großvater das Sprechen wieder erlernt hat und hilft dem Mann, die richtigen Worte zu finden.

Persönliche Erfahrungen

Persönliche Erfahrungen bestimmen hier das Erleben, lassen die Einzelnen das Geschehen unterschiedlich wahrnehmen und bewerten, führen zu verschiedenen Verhaltensweisen. Jeder Mensch betrachtet seine Umwelt quasi durch eine andere Brille (siehe dazu auch Thema »Selbstbild – Fremdbild« im Kapitel »Alt – langlebig – Methusalem«, S. 51 ff.).

Dabei sind die physiologischen Grundlagen der Wahrnehmung bei allen Menschen gleich.

Mit allen Sinnen

Das Aufnehmen und Verarbeiten von Reizen aus der Umwelt erfolgt über verschiedene Sinneskanäle. Die Informationen treffen auf die Sinnesorgane als Empfangsstationen. Dort werden Rezeptorzellen erregt, die eine Empfindung auslösen. Diese wird wahrgenommen, und darauf erfolgt eine Reaktion. Der Weg über diese Stationen wie-

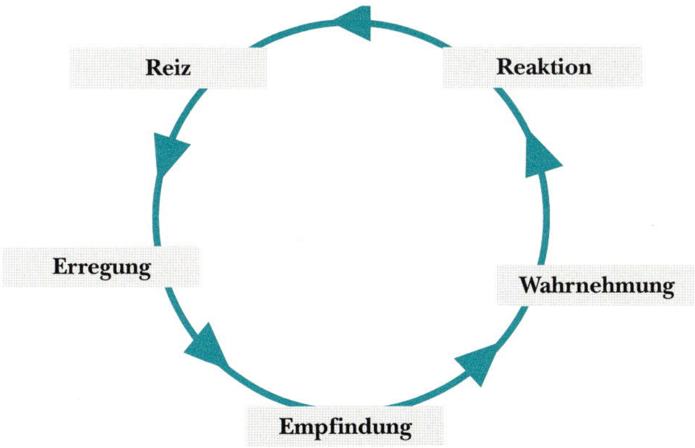

derholt sich ständig. Es wird auch vom so genannten »Reizkreislauf« gesprochen.

Einteilung des Sinnessystems

Der Volksmund spricht meist von den fünf Sinnen und meint damit die traditionelle Einteilung des Sinnessystems, die nur eingeschränkt nach streng anatomischen Gesichtspunkten vorgenommen wurde. Doch oftmals glauben wir an einen »siebten Sinn«, der uns z.B. vor Unheil bewahrt, uns die richtige Entscheidung ermöglicht usw.

Tatsächlich geht die neuere Sinnesphysiologie von einer differenzierteren Gliederung der Wahrnehmungsbereiche aus. Im Bereich der Pflege wird gar ein »Zwölf-Sinne-Modell für den Pflegealltag« beschrieben.

Wahrnehmungssysteme

Auf breiter Ebene hat sich die Einteilung in die folgenden Wahrnehmungssysteme durchgesetzt:

Sinnessystem	Erkenntnistätigkeit	Sinnesorgane
Visuelles System	Sehen	Augen
Auditives System	Hören	Ohren
Taktiles System	Tasten, Berühren	Haut, Hände, Mund
Olfaktorisches System	Riechen	Nase, Nasenhöhle
Gustatorisches System	Schmecken	Mund, Mundhöhle, Gaumen, Zunge
Kinästhetisches System	Tiefensensibilität, Bewegungsempfinden	Sehnen, Muskeln, Gelenke
Vestibuläres System	Gleichgewichtsregulation	Vestibulärapparat[1]

[1] *vgl.: Zimmer, Renate: Handbuch der Sinneswahrnehmung, Freiburg 1995*

Aufmerksamkeitszuwendung

Die Wahrnehmung ist ein automatisch ablaufender Prozess, gegen den sich der Mensch nicht wehren kann. Sie kann durch eine willkürliche oder eine unwillkürliche Aufmerksamkeitszuwendung zustande kommen. Ein Beispiel verdeutlicht dies:

Stellen Sie sich vor, Sie arbeiten für eine Sozialstation und sind unterwegs. Sie besuchen eine Klientin in deren Wohnung. Diese hält sich in ihrem Wohnzimmer auf. In diesem Wohnzimmer befindet sich – neben vielen anderen Dingen wie Möbeln, weiteren Einrichtungsgegenständen, Geschirr, Zeitschriften etc. – eine Flasche Mineralwasser. Wenn Sie wissen, dass diese Klientin immer zu wenig trinkt und das Pflegepersonal angewiesen ist, sie zur Flüssigkeitsaufnahme zu motivieren, suchen Sie möglicherweise gezielt nach etwas Trinkbarem und entdecken die Flasche. In diesem Fall hätten Sie willkürlich Ihre Aufmerksamkeit darauf gelenkt. Gäbe es keinen besonderen Anlass, die Trinkgewohnheiten der Klientin zu beobachten, und Sie hätten nur ganz allgemein Ihren Blick durch den Raum schweifen lassen, hätten Sie vielleicht die Flasche zufällig wahrgenommen, d.h. unwillkürlich Ihre Aufmerksamkeit dorthin gewendet.

Wären Sie mit einer Kollegin unterwegs bei derselben Klientin, könnte es sein, dass eine von Ihnen die Flasche wahrnimmt und die andere nicht.

Wahrnehmungsfähigkeit

Bei der Arbeit in der Pflege ist es äußerst wichtig, die Wahrnehmungsfähigkeit gut zu trainieren. Beobachtung und Einschätzung von Situationen spielen eine große Rolle. Die Wahrnehmung sollte hier nach einem rationellen Organisationsprinzip erfolgen, das bedeutet, sich mit einem Minimum an Aufwand ein Maximum an Überblick zu verschaffen. Dies ist eine wichtige Voraussetzung für situationsgerechtes Handeln und Reagieren.

Die Wahrnehmung unterliegt dem Prinzip der Vereinfachung. Permanent strömt eine Vielzahl von Reizen auf uns ein, von denen wir nur einen Bruchteil tatsächlich wahrnehmen. Hier wird ein Auswahlfilter wirksam, der aus den rund 10 Millionen einzelnen Reizen, die pro Sekunde auf uns einwirken, etwa 15 je Sekunde aufnimmt. Dieser Auswahlfilter ist dem Kurzspeicher, in dem die Informationsverarbeitung stattfindet, vorgeschaltet. Er kann sowohl bewusst als auch unbewusst arbeiten.

Daneben gibt es weitere Filter, die dazu bewirken, dass nicht alle uns umgebenden Reize ins Gehirn gelangen. Das folgende Modell zeigt dies in der Übersicht.*

Modell der Informationsverarbeitung

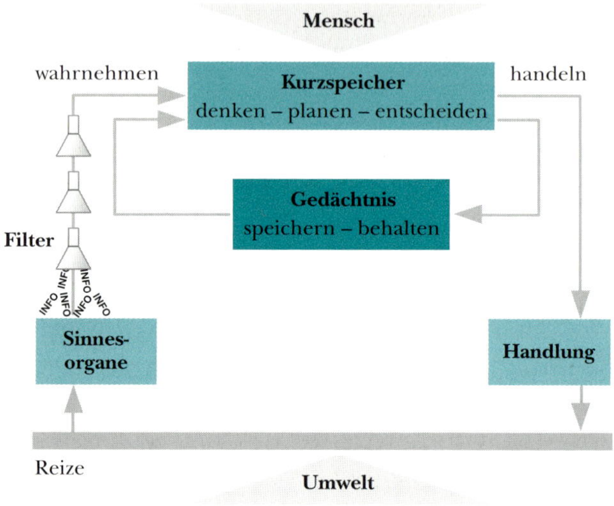

Menschliche Wahrnehmung ist immer relativ, d.h. die Objekte der Wahrnehmung sind niemals völlig losgelöst, sondern sie stehen in Beziehung zu etwas Bekanntem, bereits im Gedächtnis Abgespeicherten. So beruht sie auf Erfahrungen und Erwartungen und kann daher nicht objektiv sein.

Das Auto kam von rechts – ... oder?

Bei Zeugenaussagen wird dieses Phänomen besonders deutlich. Beschreiben drei Zeugen denselben Verkehrsunfall, sind nicht selten drei verschiedene Schilderungen des Hergangs das Ergebnis. Die eine Zeugin hat genau gesehen, dass das Auto von rechts kam. Der zweite Beobachter ist sich ganz sicher, dass von rechts das Fahrrad kam, das Auto dagegen von links usw.

*) vgl: Lehrl, Siegfried/Fischer, Bernd; Selber denken macht fit, Vless Verlag, Ebersberg 1986, 2. überarbeitete Auflage 1990, S. 72f.

In solchen Fällen handelt es sich meist um eine so genannte Wahrnehmungstäuschung.

→ **Wahrnehmungstäuschung**

»Psychischer Effekt, bei dem subjektiv Wahrgenommenes nicht mit der objektiven (Reiz)gegebenheit übereinstimmt. Wahrnehmungstäuschungen sind in allen Sinnesbereichen möglich. Am auffälligsten sind die optischen Täuschungen.«*

Optische Täuschung

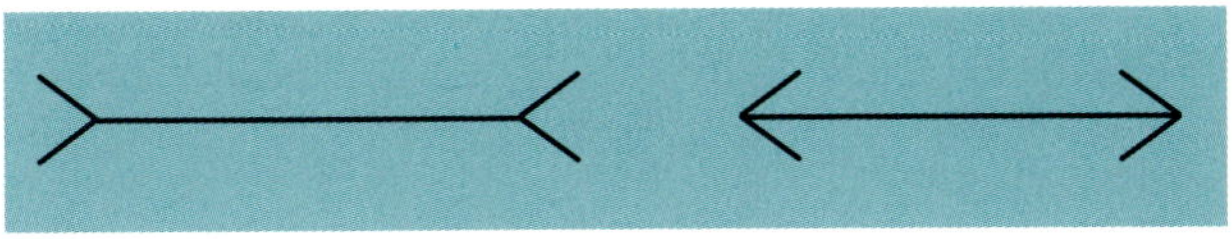

Wenn Sie die beiden Linien vergleichen, werden Sie den Eindruck haben, dass die linke länger ist als die rechte. Tatsächlich aber sind beide gleich lang, wie Sie durch Nachmessen sofort feststellen können.

Die optische Täuschung beruht physiologisch auf der Bau- und Funktionsweise des menschlichen Auges, psychologisch auf einer Fehldeutung bzw. einem Schätzfehler bei der Erfassung des Wahrgenommenen. Die Einzelteile werden nicht jeweils für sich wahrgenommen, sondern das Ganze, d.h. die Einzelheit eingebettet in das Ganze. So erhält die Einzelheit durch die Umgebung in unserer Wahrnehmung quasi ein anderes Gesicht als sie isoliert hätte.

Ähnliche Täuschungen gibt in den anderen Bereichen der Sinneswahrnehmung.

Das für Sie lauwarme Wasser, mit dem Sie einen pflegebedürftigen alten Menschen waschen, kann z.B. der betreffenden Person heiß oder kalt vorkommen. Wie relativ dieses Empfinden ist, können Sie an sich selbst feststellen, wenn Sie Ihre Hände in eine Schüssel mit lauwarmem Wasser tauchen – einmal nachdem Sie sie zuvor mit Eiswürfeln oder eiskaltem Wasser einige Zeit gekühlt

*) aus: Meyers Lexikonredaktion (Hg.); Schüler-Duden: Die Psychologie, Bibliographisches Institut & F. A. Brockhaus, Mannheim 1996, S. 442

haben, ein anderes Mal nachdem Sie vorher die Hände in sehr heißes Wasser gehalten haben.

Subjektive Brille

Wahrnehmung kann also nicht objektiv sein. Jeder Mensch schaut durch seine subjektive Brille und betrachtet seine Welt auf ganz individuelle Weise.

Dabei werden sowohl individuelle Faktoren wirksam, die die Wahrnehmung beeinflussen können wie

- Erfahrungen und Intelligenz,
- Interessen,
- Stimmungen,
- Gefühle, Bedürfnisse, Motive
- ...

als auch soziale Faktoren wie

- Werte und Normen,
- Stereotype und Stigmata,
- Haltungen und Einstellungen
- ...

Sind Sie selbst gut gelaunt, nehmen Sie Sticheleien einer Kollegin und Beschimpfungen durch einen Bewohner ganz anders auf, als wenn Sie selbst schon in schlechter Stimmung sind.

Eine streng katholisch erzogene Bewohnerin ereifert sich sehr darüber, dass einzelne ihrer TischnachbarInnen mit dem Essen beginnen, ohne zuvor ein Tischgebet zu sprechen, während anderen dieses Verhalten überhaupt nicht auffällt.

Individuelle bzw. soziale Faktoren

Dies sind nur zwei Beispiele, bei denen individuelle bzw. soziale Faktoren die Wahrnehmung beeinflussen, indem bestimmte Erwartungen ausgelöst werden.

Die verschiedenen Erwartungen lassen die einzelnen Menschen objektiv gegebene Reize unterschiedlich wahrnehmen.

Unterschiede oder gar Verfälschungen treten besonders häufig auf, wenn es um die Wahrnehmung von Personen oder Personengruppen geht. In diesem Zusammenhang wird auch von so genannten »sozialer Wahrnehmung« gesprochen. Diese beinhaltet auch die Beeinflussung der Wahrnehmung durch soziale Faktoren.

→ Soziale Wahrnehmung

»... Richtung innerhalb der experimentellen Kognitionspsychologie. Es wurde gezeigt, dass und in welchem Umfang persönliche Bedürfnisse, Motive, Erwartungen, Stimmungslagen und/oder soziale Situationen die Beurteilung und Einschätzung von Personen oder Objekten sowie Erinnerungen beeinflussen. Dies gilt auch für die Einschätzung von Größe, Gewicht oder der Bewegungsweise relativ neutraler Reize.«*

Gestörte Wahrnehmung und ihre möglichen Folgen

Sich ändernde Lebensbedingungen mit zunehmender Motorisierung und Technisierung der Umwelt und immer häufigerer Verinselung des Lebensumfelds lassen unmittelbare Erfahrungen mit dem Körper und mit allen Sinnen immer seltener zu. Die Einschränkungen beginnen oft bereits im Kindesalter und setzen sich im Erwachsenenalter fort.

Wahrnehmungsfähigkeit

Auch beim alten Menschen ist die Wahrnehmungsfähigkeit oft eingeschränkt oder in Teilbereichen gar ganz ausgefallen. Die Funktionsfähigkeit der Sinnesorgane verändert sich mit zunehmendem Lebensalter, wie die folgenden Beispiele zeigen.

Sehen: Bei älteren Menschen ist die Anpassung des Auges an die Dunkelheit verzögert.
Es wird vermutet, dass ca. 40% der Älteren eine nicht optimal angepasste Brille benutzen.

Hören: Etwa jeder fünfte Erwachsene und jeder vierte über 65 Jahre ist hörgeschädigt. In Deutschland hätten ca. 11. Millionen Menschen ein Hörgerät nötig. Aber nur 1,3 Millionen tragen Hörhilfen.

Riechen: Bei den über 65jährigen haben ca. 60% ein Geruchsdefizit. Bei den über 80jährigen sind es bereits 80%. Für viele Gerüche liegt bei

*) aus: Fröhlich, Werner D.; Wörterbuch Psychologie, 23. Aufl., München 2000, S. 470

über 65jährigen Personen die Erkennungsschwelle zwei bis fünf Mal höher als bei jüngeren. Bei über 80jährigen wurde sogar eine achtfache Riechschwellenerhöhung festgestellt.

Schmecken: Es wird geschätzt, dass mehr als die Hälfte der 65- bis 80jährigen bleibende Störungen der Geschmacksempfindung aufweisen.

Tasten: Das Tasten bzw. das Empfinden über die Haut sollte zeitlebens erhalten bleiben.*

Wahrnehmungsstörungen

Wahrnehmungsstörungen können entweder vorübergehend auftreten oder anhalten. Sie können z.B. auftreten bei

- Schädigungen einzelner Sinnesorgane, d.h. Teilausfall oder völligem Ausfall,
- Hirnfunktionsstörungen bzw. Störungen des zentralen Nervensystems,
- psychotischen Erkrankungen,
- Demenzen
- etc.

Wahrnehmungsstörungen können sich in drei Bereichen äußern:

- im Denken,
- im Fühlen und
- im Sozialverhalten.

Beim Denken sind oft kognitive *(lat. cognoscere = wahrnehmen, bemerken, kennenlernen, erkennen, kognitiv = erkenntnismäßig, das Wahrnehmen Deuten und Erkennen betreffend)* Einbußen zu beobachten.

Im Fühlen werden u.a. Wahnsymptome, Angstsymptome und depressive Symptome beschrieben.

Das Sozialverhalten verändert sich und ist häufig durch Rückzug der betreffenden Person gekennzeichnet.

---

*) vgl.: Fischer, Bernd/Dickreiter, Bernhard/Mosmann, Hannjette; Vitalitätskonzept nach Prof. Fischer. Fit ab fünfzig. Teil I, Haslach, 1996, S. 47f.

Solche Störungen können auch durch extrem reizarme und eintönige Umgebung hervorgerufen werden. Deshalb ist es besonders wichtig, bei pflegebedürftigen alten Menschen für eine reiz-volle Umgebung und Stimulation der Sinne zu sorgen.

Stimulation der Sinne

Das Gehirn ist von den Sinnesorganen regelrecht abhängig. Nur über diese kann der Reizkreislauf funktionieren. Die Fähigkeit der Informationsverarbeitung wird benötigt, um die Anforderungen des Alltags bewältigen zu können.

Die Funktionsfähigkeit der Sinnesorgane kann bei Störungen oder Einschränkungen auf zwei Wegen – ganz oder zumindest teilweise – wieder hergestellt werden:

1. Durch Ersatzversorgung. Dabei wird eine verminderte Fähigkeit, z.B. schlechtes Sehen, durch eine äußere Hilfe – in diesem Fall eine gut angepasste Brille – verbessert.
2. Durch gezieltes Training der Reizaufnahme und -verarbeitung. Dabei werden die Sinnesorgane durch Üben in ihrer Funktionsfähigkeit gefördert.

Gezieltes Training, oft auch in Form von Spielen, kann die Sinne anregen und die Wahrnehmung schärfen. Gerade die so genannten »Kim-Spiele«, die es in unzähligen Ausprägungsformen gibt, sind sinnvolle Stimulation und ermöglichen wichtige Sinneserfahrungen.

Kim-Spiele

»Die Kim-Spiele gehen auf eine indische Fabel zurück: Kim kommt als Junge zu einem Händler, bei dem ein kleinerer Junge wohnt. Der Händler dämpft die Überheblichkeit des Kim, indem er das Juwelen-Spiel spielen lässt. Er legt Steine auf ein Tablett, lässt sie anfassen und anschauen, um sie dann wieder abzudecken. Dann zählen die Kinder auf, was sie noch wissen. Der jüngere gewinnt immer, denn er hat die bessere Wahrnehmungsgabe.«*

*) Cleve-Mark, Iris van; Spielend Grenzen überschreiten, in: Altenpflege Nr. 8/1983, S. 484f.

Wahrnehmungstraining kann auch erfolgen, indem bei alltäglichen Wahrnehmungsvorgängen bewusst Störungen erzeugt werden.

So kann z.B. die visuelle Wahrnehmung trainiert werden, indem das Lesen erschwert wird – etwa durch Verschmieren der Brillengläser mit Creme oder durch ständiges Drehen des Blattes, von dem gelesen werden soll.

Die akustische Wahrnehmung lässt sich üben durch Erkennen eines gesprochenen Satzes bei verstopften Ohren, etwa mit Ohropax, Lärmstopp usw.

Zahlreiche weitere Beispiele für die einzelnen Sinneskanäle lassen sich finden.

Basale Stimulation

Bei der Körperpflege ist die Anregung der Sinne ebenfalls möglich, und sie sollte so intensiv wie möglich erfolgen. Wichtigstes Instrument sind dabei die wahrnehmenden und sprechenden Hände, die sich im Sinn der so genannten »basalen Stimulation« einsetzen lassen.

Der folgende Auszug aus der Erzählung »Die Altenrepublik« macht deutlich, wie viel Wahrnehmungstätigkeit auf beiden Seiten – bei der pflegenden und der gepflegten Person – mit einer ganz alltäglichen Situation in der Altenpflege, einer Ganzwaschung, enthalten sein kann:

»Adam, 72 Jahre alt.
Sein Krankheitsbild: rechtsseitige Hemiparese, neigt zu Schlaganfällen und Sprachstörungen; Diabetiker.
Adam ist nicht bettlägerig, aber auch nicht alleine gehfähig.
Er kann alleine essen. Stuhl und Urin sind kontinent. Er kann sich weder allein waschen noch anziehen.
Adam ist kurzsichtig und hört schlecht. Er ist zeitlich leicht desorientiert und phasenweise depressiv.
Puls 80, regelmäßig. Atmung 17/min., tief und gleichmäßig.
Es ist Sonntag, und ich habe Dienst. Adam liegt in einem Doppelzimmer mit Karl zusammen. Wenn beide wach sind, kabbeln sie sich meistens. Jetzt ist das Zimmer noch dunkel. Ich knipse

das Licht an und sehe, dass Adam im Schlaf lächelt. Er atmet ruhig und gleichmäßig. Ich wecke ihn behutsam, indem ich das Fenster schließe und die Heizung auf 4 stelle. Er wird unruhig, und Schweiß bildet sich oberhalb seiner Lippen. Ich will ihn nicht erschrecken und berühre vorsichtig seine Hand, sage leise: Guten Morgen.

Adam reagiert mit Verzögerung: Er lächelt und murmelt etwas, das ich nicht verstehe. Aber es ist ein liebes Murmeln. Vielleicht heißt es: Ich habe Vertrauen zu dir.

Adam kennt mich, er weiß, dass ich ihn gleich waschen werde, und beobachtet mich, während ich eine Ganzwaschung vorbereite. Ich lege zwei Handtücher, zwei Waschlappen, Seife, Ohrenstäbchen, Bürste und Körperöl bereit, auch Puder gegen das Wundliegen. Da Adam einen Ausschlag hat, hole ich noch eine alkoholische Lösung für seinen Kopf und überlege dabei, ob ich nicht einen Teil für meine Schuppen absahnen soll. Ich lächle, als mir dieser Gedanke bewusst wird, und Adam, der mein Lächeln sieht, erwidert es. Ich nehme noch die Utensilien für die Mundpflege aus dem Spiegelschränkchen. Damit liegt alles griffbereit, wie bei einer Operation. Und so wasche ich mir auch erst meine Hände. Adam beobachtet jede meiner Bewegungen. Er lässt sich gern waschen, es ist der Höhepunkt seines Tagesablaufes. Er will unbedingt, dass wir während dieser Zeit allein sind. Mir schweben Bilder von rituellen Waschungen in Indien im Kopf herum. Karl geht zu den anderen in den Waschraum. Ich höre Lachen von dort.

Ich stelle das Bett flach und bitte Adam, seinen Kopf zu heben, damit ich ein Handtuch unterlegen kann. Adam tut es gerne und bereitwillig. Er weiß, dass ich sein Gesicht nur mit Wasser wasche, weil er eine empfindliche Haut hat. Empfindliche Haut heißt für mich: Der Mensch wehrt sich gegen eine feindliche Umwelt.

Ich säubere die Augen von außen nach innen und streichle dabei das Nasenbein und bei der Rückwärtsbewegung seine Augenbrauen. Adam atmet tief und ruhig wie eine Geliebte, die auf weitere zärtliche Berührungen wartet. Ich bin glücklich. Adam greift nach dem Handtuch, um sich selbst abzutrocknen. Er berührt meine Hand. Ich lasse es geschehen und für einen Moment lächeln wir uns an. Ich vergesse die mir auferlegte Überprüfung, ob sein Gesicht seit gestern abnorme Veränderungen aufweist. Stattdessen will ich jetzt Adams Brustkorb und seine Arme waschen und schlage dazu die Decke bis zum Bauch zurück. Adam lächelt jetzt nicht mehr. Er deutet mit dem gesunden auf den gelähmten, rechten Arm und verzieht sein Gesicht. Ich soll den gelähmten Arm nicht waschen. Ich erkläre ihm, dass ich es tun muss, damit die Durchblutung angeregt wird. Adams Lächeln wird süßsauer, fast feindlich. Dennoch umschlingt er mit seinem linken Arm meinen Hals und richtet sich so selbst auf, damit ich ihm sein Nachthemd ausziehen kann.

Mit großen kreisenden Bewegungen wasche ich nun seinen Brustkorb. Ich spüre, dass Adam sich wohl fühlt. Seine Augen glänzen. Ich wasche die Seife säuberlich ab, damit es zu keiner Hautreizung kommt, und frottiere den Oberkörper kräftig. Auch ich fühle mich wohl. Ich denke an meine Freundin, die ich manchmal waschen darf, sehe sie vor mir und fühle mich grenzenlos gut. Adam spürt es. Er schaut mich mit den Augen eines furchtlosen Kindes an. Dennoch gibt es zwischen uns eine geheimnisvolle Distanz, die wir wohl nie überwinden werden.

Mit besonderer Sorgfalt wasche ich die Arme. Zunächst den gelähmten, von unten nach oben, damit der venöse Rückfluss gefördert wird. Adam lässt es geschehen. Dann wende ich mich dem Rücken zu. Den wasche ich am liebsten. Meine Freundin mag es besonders, wenn man sie sanft mit den Fingernägeln kratzt, massiert und dann streichelt.

Adam stößt sich mit dem linken Fuß ab und dreht sich um. Ich wasche und massiere ihn, danach reibe ich Franzbranntwein auf die Haut und klatsche seinen Rücken vorsichtig ab. Adam dehnt sich wohlig. Ich erkläre ihm, dass ich ihn nun anziehen will. An dieser Stelle kommt auch heute die Weigerung. Warum verletzt du mich so? lese ich in seinen Augen. Er ist gereizt und versucht, mich mit einem Lächeln zu betrügen.

Ich fange wieder einmal an, an mir selbst zu zweifeln. Adam spürt meine Anspannung und meine Schwäche – und wird stark. Er entspannt sich und lässt sich das Hemd überstreifen.

Ich wechsle das Wasser, lege die Decke beiseite und wasche mit einem neuen Waschlappen den Unterkörper, beginnend an Zehen und Füßen, über das Knie bis zum Oberschenkel. Ich schaue Adams Glied nicht an. Ich frottiere die Beine. Bei den Füßen achte ich besonders darauf, dass sich zwischen den Zehen keine feuchten Kammern bilden, die zu Brutstätten für Pilze und Bakterien werden können. Dann teile ich Adam meinen Entschluss mit, seine Genitalgegend zu waschen. Er schließt die Augen. Ich ziehe die Vorhaut zurück, entferne das Sekret und schiebe die Vorhaut wieder nach vorn. [...]

Ich bitte Adam, sich auf die Seite zu drehen und wasche sein Gesäß. Als ich es abgetrocknet habe, dreht er sich wieder auf den Rücken. Dann pudere ich noch die Leisten und bedecke den Genitalbereich. Adam öffnet die Augen und schaut mich angstvoll an. Ich lächle. Er hat Tränen in den Augen. [...]

Nun ziehe ich meine Einmalhandschuhe an und wende mich den Beinen zu. Ich reibe sie mit einer Salbe gegen Venenentzündung ein. Währenddessen unterhalte ich mich mit Adam über seine Militärzeit. Später ziehe ich ihn vollständig an und schiebe den Rollstuhl heran.

Ich umfasse Adam jetzt mit beiden Armen und helfe ihm von der Bettkante herunter. Sobald er auf einem Bein sicher steht, ziehe ich mit einer Hand die Hose hoch und stopfe Unterhemd und Hemd glatt hinein, dann setze ich Adam langsam in den Rollstuhl und stelle seine Füße auf die Fußstützen. Adam atmet erleichtert auf. Er lacht und ich mit ihm. Nun geht es schnell: Sein Ausschlag auf der Kopfhaut wird mit der Alkohollösung behandelt, das dünne Haar mit einer weichen Bürste gebürstet, die Ohren mit Wattestäbchen gereinigt und zum Schluss seine Mundhöhle ausgetupft. Nachdem ich alles weggeräumt habe, wasche und desinfiziere ich meine Hände.«*

Besonders im Alter, wenn die Leistungsfähigkeit der Sinnesorgane nachlässt, ist es wichtig, die Welt mit allen Sinnen zu erfahren und zu genießen, sich zu besinnen und sich der Sinnhaftigkeit des eigenen Tuns bewusst zu sein und sich nicht der Sinnlosigkeit preiszugeben. Dabei gilt es, die Sinne gleichzeitig bewusst zu trainieren.

Sinne trainieren

Dabei ist Wahrnehmung ein ganzheitlicher Prozess. Der Mensch nimmt seine Umwelt nicht nur mit einzelnen Sinnesorganen und Organsystemen wahr, sondern mit der gesamten Person, zu der auch Gefühle, Erwartungen und Erinnertes gehören. »Es ist nicht das Auge, das sieht, nicht das Ohr, das hört, sondern immer der ganze Mensch.«**

Zwar lassen einzelne Wahrnehmungsfähigkeiten mit zunehmendem Lebensalter nach, aber zur Anregung der Sinne sollte dennoch oder gerade deswegen jede sich bietende Gelegenheit genutzt werden. Der duftende Blumenstrauß im Zimmer ist ebenso wichtig wie der morgendliche Kaffeeduft, der die Lust auf das Frühstück weckt. Das Anfassen verschiedener Materialien, z.B. beim Werken, setzt wechselnde Sinnesreize. Ein schmackhaft zubereitetes Essen, etwa mit frischen Kräutern, macht nicht nur Appetit, sondern schult Zunge und Gaumen. Bewusstes Musikhören mit Erkennen einzelner Instrumente und Verfolgen lautmalerischer Effekte ist der Gehörfähigkeit dienlicher als ein ständig als Geräuschkulisse plärrendes Radio. Tapetenwechsel mit Spaziergängen in der Natur, wechselnde

*) aus: Strecker, Dieter; Die Altenrepublik, Lucy Körner Verlag, Fellbach 1988, S. 56f.

**) aus: Zimmer, Renate; a.a.O., S. 59

Dekorationen im Raum, sich bewegende Mobiles etc. sind Möglichkeiten für Anreize zur visuellen Wahrnehmung.

Training der Wahrnehmung ist sinnvoll und notwendig, ist jedoch keineswegs eine Garantie für das Ausbleiben von Wahrnehmungsstörungen.

Gefühle begleiten das Leben

Das gesamte menschliche Leben ist von Gefühlen begleitet. Schon beim Erleben und der Aufnahme der Reize aus der Umwelt werden Gefühle wirksam, oft sogar vor jeder gedanklichen Verarbeitung. Andererseits können Gefühle Motive unseres Handelns sein. So kombiniert jeder Mensch auf seine individuelle Weise die Wahrnehmung der äußeren Welt mit seinen Gefühlen und erlebt die Welt einzigartig.

Erlebnisqualitäten

Gefühle sind keine Einzelfunktionen, sondern so genannte Erlebnisqualitäten, die beim Erleben, Denken und Handeln vorhanden sind, das gesamte menschliche Leben beeinflussen und ihm quasi Farbe geben. Sie sind körperliche und psychische Erlebnisse, die das Verhalten steuern.

→ Gefühl

»psychophysisches Grundphänomen des subjektiven individuellen Erlebens einer Erregung (Spannung) oder Beruhigung (Entspannung), jeweils mehr oder minder deutlich von Lust und Unlust begleitet. Das Gefühl hängt eng mit der Tätigkeit des vegetativen Nervensystems zusammen. Die physiologischen Begleiterscheinungen sind z.B. Änderung der Puls- und Atemfrequenz oder des Volumens einzelner Organbereiche.«*

Betrachten Sie das folgende Arbeitsblatt (Vergrößerung erstellen!). Gehen Sie die dort aufgeführten Gefühle einzeln durch, überlegen Sie jeweils genau, was nach Ihrem Verständnis damit gemeint

*) aus: Meyers Lexikonredaktion (Hg.); Schüler-Duden: Die Psychologie, Bibliographisches Institut & F. A. Brockhaus, Mannheim 1996, S. 128

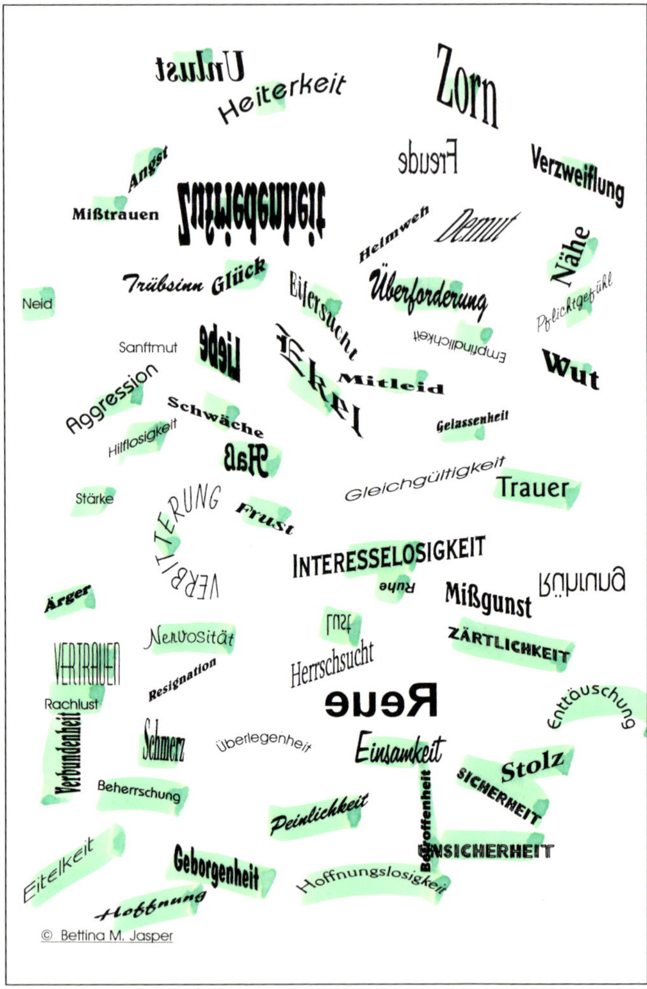

ist und markieren Sie alle die Gefühle, die Sie nach Ihrer Erinnerung selbst schon in irgendeiner beliebigen Situation einmal empfunden haben.

Steuerung von Gefühlen

Gefühle und Denken hängen eng zusammen. Für die Steuerung von Gefühlen sind das limbische System und das Zwischenhirn zuständig.

Das limbische System sorgt als eine Art Ventil dafür, dass Gefühle überhaupt ins Bewusstsein dringen, behalten werden und bestimmte Reaktionen hervorrufen. Erlebnisse, die mit starken Emotionen verbunden sind, werden besser gespeichert bzw. sind leichter aus dem Gedächtnis abrufbar als andere.

Im Thalamus und in der so genannten Mandelkernregion werden die ankommenden Sinneswahrnehmungen mit Gefühlen wie Lust, Freude, Angst usw. ausgestattet. Sie bestimmen mit, ob wir lachen oder weinen, wie wir uns verhalten. Diese Vorgänge beeinflussen auch, ob wir etwas behalten oder nicht. Zurück zu dem Beispiel vom Kinobesuch: einen Film, in dem Sie viel gelacht haben, vergessen Sie nicht so schnell wie einen, bei dem Sie mühsam gegen den Schlaf ankämpfen mussten.

Der Hypothalamus im unteren Teil des Zwischenhirns ist – neben anderen Aufgaben – zuständig für Gefühle wie Hunger und Durst. Die Hypophyse, verbunden mit dem Hypothalamus, steuert das sexuelle Verhalten mit.

Wechselwirkung mit Sinneswahrnehmungen, Gedanken und Erinnerungen

All diese Vorgänge stehen in Wechselwirkung mit Sinneswahrnehmungen, Gedanken und Erinnerungen. Es entsteht ein Wechselspiel zwischen Nervenleitungen, Hormonausschüttungen, Erregung, Meldung und Rückmeldung. Außerdem steht all dies in Beziehung zur Großhirnrinde und so zu Denken und Bewusstsein.

Gefühle und Denken sind also eng miteinander verknüpft. Die Weiterleitung von Gefühlen an das für das Denken zuständige Großhirn ermöglicht es dem Menschen, Gefühle mit Begriffen zu bezeichnen. Trotzdem kann ein Begriff ein Gefühl nur annähernd umschreiben und meist unzureichend darstellen. Gefühle sind kognitiv nicht völlig erfassbar, weil eben individuell verschieden.

Das Fühlen beeinflusst das Denken, und umgekehrt schwingen bei allen Denkprozessen Gefühle mit.

Ein bewusstes Ausschalten von Gefühlen ist kaum möglich. Wird ein Mensch aufgefordert, vernünftig statt emotional zu reagieren, kann er dieser Aufforderung in der Regel nicht entsprechen. Der Einfluss des Großhirns auf die Gefühle ist zu schwach.

Gefühle wirken ein auf Geist und Körper

Gefühle und Bedürfnisse hängen eng zusammen. So äußert sich z.B. das Bedürfnis nach Nahrung in Hungergefühl, oder ein nicht befriedigtes Bedürfnis nach Sicherheit kann ein Gefühl der Angst auslösen.

Die Theorien zur Bedürfnislehre gehen zurück auf die humanistische Psychologie. Insbesondere der amerikanische Psychologe Abraham Maslow (1908-1970) beschrieb eine Einteilung menschlicher Bedürfnisse in »niedere« und »höhere« und gelangte so zur so genannten »Bedürfnishierarchie«. (Siehe dazu auch Kapitel »Der Apfel fällt nicht weit vom Stamm«, S. 265)

Erst wenn die physiologischen Bedürfnisse wie die nach Nahrungs- und Flüssigkeitsaufnahme, Schlaf etc. auf der untersten Stufe der Hierarchie befriedigt sind, werden weitere entwickelt. Das bedeutet, dass die damit zusammenhängenden Gefühle wie Hunger, Durst oder Müdigkeit – wenn vorhanden – immer Vorrang haben vor anderen Gefühlen und diese mehr oder weniger automatisch überlagern. So können z.B. Gefühle von Freude oder Ärger, Zufriedenheit oder Liebe in den Hintergrund gedrängt werden, wenn physiologische Grundbedürfnisse nicht befriedigt sind.

Geistig-seelische Verfassung

Gefühle wirken sich im psychischen Bereich aus, d.h. sie beeinflussen die Sinneswahrnehmung, das Denken und die geistig-seelische Verfassung des Menschen. Doch gleichzeitig gibt es deutliche Beziehungen zwischen Gefühlserlebnissen und körperlichen Vorgängen. Zusammenhänge sind nachweisbar, aber die konkreten Hintergründe können bisher nicht vollständig erklärt werden.

So kann etwa das Gefühl der Trauer die körperliche Reaktion Weinen auslösen oder Wut sich in erhöhter Pulsfrequenz und beschleunigter Atmung äußern. Verlegenheit kann Erröten zur Folge haben, und Angst kann mit Zittern, Schweißausbrüchen, Beeinträchtigung der Magen- und Darmtätigkeit oder Größenveränderungen der Pupille verbunden sein. Die körperlichen Auswirkungen eines Gefühls können aber individuell sehr verschieden sein. Nicht jeder Mensch weint, wenn er traurig ist, und ein errötetes Gesicht lässt nicht immer auf Verlegenheit oder Zorn schließen.

Die Beziehung zwischen körperlichen Vorgängen lässt sich auch umgekehrt herstellen. Eine Wunde kann mit Schmerz verbunden sein oder ein kurzfristiges Aussetzen der Herztätigkeit kann Angst hervorrufen.

Gefühle in der pflegenden Beziehung

Wie bereits in dem Auszug aus der Erzählung »Die Altenrepublik« deutlich wurde, sind – wie jede menschliche Beziehung – auch die Beziehungen zwischen Pflegekraft und zu pflegenden Personen von Gefühlen geprägt. Die Intensität kann dabei im Einzelnen sehr unterschiedlich sein.

Gehen Sie einmal in Gedanken Ihre Gefühle durch, die Sie schon in Verbindung mit Ihrer pflegerischen Tätigkeit empfunden haben. Dabei kann es sich um Gefühle gegenüber Menschen oder um Gefühle gegenüber Situationen handeln. Tragen Sie diese Gefühle in die Kreise und Ovale der nachfolgenden Grafik ein.

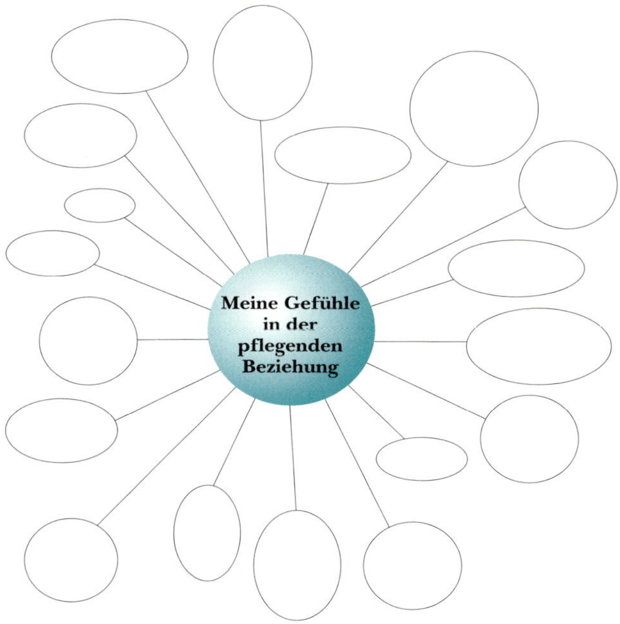

© Bettina M. Jasper

Markieren Sie anschließend die Gefühle, die Sie als überwiegend angenehm empfinden und die, die Sie als überwiegend unangenehm empfinden in unterschiedlichen Farben. Welche überwiegen? Besprechen Sie die Ergebnisse mit Ihren KollegInnen.

Umgang mit unangenehmen Gefühlen

Das Denken überlagert Gefühle

Die Gefühle stehen in der menschlichen Entwicklung vor dem Denken. Sie sind in entwicklungsgeschichtlich älteren und tiefer liegenden Hirnregionen untergebracht als das für das Denken zuständige Großhirn. Dennoch überlagert im Lauf des Lebens das Denken immer mehr die Gefühle. Mit dem Denken können die meisten Menschen besser umgehen, sie haben es besser im Griff. Die Gefühle dagegen führen bei der Mehrheit – zumindest in unserem Kulturkreis – eher ein Schattendasein.

Gefühle werden oft erst dann bemerkt, wenn sie beginnen, das Denken zu stören. Meist sind es die als unangenehm eingestuften Gefühle, die Probleme verursachen und die Lebensqualität beeinträchtigen können.

Sprechen Sie mit Ihren KollegInnen über Ihre Erfahrungen im Umgang mit den in der Grafik auf Seite 333 eingefügten und als unangenehm gekennzeichneten Gefühlen. Wie sind die Einzelnen konkret mit unangenehmen Gefühlen bisher umgegangen? Erfahren Sie von den anderen neue Möglichkeiten, die unangenehmen Gefühle zu bewältigen?

Wichtig ist, unangenehme Gefühle bewusst anzugehen und sie zu bewältigen. Geschieht dies nicht und werden starke unangenehme Gefühle auf Dauer unterdrückt, können sie sich in Form von körperlicher Krankheit entladen. (siehe dazu auch Kapitel »Traumberuf Altenpflege: Heute Feuer und Flamme und morgen ausgebrannt«, Seite 501).

Für die Bewältigung unangenehmer Gefühle kommen verschiedene Möglichkeiten oder Techniken in Frage. Einige werden hier am Beispiel der Angst aufgeführt.

Kognitive Bewältigung

Eine oft praktizierte Form ist die kognitive *(lat. cognoscere = kennenlernen, erkennen, wahrnehmen, erfahren ...; kognitiv = erkenntnismäßig)* Bewältigung.

Dabei wird das Angst auslösende Ereignis eingeordnet als eine Stufe zu einem anschließend besseren Zustand. Zum Beispiel wird die Angst vor einer Operation dadurch bearbeitet, dass sie als notwendiger Schritt betrachtet wird zu einer danach eintretenden Besserung, etwa Schmerzfreiheit, Schmerzreduzierung, Wiedererlangen verlorener Fähigkeiten usw.

Eine andere Variante der kognitiven Bewältigung ist es, wenn die betroffene Person Argumente sucht, um die Angst unbegründet erscheinen zu lassen. Für das Beispiel der bevorstehenden Operation bedeutet das etwa, sich selbst zu erklären, dass schon viele andere PatientInnen den gleichen Eingriff ohne Schwierigkeiten überstanden haben, dass die Ärztinnen und Ärzte bereits seit vielen Jahren Erfahrung mit eben dieser Operation haben, dass keine Schmerzen zu erwarten sind, da der Eingriff unter Vollnarkose erfolgt usw.

Die Wirkung beider Bewältigungspraktiken ist begrenzt. Die Angst lässt sich damit reduzieren, aber nicht völlig bewältigen oder unterdrücken. Die physiologischen Angstanzeichen wie z.B. Herzklopfen, Schwitzen, Zittern usw. bleiben meist erhalten.

Kombination verschiedener Techniken

Als effektiver hat sich eine Kombination verschiedener Techniken erwiesen. Wichtige Schritte dabei sind

1. Angst akzeptieren

   +

2. Angst mit kognitiven Techniken bearbeiten

   +

3. Entspannungstechniken anwenden.

Es gilt, Informationen über die eigene Angst zu sammeln – wann tritt sie auf, womit könnte sie zusammen hängen, wie äußert sie sich genau ... Zusätzlich sollte die betroffene Person Argumente für und gegen die Angst sammeln und diese einander gegenüber stellen. Außerdem ist es wichtig, mit anderen Menschen über die Angst zu sprechen und dabei neue Gedanken und Aspekte zu entdecken. Vielleicht lassen sich auf diese Weise der Angst auch positive Aspekte abgewinnen, z.B. »das Überwinden der Angst in einer bestimmten Situation macht mich stark«. Und schließlich bildet körperliche Entspannung eine sinnvolle Ergänzung. Gezielte Muskelentspannung oder andere Methoden können die Angst spürbar verringern.

Wer unangenehme Gefühle über einen längeren Zeitraum nicht allein bewältigen kann, sollte fachkundige – d.h. ärztliche oder psychotherapeutische – Hilfe in Anspruch nehmen, um dauerhafte Auswirkungen im Sinn von Krankheit zu vermeiden.

Für den Umgang von Pflegekräften mit Ängsten bei alten Menschen gilt in jedem Fall: die Gefühle

- offen ansprechen,
- ernst nehmen,
- nicht banalisieren,
- wie mit eigener Angst umgehen.

Wichtig

- **Wahrnehmung wird definiert als Prozess der Informationsgewinnung aus Reizen, die aus der Umwelt oder aus dem eigenen Körper stammen.**
- **Der Mensch erfährt die Welt auf zwei verschiedene Arten:**
  – durch die äußere Wahrnehmung, auch Sinneswahrnehmung genannt und
  – die innere Wahrnehmung, auch als Gefühlswahrnehmung bezeichnet.
- **Das Zusammenspiel der äußeren und der inneren Wahrnehmung lässt die Menschen gleiche Dinge und Situationen oft unterschiedlich erleben und bewerten. Die Wahrnehmung liefert kein objekti-**

ves Abbild der Realität, sondern ist immer eine subjektive Betrachtung.

- Der Volksmund spricht zwar von den so genannten fünf Sinnen, aber die neuere Sinnesphysiologie geht von einer deutlich differenzierteren Einteilung der Wahrnehmungsbereiche aus.
- Die Wahrnehmung ist ein automatisch ablaufender Prozess, gegen den der Mensch sich nicht wehren kann. Sie kann durch eine willkürliche oder eine unwillkürliche Aufmerksamkeitszuwendung zustande kommen.
- Die Wahrnehmung unterliegt dem Prinzip der Vereinfachung. Nur ein Bruchteil der auf den Menschen einströmenden Reize wird tatsächlich wahrgenommen.
- Wahrnehmung wird beeinflusst von individuellen Faktoren wie Erfahrungen und Intelligenz, Interessen, Stimmungen, Gefühlen usw. und von sozialen Faktoren wie Werten und Normen, Stereotypen und Stigmata, Haltungen und Einstellungen etc.
- Die so genannte »soziale Wahrnehmung« beinhaltet das Wahrnehmen sozialer Gegebenheiten, Mitmenschen oder Gruppen, aber auch von Verhaltensweisen sowie das Wahrnehmen von sozial erworbenen Einstellungen oder Erwartungen der betrachtenden Person.
- Die Funktionsfähigkeit der Sinnesorgane verändert sich mit zunehmendem Lebensalter.
- Wahrnehmungsstörungen können vorübergehend oder dauerhaft auftreten.
- Wahrnehmungsstörungen können sich im Denken, im Fühlen und im Sozialverhalten eines Menschen äußern.

- **Wahrnehmung lässt sich trainieren. Das Training ist sinnvoll und notwendig, bietet jedoch keine Garantie für das Ausbleiben von Wahrnehmungsstörungen.**
- **Wahrnehmung ist ein ganzheitlicher Prozess.**
- **Gefühle beeinflussen das gesamte menschliche Leben. Sie sind körperliche und psychische Erlebnisse, die das Verhalten steuern.**
- **Gefühle beeinflussen das Denken. Bewusstes Ausschalten von Gefühlen ist kaum möglich.**
- **Es gibt Beziehungen zwischen Gefühlen und körperlichen Vorgängen.**
- **Werden unangenehme Gefühle auf Dauer unterdrückt, können sie sich in Form von körperlicher Krankheit entladen. In solchen Fällen sollte fachkundige ärztliche oder psychotherapeutische Hilfe gesucht werden.**

Übungen

1. Versuchen Sie, zwei Minuten lang ganz konzentriert mit geschlossenen Augen Ihre akustische Wahrnehmungsfähigkeit einzusetzen. Stellen Sie sich am besten einen Kurzzeitwecker. Öffnen Sie die Augen erst dann wieder, wenn dessen Signal ertönt. Was haben Sie in den zwei Minuten gehört? Erinnern Sie sich möglichst an jede Einzelheit und schreiben Sie alles auf, was Ihnen einfällt!
2. Üben Sie gemeinsam mit einer Kollegin oder einem Kollegen Ihre visuelle Wahrnehmung. Betreten Sie gemeinsam ein Zimmer und betrachten Sie es zwei Minuten lang intensiv. Nach dem Verlassen des Zimmers beschreiben Sie unabhängig voneinander schriftlich, wie das Zimmer aussah! Sind Ihre Beschreibungen identisch oder gibt es Abweichungen?

3. Suchen Sie sich in einer Gruppe von KollegInnen eine allen bekannte Person des öffentlichen Lebens aus und geben Sie einzeln ein Urteil über diese Person ab! Vergleichen Sie die Urteile miteinander! Erklären Sie anschließend, warum sich eventuelle Abweichungen ergeben!
4. Das Gedächtnis speichert einen Teil unserer Wahrnehmungen. So sind z.B. Gerüche oft Auslöser für Erinnerungen. Das können ganz alltägliche Gerüche sein wie der Duft von frisch gebackenem Kuchen, frisch gemähtem Gras o.Ä.
   Schließen Sie die Augen und versuchen Sie, sich an verschiedene Düfte aus Ihrer Kindheit zu erinnern! Welcher Geruch begleitete eine angenehme, welcher eine unangenehme Situation?
5. Überlegen Sie sich gemeinsam mit KollegInnen für jedes Sinnessystem eine konkrete Übung, die das jeweilige System trainiert.

Wiederholungsfragen

1. Warum ist Wahrnehmung niemals objektiv?
2. Was ist der so genannte »Reizkreislauf« und über welche Stationen verläuft er?
3. Definieren Sie den Begriff »Wahrnehmung«!
4. Wie entstehen Wahrnehmungstäuschungen?
5. Wie können sich Wahrnehmungsstörungen äußern?
6. Was ist unter »sozialer Wahrnehmung« zu verstehen?
7. Was sind Gefühle?
8. Wie lautet die andere Bezeichnung für die so genannte »Sinneswahrnehmung«?
9. Wie verändert sich die Funktionsfähigkeit der Sinnesorgane mit zunehmendem Lebensalter?
10. Warum gelangen nicht alle den Menschen umgebenden Reize ins Gehirn?
11. Wie kann die Funktionsfähigkeit von Sinnesorganen bei Störungen oder Einschränkungen ganz oder teilweise oft wieder hergestellt werden?

12. In welchem Zusammenhang stehen Gefühle und Denken?
13. Nennen Sie ein Beispiel für die Einteilung der Wahrnehmung in verschiedene Sinnessysteme und erläutern Sie die einzelnen Systeme!
14. Was sind »Kim-Spiele«?
15. Wie sollte mit unangenehmen Gefühlen umgegangen werden?
16. Nennen Sie Beispiele für individuelle und für soziale Faktoren, die die Wahrnehmung beeinflussen können!
17. Wie lautet die andere Bezeichnung für die so genannte »Gefühlswahrnehmung«?
18. Beschreiben Sie ein Modell der menschlichen Informationsverarbeitung!

Literatur

Borker, Siegfried/Elsbernd, Astrid; Starke Gefühle. Aggression und Gewalt in pflegerischen Situationen, in: Altenpflege Forum Nr. 4/1995, S. 119f.

Cleve-Mark, Iris van; Spielend Grenzen überschreiten, in: Altenpflege Nr. 8/1983, Vincentz Verlag, Hannover, ISSN 0341-0455, S. 484f.

Fischer, Bernd/Dickreiter, Bernhard/Mosmann, Hannjette; Vitalitätskonzept nach Prof. Fischer. Fit ab fünfzig. Teil I, Haslach, 1996

Gerster, Eyke; Bezahlte Gefühlsarbeit? in: Altenpflege Nr. 9/1993, S. 533

Gerster, Eyke; Der unbezahlte Einsatz von Gefühlen – Präsentation von Forschungsarbeiten zeigt Mängel + Defizite, in: Altenpflege Nr. 6/1993, S. 356f.

Gewalt, Dietfried/Kauffeld, Reinhard; Schwerhörigkeit erzeugt Leidensdruck – Bausteine für den Unterricht in der Altenpflegeschule, Teil 1, in: Altenpflege Nr. 10/1992, S. 614f.

Gewalt, Dietfried/Kauffeld, Reinhard; Hilfsmittel für Schwerhörige – Bausteine für den Unterricht in der Altenpflegeschule, Teil II, in: Altenpflege Nr. 11/1992, S. 703f.

Gingelmaier, Maria u.a.; Gefühlsarbeit in der Pflege – Emotionale Arbeit als fester Bestandteil der beruflichen Qualifikation, in: Altenpflege Forum Nr. 3/1993, S. 1f.

Jasper, Bettina M.; Ein Leben lang. Koordination und Gehirnjogging. Meyer & Meyer Verlag, Aachen 2002

Kämmer, Karla; Wegbegleiter der Gewinner. Mit Gefühlen von Angst muss jeder von uns fertig werden, in: Altenpflege Nr. 10/1999, S. 35

Lehr, Ursula; Psychologie des Alterns, Heidelberg 1977

Oleksiw, Katharina; Der richtige Riecher, in: Altenpflege Nr. 1/1999, S. 27

Peter, Meinolf; Scham, Angst, Scham. Gefühle pflegebedürftiger alter Menschen, in: Altenpflege Nr. 10/1995, S. 652f.

Prochazka, Reinhard; Helfende Berührung in der Pflege: Die Hände sensibilisieren, in: Pflegezeitschrift Nr. 12/1998, S. 928f.

Reinelt, Toni; Die Bedeutung von Wahrnehmen und Bewegen am Beispiel der Funktionellen Entspannung von Marianne Fuch, in: Praxis Ergotherapie Nr. 10/1998, S. 320f.

Rückert, Ulrich; Mir liegt's auf der Zunge. Sinnesorgan Zunge mit einem Bündel von Aufgaben, in: Fifty Sept./Okt. 1997, S. 34f.

Scheich, Silvia; Helfende Hände. Pflege ist immer mit Berührung verbunden. Basale Stimulation bei Pflegehandlungen, in: Altenpflege Nr. 8/2000, S. 32f.

Scholl, Annette; Man muß darüber sprechen dürfen. Scham und Ekel in der Pflege, in: Pro Alter Nr. 3+4/1996, S. 32f.

Sitzmann, Franz; Mit wachen Sinnen den Patienten wahrnehmen: Fünf Sinne – oder gibt es mehr?, in: Pflegezeitschrift Nr. 7/1998

Strecker, Dieter; Die Altenrepublik, Lucy Körner Verlag, Fellbach 1988

Willig, Wolfgang / Ebel, Thomas / Erben, Monika / Pulvermüller, Gerhard; Psychologie – Soziologie – Gesprächsführung in der Altenpflege, Balingen, 4. überarbeitete Auflage, 1996

Wolf-Becker, Cornelia; Plötzlich war ich nur noch Kopf ... Projektwoche »Sinnliche Wahrnehmung« in einer Altenpflegeschule, in: Altenpflege Nr. 2/1998, S. 54f.

Zimmer, Renate; Handbuch der Sinneswahrnehmung, Herder Verlag, Freiburg 1995

Liebe ist...

Das Ziel ist,

- *Funktionen von Sexualität im menschlichen Leben zu erkennen,*
- *alternsbedingte Veränderungen einordnen zu können,*
- *sich dabei geschlechtsspezifische Unterschiede bewusst zu machen,*
- *die Bedeutung von Partnerschaft im Alter zu verstehen und die Schwierigkeiten dabei wahrzunehmen,*
- *Möglichkeiten zum Umgang mit Sexualität in der Altenpflege kennen zu lernen.*

DAS ZIEL IST...

Partnerschaft und Sexualität im Alter

Alternsbedingte Veränderungen

Mit zunehmendem Lebensalter gilt es, sich an viele alternsbedingte Veränderungen anzupassen – im körperlichen, im geistig-seelischen wie im sozialen Bereich. Solche Veränderungen in allen drei Bereichen betreffen u.a. die Partnerschaft und die Sexualität.

Die Sexualität ist in allen Lebensabschnitten ein elementarer Bestandteil der menschlichen Persönlichkeit. Das gilt auch für die Lebensphasen, in denen vordergründig kein sexuelles Verhalten und Erleben zu beobachten ist, z.B. im Säuglings- oder Kleinkindalter, aber auch für hochaltrige und pflegebedürftige Menschen. Die Ausdrucksformen von Sexualität verändern sich in den einzelnen Phasen menschlicher Entwicklung. Gleichzeitig sind sie individuell unterschiedlich, geprägt von der gesamten psycho-sexuellen Entwicklung.

Ob es dem Einzelnen gelingt, seine Sexualität befriedigend in das eigene Leben zu integrieren, hängt von etlichen Faktoren ab, die durchaus nicht nur ihn allein betreffen. Zwar gehören manche Formen des Geschlechtslebens absolut in die Privatsphäre, aber es gibt auch Lebensbereiche, in denen das Frau-Sein oder das Mann-Sein nicht nur das eigene Erleben und Verhalten beeinflusst, sondern gleichzeitig das von Menschen im sozialen Umfeld.

Eingriff in die Intimsphäre

Die Pflege ist ein tiefer Eingriff in die Intimsphäre von Frauen und Männern. Damit rücken auch solche Aspekte ins Blickfeld von Pflegekräften – und damit Außenstehenden -, die ohne Vorliegen von Pflegebedürftigkeit vielmals dem privaten Bereich vorbehalten bleiben könnten.

Die Auseinandersetzung mit Sexualität und Partnerschaft ist für AltenpflegerInnen besonders wichtig, denn sie dringen bei ihrer Tätigkeit – wenn auch unfreiwillig – in die Intimsphäre von Menschen ein. Wissen über die Bedeutung und die Entwicklung von Sexualität und Partnerschaft, insbesondere im höheren Lebensalter, ist daher wichtige Voraussetzung für den einfühlsamen Umgang mit alten Menschen.

Der Mensch ist ein sexuelles Wesen – auch im Alter!

Alte Menschen sind – ebenso wie alle anderen Erwachsenen – Männer und Frauen. Sie sind keine asexuellen Wesen, sondern sie leben in und mit ihrer Geschlechtlichkeit. Der Mensch wird als Mädchen oder Junge geboren und lernt sich als Frau oder Mann zu fühlen und zu verhalten, bleibt also von der Geburt bis zum Tod ein sexuelles Wesen.

Von der Geburt bis zum Tod ein sexuelles Wesen

→ Sexualität

»allgemein die Unterscheidung männlicher und weiblicher Individuen auf Grund ihrer Geschlechtsmerkmale sowie die Gesamtheit der Phänomene, die der Rekombination (der Neukombination von Genen) dienen; beim Menschen die Gesamtheit der geschlechtlichen Lebensäußerungen; im engeren Sinne die auf dem Geschlechtstrieb, einem auf geschlechtliche Beziehung und Befriedigung zielenden Trieb, beruhenden Lebensäußerungen. [...]

Die Sexualität des Menschen schließlich geht noch weit über das hinaus, was mit der Lust und den Aktivitäten in Abhängigkeit vom Funktionieren der Geschlechtsorgane sowie mit dem Verhalten, das zur Befruchtung führen kann, zusammen hängt. Ihr liegt ein vielschichtiger Komplex biologischer, psychologischer und soziologischer Faktoren zugrunde, die jeweils für eine unmittelbare bzw. intime Begegnung von Angehörigen verschiedener Geschlechter (Heterosexualität) bzw. desselben Geschlechts (Homosexualität) bedeutsam sind.

Dies gilt besonders für deren Gefühle und Bedürfnisse sowie für entsprechende Verhaltensweisen, die den Geschlechtstrieb oder Sexualtrieb als hormonal stimulierende, verhaltensphysiologische Antriebsgrundlage für sexuelle Beziehungen, speziell im Hinblick auf die Befriedigung dieses Triebs, betreffen. Außer von individuellen Erwartungen und Wünschen, Erfahrungen, Vorstellungen und Haltungen wird die menschliche Sexualität auch von kulturellen und gesellschaftlichen Verhältnissen, Institutionen und Normen geprägt.«*

Es gehört also viel mehr dazu als nur das Erleben und Verhalten, das im engeren Sinn mit den Sexualorganen verbunden ist. Es ist eine wesentliche Dimension zwischenmenschlichen Verhaltens und Ausdruck von Persönlichkeit.

Dimension zwischenmenschlichen Verhaltens

Die Sexualität hat im menschlichen Leben unterschiedliche Funktionen

- »**Lustfunktion:** Bereits der Säugling strebt nach Lustgewinn. Der Mensch kann sich selbst Lust verschaffen (z.B. Selbstbefriedigung) oder mit Hilfe anderer erreichen (z.B. Zärtlichkeit).
- **Sozialfunktion:** Der Mensch strebt nach Gemeinsamkeit. Sexualität ermöglicht in Partnerschaften gemeinsames Erleben. Durch sexuelles Verhalten (z.B. miteinander sprechen, streicheln, an den Händen halten) kann Befriedigung erreicht werden.
- **Fortpflanzungsfunktion:** Viele Menschen streben danach, Nachkommen zu zeugen und durch die Kinder weiter zu leben. Im Alter rückt die Fortpflanzungsfunktion in den Hintergrund.«**

Sexualität im Alter – ein Tabu

Vorurteile

Die Vorstellungen von Sexualität im Alter sind vielfach mit Vorurteilen belegt. Dabei reichen die Gedanken von »das gehört sich nicht« bis zu »alte Menschen haben gar kein Verlangen mehr danach«. Tatsächlich zeigt sich, dass sich ältere Menschen hinsichtlich ihres Sexuallebens genauso voneinander unterscheiden wie jüngere. Ob und in welcher Weise ältere Menschen sexuell interessiert und aktiv sind, das hängt von körperlichen, gesellschaftlichen und biografi-

---

*) aus: Meyers Lexikonredaktion (Hg.); Schüler-Duden: Die Psychologie, Bibliographisches Institut & F. A. Brockhaus, Mannheim 1996, S. 368

**) aus: Stanjek, Karl (Hrg.); Altenpflege konkret: Sozialwissenschaften, Gustav Fischer Verlag, Lübeck, Stuttgart, Ulm, Jena 1998, S. 72

schen Faktoren ebenso ab wie vom ökologischen Umfeld. In einer selbstständigen Wohnsituation bei bestehender Partnerschaft ist sexuelle Aktivität einfacher zu praktizieren und verbreiteter als z.B. beim Leben als Single im Altenpflegeheim. Bei gutem Gesundheitszustand sind die Voraussetzungen besser als bei bestehender Multimorbidität.

Mehr als dreißig Jahre ist es her, dass Oswalt Kolle's sexuelle Revolution die Gemüter bewegte. 1997 veröffentlichte er, mittlerweile selbst im fortgeschrittenen Alter, sein Buch »Die Liebe altert nicht«. Und trotzdem: Alterssexualität ist noch immer ein Tabu und bietet noch immer ein weites Betätigungfeld für die Forschung. Noch immer liegen nur wenige repräsentative Forschungsergebnisse vor. Die Mehrheit der über 60-jährigen ist nicht bereit, über Sexualität zu sprechen.*

Alterssexualität noch immer ein Tabu

Lust auf Lust

Sexuelles Interesse, Erregbarkeit und Erregungsablauf bleiben grundsätzlich bis ins hohe Alter hinein funktionsfähig, sofern die Voraussetzungen physischer Gesundheit gegeben sind. Insgesamt jedoch wird das System fragiler *(lat. fragilis – zerbrechlich, unbeständig)* und störanfälliger. Es tritt mit der Zeit eine Verlangsamung von Funktionen ein.
Dabei werden geschlechtsspezifische Unterschiede beschrieben. Diese hängen sowohl mit biografischen als auch mit biologischen Faktoren zusammen.

Geschlechtsspezifische Unterschiede

»Die Menschen, die im ersten Drittel des 20. Jahrhunderts aufwuchsen, wurden meist unzureichend oder gar nicht aufgeklärt, lebten mit großen religiösen und moralischen Einschränkungen, erfuhren eine Doppelmoral, die Männern mehr gestattete als Frauen. Sie fanden es normal, dass Sexualität vom Mann dominiert wird und der Frau nur wenig Spaß macht.«**

*) vgl.: Sydow, Kirsten von; Lust auf Lust. Mut zum Glück, in : Pro Familia Magazin Nr. 5/1998, S. 2ff.

**) aus: Sydow, Kirsten von; a.a.O., S. 2

Nach einer Studie der amerikanischen Duke-Universität 1990 waren 60% der befragten älteren verheirateten Paare zwischen ihrem 60. und 74. Lebensjahr regelmäßig sexuell aktiv. Gegen Ende des siebten Lebensjahrzehnts praktizierten noch etwa 30% der Ehepaare regelmäßig Geschlechtsverkehr. Nach Auswertung mitteleuropäischer Untersuchungen von 1992 zur weiblichen Sexualität im mittleren und höheren Erwachsenenalter waren mehr als die Hälfte der 50- bis 60-jährigen Frauen und etwa 20% der 70-jährigen sexuell bzw. koital aktiv. Selbstbefriedigung wurde von einem Viertel bis zu einem Drittel der befragten Frauen praktiziert.*

Mythos Wechseljahre

Der Mythos nachlassender Lust und sexueller Funktionsfähigkeit mit den Wechseljahren hält sich hartnäckig. Frauen definieren sich stark über ihren ganzen Körper. Darin wird zum Teil der Grund gesehen, dass sie das Älterwerden ihres Körpers nur schwer verkraften, während Männer meist eher mit den Alternserscheinungen zurecht kommen. Frauen verbinden so oft selbst gedanklich das Enden der Menstruation und die hormonellen Veränderungen im Körper mit nachlassender Sexualität. Hinzu kommt, dass Frauen gerade in diesem Alter oft fürchten, für Männer unattraktiv zu sein. Tatsächlich haben die Wechseljahre zwar oft unangenehme Begleiterscheinungen, sind aber keineswegs mit dem Verlust sexueller Bedürfnisse verknüpft.

Veränderungen im Alter

Körperlich gibt es bei der Frau vor allen Dingen folgende Veränderungen im Alter:

- Verzögerung oder Verlust der Produktionsfähigkeit der Gleitsubstanz, dies hat nichts mit der Erregung zu tun, sondern ist normal und physiologisch bedingt;
- längere Zeitdauer bis zum Orgasmus;
- kürzeres Orgasmus-Erleben im Vergleich zu früher.

*) vgl.: Meyers Lexikonredaktion (Hg.); Schüler-Duden: Die Psychologie, Bibliographisches Institut & F. A. Brockhaus, Mannheim 1996, S. 370

Männer erleben ihre Krise oft schon in früheren Jahren als Frauen. Sie definieren häufig ihre sich verändernde Potenz als Impotenz. Der älter werdende Mann unterliegt dem Mythos, dass »ein richtiger Mann immer kann«. Deshalb setzen sich manche Männer unter Druck, und schon die Angst vor vermeintlichem »Versagen« führt vielfach zum Abwenden von der gewohnten Partnerin und zu neuem Flirtverhalten gegenüber jüngeren Frauen.

Körperlich sind beim Mann mit zunehmendem Alter vor allem die folgenden Veränderungen zu beobachten:

- längere Zeitdauer bis zur Erektion, oft Stimulierung notwendig;
- Erektion oft nicht mehr so intensiv;
- Menge des Ejakulats verringert sich;
- die Refraktärzeit, d.h. die Zeit, in der keine neue Stimulation möglich ist, verlängert sich stark, kann Stunden oder Tage dauern.*

Altersbild in der Gesellschaft

Geschlechtsspezifische Unterschiede betreffen auch das Altersbild in der Gesellschaft. Was der Volksmund mit »Männer reifen – Frauen altern« auf den Punkt bringt, ist tatsächlich Ausdruck verschiedener Schönheitsideale. Für Männer gelten zwei Schönheitsideale gleichermaßen – das des smarten jungen Mannes ebenso wie das des reifen Herrn mit grauen Schläfen. Für Frauen gilt nur ein Ideal – das des jungen Mädchens, der jungen Frau. So gelten die Falten bei Männern durchaus als positiv, als Zeichen für emotionale Reife und Lebenserfahrung. Bei Frauen dagegen werden sie meist eher als attraktivitätsmindernd empfunden. Das eigene Aussehen hat für Frauen lebenslang größere Bedeutung als für Männer. Kosmetik, Mode, Frisuren, Diäten und Schönheitsprogramme sind weitgehend weibliche Themen. Aktives Auseinandersetzen mit dem Älterwerden, selbstbewusstes Akzeptieren von Veränderungen und die Suche nach positiven Aspekten des Alterns sind wichtige Voraussetzungen für Zufriedenheit mit der eigenen Sexualität.

---

*) vgl: Siegel, Elfie; Die Liebe im Wechsel der Jahre, in: BAGSO-Nachrichten, Nr. 3/1996, S. 3f.

Ausdrucksformen der Sexualität

Wichtig ist, dass beide Partner sich auf die Veränderungen einstellen, selbstbewusst zu ihrem Alter und den damit verbundenen Veränderungen stehen und andere Ausdrucksformen der Sexualität finden. Der Geschlechtsakt tritt in seiner Bedeutung im Alter oft in den Hintergrund zu Gunsten anderer Aspekte wie Nähe, Wärme, Berührung, Streicheln, Wohlfühlen, Hingabe, Genuss, Sinnlichkeit, Intimität, Glück, Vertrauen, Zärtlichkeit, Liebe usw.

Wer meint, alle Früchte würden
gleichzeitig mit den Erdbeeren reif,
versteht nichts von den Trauben.
Paracelsus

Qualität der Partnerschaft beeinflusst Lebenszufriedenheit

Gemeinschaftliche Lebensplanung

Mit dem Begriff »Partnerschaft« ist die Beziehung zweier Menschen gemeint, die sich auf Zuneigung und Gemeinsamkeit in gemeinschaftlicher Lebensplanung gründet. Es ist nicht nur die eheliche Gemeinschaft, sondern generell die Partnerschaft zwischen zwei Menschen, in der Regel unterschiedlichen Geschlechts, deren Beziehung auf längere Dauer angelegt ist. Gerade im Alter verlangt Partnerschaft nicht unbedingt ein Zusammenleben, sondern sie kann sich auch in gemeinsamem Handeln, gemeinsamen Werten und Einstellungen, gemeinsamem Entscheiden ausdrücken und in der Vertrautheit beider Partner miteinander, auch in einer Intimität des Paares – nicht nur im eingeschränkt sexuellen Sinn.

Die Partnerschaft stellt gerade im Alter vielfach die bedeutendste soziale Beziehung dar. Hier spielt die gemeinsame Lebensgeschichte eine Rolle, die gemeinsame Bewältigung von Anforderungen, Aufgaben und Belastungen im Leben.*

*) vgl.: Friedrich, Ingrid; Partnerschaft und Sexualität im Alter, in: Lade, Eckhard, Ratgeber Altenarbeit, Verlag Fink-Kümmerly und Frey, Ostfildern 1997

Partnerschaft bedeutet u.a.

Partnerschaft

- Zärtlichkeit bekommen,
- Liebesbedürfnis befriedigen können,
- das Gefühl erfahren, geliebt zu werden,
- mit einem Menschen über alles reden können,
- Vertrauen finden und geben,
- Verständnis finden und geben,
- mit allen Eigenarten und Angewohnheiten akzeptiert werden,
- Gemeinsamkeiten pflegen,
- Entscheidungen gemeinsam treffen können,
- Beistand finden bei Hilfsbedürftigkeit,
- ...

Beim Partnerverlust im Alter wird der Verzicht auf Sexualität allgemein nicht als dominanter Belastungsfaktor beschrieben, sondern die o.a. Faktoren stehen deutlich im Vordergrund.

In guten wie in schlechten Tagen ...

Familienstrukturen

Die Familienstrukturen wandeln sich. Die Zahl der Eheschließungen sinkt bzw. stagniert, und die Scheidungsrate steigt stetig. Je älter der Mensch, desto höher wird die Wahrscheinlichkeit des Alleinlebens, insbesondere für Frauen. »1961 führten 24% der über 65-jährigen einen Einpersonenhaushalt. 1990 waren es bereits 41% in dieser Altersgruppe. Menschen im Alter von über 75 Jahren lebten 1990 zu 51,8% allein. Auffallend ist dabei der hohe Anteil alleinlebender alter Frauen.«* Diese Entwicklung hält an bzw. verstärkt sich, wie die veröffentlichten Zahlen des Statistischen Bundesamts Deutschland zeigen.

*) aus: Stracke-Mertes, Ansgar; Soziologie. Der Blick auf soziale Beziehungen, 2. vollständig überarbeitete und erweiterte Auflage, Vincentz Verlag, Hannover 1998, S. 58

Kronjuwelenhochzeit – 75 Jahre Höhen und Tiefen geteilt

Sie gaben sich wenige Jahre vor der Weltwirtschaftskrise das Jawort und feierten zur Geburtsstunde der Bundesrepublik ihre silberne Hochzeit. Inzwischen meistern Julius und Maria Benz aus Eningen seit 75 Jahren die Höhen und Tiefen des Lebens. Gestern feierten die beiden 99-jährigen ihre Kronjuwelenhochzeit – im kleinen Familienkreis. »Wir haben ein gutes Leben miteinander geführt«, beschreibt der Ehemann das vergangene Dreivierteljahrhundert. Kennengelernt hatten die beiden sich Anfang der zwanziger Jahre auf einem Hochzeitsfest. Bis 1970 führten die beiden Jubilare – rund 40 Jahre lang – ein Lebensmittelgeschäft. In der Zeit von 1924 bis 1928 bekamen sie zwei Töchter und einen Sohn. Inzwischen haben sie sieben Enkel, elf Urenkel und zwei Ururenkel.

aus: Acher- und Bühler Bote, 21.10.1998

Gleichzeitig hat sich die durchschnittliche Dauer einer Ehe in den letzten hundert Jahren fast verdoppelt. Lebte ein Ehepaar um 1870 im Durchschnitt 23 Jahre zusammen bis einer der Partner starb, so sind dies heute 45 und mehr Jahre, oft fast ein halbes Jahrhundert.* So sind Zeitungsbeiträge wie der hier aufgeführte immer häufiger in allen Tageszeitungen zu finden, wenn auch nicht immer gleich 75-jährige Jubiläen zu feiern sind. Aber Goldene und Diamantene Hochzeiten sind heute keine Seltenheit mehr.

Doch nicht immer verlaufen Ehen erfolgreich, und nicht immer werden sie von beiden Partnern gleichermaßen bewertet. »In der ersten Hälfte des 20. Jahrhunderts war es üblich, dass in der Ehe Männer »das Sagen« hatten. Das zeigte sich auch in der Sexualität.

Eine 1922 geborene Frau: Aber es hat mich dann doch gestört, er hat dann immer mit allem, mit Zärtlichkeit, aber – nur wenn es ihm passte ... und mir das manchmal zuviel wurde. ... Ja, ich muss sagen, ich hab

---

*) vgl: Stanjek, Karl (Hrg.); Altenpflege konkret: Sozialwissenschaften, Gustav Fischer Verlag, Lübeck, Stuttgart, Ulm, Jena 1998, S. 182

das mitgemacht. Ich hatte dann wieder das Gefühl, du wirst genommen. Also nicht, dass ich mal von mir aus gekommen wäre ... Heute würde man ja ganz anders reagieren, weil man aufgeklärter ist. Aber damals hat man als Frau immer noch gedacht: Das ist nun dein Leben.

Aufklärung und Moralvorstellung

Unzureichende Aufklärung und Moralvorstellungen führten dazu, dass viele Frauen, wenn schon nicht als Jungfrau, so doch mit wenig sexuellen Erfahrungen in die Ehe gingen. Ohne ihren eigenen Körper hinreichend zu kennen, waren sie sexuellen Aktivitäten des Mannes ausgesetzt, die für sie selbst wenig stimulierend waren. Darüber hinaus war sexuelle Aktivität immer auch vom Risiko unerwünschter Schwangerschaft überschattet. Die Variationsbreite reichte von »War sehr schön, muss man ehrlich sagen ...« bis »Also, es ist mir schwergefallen. Ich hatte keine Gefühle dafür. Ich liebte meinen Mann mehr geistig.«*

Damals haben Ehefrauen ihre Situation oft als Schicksal akzeptiert, geschwiegen, manchmal gelitten und ausgehalten. Die Scheidung war damals noch ein Tabu. Heute steigt das Risiko einer Scheidung mit der Dauer einer Ehe. Partnerschaftskonflikte, vor allen Dingen nach Eintritt in den Ruhestand, werden dabei ebenso als Gründe angegeben wie Probleme in der Bewältigung der Pflegebedürftigkeit eines Partners und andauernde Beziehungskrisen.

Alleinlebende Ältere

So sind alleinlebende Ältere heute eher die Regel als die Ausnahme. Noch ist die Verwitwung häufiger der Hintergrund als die Scheidung oder das lebenslange Single-Dasein. Die höhere Lebenserwartung der Frauen führt dazu, dass ihr Übrig-Bleiben auch unter dem Begriff »Feminisierung« des Alters zusammengefasst wird. Drei Viertel der über 65jährigen Männer sind verheiratet, während knapp drei Viertel der gleichaltrigen Frauen nicht (mehr) verheiratet sind, d.h. allein leben.**

---

*) aus: Sydow, Kirsten von; Lust auf Lust. Mut zum Glück, in : Pro Familia Magazin Nr. 5/1998, S. 2f.

**) vgl.: Lüders, Maja; Macht und Ohnmacht der Hormone, in: Pro Familia Magazin Nr. 5/1998, S. 6f.

Für Witwen und Witwer bedeutet der Tod des Partners bzw. der Partnerin oft eine lange Phase des Alleinlebens. Manche genießen nach erfolgter Trauerarbeit regelrecht die neue Lebenssituation als späte Freiheit nach Jahrzehnten von Familien- und Partnerschaftsorientierung. Andere – und ihre Zahl steigt – wünschen sich, zumindest nach einiger Zeit, neue Partnerschaften.

Schlechte Chancen bei der Partnersuche

Die meisten alleinstehenden älteren Frauen wünschen sich eine Partnerschaft. Dabei geht es ihnen meist jedoch nicht um einen Ehemann, sondern um eine erotische Beziehung, in der ein gewisser Abstand erhalten bleibt.

»**Eine 74-jährige Frau:** Ich hätte gern einen Freund, aber nur zum Spazierengehen, in Urlaub fahren und so. Also ich möchte bei keinem anderen wohnen, möchte auch niemand bei mir wohnen haben. (... und heiraten???) Nein, das sowieso nicht, nein. – Sagen wir mal, so wie Adele und Jakob [Fernsehfilm], so ähnlich. ... Ich ließ' mich mal ganz gern in den Arm nehmen und drücken.«*

Wiederverheiratungschance

Aber die Chancen älterer Frauen bei der Partnersuche stehen schlecht. Die Wiederverheiratungschance ist 5-6mal kleiner als die von Männern, und dasselbe gilt für nichteheliche Partnerschaften. Männermangel, die geschlechtsspezifisch unterschiedlichen Schönheitsideale und Zurückhaltung bei der Kontaktaufnahme sind nur einige Begründungszusammenhänge.

Die Zahl der Wiederheiraten von über 60-jährigen liegt bei den Männern dreimal so hoch wie bei den Frauen, und der Anteil der Verwitweten darunter ist um mehr als die Hälfte höher als der der Geschiedenen. Insgesamt waren seit 1980 in der Bundesrepublik Deutschland 2% der Bräutigame und 1% der Bräute älter als 60 Jahre.**

---

*) aus: Sydow, Kirsten von; a.a.O., S. 3

**) vgl.: Friedrich, Ingrid; Partnerschaft und Sexualität im Alter, in: Lade, Eckhard, Ratgeber Altenarbeit, Verlag Fink-Kümmerly und Frey, Ostfildern 1997

So versuchen es denn viele per Anzeige. Kontakt- und Heiratsannoncen füllen allwöchentlich die Samstagsausgaben der Tageszeitungen, und der Anteil älterer Suchender nimmt dabei stetig zu. Nur wenige finden tatsächlich auf diesem Weg die gesuchte Partnerschaft. Neue Eheschließungen im Alter sind eher selten. Immer mehr ältere Paare nutzen die sozialen und wirtschaftlichen Vorteile des Zusammenlebens in eheähnlichen Gemeinschaften.

Ist – auf welche Weise auch immer – schließlich ein(e) PartnerIn gefunden, sind weitere Hürden zu überwinden. Wer lange allein gelebt hat, eignet sich kaum für eine späte oder neue Partnerschaft. Mit jedem Jahr als Single sinken Anpassungsfähigkeit und -bereitschaft. »Wer im Lauf der Zeit eine Vielzahl von Alltagsritualen, Hobbies und charakterlicher Eigenheiten kultiviert hat, wird sich schwer tun, seine Lieblingsgepflogenheiten für eine(n) Fremde(n) aufzugeben, der/die einem mit mindestens ebenso vielen festgefahrenen persönlichen Macken gegenüber tritt.«*

Single

Ein weiteres Problem kann bei denjenigen, die zuvor lange in einer Ehe oder einer nichtehelichen Partnerschaft gelebt haben, der Vergleich mit dem früheren Partner darstellen. Und auch der eigene Anspruch an (eheliche) Treue über den Tod hinaus wird manchen zum Hindernis.

Hinzu kommt oft das Problem der räumlichen Bindung, wenn über Zusammenleben oder neue Ehe nachgedacht wird. Mindestens eine(r) der beiden Partner muss Vertrautes aufgeben, womöglich in die dem anderen vertraute Umgebung ziehen.

Sind alle diese Hürden überwunden, ist mit weiteren Hindernissen in Form von Reaktionen aus dem Umfeld zu rechnen. Nachbarn, Bekannte, Freunde und Verwandte sind keineswegs immer offen für die neue Partnerschaft. Insbesondere erwachsenen Töchtern und Söhnen fällt es häufig schwer, ihren Vater oder ihre Mutter als sexuelles Wesen zu akzeptieren. Sie verhalten sich so, wie Eltern auf ihre pubertierenden Jugendlichen reagieren. Es ist schon gut, dass er/sie eine Freundschaft pflegt, aber muss es denn mehr

Reaktionen aus dem Umfeld

*) aus: Neumann, Frank; Solo mit siebzig. Wenn Singles älter werden, in: Pro Familia Magazin Nr. 5/1998, S. 19

oder gerade der-/diejenige sein? Noch schwieriger wird es, wenn in der neuen Beziehung große Altersunterschiede zwischen beiden Partnern bestehen.

Auf Freiersfüßen (oder: Ver-rückt)

»Nun schnappt mein Alter total über. Völlig neben der Kapp' ist er. Stellen Sie sich vor: er will sich wieder verheiraten, obwohl er schon über 75 Jahre ist, eine dreißig Jahre jüngere Frau. Da sieht doch schon ein Blinder mit dem Krückstock, was die im Sinne hat ...?«

»Was hat sie denn im Sinne?« unterbrach ich seinen Redestrom.

»Na, Sie wissen doch schon was ich meine, eben das da.«

»Nein, ich weiß es nicht. Vielleicht hat sie im Sinne, nicht mehr allein sein zu wollen; vielleicht braucht sie einen älteren Mann, weil die jüngeren oft lieblos sind und keine Zeit haben; vielleicht hat sie entdeckt, dass die Sexualität für Ihren Vater etwas Behutsames, Langsames, Schönes ist – und genau das hat sie sich vielleicht gewünscht. Vielleicht ist sie noch nie in ihrem Leben einem so reichen ...«

»Genau, das ist es. Das Geld. Das hat sie im Sinne. Würde sie sonst einen so alten Knacker heiraten!«

»Sie haben mich nicht ausreden lassen, ich meinte reich im Sinne von reich an Erfahrungen und Geschichten. Wenn Geld vorhanden ist, um so besser.«

»Die hat's doch nur auf sein Geld abgesehen.«

»Sie sind eifersüchtig, neidisch sind Sie, Sie gehen falsch mit Ihrem Ärger um. Lassen Sie Ihren Vater doch tun, was er will. In der letzten Phase seines Lebens kann ihm doch nichts Besseres geschehen, als glücklich zu leben.«

Der Mann ließ sich nicht beruhigen. Vielleicht hatte er wirklich Angst, vom Erbe etwas einzubüßen (darauf zu spekulieren, ist obszön und schamlos!). Sicherlich war er eifersüchtig, weil sein Vater noch einmal das Glück gefunden hatte (was er vielleicht mit seiner Partnerin vermisste). Verrückt hatte er seinen Vater genannt. Er hat des Pudels Kern getroffen. Wir brauchen mehr solcher Leute, die ver-rückt sind, unsere verschrobenen Moral- und Sexualvorstellungen, unsere Vorstellungen über das Leben im Alter zurechtzurücken. Alte Leute müssen nicht darben, auch nicht im sexuellen Sinne. Alte Menschen dürfen noch einmal von vorne anfangen, sind berechtigt glücklich zu sein. Wir sollten uns freuen, wenn wir spüren: mein Vater, meine Mutter trauen sich das Glück zu.*

Sexualität und Partnerschaft im Heim

Sexualität braucht Intimität. Wohnen alte Menschen im Heim, ist diese meist erheblich erschwert oder wird ganz unmöglich gemacht.

Festgelegte Strukturen beschränken die Freiräume des Einzelnen. Verhaltensweisen, die in einer Privatwohnung alltäglich sind, kollidieren mit äußeren Zwängen der Institution oder erregen Missfallen bei MitbewohnerInnen oder Personal.

Zufriedenstellende Partnerschaft

Entschließt sich ein älteres Paar zum Einzug in ein (Pflege-)Heim, muss es damit rechnen, Schwierigkeiten beim Leben einer zufriedenstellenden Partnerschaft zu erleben. Dabei kann die Haltung der Leitung, des Personals oder der MitbewohnerInnen eine bedeutende Rolle spielen. Die Haltung gegenüber der Alterssexualität ist nicht bei allen Trägern eindeutig positiv. Gelegentlich leben Paare in getrennten Zimmern und werden im Leben ihrer Partnerschaft nicht unterstützt.

Vor allem aber sind bei der Planung von Altenpflegeheimen auch heute noch Partnerschaft und Sexualität nicht vorgesehen. Die räumlichen Gegebenheiten lassen ein Alleinsein des Paares meist ebenso wenig zu wie Pflege-, Versorgungs- und Organisationsstrukturen.**

---

*) aus: Strecker, Dieter; Vom guten Umgang mit alten Menschen, ART & GRAFIK VERLAG, Ettlingen 1991

**) vgl.: Friedrich, Ingrid; Partnerschaft und Sexualität im Alter, in: Lade, Eckhard, Ratgeber Altenarbeit, Verlag Fink-Kümmerly und Frey, Ostfildern 1997

Mehrbettzimmer lassen den BewohnerInnen kaum oder keine Privatsphäre, und selbst in Einzelzimmern besteht oft keine Rückzugsmöglichkeit, weil z.B. Zimmer immer offen stehen und von jedem ohne anzuklopfen betreten werden können.

Noch schwieriger stellt sich die Situation für alleinstehende alte Menschen im Heim dar. Die Möglichkeiten, wenn einer oder beide im Heim leben, eine Partnerschaft zu finden oder zu pflegen, stehen schlecht.

BewohnerInnen-Struktur

Schon die BewohnerInnen-Struktur mit weitaus mehr Frauen als Männern ist alles andere als begünstigend. Die Kontaktmöglichkeiten sind aus verschiedensten Gründen eingeschränkt. Außerdem wird Paaren, die im Heim zueinander finden, oft mit Unverständnis begegnet. Partnerschaft und Sexualität passen nach den Vorstellungen vieler Menschen nicht zum Bild der sexuellen Bedürfnislosigkeit im Alter. Das gesellschaftliche Altersbild spielt hier eine Rolle, das dem alten Menschen enge Beziehungen allenfalls zum Ehepartner zubilligt, das Recht auf neue Verbindungen (moralisch?) aber abspricht.

Neid von MitbewohnerInnen kann die Entwicklung einer Beziehung zusätzlich belasten. Und Verständnislosigkeit des Personals, das hilflos oder mit Entsetzen reagiert oder das Verhalten der beiden Partner einfach niedlich findet und damit der Lächerlichkeit preisgeben kann. Die Bandbreite der Reaktionsmöglichkeiten ist schier unerschöpflich und das Verhalten selten der Situation angepasst.

Rückzugsmöglichkeiten

Die räumlichen Voraussetzungen sind im Fall unverheirateter Paare meist noch ungünstiger. Rückzugsmöglichkeiten bestehen kaum. Die Idee von so genannten »Liebeszimmern« aus den 80-er Jahren werden heute im Nachhinein eher als Provokation betrachtet, um auf Missstände aufmerksam zu machen. Eine ernsthafte Lösung waren sie wohl damals ebenso wenig wie heute.

Autoerotik

Findet sich kein geeignete(r) PartnerIn, ist für HeimbewohnerInnen oft Selbstbefriedigung, die Autoerotik, der einzige Ausweg. Dieses Thema ist kaum gesellschaftsfähig, wird meist ignoriert oder ironisiert. Der Umgang damit stellt Pflegekräfte oft vor Probleme.

Das Personal im Heim, insbesondere die AltenpflegerInnen, können dazu beitragen, im Rahmen ihrer Möglichkeiten wenigstens ein Mindestmaß an Intimsphäre für die BewohnerInnen zu wahren, wenn sie einige Verhaltensregeln beachten:

Verhaltensregeln

- nur nach Anklopfen und ausdrücklicher Aufforderung Zimmer betreten;
- BewohnerInnen Freiräume für eigene und unbeobachtete Aktivitäten lassen;
- Rückzugsmöglichkeiten für Paare lassen;
- sexuelle Aktivitäten von BewohnerInnen akzeptieren und nicht bewerten, belächeln, ironisch reagieren oder gar verhindern.

Dazu ist an erster Stelle Auseinandersetzung mit dem Thema und auch mit eigener Sexualität und Partnerschaft die Voraussetzung. Nur wer mit seiner eigenen Situation in dieser Hinsicht keine Probleme hat, kann unbelastet und vorurteilsfrei mit der Liebe im Alter umgehen.

Gay and Grey

Homosexualität

Ein weiteres und eigenes Thema ist die Homosexualität im Alter. Bei alten gleichgeschlechtlichen Paaren ist die Akzeptanz noch geringer, insbesondere in Verbindung mit Pflegebedürftigkeit. Hier prallen zwei Tabuthemen aufeinander – Alterssexualität und Homosexualität. Aber die Akzeptanz gleichgeschlechtlicher Lebensweisen wächst, und Betroffene bekennen sich immer häufiger dazu und finden zunehmend Gehör. Die Paraden skurril aufgemachter Schwuler und Lesben am Christopher Street Day finden großes ZuschauerInnen-Interesse, und in der Flut von Talk-Shows gehören sie zum Alltagsbild. Doch fast immer sind es Jüngere, die ihre Interessen öffentlich vertreten. Ältere Homosexuelle stehen kaum im Rampenlicht. Doch nach Schätzungen sind heute ca. 300.000 Männer ab 60 davon betroffen; über Frauen liegen keine Zahlen-Angaben vor.* Von Wohn- und Pflegeprojekten für Homosexuelle wird zunehmend berichtet. AltenpflegerInnen werden sich in Zukunft mit der Situation dieser Zielgruppe(n) auseinandersetzen müssen.

Pflege und Sexualität

In vielen alltäglichen Pflegesituationen schwingt ein Stück Sexualität mit. Hier treffen Menschen – und damit sexuelle Wesen – aufeinander. Solche Situationen erfordern einen von gegenseitiger Akzeptanz geprägten Umgang miteinander. Besonders die gegengeschlechtliche Pflege wird so oft zum Prüfstein für beide Seiten.

Sexuelle Aktivitäten pflegebedürftiger BewohnerInnen scheinen vor allen Dingen junge AltenpflegerInnen am Anfang ihrer Tätigkeit zu irritieren und ihnen den Umgang mit den Betreffenden zu erschweren. Sie finden sich vielfach mit Situationen konfrontiert, denen sie sich (noch) nicht gewachsen fühlen.

Dabei wird vor allem die Konstellation junge Pflegerin – alter Mann als Störfaktor beschrieben. Als mögliche Begründungen werden vergleichsweise größere sexuelle Interessen alter Männer angeführt, ebenso die Tatsache, dass sie in unserem Kulturkreis hinsichtlich der Sexualität meist den aktiveren Part zu spielen gelernt haben. Darüber hinaus wird die Pflegekraft bei dieser Konstellation mit sexuellen Regungen unmittelbarer konfrontiert als in der umgekehrten. Außerdem stellen sexuelle Anspielungen und Übergriffe die Pflegerinnen oft auf eine harte Bewährungsprobe.

Sexuelle Anspielungen

Die umgekehrte Konstellation junger Altenpfleger – alte Frau wird ebenfalls als problembehaftet beschrieben, jedoch meist mit anderen Vorzeichen. Hier sind es vor allen Dingen die alten Frauen, die die Situation der Intimpflege als besonders schwierig und belastend empfinden. Sexuelle Regungen der alten Frauen sind für die männlichen Pfleger anscheinend leichter abwehrbar. Vermutet wird hier die traditionell eher passive Rolle der Frau in der Sexualität.**

*) vgl: Wolf, Udo; Auch Schwule kommen in die Jahre. Altenhilfe ignorierte bislang das Thema, in: Pro Alter Nr. 1/1998, S. 39f.

**) vgl.: Knobling, Cornelia; Der Umgang mit der Sexualität von Heimbewohnern, in: dieselbe, Konfliktsituationen im Altenheim. Eine Bewährungsprobe für das Pflegepersonal, Lambertus Verlag, Freiburg 1988, S. 212f.

Vereinzelte Beobachtungen zeigen, dass » ... es den Frauen gesundheitlich besser geht, wenn sie von jungen Männern im Zivildienst betreut werden. Dann leben sie auf, machen sich hübsch, fühlen sich fitter. Sie unterhalten sich gern mit ihnen, merken sich ihre Namen, sprechen liebevoll von ihnen. Es gibt weniger Konflikte als mit weiblichem Personal. Ähnliches gilt für die männlichen Praktikanten. [...] Den Frauen macht der Umgang mehr Spaß, sie fühlen sich als Frauen und genießen das. Da im ständigen Personal der Männeranteil nur bei 20-25% liegt, beleben die Zivis und Praktikanten den Heimalltag ungemein.«*

Schutz eigener Intimsphäre

Eine Pflegekraft hat das Recht auf Schutz ihrer eigenen Intimsphäre. Treten Konflikte auf, ist es wichtig, dass sie diese bewusst angeht und aktiv bewältigt. Dafür gibt es keine Patentlösungen und keine allgemein gültigen Regeln. Oft aber ist eine Lösung zu finden in

- einem klärenden Gespräch mit dem/der BewohnerIn;
- einem Gespräch mit einem Kollegen oder einer Kollegin oder dem Pflegeteam;
- dem Mitnehmen einer zweiten Pflegeperson zu bestimmten Tätigkeiten;
- dem (vorübergehenden) Wechsel der Aufgabenverteilung, d.h. ein(e) KollegIn übernimmt die Pflege der betreffenden Person, mit der sich der Konflikt ergeben hat oder einen Teil davon.

AltenpflegerInnen müssen in ihrem Arbeitsalltag das Kunststück vollbringen, in oft sehr intimen Situationen natürliches Verhalten zu bewahren und dabei weder die eigenen Vorstellungen und Bedürfnisse zu untergraben noch ihr Gegenüber zurückzustoßen. Mit zunehmender Berufs- und Lebenserfahrung gelingt dies meist immer besser.

*) aus: Hesse, Babette; Erotik im Altersheim. Ein Glück, dass es die Zivis gibt, in : Pro Familia Magazin Nr. 5/1998, S. 14

Wichtig

- Mit zunehmendem Lebensalter muss sich der Mensch vielen alternsbedingte Veränderungen im körperlichen, im geistig-seelischen wie im sozialen Bereich anpassen.
- Ausdrucksformen von Sexualität verändern sich in den einzelnen Phasen menschlicher Entwicklung. Gleichzeitig sind sie individuell unterschiedlich, geprägt von der gesamten psycho-sozialen Entwicklung.
- Der Mensch ist von der Geburt bis zum Tod ein sexuelles Wesen.
- Zur Sexualität gehört weit mehr als nur das Erleben und Verhalten, das im engeren Sinn mit den Sexualorganen verbunden ist.
- Die Sexualität hat im menschlichen Leben Lustfunktion, Sozialfunktion und Fortpflanzungsfunktion.
- Vorstellungen von Sexualität im Alter sind mit einer Vielzahl von Vorurteilen belegt.
- Im ersten Drittel des 20. Jahrhunderts wuchsen die Menschen mit religiösen und moralischen Einschränkungen auf und waren meist unzureichend oder gar nicht aufgeklärt.
- Auch Menschen im höheren Lebensalter sind sexuell aktiv.
- Sexuelles Erleben und Verhalten verändern sich mit zunehmendem Lebensalter. Dabei werden geschlechtsspezifische Unterschiede beschrieben.
- Der Geschlechtsakt tritt in seiner Bedeutung im höheren Alter oft in den Hintergrund zu Gunsten anderer Aspekte.
- Eine erfolgreiche Partnerschaft beeinflusst die Lebenszufriedenheit positiv.

- **Die große Mehrheit der alleinlebenden alten Menschen sind Frauen.**
- **Die durchschnittliche Ehe-Dauer hat sich in den letzten 100 Jahren fast verdoppelt.**
- **Ältere Frauen haben schlechte Chancen bei der Suche nach einem neuen Partner. Die Erfolgsaussichten sind noch geringer, wenn sie im Heim leben.**
- **Neue Partnerschaften im höheren Alter sind mit einer Vielzahl von Problemen behaftet.**
- **Sexualität und Partnerschaft sind im Heim nur unter sehr erschwerten Bedingungen zu finden und zu leben.**
- **AltenpflegerInnen sollten alten Menschen ein Mindestmaß an Intimsphäre ermöglichen.**
- **In vielen alltäglichen Pflegesituationen schwingt ein Stück Sexualität mit. Für AltenpflegerInnen gilt es, in den oft sehr intimen Situationen natürliches Verhalten zu bewahren, ohne die eigenen Vorstellungen und Bedürfnisse zu untergraben und ohne die zu Pflegenden zurückzustoßen.**

Übungen

1. Lassen Sie sich von einem alten Menschen erzählen, wie er bzw. sie die Jugendzeit und damit die Zeit der Pubertät erlebt hat. Versuchen Sie sich zu erinnern, was Sie über Partnerschaft und Sexualität Ihrer Eltern und Großeltern miterlebt oder erfahren haben!
2. Beobachten Sie einen Tag lang die alten Menschen, mit denen Sie bei Ihrer Arbeit zu tun haben. Achten Sie dabei genau darauf, auf welche Weise sie ihr Geschlecht leben, d.h. wie sie ihr Frau- oder Mann-Sein ausdrücken! Sammeln Sie Ihre Eindrücke und schreiben Sie die verschiedenen Ausdrucksformen auf!

3. Beschäftigen Sie sich mit Ihrer persönlichen Einstellung zum Thema Partnerschaft. Wenn Sie in einer Partnerschaft leben – was bedeutet sie Ihnen, welche positiven Aspekte hat sie für Sie, aber auch welche Probleme sind für Sie damit verbunden? Leben Sie allein, überlegen Sie, was Sie sich von einer Partnerschaft erhoffen, wünschen, vorstellen oder gegebenenfalls warum Sie eine solche ablehnen. Sammeln Sie die Plus- und Minuspunkte am besten schriftlich.
4. Wenden Sie sich dem Anzeigenteil Ihrer Tageszeitung zu. Gehen Sie Kontakt- und Heiratsanzeigen durch und markieren Sie die Annoncen, die von älteren Menschen aufgegeben wurden bzw. sich an Senioren wenden. Analysieren Sie die Inhalte – was bieten bzw. suchen die Betreffenden? Wie groß ist der Anteil alter Menschen unter den Kontakt-Suchenden überhaupt? ...
5. Diskutieren Sie die folgenden Situationen mit Ihren KollegInnen! Wie würden Sie sich an Stelle der Pflegekraft verhalten? Ist Ihnen vielleicht schon Ähnliches passiert?

Situation 1: Frieda Huber, Altenpflegeschülerin, 38 Jahre, macht zur Zeit ihr Praktikum in der Sozialstation. Dabei betreut sie seit einigen Tagen Herrn Paschke, 72. Er kommt allein nicht mehr zurecht. Kürzlich starb seine Frau, die ihn bis dahin immer versorgt hatte. Sein Diabetes und einige andere Beschwerden machen ihm zu schaffen. Herr Paschke ist zwar bewegungseingeschränkt, aber gehfähig.

Anfangs ging Frieda Huber gern hin. Sie arbeitet noch nicht lange in der Altenpflege und ist gerade erst wieder in das Berufsleben eingestiegen. Voller Eifer begann sie, Herrn Paschke bei ihren täglichen Besuchen zu versorgen.

Doch schon nach wenigen Malen entdeckte sie, dass sie jedes Mal, wenn Herr Paschke auf ihrer Terminliste stand, schon vorher ein ungutes Gefühl im Bauch hatte. Die Atmosphäre, während sie dort arbeitet ist ihr unheimlich. Gelegentlich kommt die Krankengymnastin, die mit Herrn Paschke Übungen macht, zur gleichen Zeit wie Frieda Huber. Heute ertappt sie sich dabei, dass sie auf dem Weg schon immer denkt: hoffentlich ist heute die Krankengymnastin wieder da, dann muss ich nicht mit ihm allein in der Wohnung sein.

Als Herr Paschke ihr die Tür öffnet, stellt Frieda Huber sehr schnell fest, dass außer ihr und Herrn Paschke niemand da ist. Sie beginnt sofort mit ihrer Arbeit und bereitet das Wannenbad vor. Immer steht Herr Paschke hinter ihr. Dreht sie sich einmal plötzlich um, steht er so dicht in ihrer Nähe, dass sie mit ihm in Berührung kommt. In der Ecke im Flur sieht sie sich plötzlich ihm ausgeliefert. Er steht hinter ihr, legt ihr auf einmal den Arm um die Schulter und tätschelt ihr die Wange. Dabei spürt sie einen sehnsüchtigen Blick auf sich ruhen. Sie kann nirgends ausweichen, und es laufen ihr kalte Schauer über den Rücken. Die Berührung ist ihr unangenehm, und sie weiß nicht, wie sie reagieren soll. Unsicher lächelt sie ihn an, schiebt ihn schließlich zur Seite, geht ins Schlafzimmer und räumt dort auf. Herrn Paschke informiert sie kurz, dass das Wannenbad heute doch nicht stattfinden kann, bringt im Badezimmer alles in Ordnung. Sehr schnell und betont sachlich erledigt sie die nötigsten Dinge, ruft Herrn Paschke von weitem einen Abschiedsgruß zu und verschwindet. Erleichtert atmet sie auf, als die Wohnungstür hinter ihr ins Schloß fällt. – Aber morgen muss sie wieder hin ...

Situation 2: Agnes Harter, Altenpflegeschülerin, 21, hat heute wieder Dienst auf ihrem Wohnbereich. Fröhlich betritt sie – nach dem Anklopfen – das Zimmer von Frau Moser und ruft schon von weitem »Guten Morgen«. Das »Herein« wartet sie in Absprache mit Frau Moser nicht ab, denn die Bewohnerin hört sehr schlecht und wünscht deshalb ausdrücklich, dass das Personal ohne entsprechende Aufforderung eintritt. Frau Moser ist krank und schon seit einigen Tagen bettlägerig. Agnes kommt – wie häufig morgens – zur Ganzwäsche.
Schwungvoll öffnet sie die Zimmertür. Frau Moser liegt wie immer im Bett, die Decke hochgezogen und beide Hände darunter. Agnes sieht die Bewegungen unter der Decke und fragt zunächst arglos »was machen Sie ...?« Mitten im Satz bricht sie ab, denn es fällt ihr wie Schuppen von den Augen, dass sie einmal während ihrer Ausbildung über das Thema Selbstbefriedigung gesprochen haben. Damals hatte sie noch gedacht: solche Situationen passieren doch mir nicht! Jetzt steht sie wie angewurzelt und peinlich berührt mitten im Zimmer. Es hat ihr die Sprache verschlagen.

Situation 3: Roswitha Zobel, 43, Altenpflegeschülerin, neu auf dem Wohnbereich eines Altenpflegeheims, soll heute erstmals Herrn Maurer versorgen. Der 76-Jährige ist Rollstuhlfahrer. Er begrüßt Roswitha freundlich. Nach dem kurzen Kennen lernen wendet Roswitha sich ihrer Arbeit zu, bereitet alles für die Morgentoilette vor. Dabei fühlt sie ständig die Blicke von Herrn Maurer auf sich ruhen. Ein unangenehmes Gefühl.

Um die Situation zu überbrücken, verwickelt sie ihn in ein Gespräch über Belangloses. Aber was sie auch anspricht, er versteht es immer wieder, Zweideutigkeiten in seinen Äußerungen unterzubringen.

Als sie sich zu ihrer Abwurfschüssel bückt, hört sie ihn zwischen den Zähnen pfeifen. »Hej, bei dir kann man ja unter den Rock gucken, mach' das noch mal! Entsetzt dreht sie sich um, als er sie in den Po kneift. Sie macht eine abwehrende Handbewegung und will ihre Arbeit fortsetzen. Doch Herr Maurer lässt nicht locker. »Stell dich doch nicht so an, du Hure! Solche wie dich hatte ich schon viele!« Hilflos steht Roswitha Zobel da, der Waschlappen fällt ihr aus der Hand, und im Gesicht des Herrn Maurer steht sichtlich die Freude über ihre Sprachlosigkeit geschrieben.

Wiederholungsfragen

1. Wie verändert sich Sexualität mit zunehmendem Lebensalter, und welche geschlechtsspezifischen Unterschiede werden dabei beschrieben?
2. Mit welchen Problemen müssen ältere Paare im Zusammenhang mit ihrer Beziehung rechnen?
3. Warum sind Sexualität und Partnerschaft Themen in der Altenpflege-Ausbildung?
4. Warum ist Sexualität besonders für die heute hochaltrigen Menschen ein Tabu-Thema?
5. Welche Probleme gibt es in der stationären Altenpflege im Zusammenhang mit Partnerschaft und Sexualität?
6. Welche Bedeutung kann die Partnerschaft im Leben eines (alten) Menschen haben?
7. Wie kann ein(e) AltenpflegerIn sich vor sexuellen Übergriffen im Arbeitsbereich schützen?
8. Was ist Sexualität?
9. Wie können AltenpflegerInnen dazu beitragen, alten Menschen ein Mindestmaß an Intimsphäre zu bewahren?

10. Wie stehen die Chancen älterer Frauen für neue Partnerschaften?
11. Welche Funktionen hat Sexualität im menschlichen Leben?

Literatur

Arndt, Marianne; Die unmoralische Sprudelflasche – Tabus und Wahrheit, in: Die Schwester/Der Pfleger, Nr. 7/1997, S. 555f.

China National Committee on Aging; Wiederverheiratung älterer Menschen in China, in: BAGSO-Nachrichten Nr. 3/1996, S. 9f.

Cyran, W.; Liebe schützt vor dem Altern, in: BAGSO-Nachrichten Nr. 3/1996, S. 7f.

Friedrich, Ingrid; Partnerschaft und Sexualität im Alter, in: Lade, Eckhard, Ratgeber Altenarbeit, Verlag Fink-Kümmerly und Frey, Ostfildern 1997

Grüneberg, Lutz / Hauser, Paul; Gerontologie für Altenpflegeberufe, Stam Verlag, Köln 1997

Helgason, A. R. et al.; Sexual desire ... Keine Spur von sexueller Enthaltsamkeit im Alter, in: Geriatrie Praxis Nr. 1-2/1997, S. 16f.

Hesse, Babette; Erotik im Altersheim. Ein Glück, dass es die Zivis gibt, in : Pro Familia Magazin Nr. 5/1998, S. 12f.

Hirsch, Anna Maria; Psychologie für Altenpfleger, Band I, Probleme des Alterns, 2. aktualisierte Aufl., München, 2001

Hoppe, Birgit; Lehrbuch Altenpflege: Psychologie. Verstehen lernen, Vincentz Verlag, Hannover 1997

Knobling, Cornelia; Der Umgang mit der Sexualität von Heimbewohnern, in: dieselbe, Konfliktsituationen im Altenheim. Eine Bewährungsprobe für das Pflegepersonal, Lambertus Verlag, Freiburg 1988, S. 212f.

Klapdor, Jürgen; Gay and Grey. Alt werden in einer Jugendszene, in: BAGSO-Nachrichten Nr. 3/1996, S. 10f.

Lehr, Ursula; Psychologie des Alterns, Heidelberg 1977

Lüders, Maja; Macht und Ohnmacht der Hormone, in: Pro Familia Magazin Nr. 5/1998, S. 6f.

Neumann, Frank; Solo mit siebzig. Wenn Singles älter werden, in : Pro Familia Magazin Nr. 5/1998, S. 19

Schützendorf, Erich; Ekel und Erregung. Konfrontation mit Sexualität in der Altenpflege, in: Altenpflege Nr. 5/1996, S. 348f.

Schützendorf, Erich; Weg mit dem Schutzschild! Umgang mit Sexualität alter pflegebedürftiger Menschen, in: Altenpflege Nr. 11/1997, S. 18f.

Siegel, Elfie; Die Liebe im Wechsel der Jahre, in: BAGSO-Nachrichten, Nr. 3/1996, S. 3f.

Stanjek, Karl (Hrg.); Altenpflege konkret: Sozialwissenschaften, Gustav Fischer Verlag, Lübeck, Stuttgart, Ulm, Jena 1998

Stracke-Mertes, Ansgar; Soziologie. Der Blick auf soziale Beziehungen, 2. vollständig überarbeitete und erweiterte Auflage, Vincentz Verlag, Hannover 1998

Sydow, Kirsten von; Lust auf Lust. Mut zum Glück, in : Pro Familia Magazin Nr. 5/1998, S. 2f.

Willig, Wolfgang / Ebel, Thomas / Erben, Monika / Pulvermüller, Gerhard; Psychologie – Soziologie – Gesprächsführung in der Altenpflege, Balingen, 4. überarbeitete Auflage, 1996

Wirsing, Kurt; Psychologisches Grundwissen für Altenpflegeberufe. Ein praktisches Lehrbuch, Weinheim 1987

Wolf, Udo; Auch Schwule kommen in die Jahre. Altenhilfe ignorierte bislang das Thema, in: Pro Alter Nr. 1/1998, S. 39f.

Was Hänschen nicht lernt, ...?

Das Ziel ist,

- *die Bedeutung von Motivation für das Lernen zu erkennen,*
- *die Mechanismen des Verhaltenslernens nachvollziehen zu können,*
- *sich mit Lob und Strafe in der Altenpflege auseinanderzusetzen,*
- *Arten von Intelligenz kennen lernen und die Bedeutung von Training im Hinblick auf Intelligenz einschätzen zu können,*
- *Veränderungen geistiger Leistungsfähigkeit im Lebenslauf zu sehen,*
- *Bedeutung und Möglichkeiten von Bildung im fortgeschrittenen Alter zu kennen,*
- *sich Veränderungen der Lernbedingungen im höheren Alter bewusst zu machen.*

DAS ZIEL IST...

Lernen im höheren Lebensalter

Was ist Lernen?

Beim Stichwort LERNEN denken die meisten Menschen zunächst an Schule, LehrerInnen, Noten, Bildung ... Doch bei näherer Beschäftigung mit dem Thema wird sehr schnell klar, dass Lernen viel mehr ist. Lernen heißt auch

- neugierig sein,
- Unbekanntes ausprobieren wollen,
- sich auf Neues einstellen,
- Erfahrungen machen können,
- Anregungen aufnehmen,
- sich selbst in Frage stellen können,
- offen bleiben,
- ...

Sich verändernde Umweltbedingungen

Der Mensch ist wie kein anderes Lebewesen fähig, sich an immer neue, sich verändernde Umweltbedingungen anzupassen. Er macht sich mit seiner Umgebung vertraut, denkt über sie nach und stimmt sein Verhalten auf sie ab. Lernen wird auch als Anpassungsprozess an die Umwelt bezeichnet.

Die Lernfähigkeit bzw. die Lernmöglichkeiten eines Menschen habe starken Einfluss auf seine Persönlichkeitsentwicklung (siehe dazu auch Kapitel »Der Apfel fällt nicht weit vom Stamm«, S. 265). Das Lernen bildet einerseits die Grundlage für die individuelle Entwicklung und ist andererseits entscheidend für das Zusammenleben mit anderen Menschen, auch für die Entwicklung neuer Gesellschaftsformen und Kulturen.*

Lernen heißt Verhalten ändern

Lernen wird mit sehr unterschiedlichen Formulierungen definiert, doch die wesentlichen inhaltlichen Festlegungen stimmen weitgehend überein. Das zeigen beispielhaft die folgenden Definitionen:

*) vgl: Hirsch, Anna Maria; Psychologie für Altenpfleger, Band I, Probleme des Alterns, 2. aktualisierte Aufl., München, 2001, S. 62

→ Lernen

Verhaltensänderungen

»Unter Lernen werden alle mehr oder weniger dauerhaften Verhaltensänderungen verstanden, die auf Umwelteinflüsse und nicht auf biologische Reifungsvorgänge oder Verletzungen/Krankheiten des Organismus zurückzuführen sind.
Gelernt werden einfache motorische Reaktionen bis hin zu komplexen Handlungsmustern und sozialen Verhaltensweisen.«*

»Allgemeine, umfassende Bezeichnung für Veränderungen des individuellen Verhaltens auf bestimmte Reize, Signale, Objekte oder Situationen. Sie haben ihre Grundlage in (wiederholten) Erfahrungen, die automatisch registriert und/oder bewusst verarbeitet werden. Lernen ist nur dann gegeben, wenn ausgeschlossen werden kann, dass dieselben Veränderungen des Verhaltens auf (a) angeborene Reaktionstendenzen (z.B. Reflexe, Instinkte), (b) Reifungsprozesse oder (c) vorübergehende Veränderungen des Organismuszustandes (z.B. durch Ermüdung, Drogen, Pharmaka, biologische Bedürfnisse, Erkrankungen) zurück gehen. ...«**

»In der Alltagssprache bezeichnet man als Lernen den Erwerb von Wissen sowie von motorischen und sprachlichen Fertigkeiten. In der Psychologie versteht man unter Lernen die durch Erfahrung entstandenen, relativ überdauernden Verhaltensänderungen. Lernen kann somit als ein Prozess verstanden werden, der bestimmte Organismen, jedoch auch technische Anlagen (z.B. Automaten) befähigt, aufgrund früherer Erfahrungen und durch organische Eingliederung weiterer Erfahrungen situationsangemessen zu reagieren. ...

Menschliches Lernen ist eine überwiegend einsichtige, aktive und sozialvermittelte [→Sozialisation] Aneignung von Kenntnissen und Fertigkeiten, Überzeugungen und Verhaltensweisen. ...«***

---

*) aus: Wirsing, Kurt; Psychologisches Grundwissen für Altenpflegeberufe. Ein praktisches Lehrbuch, Weinheim 1987, S. 77

**) aus: Fröhlich, Werner D.; Wörterbuch Psychologie, 23. Aufl., München 2000, S. 282

***) aus: Meyers Lexikonredaktion (Hg.); Schüler-Duden: Die Psychologie, Bibliographisches Institut & F. A. Brockhaus, Mannheim 1996, S. 229

»Mit Lernen bezeichnen wir die innere Informationsverarbeitung, die darauf abzielt, das eigene Verhalten, Wissen und Erleben relativ dauerhaft an neue Umwelterfordernisse anzupassen.«*

Lernen ist in keinem Lebensalter abgeschlossen

Das gesamte menschliche Leben ist von Lernvorgängen begleitet, d.h. Lernen ist – wie die Sozialisation – in keinem Lebensalter abgeschlossen.

Lernen ist wie Rudern gegen den Strom.
Wer aufhört, treibt zurück.
Konfuzius

Es werden zwei Aktionsebenen unterschieden, auf denen sich das Lernen wie auf Bühnen abspielt: die eine ist der Alltag, der ganz normale Lebensvollzug – die andere quasi das Studierzimmer.

Im Alltag – mitbestimmt von äußeren Einflüssen – vollzieht sich das soziale oder interaktionsorientierte Lernen. Es verläuft zum großen Teil ungeplant und unkontrolliert. Außerdem hat es oft ungewollte Wirkungen. Diese Art des Lernens verläuft oftmals nach dem Prinzip »Versuch + Irrtum → Erkenntnis bzw. Erfahrung«. Dressur spielt hier ebenfalls eine Rolle.

Im Studierzimmer, d.h. auf der inneren vorgestellten Aktionsebene, findet das kognitive *(lat. cognoscere = kennenlernen, erkennen, wahrnehmen, erfahren ...; kognitiv = erkenntnismäßig)* Lernen statt. Es ist auf die Erweiterung menschlicher Handlungs- und Erkenntnismöglichkeiten ausgerichtet und erfolgt über Einsicht.

Beide Aktionsebenen, d.h. beide Arten des Lernens, sollen im Folgenden genauer betrachtet werden. Es geht um das so genannte

- soziale Lernen oder Verhaltenslernen
  und um das
- kognitive Lernen.

---

*) aus: Hirsch, Anna Maria; Psychologie für Altenpfleger, Band I, Probleme des Alterns, 2. aktualisierte Aufl., München, 2001, S. 62

Zum Lernen gehört Motivation

Gleichgültig, um welche Art des Lernens es sich handelt, – Motivation (siehe Kapitel »Der Apfel fällt nicht weit vom Stamm«, S. 265) gehört dazu. Sie bildet eine wesentliche Voraussetzung für einen Lernerfolg.

Ein(e) AltenpflegerschülerIn braucht zum erfolgreichen Absolvieren der Ausbildung Motivation. Die Art der Motivation kann im Einzelnen sehr unterschiedlich sein. Der eine sieht vielleicht in der späteren Tätigkeit seinen Traumberuf, wollte schon immer mit alten Menschen arbeiten. Die andere hat sich für die Ausbildung entschlossen, weil sie hier in ihrem schon fortgeschrittenen Erwachsenenalter für sich gute Berufschancen sieht, anders als in vielen anderen Berufen. Eine andere Person möchte womöglich LehrerIn für Pflegeberufe werden und sieht die Altenpflege als Weg zum eigenen Fernziel.

Traumberuf

Gute Berufschancen

In ähnlicher Weise braucht ein alter Mensch Motivation, wenn er etwas lernen möchte oder soll, gleichgültig, ob es sich dabei um kognitives Lernen oder um Verhaltenslernen handelt.

Soll z.B. ein alter Mensch lernen, mit einer neuen Gehhilfe umzugehen, etwa einem Rollator, braucht er mindestens die Motivation, überhaupt den gewohnten Sitzplatz und das eigene Zimmer zu verlassen, sich einen größeren Aktionsradius zu erschaffen und so wieder am Gemeinschaftsleben auf dem Wohnbereich teilnehmen zu können. Geschieht dort nichts für ihn Interessantes, hat er nicht das Gefühl, dass ihm etwas entgeht, wird die Motivation, den Umgang mit dem neuen Rollator zu lernen, relativ gering sein.

Genauso kann es einem anderen alten Menschen ergehen, der noch im eigenen Haushalt lebt. Hat er sich z.B. vorgenommen, sich einen Lebenstraum zu erfüllen und einmal nach Australien zu reisen, so kann ihm das die nötige Motivation liefern, Englisch zu lernen mit dem Ziel, sich mit den Menschen dort verständigen zu können.

Mit der entsprechenden Motivation verlaufen Lernprozesse leichter, schneller und erfolgreicher als ohne solche Rahmenbedingungen.

Wenn du ein Schiff bauen willst,
so trommle nicht Männer zusammen,
um Holz zu beschaffen, Werkzeuge vorzubereiten,
Aufgaben zu vergeben, –
sondern lehre die Menschen
die Sehnsucht nach dem endlosen Meer.
Antoine de Saint-Exupéry

Prinzipien des Verhaltenslernens

Lernprinzipien

Beim Verhaltenslernen bzw. sozialen Lernen werden drei wichtige Lernprinzipien unterschieden:

- Signallernen,
- Verstärkungslernen,
- Beobachtungslernen.

Zum Verständnis dieser drei Prinzipien stellen Sie sich die folgende Situation vor:

Beispiel: Es ist Ihr erster Tag in der Altenpflegeschule. Heute soll die Ausbildung beginnen. Vor lauter Aufregung haben Sie die halbe Nacht vorher nicht geschlafen. Erst gegen Morgen sind Sie richtig eingeschlafen – so fest, dass Sie den Wecker überhört haben. So kommen Sie ausgerechnet an diesem ersten Tag zu spät. Alle anderen sind schon im Unterricht. In den Vorgesprächen im Zusammenhang mit der Bewerbung haben Sie nur in der Verwaltung zu tun gehabt. Die Unterrichtsräume konnten Sie nie besichtigen, weil dort immer gerade Unterricht war. Außerdem war das Gebäude riesig, und Sie wissen nicht mehr genau, wo der Lehrsaal liegen sollte, der für Ihren Kurs vorgesehen ist.

Sie betreten das Gebäude und schauen sich um. Sie entdecken eine Vielzahl von Schildern, aber ein Hinweis auf den Lehrsaal ist nicht dabei. So fangen Sie an zu kombinieren, auf welcher Etage und in der Nähe welcher Räume er sich befinden könnte und machen sich auf den Weg. Offensichtlich war's der falsche, denn plötzlich stehen Sie im Keller vor einer verschlossenen Tür – der Gang ist hier zu Ende, Sie können nicht mehr weiter. Sie drehen um, gehen wieder nach oben, bis Sie auch hier an eine verschlossene Etagentür gelangen. Das war nicht richtig, also noch mal zurück zum Ausgangspunkt – ins Foyer des Hauses.

Dort sehen Sie plötzlich mehrere Personen hintereinander in dieselbe Richtung strömen. Viele haben Schulutensilien bei sich. Die KursteilnehmerInnen hatten eben ihre erste Pause und gehen nun zurück in den Unterrichtsraum. Sie folgen ihnen und kommen so endlich im richtigen Raum an. Die Ausbildung kann beginnen.

Sie haben in dieser Situation auf unterschiedliche Weise gelernt.

- Sie haben Unbekanntes mit Bekanntem verknüpft (→Signallernen).
- Sie haben durch Erfolg und Misserfolg gelernt (→Verstärkungslernen).
- Sie haben durch Beobachtung und Nachahmung gelernt (→Beobachtungslernen).

Signallernen

Das Signallernen wurde von dem russischen Physiologen Iwan Petrowitsch Pawlow (1849-1936) entwickelt. Diese Methode gilt als eine klassische unter den Lerntheorien und wird daher auch bezeichnet als »klassisches Konditionieren« *(lat. condicio = Bedingung; konditionieren = bestimmte Verhaltensweisen bzw. Eigenschaften verleihen).*

Klassisches Konditionieren

→ Konditionieren

bezeichnet das Verbinden von zwei Dingen, die zunächst nichts miteinander zu tun haben.

In der experimentellen Psychologie wird dieser Begriff benutzt für Lernvorgänge, bei denen Reaktionen oder Verhaltensweisen mit bestimmten Reizen verknüpft werden, von denen sie später mit hoher Wahrscheinlichkeit wieder ausgelöst werden können.

Es gibt verschiedene Arten des Konditionierens.

Die Lernmethode des Klassischen Konditionierens geht vor allen Dingen zurück auf ein sehr bekannt gewordenes Experiment Pawlows, die »Pawlow'schen Hunde«.

Konditioneller oder konditionierter Reiz

Der Grundgedanke dabei war, einem Versuchstier – in diesem Fall einem Hund – in zeitlicher Nähe mit einem Reflex auslösenden nicht- oder unkonditionierten Reiz einen weiteren Reiz zu geben. Dieser neutrale zusätzliche Reiz, der zunächst nicht den Reflex auslöst, wird als »konditioneller oder konditionierter« Reiz bezeichnet.

Die Konditionierung hat dann stattgefunden, wenn die Reaktion in späteren experimentellen Durchgängen allein durch den konditionellen Reiz ausgelöst wird.

Extinktion

»In Pawlows Versuchen stehen Hunde angeschirrt vor einer Trennwand, aus der eine Röhre heraus ragt, durch die den Tieren kleinste Mengen von Trockenfleischpulver (UGS = nicht- oder unkonditionierter Reiz) ins Maul geblasen wird. Sie reagieren mit vermehrtem Speichelfluss (UCR = unkonditionierte Reaktion), sobald sich das Trockenfleischpulver im Maul auflöst (Nahrungsreflex). Der abgesonderte Speichel wird über eine künstliche Fistel abgeleitet. Kurz vor jeder Futtergabe setzt eine Klingel (CS = konditioneller Reiz) ein und begleitet die Fütterung für kurze Zeit. Während der Wiederholungen verstärkt jede dem Klingeln folgende Fütterung die Verbindung zwischen CS und UCS; die Tiere zeigen bereits mit dem Einsetzen des CS eine, die bevorstehende Fütterung vorweg nehmende, antizipatorische *[lat. anticipare = vorwegnehmen]* Speichelreaktion. Konditionierung ist abgeschlossen, wenn CR auf CS allein, d.h. unter unverstärkten Bedingungen, eine Weile beibehalten wird. Folgt dem CS für längere Zeit kein verstärkender UCS, so nimmt die CR wieder ab; diesen Vorgang nennt Pawlow Extinktion oder Löschung.«*

Das akustische Signal und der Speichelfluss sind also miteinander verbunden und konditioniert worden. Der Hund hat gelernt, dass ein Ton sein Futter ankündigt, quasi das Signal für sein Futter ist. Der Begriff Signallernen bezeichnet also den Vorgang, dass etwas

*) aus: Fröhlich, Werner D.; Wörterbuch Psychologie, München, 2000, S. 264

als Signal erkannt wird. Das gilt nicht nur für körperliche Reaktionen wie Speichelfluss, sondern in ähnlicher Weise auch für Gefühle.

Mit einem Signal wird ein bestimmtes Erlebnis zu einer festen Einheit verknüpft. Die entsprechenden Gefühle, die das Erlebnis auslöst, werden mit dem Signal verbunden, auch wenn das konkrete Erlebnis einmal ausbleibt. Es erfolgt die Übertragung einer Gefühlsreaktion und des damit verbundenen Verhaltens auf eine neutrale Situation.

Schematisch lässt sich der Lernprozess wie folgt darstellen:

Futter = unkonditionierter Reiz	→	**Speichelfluss** = unkonditionierte Reaktion
Glockenton = neutraler Reiz	→	= kein Speichelfluss
Glockenton + Futter = neutraler Reiz + unkonditionierter Reiz	→	**Speichelfluss** = unkonditionierte Reaktion
Glockenton	→	**Speichelfluss**
	= Konditionierung	

Nicht bewusstes Verständnis von Zusammenhängen

Diese sehr einfache Form des Lernens ist nicht an ein bewusstes Verständnis von Zusammenhängen gebunden. Die schnelle Aufeinanderfolge von neutralem und gefühlsbeladenem Reiz reicht aus, um dem neutralen Reiz eine positive oder negative Wertigkeit zu verleihen.

Über das Signallernen setzt der Mensch sich mit seiner Umwelt auseinander, macht positive und negative Erfahrungen. Er lernt, Gegenständen, Menschen und Situationen unterschiedliche Bedeutungen beizumessen. Es entsteht eine positive oder negative Bewertung, je nachdem, ob bestimmte Bedürfnisse befriedigt werden.

Angenehme Erlebnisse und Erfahrungen werden möglichst wiederholt und zeitlich ausgedehnt. Sie lösen Zufriedenheit und Freude aus. Negativ belastete Ereignisse werden nach Möglichkeit vermieden, lösen Angst und Abwehr aus.

Angst und Abwehr

Ähnlich wie beim Pawlow'schen Hund funktionieren solche Vorgänge beim Menschen, auch in der Altenpflege.

So kann es z.B. sein, dass eine alte Frau, die im allgemeinen sehr umgänglich, kooperationsbereit und freundlich ist, nur in einer Situation völlig »ausrastet«, nämlich sobald eine Pflegekraft beim Waschen oder Baden sich dem Intimbereich zuwenden will. Allein die Information der Pflegeperson, dass sie jetzt die Intimpflege durchführen möchte, reicht aus, um die alte Dame völlig außer Kontrolle geraten zu lassen. Sie kann die Intimpflege nicht mehr selbst vornehmen, weigert sich aber gleichzeitig heftigst, wenn andere entsprechende Versuche unternehmen. Dabei wird sie aggressiv, laut und handgreiflich. Auch mit großer Einfühlsamkeit und Behutsamkeit schafft es keine Pflegekraft, die vollständige Körperpflege ohne Probleme durchzuführen.

Eine mögliche Erklärung liegt hier im Signallernen. Vielleicht hat irgendwann jemand die alte Dame bei der Intimpflege verletzt – sei es ihr körperliche Schmerzen zugefügt oder ihr Schamgefühl verletzt, dies nach vorheriger Ankündigung mit dem Stichwort »Intimpflege«. Nun bringt sie dieses Stichwort »Intimpflege« immer wieder mit ihrer früheren unangenehmen Erfahrung in Verbindung. Natürlich muss nicht zwingend der Begriff »Intimpflege« der zunächst neutrale Reiz gewesen sein; gleichermaßen kann die Handlung, die Zuwendung zum Intimbereich, der Auslöser sein, womöglich nach unangenehmer Erfahrung im Sexualleben der betreffenden Person.

Unbewusst hat sie nach dem gleichen Schema gelernt wie der Pawlow'sche Hund.

Schmerz bzw. Verletzung des Schamgefühls		**Angst, Abwehr, Flucht**
= unkonditionierter Reiz	→	= unkonditionierte Reaktion
Stichwort »Intimpflege«		
= neutraler Reiz	→	= keine Reaktion
Stichwort »Intimpflege« + Schmerz bzw. Verletzung des Schamgefühls		**Angst, Abwehr, Flucht**
= neutraler Reiz + unkonditionierter Reiz	→	= unkonditionierte Reaktion
Stichwort »Intimpflege«	→	**Angst, Abwehr, Flucht**
	= Konditionierung	

Gegenstände und Personen

Die Bindung gefühlsmäßiger Reaktionen an Gegenstände und Personen über das klassische Konditionieren spielt im menschlichen Leben eine wichtige Rolle.

Bestimmte Einrichtungsgegenstände werden so häufig zum Signal bzw. Symbol für Geborgenheit, Gemütlichkeit o.Ä.; ein Gebäude oder ein Landschaftsmerkmal kann zum Zeichen für Heimat werden usw. Ähnliche Verknüpfungen entstehen im Zusammenhang mit Personen. Das Bild des Vaters, der Mutter oder anderer Bezugspersonen kann bestimmte gefühlsmäßige Reaktionen – sowohl angenehme als auch unangenehme – auslösen.

Viele solcher konditionierten Reaktionen begleiten den Menschen ein Leben lang, werden oft auch zum Ballast, der blockiert und Entwicklungen hemmt oder gar seelische Störungen auslösen kann.

Reiz-Reaktions-Verbindung

Im Prinzip können konditionierte Reaktionen wieder gelöscht werden. Dabei wird die Reiz-Reaktions-Verbindung durch gezieltes

Aufheben des Zusammenhangs zwischen beiden Faktoren abgebaut. Eine mit der Reizsituation gekoppelte Reaktion wird dann regelrecht verlernt.

Meistens wird eine solche Löschung dadurch erreicht, dass der konditionierte Reiz wiederholt ausgelöst wird, ohne dass ihm der unkonditionierte folgt. Bei den Pawlow'schen Hunden müsste also immer wieder der Glockenton erklingen, ohne dass auf diesen Reiz die Futtergabe folgt. Nach einiger Zeit wird dann die Häufigkeit des Reagierens mit Speichelfluss auf den Glockenton absinken bzw. schließlich ganz verschwinden.

Jedoch haben sich in der Praxis gerade solche Reaktionen als sehr löschungsresistent *(lat. resistere = Widerstand leisten; resistent = widerstandsfähig)* erwiesen, die mit negativen Gefühlen wie Angst, Schmerz o.Ä. verbunden sind.

Verstärkungslernen

Lernen aus Konsequenzen

Angeregt durch Pawlows Auseinandersetzung mit dem Lernen, beschäftigten sich weltweit zahlreiche PsychologInnen mit diesem Thema. In den 20er Jahren entstand so in den USA die Theorie des Lernens aus Konsequenzen. Der amerikanische Psychologe Edward Lee Thorndike (1879-1949) schuf mit seiner Lernforschung per Tierexperiment die Grundlagen für das so genannte »Instrumentelle Konditionieren«.

→ Instrumentelles Konditionieren

» ... Verknüpfung einer Reaktion mit einem positiven Nacheffekt, der die künftige Auftretenswahrscheinlichkeit dieser Reaktion erhöht, die dadurch zu einem »Instrument« für eine erwünschte Verhaltensfolge wird.«*

Doch nicht nur positive Effekte beeinflussen das Lernen, sondern auch negative, aber diese Einordnung in positiv und negativ ist nicht immer unproblematisch und eindeutig. Das Instrumentelle

*) aus: Meyers Lexikonredaktion (Hg.); Schüler-Duden: Die Psychologie, Bibliographisches Institut & F. A. Brockhaus, Mannheim 1996, S. 207

Konditionieren wird auch als »Verstärkungslernen« bezeichnet. Es ist das Lernen aus Konsequenzen, aus Erfolg und Misserfolg.

Der Mensch lernt nach diesem Prinzip schon sehr früh, sein Verhalten zu steuern. Er probiert Verhaltensweisen aus. Werden die Konsequenzen des Verhaltens als positiv und erfolgreich erlebt, so werden sie in der Zukunft häufiger eingesetzt. Hat dagegen eine Verhaltensweise negative und als unangenehm empfundene Konsequenzen, so wird sie künftig eher vermieden. Die Konsequenzen von Verhaltensweisen werden also quasi als Verstärker eingesetzt.

→ Verstärkung

» ... Bezeichnung für Verhaltenskonsequenzen, welche die Wahrscheinlichkeit der Wiederholung des betreffenden Verhaltens durch Erfolgserlebnis oder Belohnung (positive Verstärkung) bzw. durch Abschwächung oder Ausbleiben unangenehmer Reize (negative Verstärkung) beeinflussen.«*

Es wird gelernt, Verhalten gezielt als ein Instrument zum Erreichen einer bestimmten Konsequenz, eines Ziels, einzusetzen.

Anders als beim klassischen Konditionieren, erfolgt hier die Umweltanpassung nicht nur über bestimmte Reizbedingungen, sondern auch über die auf das Verhalten folgenden Konsequenzen. Der Lernprozess läuft nach dem Prinzip von »Versuch + Irrtum« ab.

Versuch + Irrtum

Als positive Konsequenzen werden solche betrachtet, die zum Erreichen eines Ziels führen, also eine hohe Effektivität *(lat. effectus = Wirkung, Erfolg; Effektivität = Wirksamkeit, Durchschlagskraft)* aufweisen. Ein Verhalten verstärkt sich dadurch, dass es schnell und zuverlässig zu der Befriedigung eines Bedürfnisses führt (innere Verstärkung).

Auch die Akzeptanz *(lat. accipere = annehmen, gutheißen, billigen; Akzeptanz = Bereitschaft, etwas [Neues] anzunehmen)* eines Verhaltens kann als positiv erlebt und damit zum Verstärker werden. Die Reaktion anderer Menschen auf ein Verhalten, z.B. Auf-

---

*) aus: Meyers Lexikonredaktion (Hg.); Schüler-Duden: Die Psychologie, Bibliographisches Institut & F. A. Brockhaus, Mannheim 1996, S. 434

merksamkeit oder Anerkennung und Lob, bekräftigt die jeweilige Verhaltensweise und wird so zum Verstärker (äußere Verstärkung).

Als negative Konsequenzen werden dagegen mangelnde Effektivität oder Ablehnung, Missbilligung und Tadel durch andere Menschen empfunden.

Gezielte Erziehung

So sind Lob und Tadel, Anerkennung und Missbilligung oder Zuckerbrot und Peitsche wie der Volksmund sagt schon seit langem wesentliche Instrumente, um Menschen zu bestimmten Verhaltensweisen zu bringen und wurden bzw. werden vor allen Dingen in der Erziehung gezielt eingesetzt. Aber nicht nur die gezielte Erziehung, sondern auch der Alltag lehrt in ähnlicher Weise, wie sich u.a. in dem Sprichwort »Aus Schaden wird man klug« ausdrückt.

Der Einsatz positiver und negativer Verstärkung ist aber oftmals problematisch, zumal eine als negativ geplante Verstärkung von der betroffenen Person durchaus umgekehrt als positiv empfunden werden kann, abhängig von den Zielen, die die betroffene Person mit

Verstärkungslernen – Lernen aus Konsequenzen – Instrumentelles Konditionieren

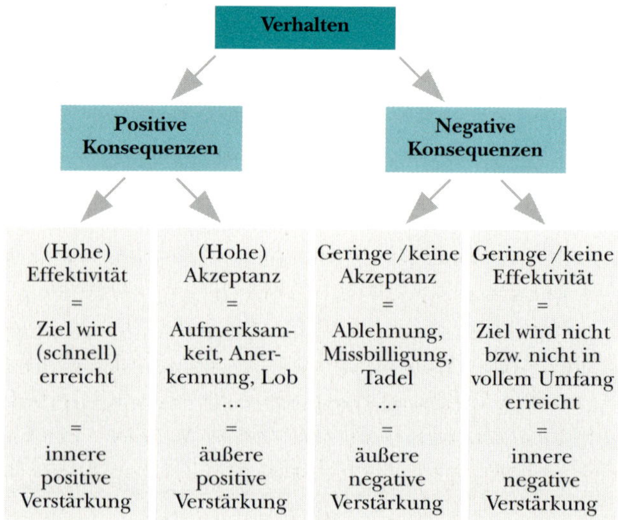

ihrem Verhalten verfolgt. Umgekehrt kann eine als positiv gedachte Verstärkung als negativ empfunden werden. Die Beeinflussung menschlichen Verhaltens durch Belohnung und Bestrafung ist also nicht immer einfach und führt nicht immer zum gewünschten Ergebnis.

Beispiele für das Lernen über Instrumentelles Konditionieren gibt es in unzähligen Lebenssituationen und bei Menschen aller Altersgruppen. Kinder lernen intensiv über das Ausprobieren von Verhalten und die jeweils folgende Konsequenz, aber auch in späteren Entwicklungsphasen menschlichen Lebens wiederholt sich dieses Schema immer wieder.

Ausprobieren von Verhalten

Alte zu pflegende Menschen richten ihr Verhalten ebenso danach aus wie Pflegekräfte.

Beispiel 1: Eine Bewohnerin in einem Altenpflegeheim fühlt sich einsam und allein gelassen. Sie klingelt sehr oft. Einmal hätte sie gern, dass die Gardine ein Stück zur Seite gezogen wird, das nächste Mal möchte sie einen Schluck trinken, danach die Bitte um Begleitung zur Toilette, später Hilfe bei der Suche nach der Lesebrille usw. Der Ablauf auf dem Wohnbereich wird durch das ständige Klingeln erheblich gestört, denn dauernd müssen Arbeitsabläufe unterbrochen werden.

Nach einiger Zeit macht die Schichtleiterin ihrem Ärger über die Störungen durch das offensichtlich nicht immer wirklich notwendige Klingeln Luft. Sie bittet die Bewohnerin, künftig nicht mehr aus Langeweile zu klingeln. Gleichzeitig einigt sich das Pflegeteam, mit der Bewohnerin freundlich umzugehen und zwischendurch immer mal in das Zimmer zu schauen, ohne dass geklingelt wurde. Die Bewohnerin hält sich an die Abmachung, nicht mehr ohne ernsthaften Grund zu klingeln und erlebt eine positive äußere Verstärkung ihres Verhaltens durch die vermehrte freundliche Aufmerksamkeit seitens der Pflegekräfte. Die negative äußere Verstärkung als Konsequenz auf ihr ständiges Klingeln erlebte sie zuvor durch die verärgerte Reaktion der Schichtleiterin. Dieses Verhalten mit negativer Konsequenz unterlässt sie in der Zukunft.

Beispiel 2: Ein Altenpflegeschüler beteiligte sich im ersten Jahr seiner Ausbildung intensiv am Unterricht, übte das Gelernte häufig in der Praxis und vertiefte sich regelmäßig zu Hause in den theoretischen Stoff. Seine Noten waren meist gut, er verstand die Unterrichtsinhalte und konnte Gelerntes anwenden. Der zeitliche Aufwand und sein Engagement waren relativ hoch.

Im zweiten Ausbildungsjahr zog derselbe Schüler für sich eine Zwischenbilanz seiner Ausbildung. Er hatte bei einigen seiner MitschülerInnen beobachtet, dass sie deutlich weniger Zeit für die Schule aufwandten und dennoch akzeptable Ergebnisse erreichten. So beschloss er, künftig dem schulischen Lernen weniger Zeit und Aufmerksamkeit zu widmen, sich in Zukunft mehr Ruhe zu gönnen.

Nach einigen Monaten muss er feststellen, dass nicht nur sein Notendurchschnitt sich deutlich nach unten verändert, sondern dass er auch nicht mehr alle Inhalte beherrscht und viele Zusammenhänge nicht richtig versteht. Die Anwendung des Stoffs in der Praxis fällt ihm oftmals schwer, und seine KollegInnen im Pflegeteam verdrehen immer öfter genervt die Augen, wenn sie ihm bei pflegerischen Tätigkeiten zusehen bzw. ihm zum wiederholten Mal dasselbe demonstrieren und erklären. Bei Übergaben werden seine Äußerungen immer weniger ernst genommen, und überhaupt hat er das Gefühl, das Verhalten ihm gegenüber hätte sich geändert. Die negative äußere Verstärkung seines Verhaltens in Form von Noten und vor allen Dingen Reaktionen der KollegInnen bringt ihn zu dem Entschluss, sich für den Rest der Ausbildung doch lieber nicht mehr so viel Ruhe zu gönnen. Stattdessen wird er wieder den relativ hohen Aufwand betreiben wie im ersten Jahr, mit dem er eine hohe Effektivität in Form von Akzeptanz und guten Noten erhielt.

Lohn und Strafe in der Altenpflege?

Positive und negative Verstärkung

Positive und negative Verstärkung, angenehme und unangenehme Konsequenzen auf ein Verhalten – das erinnert an das alte Erziehungsprinzip von Lohn und Strafe.

→ Lohn und Strafe

»Allgemein angewandtes Erziehungsmittel, das verschiedene Formen haben kann, z.B. eine materielle Gabe oder der Entzug von bisher zugestandenen Freiheiten, Vergünstigung oder Benachteiligung, Zu- oder Abwendung von Aufmerksamkeit, auch Lob und Tadel.«*

Androhung von Strafe

Strafen wird häufig als besonders effektiv angesehen, zumal oft bereits die Androhung von Strafe ausreicht, um Verhalten in der gewünschten Weise zu steuern. Sie werden vielfach als gängiges Erziehungsmittel eingesetzt. Gestraft wird – in allen Generationen – häufig unüberlegt, unreflektiert oder spontan, oft auch aus reiner Bequemlichkeit. Auch in der Altenpflege werden immer wieder Formen von Strafe angewandt, um Verhalten zu beeinflussen. Dabei wird oft übersehen, dass es nicht Aufgabe der Pflegekräfte ist, erwachsene alte Menschen zu »erziehen«. Darüber hinaus sollten folgende Nachteile von Strafen bedacht werden:

- Die Wirkung von Strafe nimmt mit der Zeit ab, d.h. die Dosis bzw. die Art der Strafe muss stetig erhöht werden, um eine gleichbleibende Wirkung zu erzielen.
- Strafen erzeugen bei der bestraften Person Ängste und Unsicherheit, die sich auf das gesamte Verhalten auswirken können.
- Strafen können geradezu zu Gegenreaktionen aufrufen. Die Demonstration von Macht durch die strafende Person kann Rachlust bei der bestraften wecken.
- Die strafende Person kann als negatives Vorbild für die bestrafte wirken. In Situationen, in denen die strafende Person einmal die schwächere ist, wird deren Straf-Verhalten imitiert.

Falls trotz aller Nachteile Strafen eingesetzt werden, machen sie nur Sinn, wenn sie unmissverständlich und unmittelbar auf das nicht erwünschte Verhalten folgen. Außerdem sollte die bestrafte Person

---

*) aus: Meyers Lexikonredaktion. Bibliographisches Institut & F. A. Brockhaus, (Hg.); a.a.O., S. 235

die Gründe für die Strafe kennen und verstehen und in Zukunft alternative Verhaltensmöglichkeiten verfügbar haben.

Das Loben oder Belohnen eines erwünschten Verhaltens verstärkt dagegen auf andere Weise. Es verändert zunächst nichts und wird deshalb oft als nicht effektiv betrachtet. Das erwünschte – also als positiv bewertete Verhalten – wird nicht als störend betrachtet und fällt daher nicht so sehr ins Auge. Es wird mehr oder weniger als selbstverständlich angesehen und daher kaum beachtet. Trotzdem wirken Lob und Belohnung langfristig nachhaltig.

- Das erwünschte Verhalten stabilisiert sich, wird immer häufiger wiederholt, unerwünschtes tritt dagegen immer seltener auf.
- Lob schafft bei der gelobten Person ein positives Selbstbild und baut Selbstvertrauen und Selbstsicherheit auf.
- Die Beziehung zwischen lobender und gelobter Person wird von beiden als positiv erlebt.

Lob und Belohnung

- Lob und Belohnung regen die empfangende Person zu ähnlichem Verhalten an, schaffen positive Atmosphäre und gute Beziehungen.*

Beobachtungslernen

Bis in die 50er Jahre hinein glaubten PsychologInnen, alles Lernen an Hand der bis dahin aufgestellten Lerntheorien – also im Zusammenhang mit dem Konditionieren – erklären zu können. Doch dann wurde erkannt, dass Menschen nicht jede Verhaltensweise auf ihre positiven oder negativen Konsequenzen hin überprüfen oder gar ausprobieren. Diese Prozedur wäre viel zu langwierig und würde außerdem den Menschen immer wieder Gefahrensituationen aussetzen.

Stattdessen benutzen Menschen einen viel effektiveren Weg, um neue Verhaltensweisen zu erlernen. Sie beobachten andere Menschen und ahmen deren Verhalten nach. Das »Imitationsler-

---

*) vgl: Willig, Wolfgang / Ebel, Thomas / Erben, Monika / Pulvermüller, Gerhard; Psychologie – Soziologie – Gesprächsführung in der Altenpflege, Balingen, 4. überarbeitete Auflage, 1996, S. 181f.

nen« wird auch als »Lernen am Modell« bezeichnet; Imitations-, Beobachtungs-, Modellernen – alle drei Begriffe stehen für dasselbe.

Lernen am Modell

→ Imitationslernen

»(Beobachtungslernen, Modellernen) = Bezeichnung für die bei Tier und Mensch feststellbare Tendenz, durch bloßes Beobachten oder auch Nachahmen von Verhaltensweisen anderer zu lernen.«*

Auf diese Weise lernen Menschen im Wesentlichen zwei Arten von Verhaltensweisen:

- Komplexe Verhaltensmuster und Handlungsfolgen, z.B. handwerkliche, sportliche und künstlerische Fertigkeiten wie Tanzen, Skilaufen, Klettern, aber auch Klavierspielen, Stricken u.Ä.
- Soziale Verhaltensweisen, also solche, die den Umgang mit anderen Menschen betreffen, z.B. Benimm- und Begrüßungsrituale, Umgang mit bestimmten Situationen – wann geweint oder gelacht werden darf etc., – aber auch Einstellungen, Überzeugungen, Abwehrmechanismen, (Über-)Lebenstechniken.**

Das Nachahmen hilft dem Menschen, sich umfassende Verhaltensmuster anzueignen, ohne dass er diese systematisch aufbauen und verstehen muss.

Besonders in sozialen Situationen, die dem Einzelnen fremd sind, wird auf Nachahmung zurückgegriffen. Wer sich in seiner Umgebung nicht auskennt, beobachtet andere, um daraus eigenes Verhalten abzuleiten. Da wird beim Essen ungewohnter Speisen oft möglichst unauffällig ein Auge auf die Mitessenden geworfen, um die richtige Handhabung von Krebsen, Muscheln, Fischen, Spaghetti o.Ä., den Umgang mit dem dafür vorgesehenen Besteck usw. nachvollziehen zu können. In einem fremden Land beobachten Touristen – jedenfalls solche, die wirklich etwas über Land und Leute erfah-

Nachahmung

---

*) aus: Meyers Lexikonredaktion (Hg.); Schüler-Duden: Die Psychologie, Bibliographisches Institut & F. A. Brockhaus, Mannheim 1996, S. 175

**) vgl: Hirsch, Anna Maria; Psychologie für Altenpfleger, Band I, Probleme des Alterns, 2. aktualisierte Aufl., München, 2001, S. 66

ren wollen – die Einheimischen in ihren Sitten und Gebräuchen und passen ihr eigenes Verhalten an die herrschenden Gepflogenheiten an. Und beim Einzug in ein Heim lernt ein alter Mensch viel durch Beobachten derjenigen, die schon länger dort wohnen.

Beispiel: Eine aktive alte Dame zieht in ein Heim ein. In den ersten Tagen beobachtet sie die MitbewohnerInnen intensiv. Die leben sehr zurückgezogen, sind still, untätig und kommunizieren kaum miteinander. Die alte Dame lernt durch Beobachten, dass ihr bisheriges Verhalten, nämlich offen auf Menschen zuzugehen, sich mit anderen auszutauschen und gemeinsam Interessen zu pflegen, hier nicht erwünscht ist. Sie passt sich allmählich an das beobachtete Verhalten an, wird selbst still und lebt künftig sehr zurückgezogen.

Verhaltensmodifikation

»Empfängt eine Modellperson für ein bestimmtes Verhalten eine Belohnung, so steigt unter geeigneten Bedingungen die Wahrscheinlichkeit des Auftretens dieser Reaktion beim Beobachter in ähnlichen Situationen. Das Verhalten wird relativ überdauern, wenn beobachtetes Verhalten einschließlich seiner Konsequenzen in das Einstellungs- oder Vorstellungssystem des Beobachters übernommen wird. Beobachtungslernen wird in der modernen Psychotherapie zur Verhaltensmodifikation *[lat. modifi-care = gehörig abmessen, anpassen, →Abwandlung, Anpassung]* angewendet.«*

Gelernt wird auch auf Vorrat, d.h. oftmals lernt der Mensch Verhaltensweisen, die er erst viel später – oder vielleicht nie – in seinem Leben einsetzen kann. So lernen z.B. Kinder von ihren Eltern durch Beobachtung, wie Kinder versorgt und erzogen werden. Sie lernen ebenso, wie ihre Eltern mit deren eigenen Eltern, also den Großeltern der Kinder, umgehen. Dieses Verhalten kann Modell dafür sein, wie diese Kinder später die Beziehung mit ihren Eltern im Alter gestalten werden.

*) aus: Fröhlich, Werner D.; Wörterbuch Psychologie, 23. Aufl., München 2000, S. 234

Der alte Großvater und der Enkel

Es war einmal ein alter Mann, der konnte kaum gehen, seine Knie zitterten, er hörte und sah nicht viel und hatte auch keine Zähne mehr. Wenn er nun bei Tisch saß, und den Löffel kaum halten konnte, schüttete er Suppe auf das Tischtuch, und es floss ihm auch etwas wieder aus dem Mund.

Sein Sohn und dessen Frau ekelten sich davor, und deswegen musste sich der alte Großvater endlich hinter den Ofen in die Ecke setzen, und sie gaben ihm sein Essen in ein irdenes Schüsselchen, und noch dazu nicht einmal satt, da sah er betrübt nach dem Tisch, und die Augen wurden ihm nass.

Einmal auch konnten seine zittrigen Hände das Schüsselchen nicht fest halten, es fiel zur Erde und zerbrach. Die junge Frau schalt, er aber sagte nichts und seufzte nur. Da kauften sie ihm ein hölzernes Schüsselchen für ein paar Heller, daraus musste er nun essen: wie sie nun da so sitzen, so trägt der kleine Enkel von vier Jahren auf der Erde kleine Brettlein zusammen. »Was machst du da?«, fragte der Vater. »Ei, antwortete das Kind, ich mach ein Tröglein, daraus sollen Vater und Mutter essen, wenn ich groß bin.« Da sahen sich Mann und Frau eine Weile an, fangen endlich an zu weinen, holten alsofort den alten Großvater an den Tisch und ließen ihn von nun an immer mit essen, sagten auch nichts, wenn er ein wenig verschüttete.

Jacob (1785-1863) und Wilhelm (1786-1859) Grimm

Nicht immer wird Verhalten eines Modells genauso nachgeahmt. Die Nachahmung ist dann wahrscheinlich, wenn das Verhalten des Modells erfolgreich ist und zu positiven Konsequenzen führt. Führt das Modellverhalten zu Misserfolg, hat also negative Konsequenzen, wird es wahrscheinlich vermieden. Die beobachtende Person kennt in diesem Fall zwar die negativen Konsequenzen eines Verhaltens, hat aber deshalb noch nicht unbedingt ein Alternativ-Verhalten verfügbar.

Beispiel: Ein(e) AltenpflegeschülerIn lernt im theoretischen Unterricht alles Wissenswerte über Injektionen. Die konkrete Anwendung der Kenntnisse lernt er bzw. sie jedoch erst durch Beobachtung einer anleitenden Pflegekraft bei dieser Tätigkeit. Zeigt diese eine Injektion bei einem alten Menschen, und empfindet dieser alte Mensch die Injektion ausgerechnet in der Vorführsituation als schmerzhaft, kann die beobachtende Person zwar im Gespräch mit der anleitenden Pflegekraft über mögliche Gründe sprechen und Alternativen erörtern, aber sie hat noch immer nicht durch Beobachtung die richtige Handhabung gelernt.

Oft werden so ungewollt Verhaltensweisen übernommen, die eigentlich nicht der eigenen Einstellung oder den eigenen Kenntnissen entsprechen. Sie werden einfach eingesetzt aus Mangel an konkreten anderen Verhaltensmustern.

Das Löschen so gelernter Verhaltensweisen ist schwierig und erfordert ein hohes Maß an Selbstbeobachtung und Selbstkontrolle. Darüber hinaus ist es notwendig, angemessene Ersatz-Verhaltensmuster zu erwerben.

Vorbild

In der Regel werden solche Personen als Modelle ausgewählt, die in irgendeiner Weise als Vorbild erscheinen. Sowohl eine bekannte als auch eine unbekannte Person kann als Modell dienen. Manchmal reicht sogar das Hören oder Lesen über einen nicht persönlich bekannten Menschen und dessen Erfahrungen, um eigenes Verhalten daran zu orientieren. Häufig werden solche Personen imitiert, die mit ihren Verhaltensweisen Erfolge erzielen, die also z.B. allgemein akzeptiert werden, einflussreich sind, denen Aufmerksamkeit und Anerkennung gilt. Oft werden auch nahestehende Menschen als Modelle gewählt oder solche, die als einem selbst ähnlich empfunden werden.

So sind bei Kindern zunächst oft Familienangehörige wie Mutter oder Vater, Geschwister, Großeltern o.Ä. die Vorbilder. Später treten in dieser Funktion FreundInnen, LehrerInnen, KollegInnen, vor allen Dingen Vorgesetzte, u.Ä. auf. Aber auch Märchenfiguren, RomanheldInnen oder Prominente – letztere in großem Umfang beeinflusst durch die Massenmedien – können zu Modellen werden.

Mit zunehmendem Alter verringert sich die Empfänglichkeit für Vorbilder, weil die Persönlichkeit ausgereifter ist und immer mehr eigene Erfahrungen ein Urteil, eine eigene Bewertung, ermöglichen.

Wichtig

- **Lernen bildet einerseits die Grundlage für die individuelle Entwicklung des Menschen und ist andererseits entscheidend für das Zusammenleben mit anderen Menschen, auch für die Entwicklung neuer Gesellschaftsformen und Kulturen.**
- **Das gesamte menschliche Leben ist von Lernvorgängen begleitet, d.h. Lernen ist in keinem Lebensalter abgeschlossen.**
- **Es werden zwei Aktionsebenen beim Lernen unterschieden – der Alltag, der ganz normale Lebensvollzug für das soziale Lernen bzw. das Verhaltenslernen und das »Studierzimmer« für das kognitive Lernen.**
- **Das Verhaltenslernen bzw. soziale Lernen verläuft zum großen Teil ungeplant und unkontrolliert.**
- **Das kognitive Lernen ist auf die Erweiterung menschlicher Handlungs- und Erkenntnismöglichkeiten ausgerichtet und erfolgt über Einsicht.**
- **Motivation bildet eine wesentliche Voraussetzung für Lernerfolg. Lernprozesse verlaufen bei entsprechender Motivation leichter, schneller und erfolgreicher als ohne solche Rahmenbedingungen.**
- **Beim Verhaltenslernen oder sozialen Lernen werden drei wichtige Lernprinzipien unterschieden:**
  - **Klassisches Konditionieren bzw. Signallernen,**

- Instrumentelles Konditionieren bzw. Verstärkungslernen,
- Imitationslernen bzw. Beobachtungslernen oder Modelllernen.

- Über das Signallernen setzt der Mensch sich mit seiner Umwelt auseinander, macht positive und negative Erfahrungen. Er lernt, Gegenständen, Menschen und Situationen unterschiedliche Bedeutungen beizumessen.
- Konditionierte Reaktionen können im Prinzip gelöscht werden, haben sich jedoch in der Praxis gerade dann als sehr löschungsresistent erwiesen, wenn sie mit negativen Gefühlen verbunden sind.
- Über die instrumentelle Konditionierung lernt der Mensch schon sehr früh, sein Verhalten zu steuern. Er probiert Verhaltensweisen aus, setzt später die erfolgreichen weiterhin ein und vermeidet die mit unangenehmen Konsequenzen verbundenen.
- Der Einsatz positiver und negativer Verstärkung zur gezielten Beeinflussung von Verhalten ist problematisch, zumal eine als negativ geplante Verstärkung von der betroffenen Person durchaus umgekehrt als positiv empfunden werden kann, abhängig von den Zielen, die die betroffene Person mit ihrem Verhalten verfolgt.
- Das Beobachten und Nachahmen hilft dem Menschen, sich umfassende Verhaltensmuster anzueignen, ohne dass er diese systematisch selbst aufbauen und verstehen muss.
- In sozialen Situationen, die dem Einzelnen fremd sind, wird oft auf Nachahmung zurückgegriffen. Wer sich in seiner Umgebung nicht auskennt, beob-

achtet andere, um daraus eigenes Verhalten abzuleiten.

- **Häufig werden solche Personen imitiert, die mit ihren Verhaltensweisen Erfolge erzielen, die allgemein akzeptiert werden und einflussreich sind, denen Aufmerksamkeit und Anerkennung gilt. Manchmal genügt das Hören oder Lesen über einen nicht persönlich bekannten Menschen und dessen Erfahrungen aus, um eigenes Verhalten daran zu orientieren.**
- **Massenmedien beeinflussen in großem Umfang die Auswahl von Modellen für das Imitationslernen.**
- **Mit zunehmendem Alter verringert sich die Empfänglichkeit für Vorbilder.**

Großes Gehirn für das Aneignen einer großen Wissensmenge

Kognitives Lernen

Der Mensch lernt nicht nur auf dem Weg des Verhaltenslernens, wie im Vorangegangenen beschrieben, sondern – und hier unterscheidet er sich wesentlich von anderen Lebewesen – ebenfalls durch das bereits erwähnte »kognitive« Lernen. Dazu befähigt ihn das im Verhältnis zu seiner Körpergröße sehr große Gehirn. »Das Verhältnis Körpergewicht zu Hirngewicht beträgt beim Menschen 50 zu 1, dagegen z.B. beim Krokodil 13.000 zu 1.«*

Neuronale Entwicklung

»Die Kindheit dauert beim Menschen länger als es die Entwicklung eines großen Gehirns erfordern würde. Tatsächlich ist ein großer Teil der neuronalen Entwicklung im Alter von zwei Jahren abgeschlossen, im Alter von fünf Jahren nahezu die gesamte neuronale Entwicklung. Die lange Kindheitsphase beruht darauf, dass die gesamtkörperliche Entwicklung so langsam verläuft. Man hat

*) aus: Jasper, Bettina M.; Brainfitness – Denken und Bewegen, Meyer & Meyer Verlag, Aachen 1998, S. 32

darüber spekuliert (de Beer 1959), ob dies nicht der Funktion dient, Kinder in einem Abhängigkeitsverhältnis zu den Erwachsenen zu halten. Um ein kompetenter Erwachsener zu werden, muss man viel lernen, und dadurch, dass man so lange Kind bleibt, hat man genügend Zeit, sich diesen Lernstoff anzueignen. Die Kindheit ist die Lehrzeit für das Erwachsenenalter.

Die moderne Gesellschaft ist so komplex, dass wir nicht alles lernen können, indem wir einfach 15 Jahre lang mit unseren Eltern zusammenleben. Um das erforderliche Wissen zu erlangen, hat die Gesellschaft Institutionen wie z.B. Schulen und Universitäten geschaffen. Es ist nicht ungewöhnlich, dass Menschen mehr als 25 Jahre – fast so lange wie ein Berufsleben – damit verbringen, sich auf ihre Rolle[n] innerhalb der Gesellschaft vorzubereiten.«*

Der Mensch lernt über Einsicht und Erkenntnis

Das kognitive Lernen, das im Folgenden im Mittelpunkt steht, erweitert den Handlungsspielraum des Menschen und erschließt ihm Zusammenhänge, die weit über seinen konkreten eigenen Erfahrungshorizont hinausgehen. Über das kognitive Lernen erwirbt der Mensch Wissen.

→ Kognitive Lerntheorien

»Zusammenfassende Bezeichnung für Lerntheorien, die kognitive Prozesse (z.B. die Rolle von Erfahrungsrepräsentationen, Einsichten und Erwartungen) hervor heben und sich dadurch von den eher mechanistischen Reiz-Reaktions- und Verstärkungstheorien unterscheiden.«**

Bei allen Vorgängen des Lernens über Einsicht und Erkenntnis spielt die so genannte »Kognition« eine wichtige Rolle.

---

*) aus: Anderson, John R.; Kognitive Psychologie, 3. Auflage 2000, Spektrum Akademischer Verlag, Heidelberg, S. 424

**) aus: Fröhlich, Werner D.; Wörterbuch Psychologie, 23. Aufl., München 2000, S. 259

→ Kognition

»Ungenaue Sammelbezeichnung für alle Prozesse oder Strukturen (Inhalte), die mit dem Erkennen zusammenhängen, wie z.B. Vorstellung, Beurteilung, Gedächtnis, Erinnerung, Lernen, Denken. Die Kognition umfasst alle Vorgänge des Wahrnehmens und Verarbeitens der Wirklichkeit einschließlich der ihnen zugrunde liegenden subjektiven und objektiven Bedingungen u.a. psychologischer, physiologischer, sprachlicher und genetischer Art. Die Ungenauigkeit bringt es mit sich, dass Kognition als Prozess des Erkennens im Sinne eines Ordnungsbegriffs, der Erkenntnisprozesse von emotionalen Vorgängen abhebt, und andererseits auch als Produkt des Erkennens im Sinne von Erkenntnis und erlangtem Wissen gebraucht wird.«*

Erkennen im Sinne eines Ordnungsbegriffs

Intelligenz – eine wichtige Voraussetzung für das Denken

Der Mensch ist ein intelligentes Wesen – sagt der Volksmund. Jede(r) kennt und verwendet im Alltag den Begriff »Intelligenz« *(lat. intellegere = wahrnehmen, merken, ersehen, erkennen, aber auch: verstehen, begreifen, auffassen, Kenntnis haben, meinen, sich vorstellen ...)*, obwohl er erst seit etwa 100 Jahren existiert.

Besondere Leistungen

Im Alltag wird oft auf Grund besonderer Leistungen auf Intelligenz geschlossen. Menschen werden z.B. als intelligent bezeichnet, wenn sie

- trotz fehlender Vorbereitung gute Prüfungsergebnisse erreichen,
- sprachgewandt und schlagfertig auftreten,
- ein gutes Detailgedächtnis besitzen,
- selbstbewusst ihre Meinung vertreten,
- ein Buch schreiben,
- einen hohen Bildungsabschluss besitzen,
- ...

*) aus: Meyers Lexikonredaktion (Hg.); Schüler-Duden: Die Psychologie, Bibliographisches Institut & F. A. Brockhaus, Mannheim 1996, S.204

Denkprozesse

Intelligenz ist die Fähigkeit zu Denkprozessen, die eine erfolgreiche Auseinandersetzung mit der Umwelt ermöglichen. Die Auseinandersetzung mit der Umwelt allein ist kein Zeichen von Intelligenz, denn alle Lebewesen setzen sich mit ihrer Umwelt auseinander und passen sich den sich verändernden Bedingungen an. Jedoch verwenden nur die höheren Lebewesen dazu das Denken. So betrachtet, ist der Mensch das am weitesten entwickelte Lebewesen.

Beispiel: »Wenn einem Tier der Zugang zu einer Nahrung durch einen Zaun versperrt ist, versuchen die meisten Tiere, wie z.B. auch die Hühner, durch diesen Zaun hindurch zu kommen, um die Nahrung auf direktem Weg zu erreichen. Gelingt ihnen das nicht, geben sie nach einiger Zeit auf. Wenige Tierarten dagegen suchen auch noch andere Wege.

Ein Hund z.B. würde nach einigen erfolglosen Versuchen einhalten, kurze Zeit ruhig stehen und dann ausprobieren, ob er den Zaun seitlich umlaufen kann.

Ein Affe würde noch einen Denkschritt weiter gehen und sich wahrscheinlich einen Stock besorgen, mit dem er dann die Nahrung heranziehen könnte.

Für den Menschen ab einem bestimmten Alter ist es selbstverständlich, sich die Lösungsmöglichkeiten vor dem Handeln durchzudenken bzw. sich eines Werkzeugs zu bedienen.«*

»Intelligenz ist ein Ausdruck mit einer in manchen Aspekten unscharfen Bedeutung. In einigen Aspekten aber ist er klar: er betrifft die gesamte geistige Leistungsfähigkeit, die Fähigkeit zu denken, die Fähigkeit mit dem Verstand Probleme zu lösen. Eine praktische Bedeutung liegt darin, dass mit Intelligenz verbunden sind: Schulerfolg, Erfolg im Beruf, im Alltag, in der Freizeit, selbst im Spielen wie Schach, Mühle oder Dame. Doch auch das ist im Auge zu behalten: diese Erfolge werden nicht von Intelligenz alleine bestimmt. Weiterhin erforderlich sind Fleiß, Interesse, psychische Ausgegli-

---

*) aus: Willig, Wolfgang/Ebel, Thomas/Erben, Monika/Pulvermüller, Gerhard; Psychologie – Soziologie – Gesprächsführung in der Altenpflege, Balingen, 4. überarbeitete Auflage, 1996, S. 194 f.

chenheit. Aber der Beitrag von Intelligenz zu jenen Erfolgen ist dennoch beachtlich (H. J. Eysenck, 1980).«*

Die Psychologie hat in den letzten Jahrzehnten viele vergebliche Anstrengungen unternommen, um bei der Definition des Begriffs »Intelligenz« eine weitgehende Übereinstimmung zu erzielen. Zur Zeit gibt es mehr als 240 unterschiedliche Definitionen des Begriffs. Hier nur drei Beispiele:

Definition des Begriffs »Intelligenz«

- David Wechsler (1896-1981), →Hamburg-Wechsler-Intelligenztest: Intelligenz ist die globale Befähigung eines Individuums, zweckvoll zu handeln, vernünftig zu denken und sich erfolgreich mit seiner Umwelt auseinanderzusetzen.
- William Louis Stern (1871-1938): Intelligenz ist die allgemeine geistige Anpassungsfähigkeit an neue Aufgaben und Bedingungen des Lebens.
- Peter Robert Hofstätter (1913-1994): Intelligenz ist die Fähigkeit zum Auffinden von Ordnungen und Regelhaftigkeiten im überzufälligen Neben- und Nacheinander von Ereignissen.

Bei den vielen verschiedenen Definitionsversuchen sind im Wesentlichen vier Aspekte zu unterscheiden:

1. Intelligenz ist eine Begabung (oder eine Gruppe von Begabungen), die Lebewesen in unterschiedlichem Maße besitzen können.
2. Intelligenz ist die Fähigkeit zur Lösung konkreter und abstrakter Probleme sowie zur Bewältigung neuartiger Situationen.
3. Durch die Intelligenz erübrigt sich oft das Lernen durch Versuch und Irrtum.
4. Intelligenz ist die Fähigkeit zur Erfassung, Deutung und Herstellung von Sinnzusammenhängen.**

---

*) aus: Lehrl, Siegfried/Fischer, Bernd; Selber denken macht fit, Vless Verlag, Ebersberg 1886, 2. überarbeitete Auflage 1990, S. 50

**) vgl.: Meyers Lexikonredaktion (Hg.); Schüler-Duden: Die Psychologie, Bibliographisches Institut & F. A. Brockhaus, Mannheim 1996, S. 182f.

Intelligenz kann als vernetzte Denkweise bezeichnet werden. Sie berücksichtigt Bedingungen und Bedingungskomplexe im Sinn von Rahmenbedingungen und Nebeneffekten für das Handeln. Intelligenz ist eine vernetzte so genannte monokausale *(mono, gr. = einzeln, allein; lat. causa = Grund, Ursache; kausal = ursächlich, das Verhältnis Ursache – Wirkung betreffend)* Denkweise nach dem Prinzip wenn ..., dann ... .

Vernetzte Denkweise

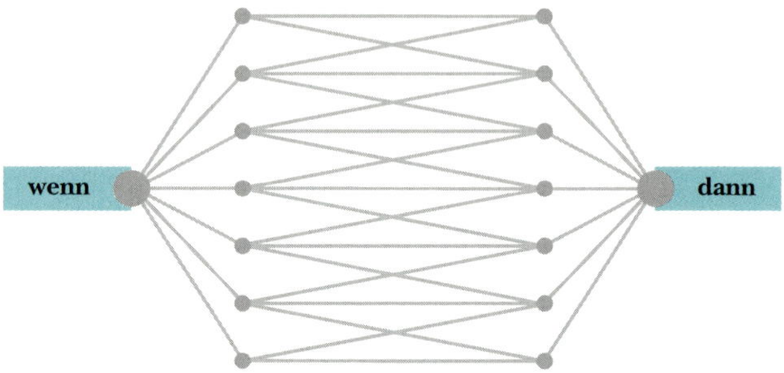

Die Intelligenz gliedert sich nach einem 1986 von Hans-Jürgen Eysenck (*1916) aufgestellten Modell in biologisch-informationspsychologische, psychometrische und sozioökologische Intelligenz.* Die Einflussfaktoren auf die einzelnen Bereiche werden aus dem folgenden Schaubild deutlich.

Ausprägung einzelner Intelligenzbereiche

Für die Ausprägung der einzelnen Intelligenzbereiche gibt es verschiedene Indikatoren *(lat. indicare = anzeigen, angeben; Indikator = Merkmal, Anzeichen, Hinweis)*. Indikatoren für

- biologisch-informationspsychologische Intelligenz: Kurzspeicherkapazität (Informationsverarbeitungsgeschwindigkeit + Merkspanne)
- psychometrische Intelligenz: Ergebnisse aus Intelligenztests

*) in Anlehnung an: Eysenck, Hans-Jürgen; The theory of intelligence and psychophysiology of cognition. In: Fischer, Bernd/Mosmann, Hannjette; Praxisbuch für Gehirntrainer, 1. Aufl., Nordrach, 1994, S. 184

Zusammenhänge zwischen biologischer, psychometrischer und sozioökologischer Intelligenz mit ihren Einflussfaktoren

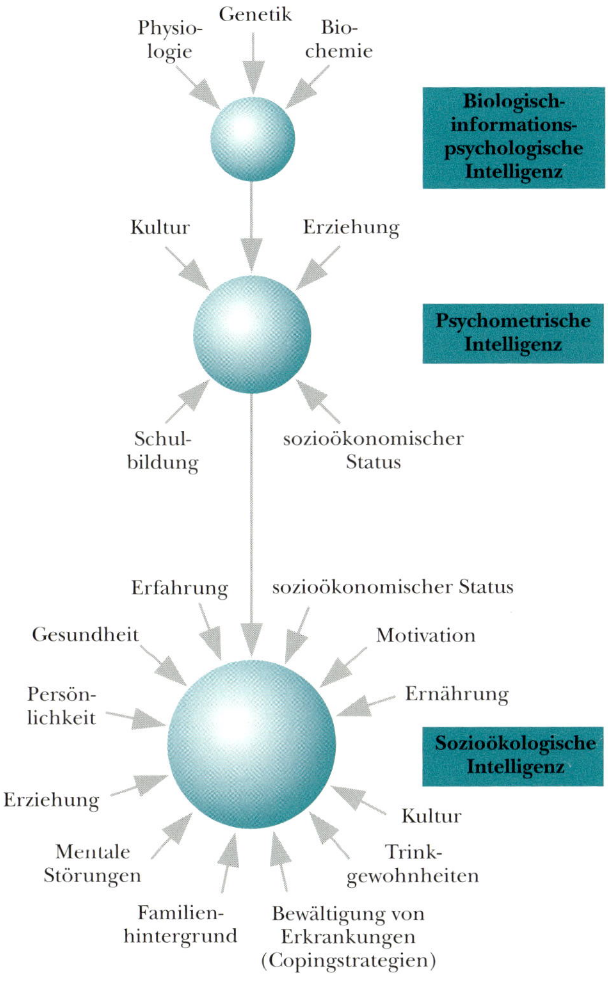

- sozioökologische Intelligenz: Erfolg im Beruf, Wissensumfang und -tiefe, Sach- und Fachkompetenz, soziale Kompetenz, Teamfähigkeit usw.

Aus dieser Darstellung wird deutlich, dass es viele verschiedene Faktoren gibt, die auf die Intelligenz einwirken. Nach heutigem Verständnis ist Intelligenz beeinfluss- und veränderbar. Daher ist es schwierig, Intelligenz zu messen. Dennoch wird dies in der so genannten Intelligenzdiagnostik versucht.

→ Intelligenzdiagnostik

Erfassung intellektueller Fähigkeiten

»Die quantitative und/oder qualitative Erfassung intellektueller Fähigkeiten. Die quantitative Erfassung (also die Messung) der Intelligenz erfolgt mit Hilfe standardisierter Intelligenztests. Qualitative Informationen werden dagegen eher von prozessorientierten Konzeptionen ... erwartet.«*

Intelligenzquotient

Es wurde immer wieder versucht, auf die Angabe eines globalen Intelligenzmaßes – wie z.B. den Intelligenzquotienten – zu verzichten. Stattdessen wurde die Ermittlung mehrerer nahezu unabhängiger Messwerte angestrebt, die sich jeweils nur auf eine Intelligenzdimension beziehen und zu einem Intelligenzprofil zusammengefügt werden können. So sind differenzierte Aussagen möglich.

Intelligenztests

Intelligenztests bestehen aus einer Zusammenstellung unterschiedlicher Aufgaben, die auf verschiedenartige Weise intellektuelle Fähigkeiten fordern. Einer der bekanntesten Tests für Erwachsene ist der Hamburg-Wechsler-Intelligenztest für Erwachsene (HAWIE). Er enthält einen Verbalteil, in dem sprachlich-abstrakte Intelligenz erfasst werden soll und einen Handlungsteil, der sich auf praktische Intelligenz bezieht. Im Einzelnen gehören dazu im HAWIE-Verbalteil

- allgemeines Wissen,
- allgemeines Verständnis,
- Zahlen nachsprechen,
- rechnerisches Denken,

*) aus: Meyers Lexikonredaktion (Hg.); Schüler-Duden: Die Psychologie, Bibliographisches Institut & F. A. Brockhaus, Mannheim 1996, S. 184

- Gemeinsamkeiten finden,
- Wortschatztest

und im HAWIE-Handlungsteil

- Zahlen-Symbol-Test,
- Bilder ordnen,
- Bilder ergänzen,
- Mosaiktest,
- Figuren legen.*

»Der Proband *[lat. probare = untersuchen, prüfen, beurteilen; Proband = Testperson]* muss – oft innerhalb einer bestimmten Zeit – möglichst viele Fragen zu einem Untertest beantworten. Zur Auswertung werden die richtigen Antworten mit Punkten bewertet und die Punkte zu einem Gesamtpunktwert addiert. Das Ergebnis wird mit entsprechenden Altersnormen verglichen, die aus der Untersuchung einer repräsentativen Stichprobe der Bevölkerung gewonnen wurden und Aufschluss über den allgemeinen Leistungsstand einer bestimmten Altersstufe geben. Aufgrund dieses Vergleichs wird der Intelligenzquotient berechnet, der die intellektuelle Leistungsfähigkeit auch über die Altersstufen hinweg vergleichbar macht und eine Aussage darüber erlaubt, wie die Leistungsfähigkeit des einzelnen Probanden im Vergleich mit der übrigen Bevölkerung einzustufen ist.«**

Es gibt heute für Intelligenztests eine Vielfalt möglicher Normen. Dennoch dominiert – vor allen Dingen im öffentlichen Bewusstsein – noch immer der Intelligenzquotient, der IQ. Verschiedene Einteilungen von Intelligenzgraden nach so genannten IQ-Punkten sind auf diese Weise möglich. Hier eine Einteilung auf der Grundlage des Hamburg-Wechsler-Intelligenztests:***

---

*) vgl.: Hirsch, Anna Maria; Psychologie für Altenpfleger, Band I, Probleme des Alterns, 2. aktualisierte Aufl., München, 2001, S. 79

**) a. a. O.

***) vgl.: Meyers Lexikonredaktion (Hg.); Schüler-Duden: Die Psychologie, Bibliographisches Institut & F. A. Brockhaus, Mannheim 1996, S. 185

IQ	Bezeichnung	Häufigkeit
über 130	extrem hohe Intelligenz	2,2%
120-129	sehr hohe Intelligenz	6,7%
110-119	hohe Intelligenz	16,1%
90-109	durchschnittliche Intelligenz	50,0%
80-89	niedrige Intelligenz	16,1%
70-79	sehr niedrige Intelligenz	6,7%
unter 70	extrem niedrige Intelligenz	2,2%

Wie aus dieser Tabelle ersichtlich, liegt der Mittelwert, also ein als durchschnittlich eingestufter IQ bei 100 IQ-Punkten. Bei allen Einstufungen sollte aber immer bedacht werden, dass auch andere Gesichtspunkte, die nicht mit Intelligenztests zu ermitteln sind, berücksichtigt werden müssen.

Intelligenzforschung

Früher bezog sich Intelligenzforschung – und damit auch Tests und Einstufungen – im Wesentlichen auf die Intelligenzentwicklung im Kindes- und Jugendalter. Sie wurden hauptsächlich für die Planung der Schul- und Berufslaufbahn entwickelt.

Heute rücken immer mehr Fragen einer eventuellen Veränderung der Intelligenz im höheren Lebensalter auf Grund neurochemischer Prozesse in den Mittelpunkt der Forschung.

Flüssige und kristalline Intelligenz

»Im Alltag wird meist sehr deutlich, in welchen Bereichen der Hirnleistung wir mit Problemen zu kämpfen haben. Meist bereitet es wenig Schwierigkeiten, sich an Dinge zu erinnern, die vor langer Zeit im Gedächtnis abgespeichert wurden und die uns wichtig sind. So vergisst ein gesunder Mensch nicht den eigenen Namen, aber auch nicht die Namen wichtiger Bezugspersonen. Die eigene Adresse ist ebenso ohne große Denkleistung abrufbar wie das Geburtsdatum. Etwas mehr Aufwand braucht es meist schon, sich zu erinnern, wie der Speisezettel gestern Mittag aussah. Die Frage, wieviel 4 x 7 ist, können wir ohne große Rechenoperationen beantworten, denn das kleine Einmaleins ist fest verankert. Ernsthaft rechnen müssen wir aber schon, wenn es darum geht, 4 durch 1,5 zu teilen – schließlich ist das Ergebnis nicht mehr so glatt. Billet uns jemand, den Satz »Ohne Fleiß ...« zu vollenden, so ist da »... kein Preis« meist blitzschnell ausgesprochen. Sollen wir aber den vorletzten Satz unseres Gegenübers wiederholen, so fällt das oft schwer.

Kurz: Das, was wir über viele Jahre an Wissen und Erfahrung erworben, abgespeichert und immer wieder benutzt haben, können wir meist ohne viel Nachdenken sofort abrufen. Das so im Gedächtnis Gespeicherte wird auch als »kristalline Intelligenz« bezeichnet. Diese Informationen sind fest in unserem Gehirn verankert. Diese kristalline oder kristallisierte Intelligenz [...] ermöglicht den Rückgriff auf erlerntes Wissen und jahrzehntelange Erfahrung.

Fest in unserem Gehirn verankert

Schwierigkeiten im Alltag bereitet dagegen meist die »flüssige« oder »fluide Intelligenz«. Sie ist dann zuständig, wenn wir Situationen bewältigen wollen, bei denen wir uns nicht auf Wissen und Erfahrung verlassen können. Flüssige Intelligenz ist gefragt, wenn aktuelle Probleme gelöst werden sollen, bei denen wir nicht auf frühere Erfahrungen zurückgreifen können. Die Orientierung im Straßenverkehr ist davon ebenso betroffen wie das Einspeichern neuer Informationen.«*

Einspeichern neuer Informationen

Die Lösung ist immer einfach. Man muß sie nur finden.
Alexander Solschenizyn

Der amerikanische Psychologe Raymond Bernard Cattel (*1905) entwickelte 1963 die Unterscheidung zwischen so genannter »flüssiger bzw. fluider Intelligenz« und »kristalliner Intelligenz«. Zusammen mit J. L. Horn arbeitete er weiter an den als Horn-Cattell-Theorie bekannt gewordenen Überlegungen.

Nach heutigem Verständnis unterscheiden sich die beiden Bereiche wie folgt:

*) aus: Jasper, Bettina M.; Brainfitness – Denken und Bewegen, Meyer & Meyer Verlag, Aachen 1998, S. 33

➔ Flüssige Intelligenz

schlussfolgerndes Denken, die Befähigung des Individuums, neue Probleme zu lösen (erfahrungsunabhängig); dazu gehören Schnelligkeit und Präzision der Informationsverarbeitung, Auffassungsgeschwindigkeit, Wahrnehmungsschnelligkeit, räumliches Vorstellungsvermögen, Flexibilität des Denkens und Kombinationsvermögens.

Diese Fähigkeiten sind abhängig von neurophysiologischen Prozessen im Zentralnervensystem und unterliegen daher alternsbedingten, aber auch trainingsabhängigen Veränderungen.

➔ Kristalline Intelligenz

erworbenes Wissen, die Gesamtheit der Fähigkeiten und des Wissens (erfahrungsabhängig); hier fließen angesammeltes Kulturwissen, Lebenserfahrungen und -erkenntnisse sowie in der Sozialisation erworbene Fähigkeiten ein. Die kristalline Intelligenz baut u.a. auf Rechenfähigkeit, Sprachgewandtheit und Wortverständnis.

Diese Fähigkeiten können bis ins hohe Alter hinein zunehmen.

Störanfällig

Die flüssige Intelligenz ist äußerst störanfällig. »Geringe Mengen Alkohol oder starke Medikamente setzten diese flüssige Intelligenz unter Umständen beträchtlich herab. Aber auch mangelnde geistige Tätigkeit führt zu einem Verlust dieser flüssigen Intelligenz.«* Durch entsprechendes Training dagegen kann flüssige Intelligenz auch im hohen Alter sogar gesteigert werden.**

Die erfahrungsabhängige überdauernde, die kristallisierte oder kristalline Intelligenz, kann auch bezeichnet werden als Niederschlag (Kristallisierung!) der Ergebnisse von geistigen Auseinandersetzungen mit täglichen Problemen in der Vergangenheit. Es geht um Wissen, Fertigkeiten, Strategien zur Lösung von Problemen. »Die kri-

---

*) aus: Lehrl, Siegfried/Fischer, Bernd; Selber denken macht fit, Uless Verlag, Ebersberg 1886, 2. überarbeitete Auflage 1990, S. 51

**) vgl.: Fischer, Bernd/Dickreiter, Bernhard; Geistige Fitness, Band 6, Gedächtnis und kreatives Lernen, Hirt Institut Zürich, 1994, S. 28

stallisierte Intelligenz einer Person hängt ab von ihrer flüssigen Intelligenz und ihrer Erfahrung. Letztere von der Umwelt einschließlich Erziehung und der Lebenszeit. Bei etwa Gleichaltrigen, die in einer ähnlichen Umgebung lebten, gehen Unterschiede der kristallisierten Intelligenz auf das Konto der Differenzen in der flüssigen Intelligenz. Wer die höhere flüssige Intelligenz hat, erwirbt also mehr Wissen und Fertigkeiten. Normalerweise beeinflussen weder Alkohol, noch Medikamente oder Kohlenmonoxyd in Tabakrauch und Autoabgasen diese kristallisierte Intelligenz in entscheidendem Maße.«[*]

»Die flüssige Intelligenz nimmt im Alter ab, wenn sie nicht täglich geübt wird. Die kristallisierte Intelligenz kann im Alter zunehmen, wenn die flüssige Intelligenz regelmäßig täglich geübt wird.«[**]

Kognitive Alterung

»Kognitive Alterung bedeutet demnach vor allem ein Nachlassen geschwindigkeitsabhängiger kognitiver Leistungen. Dies bedeutet, dass Prozesse der Aufnahme und Verarbeitung von Informationen sowie das Reagieren auf neue oder mehrfache Anforderungen verlangsamt ablaufen und somit erschwert sind.«[***]

Wie aus der folgenden Darstellung hervorgeht, ist die kristalline Intelligenz also weitgehend unempfindlich. »Die flüssige Intelligenz wird dagegen durch Störungen herabgesetzt. Deshalb ist aus dem Abfall zwischen der flüssigen gegenüber der kristallisierten Intelligenz zu erkennen, wie stark jemand im Augenblick der Testung unter seinen sonstigen Leistungen liegt.«[°]

Eine alternsabhängige Veränderung der intellektuellen Fähigkeiten scheint nach heutigem Kenntnisstand in dem Sinn zu erfolgen, dass die einzelnen Bereiche unregelmäßigen Verschiebungen

---

*) aus: Lehrl, Siegfried/Fischer, Bernd; Selber denken macht fit, Vless Verlag, Ebersberg 1886, 2. überarbeitete Auflage 1990, S. 51

**) aus: Fischer, Bernd/Dickreiter, Bernhard; Geistige Fitness, Band 6, Gedächtnis und kreatives Lernen, Hirt Institut Zürich, 1994, S. 23

***) aus: Oswald, Wolf D./Rödel, Gisela (Hrsg.); Das SIMA-Projekt: Gedächtnistraining. Ein Programm für Seniorengruppen, Hofgrefe Verlag, Göttingen 1995, S. 7

°) aus: Lehrl, Siegfried/Fischer, Bernd; Selber denken macht fit, Vless Verlag, Ebersberg 1886, 2. überarbeitete Auflage 1990, S. 54

Bei geistiger Untätigkeit und Störungen von Hirndurchblutung und Hirnstoffwechsel sinkt die flüssige Intelligenz gegenüber der kristallinen

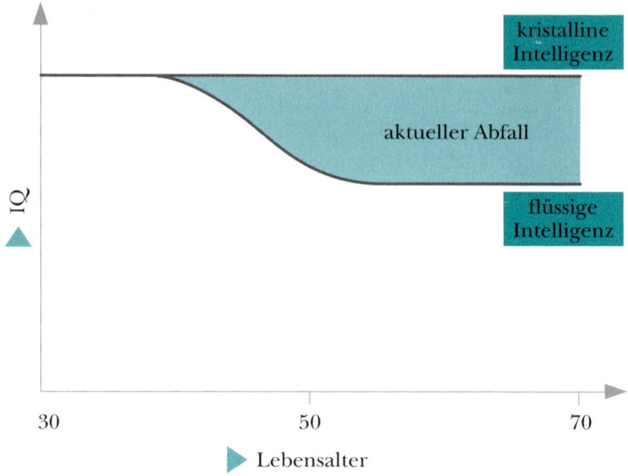

Bestimmte Fähigkeiten zu unterschiedlichen Zeitpunkten

innerhalb der Lebensabschnitte unterworfen sind, d.h. dass bestimmte Fähigkeiten zu unterschiedlichen Zeitpunkten ihren Höhepunkt erreichen.

In der zweiten Lebenshälfte nehmen Fähigkeiten wie Umstellungsfähigkeiten, Wendigkeit, Kombinationsfähigkeit, Orientierung in neuen Situationen etc. – also solche, die der flüssigen Intelligenz zuzurechnen sind – ab. Dagegen nehmen die unter dem Begriff kristalline Intelligenz zusammenzufassenden Fähigkeiten zu, also Allgemeinwissen, Erfahrungswissen, Wortschatz, Sprachverständnis usw.*

Bei diesen Beobachtungen handelt es sich um Testergebnisse, also um den Durchschnitt vieler Testleistungen vieler einzelner Testpersonen. Diese sagen nichts darüber aus, wie sich Intelligenz individuell verändert.

---

*) vgl.: Lehr, Ursula; Psychologie des Alterns, Heidelberg 1977, S. 60

Intelligenz ist trainierbar

In zahlreichen Experimenten zeigte sich, dass trainierte alte Menschen durchaus geistig beweglich und leistungsfähig sind. Große Bedeutung kommt dabei biografischen Faktoren zu wie Schulbildung, berufliche Tätigkeit, Training, Stimulation usw.

Biografische Faktoren

Ein altersabhängiger Abfall des IQ ist – Längsschnittuntersuchungen zufolge – anscheinend stark abhängig vom Ausgangs-IQ. Bei Probanden mit hohem Ausgangs-IQ setzte, wenn überhaupt, dann erst sehr spät und mit nur sehr allmählichem Abfall ein. Bei niedrigem Ausgangs-IQ war dagegen ein früherer und stärkerer Abfall zu beobachten.*

Wie schnell sich der IQ verändern kann, zeigte sich insbesondere bei Untersuchungen im Zusammenhang mit Klinikaufenthalten. »Bei relativ kurzen Klinikaufenthalten in Haut-, Kiefern-, Chirurgischen und Medizinischen (inneren) Kliniken sinkt der IQ, die Gedächtnisleistung und Konzentrationsfähigkeit in wenigen Tagen schon erheblich. Der IQ fällt durchschnittlich innerhalb der ersten fünf Tage nach der Aufnahme bereits um fünf Punkte ab. Nach drei Wochen liegt er 20 IQ-Punkte tiefer als im Alltag. ... Der rasche Abfall der geistigen Leistungsfähigkeit bei Klinikaufenthalten ist durch die Bewegungsarmut [...] sowie durch die allgemein geringe Abwechslung im Klinikalltag bedingt. Aus der Studie lässt sich ableiten, dass alle Bettlägerigen, Bewegungseingeschränkten und sozial isolierten Personen gefährdet sind, geistig rasch abzufallen. [...] Einfache Aktivierungen durch Bewegungsvermehrung, Teilnahme an Gesprächsrunden u.Ä. verhindern den raschen geistigen Abfall.

Leistungsminderung ist reversibel

Im Großen und Ganzen ist die Leistungsminderung reversibel *[lat. reversio = Umkehr; reversibel = umkehrbar, heilbar]*. Durch entsprechende Aktivierung erreicht man in ein bis zwei Wochen den alten Leistungsstand.«**

Bei längerfristigem Mangel an geistiger Anregung, wie z.B. häufig für BewohnerInnen in Einrichtungen der stationären Altenpflege,

*) vgl.: Lehr, Ursula; Psychologie des Alterns, Heidelberg 1977, S. 66f.

**) aus: Lehrl, Siegfried/Fischer, Bernd; Selber denken macht fit, Vless Verlag, Ebersberg 1886, 2. überarbeitete Auflage 1990, S. 174

wird vermutet, dass sich die Intelligenzleistung auf einem niedrigeren Niveau einpendelt und dann kaum noch abfällt. Nach Schätzungen liegen die Einbußen bei ca. 20 bis 30 IQ-Punkten.

Daraus wird deutlich, welch hohen Stellenwert die Aktivierung in der Altenpflege einnimmt!

Die Problematik der alternsabhängigen Veränderung intellektueller Fähigkeiten wird im Zusammenhang mit dem Defizit-Modell im Kapitel »Alles Ballast! ... oder unerlässliche Grundlage für die Altenpflege-Praxis«, Seite 19 ff. noch einmal aufgegriffen.

Geistige Leistungsfähigkeit und Lebensalter

Geistige Beweglichkeit

»Die Zeiten, in denen die Menschheit glaubte, geistige Leistungsfähigkeit ließe mit zunehmendem Lebensalter zwangsläufig nach, sind vorbei. Es ist heute bekannt, dass nicht das Lebensalter ausschlaggebend für die geistige Beweglichkeit ist, sondern eine Vielzahl von Faktoren zusammenwirkt. Biologische, psychologische, soziale und geistige Einflussgrößen werden hier wirksam.

[Die folgende Abbildung in Anlehnung an Untersuchungen von Fischer/Lehrl] ... zeigt, wie sich die geistige Leistungsfähigkeit mit zunehmendem Lebensalter verändert. Unter geistiger Leistungsfähigkeit sind in diesem Zusammenhang vor allen Dingen Intelligenz, Gedächtnis, Konzentrations- und Durchhaltefähigkeit zu verstehen. Die Grafik zeigt Durchschnittswerte für die individuellen Veränderungen in den einzelnen Lebensabschnitten. Danach wird die individuelle geistige Höchstleistung (unabhängig von absoluten Vergleichswerten) mit etwa 12 bis 16 Jahren erreicht.«*

Absinken der geistigen Leistungsfähigkeit

»Für das Absinken der geistigen Leistungsfähigkeit nach dem 25./30./35. Lebensjahr werden hauptsächlich Unter- und Überforderung verantwortlich gemacht.

Der erneute Knick in der Kurve der geistigen Leistungsfähigkeit jenseits der 60/65 wird mit Reizmangel (nach dem Ausscheiden aus dem Berufsleben) zum einen und mit vermehrten Störungen im

*) aus: Jasper, Bettina M.; Brainfitness – Denken und Bewegen, Meyer & Meyer Verlag, Aachen 1998, S. 16

Geistige Leistungsfähigkeit in Abhängigkeit vom Lebensalter
– durchschnittliche Veränderungen –

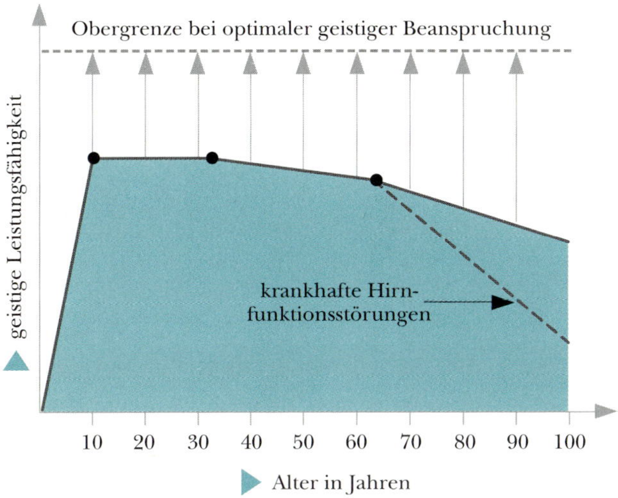

Herz-Kreislauf-System bei dieser Altersgruppe zum anderen erklärt. Zusätzlich setzen Hirnstoffwechsel- und -durchblutungsstörungen vielfach die geistige Leistungsfähigkeit weiter herab.

In den nächsten Jahren wird sich die Situation voraussichtlich verändern. Höhere Mobilität, Veränderungen im Arbeitsleben, die Notwendigkeit von Umschulungen im fortgeschrittenen Alter, vermehrte Langzeitarbeitslosigkeit und neue Lebensarbeitszeit-Modelle sind nur einige Faktoren, die hier wirksam werden.

Gesundheitsbewusstes Leben

Gesundheitsbewusstes Leben und Vorbeugung in allen Lebensphasen können zwar Erkrankungen nicht verhindern, aber gezieltes Training und geistige und körperliche Aktivität vermögen durchaus die Risikofaktoren zu verringern und die Wahrscheinlichkeit von Einbußen in der geistigen Leistungsfähigkeit im höheren Alter zu mindern.

Das Gehirn altert vor allen Dingen an den Stellen, an denen kein Training stattfindet. An der Universität Helsinki wurde nachgewiesen, dass unter natürlichen Bedingungen des Alterns die Funktionstüchtigkeit des Gehirns wichtigster Einflussfaktor für die

Lebenserwartung ist. So geht mit hoher geistiger Leistungsfähigkeit oft eine hohe Lebenserwartung einher, während bei niedriger geistiger Leistungsfähigkeit die Sterberate deutlich höher liegt als bei der Durchschnittsbevölkerung.«*

System der Informationsverarbeitung

Das Verarbeiten und Speichern von Informationen ist für das Lernen unerlässlich. »Reize aus der Umwelt werden mit den Sinnesorganen aufgenommen und in den Kurzspeicher geleitet. Dieser bearbeitet die Informationen wenige Sekunden lang und setzt sie dann entweder in Handlungen um oder speichert sie ins Gedächtnis ein. Jede Information, die uns bewusst zur Verfügung stehen soll, muss im Kurzspeicher vorhanden sein, also gegebenenfalls aus dem Gedächtnis abgerufen werden. Der Kurzspeicher übernimmt das Denken und Planen, trifft Entscheidungen. Er ist quasi der Arbeitsspeicher des Gehirns. Das Gedächtnis dagegen ist das Archiv, vergleichbar mit der Festplatte am Computer. Der Kurzspeicher wird auch als Zentrum flüssiger Intelligenz bezeichnet, während im Gedächtnis das Zentrum der kristallinen Intelligenz angesiedelt ist.«**

Kurzspeicher

Wie komplex das System menschlicher Informationsverarbeitung ist, zeigt das folgende Schema.***

Aus dem Schema wird deutlich, wie wichtig der Kurzspeicher für die menschliche Informationsverarbeitung ist. Er ist quasi Dreh- und Angelpunkt für das Lernen.

Ist der Kurzspeicher gut trainiert, so wirkt sich dies nicht nur positiv auf die flüssige Intelligenz und damit auf die Alltagsbewältigung aus, sondern ist auch wichtige Voraussetzung für eine eventuelle Erhöhung der kristallinen Intelligenz.

---

*) aus: Jasper, Bettina M.; Brainfitness – Denken und Bewegen, Meyer & Meyer Verlag, Aachen 1998, S. 17

**) aus: Jasper, Bettina M.; Brainfitness – Denken und Bewegen, Meyer & Meyer Verlag, Aachen 1998, S. 35

***)vgl.: Lehrl, Siegfried/Fischer, Bernd; Selber denken macht fit, Vless Verlag, Ebersberg 1886, 2. überarbeitete Auflage 1990, S. 72f.

Modell der Informationsverarbeitung

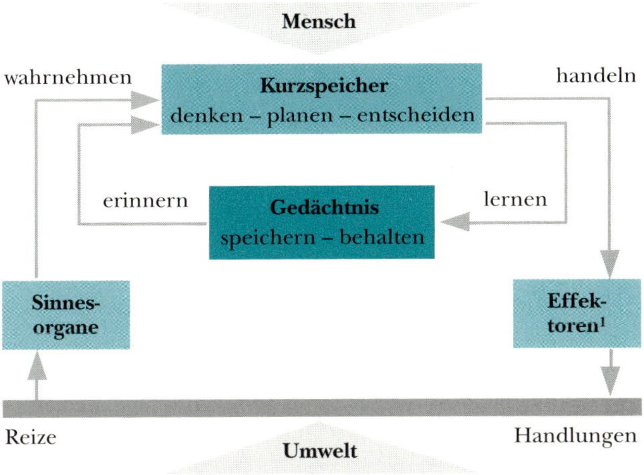

[1] *lat. Bez. für Organsysteme, die auf aufgenommene und weitergeleitete Reize ausführend reagieren*

Alltagsbewältigung

Bei herabgesetzter Leistungsfähigkeit des Kurzspeichers ist die Alltagsbewältigung beeinträchtigt. Werden Informationen langsamer verarbeitet als beim Durchschnitt der Bevölkerung kann es zu Kommunikationsproblemen kommen. Und schließlich fallen Informationen quasi durch das Kommunikationsnetz. Der Volksmund spricht dann vom »Gedächtnis wie ein Sieb«.

Wir ertrinken in Informationen,
aber wir hungern nach Wissen.
John Naisbitt

Das Gedächtnis
und seine Bedeutung im Alltag

Das Gedächtnis wird vielfach unterteilt in
- Kurzzeitgedächtnis – Minuten bis Stunden,
- Mittelzeitgedächtnis – Stunden und Tage,
- Langzeitgedächtnis – Wochen, Monate, Jahre bis ans Lebensende.

Diese Unterteilung ist umstritten. Wer sich etwas relativ gut über wenige Minuten merken kann, behält meist auch über Tage und Monate besser als andere. Das zeigten schon Untersuchungen vor mehr als einem halben Jahrhundert. Das bedeutet nicht, dass Menschen neu Gelerntes nach einigen Jahren genauso gut wie nach wenigen Minuten erinnern. Nach Jahren sind aus dem Gedächtnis nur Teile dessen abrufbar, was nach Minuten erinnert wird. Aber wer nach Minuten noch mehr Informationen verfügbar hat als andere, erinnert auch nach Jahren relativ mehr. Eine viel bedeutendere Rolle spielt in diesem Zusammenhang die Intelligenz. Intelligentere Menschen speichern Informationen anders ein und können so anschließend leichter abrufen. Sie bilden Sinnzusammenhänge und Strukturen, wandeln Gedächtnisinhalte in möglichst sinnvolles Material um.

Deshalb erscheint eine Unterteilung des Gedächtnisses nicht unbedingt sinnvoll, sondern es genügt, von dem »Gedächtnis« schlechthin zu sprechen.*

Hohe alltagspraktische Bedeutung

Die Gedächtnisfunktionen haben für den (alten) Menschen eine hohe alltagspraktische Bedeutung. Gedächtnisleistungen sind wichtig für die Alltagsbewältigung, für den Aufbau und die Aufrechterhaltung sozialer Kontakte sowie für das subjektive Erleben von Kompetenz.

---

*) vgl.: Lehrl, Siegfried/Fischer, Bernd; Selber denken macht fit, Vless Verlag, Ebersberg 1886, 2. überarbeitete Auflage 1990, S. 55

Das Gedächtnis nimmt ab, wenn man es nicht übt.
Marcus Tullius Cicero (106-43 v. Chr.)

Anforderungssituationen

Das Gedächtnis wird bei verschiedenartigen Anforderungssituationen im Alltag gebraucht, z.B. Sinnentnahme aus gesprochener Sprache oder Schrift, zielgerichtete und koordinierte Verhaltensfolgen bzw. Handlungsketten wie etwa Erledigung von Einkäufen, Behördengänge, Regelung finanzieller Angelegenheiten, sicheres Verhalten im Straßenverkehr usw. Komplexe Handlungsabläufe müssen auch bewältigt werden bei der Bedienung technischer Geräte wie Fahrkartenautomaten, Kontoauszugdrucker, Küchengeräte etc. Die Organisation der Haushaltsführung braucht Gedächtnisleistung ebenso wie die Einhaltung von Terminen und die Anpassung an Veränderungen des Alltagslebens wie geänderte Ladenöffnungszeiten o.Ä. Ist die Gedächtnisfunktion eingeschränkt, so hat dies unmittelbaren Einfluss auf die Selbständigkeit einer Person im Alltag.*

Viele – auch jüngere Menschen – klagen über ein schlechtes Gedächtnis. Tatsächlich ist jedoch dieses Gedächtnis wenig störanfällig. Seine Kapazität ist nicht begrenzt. Es muss also niemand Angst haben, womöglich zu viel zu lernen. Ein Mensch kann lernen so viel er will und solange er lebt. Schwieriger wird es allerdings mit zunehmendem Alter, neue Gedächtnisinhalte zu bilden. Das Problem ist also nicht ein Mangel an Speicherplatz, sondern der Speichervorgang selbst – wie, d.h. in welcher Ordnung mit welchem System neue Informationen in schon bestehende Gedächtnisstrukturen und -zusammenhänge eingebunden werden. Wer schon über ausgeprägte systematische Strukturen verfügt, lernt schneller und leichter dazu als jemand, der nicht an Vorerfahrungen und vorhandene Gedächtnisinhalte anknüpfen kann. Eine gute »innere Organisation« hilft, Gedächtnisinhalte leichter und schneller abzurufen.

Systematische Strukturen

*) vgl.: Oswald, Wolf D./Rödel, Gisela (Hrsg.); Das SIMA-Projekt: Gedächtnistraining. Ein Programm für Seniorengruppen, Hofgrefe Verlag, Göttingen 1995, S. 11

Außerdem ist ein gut funktionierender Kurzspeicher eine wichtige Voraussetzung für sicheres Abrufen von Gedächtnisinhalten.

Vergangenes ist mir gegenwärtig.
Was aber heute ist,
will morgen mir entschweben.
Adolf Kußmaul (1822-1902)

Alte Menschen verfügen häufig über eine verblüffend gute Erinnerung an Gedächtnisinhalte, die bereits vor langer Zeit eingespeichert wurden. Ereignisse aus der Schulzeit können oft in allen Details realitätsgetreu wiedergegeben werden. Gleiches gilt für Gedichte, Liedtexte, Kriegerinnerungen usw. Diese Inhalte sind fest eingespeichert, vielmals abgerufen und so fest im Gedächtnis als Teil der kristallinen Intelligenz verankert. Wenn ein Wissensstoff gespeichert ist, kann er in der Jugend oder im Alter gleich gut abgerufen werden.

Automatisierte Inhalte

Auch automatisierte Inhalte sind altersstabil. Wer z.B. in der Jugend gelernt hat, virtuos Klavier zu spielen, Vorträge zu halten oder Bilder zu malen, kann die Fertigkeiten bis ins hohe Alter beibehalten, zum Teil sogar ausbauen, vorausgesetzt die Person bleibt im Training.*

Dagegen fällt es vielen alten Menschen schwer, sich an gerade eben Geschehenes zu erinnern. Habe ich die Tabletten schon eingenommen? Was gab es heute zum Mittagessen? Für welche Uhrzeit habe ich mich gerade am Telefon verabredet? Das sind nur einige Fragen, die alten Menschen oft Probleme bereiten.

Von alten Menschen werden häufig die folgenden Beschwerden beklagt:

- Schwierigkeiten, sich zu konzentrieren,
- Schwierigkeiten, sich über einen längeren Zeitraum zu konzentrieren,

*) vgl.: Fischer, Bernd/Dickreiter, Bernhard; Geistige Fitness, Band 6, Gedächtnis und kreatives Lernen, Hirt Institut Zürich, 1994, S. 25

- Schwierigkeiten, sich auf zwei oder mehr verschiedene Aufgaben gleichzeitig zu konzentrieren,
- Schwierigkeiten bei komplizierten Rechenaufgaben.

Außerdem beschreiben sie ein schlechtes Erinnerungsvermögen für
- Namen,
- Gesichter,
- einzeln abgelegtes Wissen,
- Zukunftsgedächtnis, d.h. bevorstehende Termine, eingeplante Aufgaben usw. (prospektives Gedächtnis).

Unzulängliche Strategien

Die o.a. Probleme versuchen alte Menschen oft durch – meist unzulängliche – Strategien auszugleichen. Aufschreiben ist für viele die zunächst am einfachsten und effektivsten erscheinende Lösung. Sie ersticken dann oft in einer wahren Zettelflut, bei der sie am Ende häufig die Zettel nicht mehr finden.

Strategien zu finden, ist ein hoher geistiger Reiz, sie künftig anzuwenden, nur ein mäßiger. Effektiver als die Anwendung von Strategien ist Training, insbesondere gezieltes Training für den Kurzspeicher.

Vorhersage-Merkmale

Manche Menschen haben trotz eines hohen Lebensalters keine Einbußen in der Leistungsfähigkeit von Geist und Gedächtnis. Untersuchungen an solchen Personen ergaben, dass es eine Reihe von Vorhersage-Merkmalen gibt, die die Wahrscheinlichkeit einer hohen geistigen Leistungsfähigkeit im Alter stark begünstigen. Dies sind
1. Intellektuelle Aktivität
2. Zufriedenstellende Beziehung zur Gesellschaft
3. Gute Ausbildung
4. Guter Gesundheitszustand
5. Positives Selbstbild.

Außerdem scheinen bestimmte, in Verbindung mit qualifizierter beruflicher Tätigkeit erworbene Fähigkeiten wie systematische Denk- und Arbeitsweise o.Ä. positive Auswirkungen auf die geistigen Fähigkeiten im Alter zu haben. Besser geschulte und intelligentere Menschen verlieren normalerweise ihre intellektuellen Fähigkeiten weniger als andere.*

Bildung und Weiterbildung für selbständiges und selbstbestimmtes Leben im Alter

Lebenslanges Lernen

Lebenslanges Lernen ist in der heutigen Zeit unverzichtbar, angesichts schnellen gesellschaftlichen Wandels, rasanter technischer Entwicklung und sich ständig verändernder Umweltbedingungen. Bildung und Weiterbildung im Alter dienen der Lebensbewältigung und -bereicherung. Sie ermöglichen dem alternden Menschen, sich an die Entwicklung der Technik, an die sich verändernde Umwelt anzupassen und gesellschaftliche Prozesse mitzugestalten.

Am gesellschaftlichen Leben teilnehmen

Bildung und Weiterbildung schaffen wichtige Voraussetzungen, um kompetent am gesellschaftlichen Leben teilzunehmen und so ein selbständiges und selbstbestimmtes Leben im Alter führen zu können. Sie sind außerdem von großer Bedeutung, um neue Lebensperspektiven für die bzw. in der nachberuflichen oder nachfamiliären Lebensphase zu entdecken, vielleicht neue Betätigungsfelder zu erschließen und kreative Tätigkeiten aufzunehmen.

Bildung bzw. Weiterbildung

Unterschiedliche Institutionen und Organisationen bieten Veranstaltungen zur Bildung bzw. Weiterbildung an. Neben Universitäten und Hochschulen bieten vor allen Dingen Volkshochschulen und andere Träger von Erwachsenenbildung, kirchliche und gewerkschaftliche Organisationen, Verbände der freien Wohlfahrtspflege, freie Seniorenverbände, zum Teil auch Betriebe für ihre älteren ArbeitnehmerInnen usw. vielfältige Programme an. Außerdem gibt es weitere gemeinnützige und öffentlich-rechtliche Institutionen, z.B. Senioren-Akademien, aber auch private und kommerzielle Träger, die Informationsveranstaltungen, Kurse, Seminare etc. als Weiterbildungsangebote für Ältere unterbreiten.

---

*) vgl: Fischer, Bernd/Dickreiter, Bernhard; Geistige Fitness, Band 6, Gedächtnis und kreatives Lernen, Hirt Institut Zürich, 1994, S. 24

Noch sind ältere Menschen als TeilnehmerInnen an Bildungsangeboten in der Minderheit.* Eine repräsentative Untersuchung** kam 1991 zu dem Ergebnis, dass nur 25% der Befragten älteren Menschen an Bildungsveranstaltungen teilnahmen. Davon hatte die Mehrheit – knapp zwei Drittel – bereits in früheren Lebensabschnitten Bildungsangebote genutzt. Nur rund ein Drittel der TeilnehmerInnen an Bildungsveranstaltungen nahm im Alter neu oder zusätzlich Bildungsaktivitäten auf. Dabei waren es überwiegend Frauen – trägerabhängig zum Teil bis zu 90% -, die die Angebote nutzten.

Bildungsveranstaltungen

Unter den Veranstaltern stand bei der o.a. Untersuchung die Volkshochschule ganz oben in der Gunst der bildungshungrigen Älteren. 41% der Befragten nutzen Angebote der Volkshochschulen, 21% solche der Städte und Gemeinden, 17% beteiligten sich an Programmen der Kirchengemeinden.

Die Situation scheint sich gegenüber 1991 bisher nicht grundsätzlich verändert zu haben.

Mit 70 studieren?

Was noch vor wenigen Jahrzehnten kaum vorstellbar war, – Menschen jenseits der gesetzlichen Altersgrenze als Studierende an Universitäten – ist heute zwar noch immer nicht die Regel, aber doch immerhin eine zunehmend genutzte Möglichkeit.

Rund 25.000 bis 30.000 Senioren-StudentInnen sind zur Zeit an deutschen Hochschulen eingeschrieben. Zwei Drittel davon sind Frauen. In den letzten Jahren finden sich unter den älteren Studierenden auch eine Reihe von FrührentnerInnen und Langzeitarbeitslosen.

Das Seniorenstudium ist eine Form der wissenschaftlichen Weiterbildung, zu der Hochschulen durch das Hochschulrahmengesetz

*) vgl.: Bundesarbeitsgemeinschaft der Senioren-Organisationen (BAGSO), Hg.; BAGSO-Nachrichten, Nr. 2/1995, S. 3f.

**) Schütz/Tews 1991 in Schleswig-Holstein, in: BAGSO-Nachrichten Nr. 2/95, S. 3f.

Zulassungsvoraussetzungen

Bundesbildungsministerium

von 1976 und die Länder-Hochschulgesetze verpflichtet sind. Die Öffnung der Hochschulen für ältere Erwachsene begann bundesweit in der ersten Hälfte der 80-er Jahre.

Grundsätzlich können ältere Menschen an allen Universitäten und Hochschulen in Deutschland studieren, sofern sie die Zulassungsvoraussetzungen erfüllen oder als Gasthörer an den Lehrveranstaltungen teilnehmen wollen. Immer mehr setzen sich aber spezielle Angebote durch. Diese Angebote, die an rund 35 Hochschulen existieren, sind sehr unterschiedlich. Ein einheitliches bundesweites Modell gibt es nicht.

Während einige Universitäten spezielle Angebotskonzepte entwickelten, die insbesondere die Erwartungen und Lernvoraussetzungen der Senioren berücksichtigen, beschränken sich andere darauf, den älteren StudentInnen Gelegenheit zu geben, zusammen mit den jungen Studierenden an regulären Veranstaltungen der Hochschule teilzunehmen. Bei speziellen Senioren-Studiengängen ist die Zulassung in der Regel ohne Nachweis der Allgemeinen Hochschulreife, d.h. Abitur, möglich.

Neben den Senioren-Studiengängen an regulären staatlichen Hochschulen sind zusätzlich wenige private Hochschulen ausschließlich für Senioren entstanden, bei denen die Zulassung an die Entrichtung von hohen Studiengebühren gekoppelt ist.

Das Bundesbildungsministerium gibt einen Studienführer für Senioren über die Aktivitäten von Hochschulen und Universitäten heraus, der bundesweit alle Angebote zusammenfasst und Interessierten einen Überblick gibt.

Die Motive für die Aufnahme eines Studiums im Seniorenalter sind so unterschiedlich wie die Menschen selbst. Viele betreten im Seniorenalter erstmals ein Universitätsgelände. Vielfach entspringen die Studienwünsche einem Nachholbedürfnis: Ein lang gehegter Bildungswunsch soll jetzt erfüllt werden. Manche möchten einfach Dinge besser verstehen lernen, an denen sie immer schon interessiert waren. Andere möchten sich allgemein weiterbilden oder sich in speziellen Wissensgebieten vervollkommnen. Einzelne suchen nach Beendigung der beruflichen und/oder familiären Phase eine

Neuorientierung für den kommenden Lebensabschnitt. Viele suchen an den Universitäten gezielt den Kontakt mit jungen Menschen. Einen wissenschaftlichen Abschluss streben die wenigsten an.

Bevorzugte Themen

Bevorzugte Themen bzw. Studienfächer sind Geschichte, Literatur und Sprachen. Darüber hinaus sind Frauen vorrangig interessiert an psychologischen und sozialen Themen.*

Zunehmendes Interesse ist im Bereich von Technik und Medienkommunikation zu verzeichnen. Den Umgang mit Computern und Internet erlernen immer mehr Senioren in entsprechenden Kursen.

Mit 87 begann er sein Studium:
100 jähriger will Doktorhut

Der Wein und der Rhein beschäftigen Josef Jacobs schon fast ein Jahrhundert: Als Sohn eines Weinbauern im Rheingau geboren, arbeitete er jahrzehntelang mit Trauben und Reben. Mit 87 schlug er eine wissenschaftliche Laufbahn ein, die er bald mit einem Doktorhut krönen will: »Die Rheinromantik im 19. Jahrhundert im Rheingau« lautet das Thema der Arbeit, deren handschriftliche Fassung der Doktorand wenige Wochen vor seinem 100. Geburtstag im Januar fertig hatte. »Ich bin vermutlich der älteste Student der Welt«, verkündet der Germanist stolz und versichert, er habe seine Rückmeldung für das nächste Semester schon an die Frankfurter Johann-Wolfgang-von-Goethe-Universität geschickt.
Derzeit tippt eine Bekannte das Manuskript seiner Arbeit. Er hofft, dass sie in einigen Monaten fertig ist und er das Werk abgeben kann. Jacobs ist zuversichtlich, dass es den wissenschaftlichen Ansprüchen genügt. Einer seiner neun Enkel – ein promovierter Archivar und Museumsdirektor – habe sie durchgesehen und ihm versichert: »Opa, was du gemacht hast, ist in

*) vgl.: Bundesarbeitsgemeinschaft der Senioren-Organisationen (BAGSO), Hg.; BAGSO-Nachrichten, Nr. 2/1995, S. 4ff.

Ordnung.« »Außerdem habe ich immer wieder mit meinen Gutachtern darüber gesprochen«, sagt Jacobs. Auch die mündliche Prüfung, bei der er fünf Professoren Rede und Antwort stehen muss, schreckt den Seniorstudenten nicht.

Sein Doktorvater Klaus Jeziorkowski, Professor an der Fakultät Neuere Philologien, berichtete Jacobs habe sich »mit großem Engagement« in seine Arbeit gestürzt: »Er setzt sich wacker hin und schreibt tagtäglich eine halbe Seite, wenn es die Gesundheit zulässt«, weiß der Professor. »Es ist einzigartig, dass sich ein nahezu 100jähriger so etwas zutraut und vornimmt.« Jacobs halte sich mit seiner wissenschaftlichen Arbeit im Kopf fit und wach. »Und wir unterstützen das, weil es ein Lebensprojekt für ihn ist.«

Mit 67 Jahren kam Jacobs zur Frankfurter Hochschule – als Seminarwache bei den Germanisten. »Das sind Leute, die die Bibliothek kontrollieren«, erkärt er. Das Arbeitsamt hatte dem Mann, der zu Hause seine an multipler Sklerose erkrankte Frau pflegte, die Stelle vermittelt »20 Jahre arbeitete er in der Bibliothek und freundete sich dabei mit Studenten und Professoren ein bisschen an«, erinnert sich sein Sohn Wolfgang. »Irgendwann fing er an, einen Roman zu schreiben und hat sich dann mehr in die wissenschaftliche Richtung entwickelt.« Seine Frau pflegte er 22 Jahre bis zu ihrem Tod und bekam dafür 1979 die Verdienstmedaille der Bundesrepublik Deutschland.

Bei seiner Abschiedsfeier aus dem germanistischen Seminar 1983 habe er sich einen Studienplatz gewünscht, berichtet der Sohn. »Ich wollte mich nicht hinter den Ofen setzen«, sagt der Doktorand. Im Wintersemester begann er mit den ersten Germanistikseminaren. In den Hörsälen der Hochschule hatte Jacobs schon einmal gesessen: »1919 war ich einer der esten 100 Studenten.« Sechs Semester Volkswirtschaft studierte der 24-Jährige damals, ging dann aber ohne Examen in den väterlichen Weinbetrieb nach Ensheim.

Seinen akademischen Abschluss machte er mit 93 Jahren: Den Magister Artium mit der Note »gut«. »Weinbau im Mittelalter im Rheingau« lautete das Thema seiner Arbeit. »Ich war danach noch munter und wollte noch ein anderes Fach studieren«, berichtet er. An der Uni habe man ihm jedoch erklärt, er könne nur bleiben, wenn er promoviere. Sein Gutachter Jeziorkowski erinnert sich: Student und Doktorvater entschieden sich für ein Thema, mit dem Jacobs »lebensgeschichtlich etwas verbindet«: Der Rheingau. »Daher kriege ich noch heute meinen Wein«, erzählt der ehemalige Kellereiverwalter aus Eltville. »Ich trinke aber nur Wasser. Wein bin ich nicht gewöhnt.«

Ira Schaible

aus: Acher- und Bühler Bote, 24./25.02.1996

Es muss nicht immer ein Studium an einer Universität sein, auch andere Bildungseinrichtungen geben älteren Menschen eine Reihe von Möglichkeiten, ihren Wissensdurst zu stillen. Oft richten auch sie ihre Angebote an speziellen Bedürfnissen älterer Menschen aus und gehen auf verändertes Lernverhalten im fortgeschrittenen Lebensalter ein. Eigene »Akademien für Ältere« gehören zunehmend zur Angebotspalette nicht nur von Volkshochschulen, sondern auch von anderen Trägern.

Das Eingehen auf die speziellen Bedürfnisse älterer Menschen durch gesonderte Programme ist vielfach wichtig, um Hemmschwellen zu überwinden und Lernerfolge zu sichern. Doch wer über die Veränderungen des Lernens im Alter Bescheid weiß, kann durch entsprechende Steuerung des eigenen Lernverhaltens auch bei regulären Angeboten zusammen mit jüngeren Menschen seine Lernerfolge erzielen.

Die Lernebenen nutzen

Lernen heißt nicht immer nur »pauken«. Es vollzieht sich auf verschiedenen Ebenen. Schon Pestalozzi sagte: »Wir lernen mit Herz,

Hand und Hirn.« Und die heutigen wissenschaftlichen Erkenntnisse geben ihm Recht. Der Mensch lernt über das Denken im Sinn von Informationsverarbeitung, über das Verhalten und über das Gefühl.

Drei Ebenen des Lernens

Damit drücken sich die drei Ebenen des Lernens aus:

- Die kognitive Ebene =
  Lernen durch Wahrnehmen, Verarbeiten und Denken.
- Die psychomotorische Ebene =
  Lernen durch Handeln.
- Die emotionale Ebene =
  Lernen durch Fühlen und Empfinden.

Der Einsatz aller drei Lernebenen wird bei einem alltäglichen Beispiel deutlich. Eine ältere Dame bekommt von ihren Kindern einen Brotbackautomaten geschenkt. Zunächst lässt sie das Gerät Wochen lang stehen, ohne es zu benutzen, denn sie traut sich nicht zu, die Bedienung des für sie neuartigen elektrischen Geräts zu lernen. Als die Aussicht auf regelmäßig frisch nach ihren eigenen Bedürfnissen gebackenes Brot sie aber immer mehr beschäftigt, hat sie eines Tages doch genügend Motivation, um ihren Lernprozess in Angriff zu nehmen.

Sie lernt zunächst kognitiv. Sie studiert in aller Ausführlichkeit die Gebrauchsanweisung, liest den Text, betrachtet zwischendurch die erläuternden Zeichnungen und vergleicht die Abbildungen mit dem inzwischen ausgepackten Brotbackautomaten in natura.

Sie setzt ihren Lernprozess auf der nächsten Ebene, der psychomotorischen, fort, indem sie – zunächst ohne Strom – alle Tasten und Schalter anfasst, den Backbehälter aus seiner Verankerung nimmt, alle Zutaten zusammenträgt, abwiegt und in der vorgegebenen Reihenfolge in den Behälter füllt, diesen in den Automaten wieder einsetzt, den Netzstecker einsteckt und alle erforderlichen Programmierungsschritte vollzieht. Der Lernprozess auf dieser Ebene wird später durch häufiges Üben auf der einen Seite und durch Motivation auf der anderen, ausgelöst durch das Lob von Gästen für ihr hervorragendes Backergebnis und ihre eigene Zufriedenheit mit dem wohlschmeckenden Produkt (Verstärkung), positiv beeinflusst. Nach einigen Versuchen wird die Handlung fast automatisch ablaufen.

Die dritte Lernebene, die die ältere Dame zum Erlernen des Brotbackens mit dem neuen Gerät nutzt, ist die emotionale. Sie entwickelt Empfindungen und Gefühle in Verbindung damit. Sie riecht den verführerischen Duft, den das Brot entfaltet. Sie empfindet die Freude über ihren Mut, sich doch endlich an das neue Gerät heran gewagt zu haben. Sie genießt – als der Backvorgang beendet ist – den unvergleichlichen Geschmack des herrlich frischen Brots.

So hat sie alle drei Lernebenen eingesetzt, und der Erfolg lässt sicherlich nicht auf sich warten. Bestimmt wird sie nun regelmäßig Brot backen und dabei immer sicherer werden, die wenigen Handgriffe immer schneller bewältigen. Vielleicht wird sie später sogar kreativ und probiert neue Kombinationen von Zutaten aus und kreiert neue Sorten.

Lernprozess

Nach dem gleichen System kann sich jeder andere Lernprozess vollziehen, z.B. im Zusammenhang mit der Ausbildung in der Altenpflege.

AltenpflegeschülerInnen lernen auf gleiche Weise die korrekte Ausführung pflegerischer Tätigkeiten, etwa das Verabreichen einer Injektion. Kognitiv lernen sie, welche Materialien erforderlich sind, die notwendigen Schritte einer Handlungskette in der richtigen Folge etc. Nach einer Demonstration können sie selbst – zunächst im Unterricht, später in der Praxis – handeln und die Injektion durchführen. Dabei lernen sie psychomotorisch. Als dritte kommt die emotionale Lernebene hinzu. Sie empfinden vielleicht zunächst Unsicherheit und Angst, aber später Freude über die gelungene Injektion, über das Lob des alten Menschen, der dabei keinen Schmerz empfunden hat und schließlich nach einiger Zeit der Übung Zufriedenheit mit dem Gelingen der Aufgabe und steigendes Selbstvertrauen.

Der Weg über alle drei Lernebenen ist unabhängig vom Lebensalter und erhöht – gezielt eingesetzt – bei allen Generationen den Lernerfolg.

Ältere Menschen lernen anders

Die Lernbedingungen sind nicht nur individuell verschieden, sondern sie verändern sich zusätzlich mit zunehmendem Lebensalter. Diese Tatsache wirkt sich sowohl auf das Lernverhalten der einzelnen – älteren – Person aus als auch auf diejenigen, die den Lernstoff anbieten. Das können in der Erwachsenenbildung Tätige ebenso sein wie AltenpflegerInnen, je nach Situation und Lerninhalt.

Lernfähigkeit

Die Lernfähigkeit insgesamt lässt im höheren Alter keineswegs nach, aber Voraussetzungen, Methoden und Art des Lernens verändern sich.

Zeitfaktor Es werden mehr Zeit und häufigere Wiederholungen benötigt. Die wichtigste Erschwernis des Lernens alter Menschen liegt im Faktor Zeit. Wird ein Stoff nicht zu schnell angeboten, sind sie ebenso leistungsfähig wie junge Menschen.

Speicherung Die Speicherungsfähigkeit für neue Informationen wird geringer. Die Aufnahme von Details ist schwieriger als beim jungen Menschen.

Übersicht Sinnzusammenhänge werden im fortgeschrittenen Alter zunehmend benötigt und leichter erfasst als bei jungen Menschen. Bereitschaft und Fähigkeit zum Lernen zusammenhangloser Details lassen dagegen nach.

Auswahl Die Auswahlfähigkeit im Hinblick auf benötigte Informationen erhöht sich. Die gezielte Auswahl von Lernstoff – Unterscheidung zwischen Wichtigem und Unwichtigem – fällt mit zunehmendem Alter leichter.

Motivation Nehmen alte Menschen freiwillig Bildungsangebote wahr, ist ihre Motivation oft größer als die jüngerer.
Neben physischer Ermüdbarkeit und möglichen gesundheitlichen Schwankungen spielen vor allem die vorhandene Bereitschaft und Aktivität, neuen Stoff aufzunehmen, für den Lernprozess und den Lernerfolg eine entscheidende Rolle.

Lerntechnik Mehrdimensionalität beim Lernen erhält erhöhte Bedeutung. Der Lernerfolg ist höher, wenn Geschriebenes, Gehörtes, Gesehenes,

Veranschaulichtes, Erlebtes ... zum gleichen Thema einander abwechseln.

Lernhemmung Bei alten Menschen bilden Lernhemmungen in Form von Unsicherheit und Angst, nicht lernen zu können, oft mehr Probleme als tatsächlich nachlassende Fähigkeiten.

Störungen Der Lernprozess ist beim alten Menschen störungsanfälliger als beim jungen. Während der Übungsphase eingeschaltete Pausen führen bei Jungen zwar häufig zur Verbesserung von Lernleistungen, bewirken aber bei Älteren eher eine Verschlechterung.

Begabungen und die Unterschiede an Vorbildung

Wichtiger als der Faktor Lebensalter sind die bereits mitgebrachten Begabungen und die Unterschiede an Vorbildung, schulischem und beruflichem Niveau. Übung ist für die Trainierbarkeit des Lernens entscheidend, kann aber im Alter noch weitgehend entwickelt werden.

Für den älteren Menschen selbst sind u.a. folgende Faktoren wichtig:

- Körperliche Bedürfnisse haben Vorrang, d.h. Hunger, Durst etc. zuerst befriedigen;
- vollständige Konzentration auf die neuen Informationen;
- kontinuierliches Arbeiten, d.h. keine längeren Pausen zwischen den Lerneinheiten;
- Lerneinheiten individuellen Bedürfnissen entsprechend dosieren und nicht zu viele Lerneinheiten an einem Tag einplanen;
- eine eigene zielorientierte Langzeitplanung für das Lernen aufstellen;
- verschiedene Lerntechniken ausprobieren und sich für die individuell effektivsten entscheiden;
- einen möglichst störungsfreien Lernplatz finden;
- sich genügend Zeit für häufige Wiederholungen nehmen;
- von Zeit zu Zeit Zwischenbilanz ziehen und auch kleine Lernerfolge wahrnehmen.

Lernstoff

Für Personen, die alten Menschen Lernstoff vermitteln, sind vor allem folgende Regeln von Bedeutung:

- genügend Zeit lassen;
- nicht zu viele Pausen zwischen den Lern- bzw. Themenblöcken;
- Störungen und Unterbrechungen vermeiden;
- zu Beginn des Lernprozesses eine Übersicht über den Stoff geben;
- eine zielorientierte Langzeit-Planung aufstellen;
- Sinnzusammenhänge herstellen und erläutern (warum, was, wie?);
- ausreichende Anzahl an Wiederholungen ermöglichen;
- Lernstoff mehrdimensional anbieten;
- Materialien abwechslungsreich gestalten;
- langsam und deutlich sprechen und erklären;
- Verständnis überprüfen.

Wichtig

- **Das kognitive Lernen erweitert den Handlungsspielraum des Menschen und erschließt ihm Zusammenhänge, die weit über seinen konkreten Erfahrungshorizont hinaus gehen. Über das kognitive Lernen erwirbt der Mensch Wissen.**
- **Intelligenz ist die Fähigkeit zu Denkprozessen, die eine erfolgreiche Auseinandersetzung mit der Umwelt ermöglichen. Die Auseinandersetzung mit der Umwelt allein ist kein Zeichen von Intelligenz.**
- **Intelligenz ist vernetzte Denkweise und berücksichtigt Bedingungen und Bedingungskomplexe im Sinn von Rahmenbedingungen für menschliches Handeln.**
- **Der durchschnittliche Messwert von IQ-Punkten bei Intelligenztests liegt bei 100. Es sollte aber immer bedacht werden, dass auch andere Aspekte, die nicht mit Intelligenztests zu ermitteln sind, bei einer Bewertung/Einstufung berücksichtigt werden müssen.**

- **Fluide Intelligenz wird benötigt, wenn aktuelle Probleme gelöst werden sollen, bei denen nicht auf frühere Erfahrungen zurück gegriffen werden kann. Sie ist äußerst störanfällig, kann aber durch gezieltes Training auch im hohen Alter noch gesteigert werden.**
- **Fluide Intelligenz nimmt im Alter ab, wenn sie nicht täglich trainiert wird. Kristalline Intelligenz kann im Alter zunehmen, wenn die fluide regelmäßig täglich geübt wird.**
- **Kristalline Intelligenz ermöglicht den Rückgriff auf erlerntes Wissen und auf Erfahrung. Sie ist das Ergebnis geistiger Auseinandersetzung mit alltäglichen Problemen in der Vergangenheit. Sie ist weitgehend unempfindlich gegen Störungen. Die kristalline Intelligenz einer Person ist abhängig von deren fluider Intelligenz und ihrer Erfahrung.**
- **Der Kurzspeicher ist das Zentrum fluider Intelligenz, das Gedächtnis das der kristallinen Intelligenz.**
- **Gedächtnisfunktionen haben für den (alten) Menschen hohe alltagspraktische Bedeutung. Sie sind wichtig für die Bewältigung des Alltags, für den Aufbau und die Aufrechterhaltung sozialer Kontakte sowie für das subjektive Erleben von Kompetenz.**
- **Es gibt Vorhersage-Merkmale, die die Wahrscheinlichkeit einer hohen geistigen Leistungsfähigkeit im Alter stark begünstigen. Dies sind vor allen Dingen intellektuelle Aktivität, zufriedenstellende Beziehungen, gute Ausbildung, guter Gesundheitszustand und ein positives Selbstbild.**

- **Die Möglichkeit eines Senioren-Studiums an Universitäten und Hochschulen wird von Älteren zunehmend genutzt. Der Stellenwert von Bildungsangeboten für die ältere Generation steigt ganz allgemein. Die Programme verschiedener Träger von Bildungsangeboten werden ausgebaut.**
- **Der Mensch lernt über drei Ebenen: das Denken, das Verhalten und das Gefühl bzw. die kognitive, die psychomotorische und die emotionale Ebene.**
- **Die Lernfähigkeit des Menschen lässt im höheren Alter keineswegs nach, aber Voraussetzungen, Methoden und Art des Lernens verändern sich.**

Übungen

1. Betrachten Sie rückwirkend einen für Sie schwierigen Lernstoff aus einem beliebigen Unterrichtsfach, den Sie inzwischen gut beherrschen. Überlegen Sie genau, wie und in welchen Schritten es Ihnen gelungen ist, sich den zunächst schwierigen Lerninhalt zugänglich zu machen. Schreiben Sie die Schritte auf!
2. Suchen Sie sich in Ihrer Pflegepraxis einen alten Menschen, der etwas neu lernen muss, z.B. den Umgang mit einem Rollator. Helfen Sie dieser von Ihnen zu pflegenden Person beim Lernen, indem Sie sie möglichst alle Lernebenen und viele verschiedene Sinnessysteme einsetzen lassen. Beobachten Sie genau den Lernprozess. Was erweist sich als besonders effektiv, was scheint weniger Erfolg versprechend?
3. Suchen Sie in Ihrem Arbeitsalltag jeweils mehrere konkrete Beispiele für den Einsatz kristalliner und fluider Intelligenz.
4. Zeichnen Sie aus dem Gedächtnis die Grafik nach, die die durchschnittliche Veränderung geistiger Leistungsfähigkeit in Abhängigkeit vom Lebensalter darstellt.

Wiederholungsfragen

1. Was ist das so genannte »Signallernen«?
2. Suchen und beschreiben Sie ein Beispiel, an dem Sie das Klassische Konditionieren an sich selbst erlebt haben!
3. Welche Bildungsmöglichkeiten bestehen für ältere Menschen?
4. Erklären Sie umfassend und mit Beispielen die Begriffe »fluide Intelligenz« und »kristalline Intelligenz«!
5. Welche Faktoren sollten beim kognitiven Lernen älterer Menschen berücksichtigt werden? Was ist anders im Vergleich mit jüngeren Menschen?
6. Definieren Sie den Begriff »Lernen«! Gehen Sie dabei vor allen Dingen auf die wesentlichen und in allen Definitionen übereinstimmenden Punkte ein.
7. Welche Vorhersage-Merkmale begünstigen eine hohe geistige Leistungsfähigkeit im Alter?
8. Nach welchen Kriterien werden oft Personen als Modelle für das Imitationslernen ausgewählt?
9. Erklären Sie den Begriff »Verstärkungslernen«!
10. Welche Beschwerden werden von alten Menschen oft im Zusammenhang mit Gehirn und Gedächtnis beschrieben?
11. Wie entwickelt sich Intelligenz mit zunehmendem Lebensalter?
12. Nennen und erläutern Sie kurz die drei wesentlichen Prinzipien des Verhaltens- bzw. des sozialen Lernens!
13. Warum ist Lob effektiver für den Lernprozess als Strafe?
14. Erläutern Sie das System der menschlichen Informationsverarbeitung!

Literatur:

Anderson, John R.; Kognitive Psychologie, 3. Auflage, 2000, Spektrum Akademischer Verlag

Bundesarbeitsgemeinschaft der Senioren-Organisationen (BAGSO), Hg.; BAGSO-Nachrichten, Schwerpunktheft: Lebenslanges Lernen. Kompetenzen trainieren bis ins hohe Alter, Nr. 2/1995

Fischer, Bernd/Dickreiter, Bernhard; Geistige Fitness, Band 6, Gedächtnis und kreatives Lernen, Hirt Institut Zürich, 1994

Hirsch, Anna Maria; Psychologie für Altenpfleger, Band I, Probleme des Alterns, 2. aktualisierte Aufl., München, 2001

Jasper, Bettina M.; Brainfitness – Denken und Bewegen, Meyer & Meyer Verlag, Aachen 1998

Jasper, Bettina M.; Ein Leben lang. Koordination & Gehirnjogging, Meyer & Meyer Verlag, Aachen 1998

Kavsek, Dr. Michael J.; Intelligenz und Kompetenz im höheren Erwachsenenalter, in: BAGSO-Nachrichten Nr. 1/2000, S. 37f.

Lehr, Ursula; Psychologie des Alterns, Heidelberg 1977

Lehrl, Siegfried/Fischer, Bernd; Selber denken macht fit, Vless Verlag, Ebersberg 1886, 2. überarbeitete Auflage 1990

Oswald, Wolf D./Rödel, Gisela (Hrsg.); Das SIMA-Projekt: Gedächtnistraining. Ein Programm für Seniorengruppen, Hofgrefe Verlag, Göttingen 1995

Reimann, Helga + Reimann, Horst; Das Alter, Enke Verlag, Stuttgart, 3. neu bearbeitete Auflage, 1994

Willig, Wolfgang / Ebel, Thomas / Erben, Monika / Pulvermüller, Gerhard; Psychologie – Soziologie – Gesprächsführung in der Altenpflege, Balingen, 4. überarbeitete Auflage, 1996

Wirsing, Kurt; Psychologisches Grundwissen für Altenpflegeberufe. Ein praktisches Lehrbuch, Weinheim 1987

Miteinander verständigen

DAS ZIEL IST ...

Das Ziel ist,

- *Grundlagen und Mechanismen der verbalen und der nonverbalen Kommunikation zu kennen,*
- *Gründe für Missverständnisse zu verstehen,*
- *Kommunikation als menschliches Grundbedürfnis zu erkennen,*
- *Kommunikationstechniken zu üben,*
- *Regeln für die Kommunikation mit Dementen zu beherrschen,*
- *Besonderheiten bei der Kommunikation mit bzw. unter alten Menschen zu verstehen und die vermittelnde Rolle von AltenpflegerInnen dabei zu begreifen,*
- *Regeln für die Leitung von Teamgesprächen zu lernen.*

Ohne Kommunikation geht nichts

Kommunizieren heißt Beziehungen pflegen

Kommunikation ist aus unserer Gesellschaft nicht wegzudenken. Zwar haben die Menschen zeitlebens miteinander kommuniziert, aber vielleicht nicht so viel darüber gesprochen wie wir heute. Oft verbinden wir in unseren Gedanken das Stichwort Kommunikation gleich mit hochtechnisierter Telekommunikation und den zahlreichen Gerätschaften, die uns heute die Verständigung untereinander und die Nachrichtenübermittlung erleichtern. In diesem Buch allerdings geht es weniger technisch zu. Hier steht der Mensch im Mittelpunkt.

In Verbindung stehen

Zunächst zum Begriff der Kommunikation. Er wird in der deutschen Sprache ganz selbstverständlich benutzt, aber hier wollen wir ihn einmal näher untersuchen. Kommunizieren *(lat. communicare = gemeinsam machen, vereinigen, teilen, mitteilen, teilnehmen lassen, Anteil nehmen, Anteil haben, sich beraten, besprechen ...)* bedeutet nach unserem heutigen Verständnis so viel wie in Verbindung stehen. Über die Kommunikation bauen wir quasi Brücken von Mensch zu Mensch. Wie für alle Fachbegriffe der Gerontologie gibt es auch hier eine Vielzahl von verschiedenen Definitionen. Die folgende Definition ist also nur ein Beispiel für mögliche Beschreibungen des Begriffs Kommunikation, aber eine durchaus umfassende, die große Übereinstimmungen mit vielen anderen aufweist:

→ Kommunikation

»Alle Prozesse, die einen Sender (initiator), Empfänger (recipient), einen Kommunikationsmodus oder -kanal (z.B. Sprache), eine (inhaltlich bestimmbare) Botschaft oder Nachricht (message) und eine auf Empfang erfolgende Verhaltensänderung oder allgemein einen Effekt gleich welcher Art als analytische Einheiten aufweisen ...«*

*) aus: Fröhlich, Werner D.; Wörterbuch Psychologie, 23. Aufl., München 2000, S. 262

Kommunikation ist in der Regel eine wechselseitige Verständigung. Es handelt sich um Prozesse, die zwischen Sender und Empfänger ablaufen. Dazu wird ein bestimmter Kommunikationsmodus *(lat. modus = Art, Weise)* oder Kommunikationskanal, z.B. die Sprache, benutzt. Auf diesem Weg wird eine Botschaft übermittelt, die eine Wirkung, einen Effekt, auslöst, z.B. eine Verhaltensänderung bzw. eine Reaktion (feed back).

Wechselseitige Verständigung

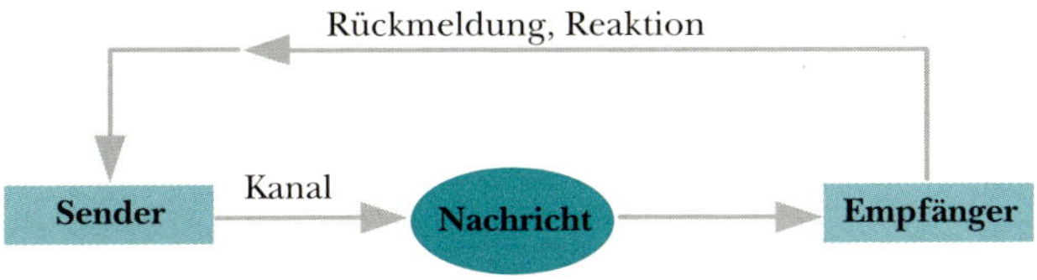

Bestandteile der Kommunikation sind immer

- Sender,
- Nachricht, Information,
- Empfänger.

Fehlt eines dieser Elemente, kann die Kommunikation nicht zustande kommen.

Bestandteile der Kommunikation

Manche Kommunikationsmodelle gehen sogar von fünf Elementen aus:

- Sender,
- Nachricht, Information,
- Empfänger,
- Enkodierer,
- Dekodierer.

Dabei wird davon ausgegangen, dass Sprache ein Kode ist. Unter Enkodieren wird das Verwandeln von Gedanken in (Alltags-)Sprache verstanden. Das Dekodieren dagegen bedeutet, den Kode zu entschlüsseln. Kennt der Empfänger – also die dekodierende Person

Kode

– den Kode nicht, so kann sie die Nachricht nicht entschlüsseln, d.h. nur falsch oder gar nicht verstehen.*

Kommunikation kann mit Worten, also verbal *(lat. verbum = Wort, Ausdruck, Äußerung, Rede, Sprache ...)*, oder ohne Worte, also nonverbal, erfolgen. Die Nachricht wird über bestimmte Zeichen verschlüsselt (enkodiert), die in der Regel zwischen den PartnerInnen bekannt sind.

Benutzt der Sender einen Kanal, der von der/dem PartnerIn nicht empfangen werden kann, gelingt die Kommunikation nicht. Dies kann z.B. geschehen, wenn der Sender (eine Altenpflegerin) an eine(n) Empfänger (BewohnerIn) eine Nachricht (Information über jetzt geplantes Wannenbad) über den Kanal Sprechen übermitteln will, der/die EmpfängerIn aber auf Grund einer fortgeschrittenen Demenz die Bedeutung der Worte nicht verstehen kann. In diesem Fall wäre es zweckmäßig, einen anderen Kanal zu benutzen, z.B. Gestik oder Körpersprache.

Schwierigkeiten gibt es auch, wenn Sender und Empfänger dasselbe Zeichen, z.B. Kopfschütteln, in unterschiedlicher Weise deuten. Der Sender will Ablehnung ausdrücken, der Empfänger versteht – wie in manchen Kulturen üblich – Zustimmung.

Für Menschen ist es unmöglich, nicht zu kommunizieren. Die Redewendung »Keine Antwort ist auch eine Antwort« zeigt deutlich, dass auch das Nichtbeachten eines Gegenübers etwas vermittelt – eine Haltung, eine Einstellung, ein Gefühl ... Jede Art von Verhalten, das sich auf eine Person bezieht, ist Kommunikation.

Kommunikation kennt viele Wege

Direkt oder indirekt

Kommunikation kann direkt oder indirekt erfolgen.

Unter »direkter Kommunikation« ist die zwischenmenschliche Form zu verstehen, d.h. von Angesicht zu Angesicht. Diese wird auch als therapeutisches Mittel in der Gesprächs- und Verhaltenstherapie eingesetzt.

---

*) vgl: Michalke, Cornelia; Sprache – die unterschätzte Kraft, in: Altenpflege Forum, Nr. 4/97, S. 8f.

Die »indirekte Kommunikation« dagegen bezieht sich auf die Übermittlung von Informationen mit Hilfe technischer Einrichtungen wie Brief, Zeitung, Telefon, Fax, Internet .... Der heutige Stand der Technik eröffnet Möglichkeiten der Kombination beider Formen (Bildtelefone u.Ä.).

In jedem Fall werden für die Kommunikation Werkzeuge oder Kommunikationskanäle benötigt. Das wichtigste Instrument ist die Sprache, die aber nicht immer verbal, d.h. mit Worten, erfolgen muss, sondern viele andere Ausdrucksformen findet, z.B. die Körpersprache, aber auch Gestik, Mimik usw. Verschiedene Untersuchungen kommen zu dem Ergebnis, dass menschliche Kommunikation nur zu ca. fünf bis 20 Prozent aus dem niederschreibbaren Wort besteht. Alles andere, was Menschen senden und empfangen, sind anders verschlüsselte, auf anderen Kanälen gesandte Informationen.

Kommunikationskanäle

Folgende Kommunikationsmittel können eingesetzt werden:

Verbal

→ Sprache

Mit Sprache sind Worte, genauer gesagt ihr Inhalt, gemeint. Die verbale Sprache, also die Sprache mit Worten, beruht auf dem Gebrauch weitgehend gleichbleibender Zeichen, Wörter und Symbole. Schon im Kleinkindalter wird die Sprache schrittweise erlernt. Dabei unterliegen Wortschatz und Ausdrucksvermögen den Einflüssen der Sozialisation ebenso wie den persönlichen Voraussetzungen (geistige Fähigkeiten, Funktionstüchtigkeit von Sprechapparat, Gehör und Gehirn). Mit der Wortwahl kann neben vordergründiger Sachinformation auch persönliche Haltung, Einstellung, Bewertung vermittelt werden. Bei den beiden Sätzen »Frau X trägt oft legere Kleidung« und »Frau X läuft immer sehr locker angezogen herum« wird zwar die gleiche Sachinformation vermittelt, aber es schwingen weitere Informationen mit. Die Wortbedeutung kann regional sehr unterschiedlich sein für denselben Begriff.

Persönliche Haltung

Der Ton macht die Musik

→ Sprechen / Stimme

Sprechen ist eine Aktivität, die die Bedeutung bestimmter Inhalte verständlich machen kann. Das alte Sprichwort »Der Ton macht die Musik« sagt deutlich, was hier gemeint ist. Ein einfacher Satz einer Pflegekraft (Sender) an eine Bewohnerin (Empfängerin) zeigt, welche Bedeutungsunterschiede darin stecken können. »Schließen Sie die Tür.« Die Nachricht scheint eindeutig. Aber er birgt viele Möglichkeiten der Veränderung. Ist er Frage oder Befehl? Wird das Wort Tür betont, könnte vielleicht noch ein Fenster geöffnet sein. Liegt der Akzent auf dem Wort die, liegt die Vermutung nahe, dass sich mehrere Türen in erreichbarer Nähe befinden und nur eine bestimmte gemeint ist. Ebenso könnte das Wort Sie besonders herausgestellt werden und damit zeigen, dass mehrere Personen zum Schließen der Tür in Frage kämen. Weitere Nuancen lassen sich durch Tonlage etc. in die Nachricht bringen. – Ein einfacher Satz mit vielen Möglichkeiten der Auslegung.

Das Sprechen bzw. die Stimme als Kommunikationskanal bietet viele Variationsmöglichkeiten. Der Ton kann z.B. freundlich oder scharf, melodisch oder abgehackt, krächzend oder weich sein. Der Sprechrhythmus lässt sich verändern. Wir können die Stimme heben oder senken, laut oder leise sprechen, das Tempo verlangsamen oder beschleunigen usw. und damit unsere Gefühle ausdrücken oder gezielt versuchen, die Aufmerksamkeit unseres Gegenübers zu wecken.

→ Zuhören/Aufmerksamkeit

Das Zuhören und die Aufmerksamkeit sind ganz wesentliche Kommunikationsmittel. Was nützt uns alles Reden, alles Senden von Informationen, wenn niemand zuhört, niemand die Nachricht wahrnimmt? Gerade in der Altenpflege ist das Zuhören eine Fähigkeit, der höchste Bedeutung zukommt. (Siehe dazu auch die Geschichte »Der Co-Referent« auf Seite 449 ff.) Da Kommunikation etwas Wechselseitiges zwischen mindestens zwei PartnerInnen ist, brauchen wir also nicht nur Sender, sondern auch Empfänger. Dieses

Empfangen geschieht in Form von Zuhören und dem Gewähren von Aufmerksamkeit.

Aktives Zuhören

Wir hören vieles, aber nicht immer nehmen wir Gehörtes auch in uns auf. Echtes Kommunikationsmittel ist das aktive Zuhören, das die volle Konzentration des Empfängers auf den Sender erfordert. Dabei werden nicht nur ausgesprochene Informationen wahrgenommen, sondern auch das, was zwischen den Zeilen – wie der Volksmund sagt – in der Luft liegt. Das können Stimmungen, Meinungen, Wertungen, Gefühle u.Ä. sein. Bei direkter Kommunikation, also von Angesicht zu Angesicht, kann der Empfänger solche Informationen nicht nur aus der Stimme, aus dem Sprechen, aus der Sprache entnehmen, sondern es können weitere nonverbale Zeichen beobachtet und verarbeitet werden. In einer Kommunikations-Situation von Angesicht zu Angesicht geht, wer aktiv zuhört, auch auf gesandte Nachrichten unmittelbar ein, gibt Rückmeldung darüber, wie die Nachricht angekommen ist, gibt ein so genanntes feed back. Dieses Verfahren hilft, die Kommunikation zu verbessern, weil Missverständnisse schneller ausgeräumt werden können.

→ Schreiben

Indirekte Kommunikation

Das Schreiben ist ein Kanal zur indirekten Kommunikation. Es bleibt zunächst eine einseitige Information, die erst durch die Reaktion des Empfängers nach Erhalt zur echten Kommunikation wird.

Das Schreiben gibt die Möglichkeit, Sachinformationen zu übermitteln, aber auch Gefühle und Meinungen auszudrücken. Hier kann der Sender sich ohne Unterbrechungen durch den Empfänger mit wohl überlegten Worten ausdrücken. Der Empfänger hat umgekehrt die Möglichkeit, die Nachricht auf sich wirken zu lassen und nach einer Überlegungsphase zu reagieren. Spontanes und unüberlegtes Senden von Informationen lässt sich bei Wahl dieses Kommunikationskanals vermeiden. Aber bei manchen Menschen bestehen gerade in puncto Schreiben Hemmungen, zum Teil ausgelöst durch Unsicherheiten beim Formulieren sowie in Rechtschreibung und Grammatik, zum Teil auch durch die hohe Verbindlichkeit, die vermeintliche Unwiderrufbarkeit von Geschriebenem.

→ Lesen

Das Lesen ist ebenfalls ein Mittel der indirekten Kommunikation. Geschriebene Worte vermitteln wie gesprochene Informationen, Meinungen, Gefühle usw. Sie ermöglichen dem Empfänger, sich durch das Lesen zusammenhängender Texte Verbindungen, Sinn- und Sachzusammenhänge zugänglich zu machen. Dazu ist ein gewisses Maß an Intelligenz notwendig.

Das Lesen im Sinn von Kommunikation wird vor allen Dingen bei Briefen, Notizen, Pflege-Dokumentations-Büchern etc. eingesetzt.

Werden allgemeine Texte gelesen wie Bücher oder Zeitungen, die sich an einen nicht näher bestimmten Kreis von Empfängern richten, ist im Allgemeinen nicht von wechselseitiger Verständigung zu sprechen, da es sich – außer z.B. bei LeserInnen-Aktionen u.Ä. – in der Regel nicht um einen Austausch handelt.

Einen zusätzlichen Kommunikationskanal stellt – gerade in der Altenpflege – das Vorlesen dar. Es eröffnet die Möglichkeit durch die eigene Sprechweise Akzente zu setzen, das Vorgelesene zu interpretieren. Es bietet außerdem gute Ansatzpunkte, um anschließend zur direkten Kommunikation, zum Gespräch von Angesicht zu Angesicht über das Vorgelesene zu gelangen.

Nonverbal

→ Körpersprache

Die Körpersprache kann eigenständiger Kommunikationskanal sein, kann aber auch den verbalen ergänzen. Sie ist besonders dann von hoher Bedeutung, wenn Sender und Empfänger sich nicht in derselben Sprache verständigen können oder wenn Sprach- oder Hörbehinderungen die Möglichkeiten zur Verständigung einschränken oder verhindern.

Sprach- oder Hörbehinderungen

Die Körpersprache ist elementare Ausdrucksform des Menschen. Sie umfasst Mimik und Gestik ebenso wie die Körperhaltung, -bewegung und -kontakt, aber auch das Blickverhalten.

→ Mimik

Gesichtsausdruck

Die Mimik, das Mienenspiel, eines Menschen beschreibt die Ausdrucksformen des Gesichts. Der Gesichtsausdruck kann bewusst oder unbewusst als Kommunikationskanal eingesetzt werden. Wir können mit Hilfe des Gesichts Gefühle wie Freude oder Trauer ausdrücken, aber auch wertende Äußerungen wie Desinteresse, Missbilligung oder Akzeptanz.

Die Mimik kann mit der Wort-Information übereinstimmen, aber es kann auch zu Abweichungen kommen, z.B. wenn jemand seine tatsächlichen Gefühle oder Meinungen verbergen möchte. Zu solchen Disharmonien kann es aber auch kommen durch Einschränkungen auf Grund von Erkrankungen, die das Mienenspiel beeinträchtigen.

→ Gestik

Ausdrucksbewegungen des menschlichen Körpers

Unter Gestik sind die Ausdrucksbewegungen des menschlichen Körpers zu verstehen, insbesondere die der ausdrucksstarken Hände. Mit Bewegungen der Hände unterstützen wir – in individuell und kulturell geprägt unterschiedlichem Umfang – gesprochene Worte. Sie lassen uns Gefühle unterstreichen, Meinungen betonen, Wertungen verdeutlichen. Gestik kann bewusst eingesetzt werden, aber auch unbewusst erfolgen. So kann das Trommeln mit den Fingern unbewusst Nervosität oder Ungeduld ausdrücken und die erhobene geballte Faust als zusätzliches Zeichen drohender Aggressivität eingesetzt werden. Wir können durch Handbewegungen beschwichtigen oder durch die einladend ausgestreckte Hand Offenheit demonstrieren. Aber nicht immer ist die Geste eindeutig. So kann z.B. der erhobene Zeigefinger für eine Drohung ebenso stehen wie für eine Belehrung. Die vor der Brust verschränkten Arme können ebenso Abwehr ausdrücken wie Angst.

Besondere Ausdrucksform der Hände ist die so genannte Gebärdensprache, die wichtiges Kommunikationsmittel von Hör- und Sprachgeschädigten darstellt. Hier gibt es eindeutig festgelegte Bedeutungen von Gebärden und Fingerbewegungen, sogar ein internationales Fingeralphabet, mit dessen Hilfe Wörter und Sätze gebildet, Sprache umgesetzt werden kann.

→ Körperhaltung

Aus der Körperhaltung eines Menschen lassen sich Informationen über seine körperliche und geistig-seelische Situation und oft über seine Absichten ableiten. Die Haltung kann aufrecht und klar, müde und gebeugt oder verkrampft und starr sein. Sie kann Unsicherheit und Bescheidenheit ebenso ausdrücken wie Selbstsicherheit und Stolz oder Resignation und Trauer. Der Mensch kann seinem Gegenüber durch die Haltung Freundlichkeit und Offenheit, Akzeptanz oder Verachtung, Unterwürfigkeit oder Dominanz entgegenbringen.

Kurzzeitig lässt sich die Körperhaltung leicht bewusst steuern, aber meist geht sie nach einiger Zeit wieder ins Unbewusste über. Oft ist die tatsächliche, die echte Körperhaltung am besten in einem unbeobachteten Moment abzulesen.

→ Körperbewegung

Mit Körperbewegung ist die großräumige Bewegung, vor allen Dingen der Gang, die Fortbewegung, gemeint. Sie kann dynamisch, federnd, elastisch und voller Tatendrang sein. Ebenso können die Bewegungen aber auch vorsichtig, wacklig und zittrig sein. Sie können zielstrebig, sicher und wohl-koordiniert sein, aber auch ungelenk, tappsig und unharmonisch sein.

→ Körperkontakt

Hier werden Berührungen zur Kommunikation eingesetzt. Dazu gehören u.a. Anfassen und Drücken, Streicheln und Hand-Auflegen, Umarmen und Küssen. Der Körperkontakt vermittelt vor allen Dingen persönliche Gefühle und kann auf Entgegenkommen und Zustimmung stoßen, aber auch auf Ablehnung oder Misstrauen stoßen.

Beim Körperkontakt spielen Faktoren wie Körpertemperatur und -geruch, Hautbeschaffenheit usw. eine Rolle.

Viele gesellschaftliche Rituale spielen sich über Körperkontakt ab, vom Händeschütteln über flüchtige Umarmungen bis zum Wangenkuss. Solche Formen müssen daher nicht immer Ausdruck echter Gefühle sein.

Gesellschaftliche Rituale

Körperkontakt, der über diese ritualisierten Gesten hinausgeht, ist meist mit Zärtlichkeit und Liebe verbunden. In Verbindung mit Partnerschaft und Sexualität spielt der Körperkontakt eine bedeutende Rolle. Er kann Vertrauen, Zusammengehörigkeitsgefühl, Nähe usw. ausdrücken.

Ähnlich intime Berührungen sind meist in der Pflege erforderlich. Gerade hier sollte die Kommunikation eindeutig und klar sein. Pflegende sollten sich stets bewusst sein, welche Nähe solche Hautkontakte zwangsläufig schaffen und welche Gefühle damit ausgelöst werden können. Sympathie und Antipathie prägen das Verhältnis zwischen Sender und Empfänger. Beide sollten nur eindeutige Informationen senden und sensibel sein für das feed back.

Sympathie und Antipathie

→ Blickverhalten

Das Blickverhalten eines Menschen beobachten wir meist fast automatisch. Das Herstellen oder Abbrechen von Blickkontakt ist entscheidender Faktor in der Kommunikation. Durch direkten Blickkontakt lassen sich Aufmerksamkeit und Interesse signalisieren. Umgekehrt kann das Fehlen desselben ein Zeichen für Desinteresse, Langeweile oder Abgelenkt-Sein darstellen.

Unsicherheit oder Scham, schlechtes Gewissen oder Schüchternheit können Gründe sein, dass jemand einem anderen nicht in die Augen schauen kann. Ähnliches kann häufig der gesenkte Blick bedeuten.

Mit Blickkontakt lässt sich auch ohne Worte vieles sagen. Er kann erste Kontaktaufnahme sein, aber auch weitere Informationen übermitteln. Umgekehrt kann das Verweigern von Blickkontakt Abwehr oder den Wunsch nach Distanz ausdrücken.

Erste Kontaktaufnahme

Der Blick kann freudig oder traurig, herausfordernd und kritisch oder bejahend offen, unsicher und schüchtern oder selbstsicher und überlegen sein.

Zusätzliche Möglichkeiten zur Kommunikation bieten die Augenlider und die Augenbrauen. Das Zwinkern mit dem Lid, das Hochziehen oder Runzeln der Augenbrauen – solche Gesten können die Intensität des Ausdrucks erhöhen.

Oft ist es Kleinigkeiten, manchmal auch unbewusstes Verhalten, das andere von uns positiv oder negativ aufnehmen.

Ein kleines Lächeln
Mit einem kleinen Lächeln
kann man viel erreichen!
Vor einem kleinen Lächeln
große Schranken weichen!
Ein wenig Freundlichkeit
hab immer Du bereit!
Sag mir, ich bitt´ Dich sehr,
ist das denn gar so schwer?

Wir alle leben ja nur einmal
unser Leben.
Darf dieses eine Leben
ungenutzt entschweben?
Ein Lächeln, sei es noch so klein,
sollt´ das nicht möglich sein?
Sag nicht – ich weiß Bescheid -
mir fehlt dazu die Zeit!

Die Menschen,
sie hasten einander meist vorüber.
Man sieht sich, so denkt man,
ja doch niemals mehr wieder.

Weißt Du das ganz genau,
egal ob Mann, ob Frau?

Ein lächelndes Gesicht
vergißt man so leicht nicht!

Mit einem kleinen Lächeln
kann man viel erreichen!
Vor einem kleinen Lächeln
große Schranken weichen!
Ein wenig Freundlichkeit
hab immer Du bereit!
Sag mir, ich bitt´ Dich sehr,
ist denn das gar so schwer?

*Dr. Holger Eckert (1903-1993)**

Genaues Beobachten

Im privaten Alltag ebenso wie im Beruf und ganz besonders in der Altenpflege setzen wir alle diese Kommunikationskanäle teils bewusst, teils unbewusst ein. In der Altenpflege sollten wir versuchen, so gezielt wie möglich die verschiedenen Kanäle einzusetzen und durch genaues Beobachten stets sensibel sein für Nachrichten, die an uns als Empfänger gesandt werden. Außerdem ist es wichtig, für das feed back, für die Rückmeldung, offen zu sein und selbst solche an unsere KommunikationspartnerInnen zu geben. Nur so können wir Missverständnisse weitgehend vermeiden, auch wenn uns das wohl niemals völlig gelingen wird.

So war´s doch nicht gemeint! ...

Leider klappt es im Alltag mit der Kommunikation nicht immer so reibungslos wie wir uns das wünschen. Da senden wir eine Nachricht an einen Empfänger und müssen plötzlich feststellen, dass dieser völlig anders reagiert als wir es erwartet haben. Er hat uns womöglich nicht verstanden oder völlig missverstanden. Das kann die verschiedensten Gründe haben.

*) aus: AltenPflegerin + AltenPfleger, Nr. 9 +10/1993

Disharmonien

Oft spielt uns hier das Zusammenspiel der verschiedenen Kommunikationskanäle einen Streich. Wird auf mehreren Kanälen gleichzeitig gesendet und empfangen, aber die übermittelten Nachrichten stimmen nicht überein, entstehen so genannte Disharmonien, ist das Missverständnis beinahe schon programmiert.

Erklären lässt sich dies durch die verschiedenen Ebenen der Kommunikation. Wir sprechen von einer so genannten Inhaltsebene und einer Beziehungsebene. Mit jeder Sachinformation senden wir gleichzeitig Signale, die etwas über unsere Beziehung zum Empfänger aussagen. Es ist kaum möglich, eine Botschaft zu übermitteln, die ausschließlich Sachinformation enthält und keine Gefühle, Einstellungen, Wertungen o.Ä. offenbart.

Die Inhalts- und die Beziehungsebene gehören in der Kommunikation zusammen. Es lässt sich nicht einfach eine der beiden ausschalten.

Dienstbesprechung

Findet z.B. eine Dienstbesprechung statt, in der ein Sachproblem gelöst werden soll, dessen Lösung aber durch Schwierigkeiten auf der Beziehungsebene behindert wird, nützt eine Aufforderung zur Sachlichkeit meist wenig. Ein Satz wie »Das gehört hier nicht zur Sache« als Hinweis, dass die Inhaltsebene der Kommunikation nicht verlassen werden sollte, bewirkt oft gerade das Gegenteil. Werden die vermeintlich nicht-sachlichen Anteile aus der Kommunikation gezielt verbannt, werden sie unterschwellig leicht um so negativer wirksam.

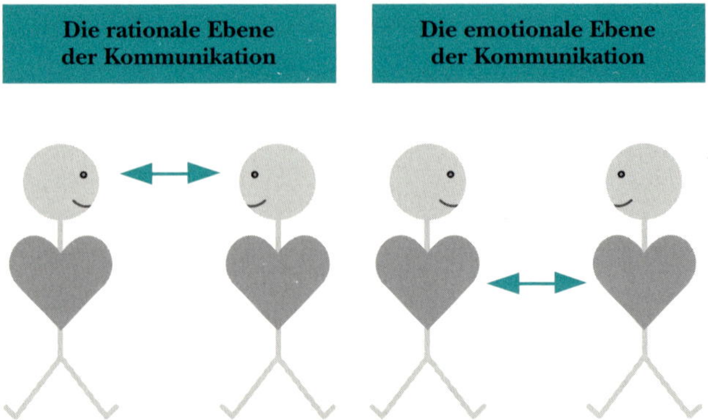

Die Inhaltsebene der Kommunikation kann auch als die rationale *(lat. ratio = Vernunft, Verstand, Überlegung, Argument ...)* Ebene bezeichnet werden. Die Beziehungsebene ist die emotionale Ebene der Kommunikation.

Rationale Ebene

Emotionale Ebene

Der Volksmund beschreibt dieses Phänomen mit den Ausdrücken »Aus dem Kopf heraus« oder »Aus dem Bauch heraus« handeln.

Es gibt also die folgenden Kommunikationsebenen

- Inhaltsebene oder rationale Ebene,
- Beziehungsebene oder emotionale Ebene.

Beide schwingen in jeder Form der Kommunikation mit, vermitteln aber nicht immer dieselbe Botschaft.

In einigen Kommunikationsmodellen* werden vier wesentliche Aspekte einer Nachricht unterschieden: Sachinhalt, Selbstoffenbarung, Beziehung und Appell.

Sachinhalt

Der Sachinhalt bezieht sich auf das Übermitteln sachlicher Informationen an den Empfänger. Es handelt sich um die konkrete, greifbare Nachricht.

Selbstoffenbarung

Die Selbstoffenbarung kennzeichnet das Phänomen, dass in jeder Nachricht auch persönliche Informationen über den Sender stecken, die dieser bewusst oder unbewusst sozusagen mitliefert. Dabei kann es sich um seine Fähigkeiten handeln, aber auch um seine Art zu denken, seine Einstellungen, sein Selbstbewusstsein, seine Eigenschaften usw.

So kann sich der Empfänger ein Bild vom Sender machen. Die Selbstoffenbarung zeigt sich gelegentlich beinahe als Imponiergehabe. Wenn z.B. eine Pflegekraft im Kreis der KollegInnen immer wieder mit vielen Fachausdrücken und Fremdwörtern geradezu um sich wirft, könnte dahinter die Absicht stecken, den anderen mitzuteilen, dass er oder sie einen höheren Bildungsabschluss hat als

*) vgl. Friedemann Schulz von Thun

die anderen. »Damals im Abitur mussten wir das ganz anders ausdrücken ....« Umgekehrt kann der Fall eintreten, dass jemand versucht, sich ja nicht hinter die Fassade blicken zu lassen, keine Gefühle und keine Schwächen zu zeigen. Die Angst vor der Selbstoffenbarung führt dann oft dazu, dass die betreffende Person bei Gruppengesprächen eher schweigt, sich selten ohne Aufforderung äußert und auf Befragen möglichst neutral antwortet.

Beziehung

Der Aspekt Beziehung drückt aus, dass der Sender mit der eigentlichen Information gleichzeitig Signale – häufig in Form von Körpersprache – verbindet, die sein Verhältnis zum Empfänger betreffen. Der Empfänger baut daraus sein Bild, wie der Sender ihn sieht (vgl.: Selbstbild – Fremdbild, S. 63 f.). Die Beziehung beinhaltet oft ein Stück Selbstoffenbarung, gibt Haltungen oder Einstellungen und auch Gefühle gegenüber dem Empfänger preis.

Mit dem Aspekt Appell *(lat. appellare = ansprechen, auffordern, mahnen ...)* wird deutlich, dass Nachrichten in der Regel gesandt werden, um Einfluss auf den Empfänger zu nehmen. Es wird an den Empfänger appelliert, sich in bestimmter Weise zu verhalten, Handlungen zu vollziehen oder sich davon abhalten zu lassen etc.

Appell

Der gleiche Appell lässt sich auf unterschiedlichen Beziehungsschienen an verschiedene Empfänger transportieren.

Bei Unterscheidung dieser vier Aspekte einer Nachricht erweitert sich das bereits bekannte Schema der Kommunikation.

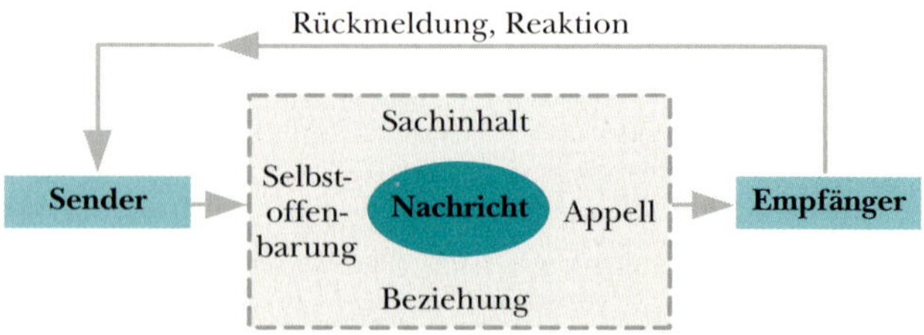

So wird davon gesprochen, dass Sender und Empfänger sozusagen vier Ohren haben:*

- das Sach-Ohr,
- das Selbstoffenbarungs-Ohr,
- das Beziehungs-Ohr,
- das Appell-Ohr.

Das folgende Beispiel verdeutlicht die verschiedenen Aspekte der Nachricht und die Ohren, mit denen sie aufgenommen werden:

Sender	Empfänger
Sachinhalt	**Sach-Ohr**
Ihr Kleid gefällt mir gut.	Mein Kleid gefällt ihr gut.
Selbstoffenbarung	**Selbstoffenbarungs-Ohr**
Ich habe ein geschultes Auge. Ihr Aussehen ist mir nicht egal. Ich weiß Ihr Bemühen um gepflegte Kleidung zu schätzen. Sie sind es mir wert, Ihnen meine Beobachtung mitzuteilen. Ich möchte Ihnen Anerkennung zeigen.	Ihre Augen beobachten gut. Sie achtet auf mein Aussehen. Sie weiß mein Bemühen um gepflegte Kleidung zu schätzen. Ich bin es ihr wert, dass sie mir ihre Beobachtung mitteilt. Sie zeigt mir Anerkennung.
Beziehung	**Beziehungs-Ohr**
Ihre Art sich zu kleiden gefällt mir. Ich finde, Sie haben Geschmack in puncto Kleidung. Sie haben die Anerkennung verdient. Sie brauchen Bestätigung.	Ausnahmsweise ist sie mal mit meiner Kleidung einverstanden. Sonst gefällt ihr fast nie, was ich anhabe. Sie will mir etwas Gutes tun. Sie glaubt, ich habe das nötig.
Appell	**Appell-Ohr**
Sie sollten öfter solche Kleidung tragen. Sie sollten mehr Interesse an Ihrem Äußeren zeigen.	Sie will, dass ich mehr auf meine Kleidung achte. Sie will, dass ich mich selbst um die Auswahl meiner Kleider kümmere. Ich soll immer selbst entscheiden, was ich anziehe und dabei auf gepflegten Zustand achten, dann ist sie mit mir zufrieden.

*) vgl. Seel, Mechthild; Die Pflege des Menschen, Brigitte Kunz Verlag, Hagen 1994, S. 314

Nicht immer hören wir auf allen diesen Ohren gleich gut. So kann jemand ein besonders ausgeprägtes Sach-Ohr haben, aber z.B. Botschaften auf dem Beziehungs-Ohr überhören oder umgekehrt. Je mehr es uns gelingt, alle Ohren gleichermaßen zu trainieren und zu nutzen, desto weniger Missverständnisse in der Kommunikation werden wir erleben. Da wir dies nicht immer schaffen, ist es um so wichtiger, möglichst eindeutige, unmissverständliche und ehrliche Botschaften zu senden, deren Inhalte zusammen passen.

Harmonie der Botschaften

Gerade im Umgang mit dementen Menschen ist die Eindeutigkeit und die Harmonie der Botschaften in den verschiedenen Aspekten einer Nachricht wichtig. Im fortgeschrittenen Stadium der Demenz kann ein Mensch den Sachinhalt einer Botschaft nicht immer empfangen. Er empfängt aber in der Regel sehr wohl den Beziehungsaspekt. So spüren vor allen Dingen demente Menschen oft sehr deutlich, wenn wir unehrlich mit ihnen umgehen. Das kann z.B. der Fall sein, wenn wir scheinbares Interesse an den Erzählungen des Menschen zeigen, mit Worten auf das Gesagte eingehen, aber durch unsere anderen Signale, vor allen Dingen durch Körpersprache, offenbaren, dass wir das alles eigentlich nicht wissen wollen und außerdem in Eile sind.

Kommunizieren ist menschliches Grundbedürfnis

Der Mensch ist ein soziales Wesen. Das wurde bereits in voranstehenden Kapiteln deutlich. Da wir miteinander leben und mit anderen Menschen in Beziehungen stehen, ist es notwendig, diese Beziehungen auch zu pflegen, sich mit anderen auszutauschen, wenn auch in individuell unterschiedlichem Umfang. Das Miteinander-Kommunizieren hat also eine wichtige Beziehungsfunktion. Ohne Kommunikation wären wir zwar theoretisch körperlich lebensfähig, aber wir würden psychologisch-geistig verkümmern (siehe dazu auch Kapitel »Miteinander leben«, Seite 91 ff.). Unsere Erlebnis- und Lebensqualität wäre stark beeinträchtigt bzw. kaum noch vorhanden.

Das Kommunizieren, das Beziehungen-Pflegen, gehört zu den menschlichen Grundbedürfnissen wie das Frau-bzw.-Mann-Sein, das Arbeiten und Spielen, das Bedürfnis nach Sicherheit usw. In der Bedürfnishierarchie nach Maslow hat die Kommunikation ihren eindeutigen Platz in der psychosozialen Ebene der Pyramide.

Beziehungen-Pflegen

In gleicher Weise berücksichtigen die Pflegemodelle die Kommunikation als eine der Aktivitäten des täglichen Lebens (ATL) bzw. der Aktivitäten und existentiellen Erfahrungen des Lebens (AEDL), wenn auch an unterschiedlichen Positionen in der Hierarchie. So stellt z.B. L. Juchli diese Fähigkeiten an die zehnte Stelle, während sie bei Monika Krohwinkel sogar die Liste der Aktivitäten anführt.*

ATL

AEDL

Die Kommunikation dient der Aufnahme und der Aufrechterhaltung zwischenmenschlicher Beziehungen. Wir brauchen sie, um Wissen zu erwerben und weiterzugeben. Mit ihrer Hilfe tauschen wir Informationen aus, und wir vermitteln Meinungen, Gefühle und Empfindungen. Das Kommunizieren hat

- Ausdrucksfunktion,
- Austauschfunktion,
- Verständigungsfunktion,
- Beziehungsfunktion.**

Wie wichtig die Kommunikation, wie groß das Mitteilungsbedürfnis, gerade bei alten Menschen ist, zeigt das Beispiel der folgenden Geschichte.

Mitteilungsbedürfnis

Der Co-Referent (oder: Sag´s noch einmal!

Es war im Oberbergischen bei Gummersbach. Ich hatte einen Vortrag und sprach über »den guten Umgang mit sich selbst«, sprach davon, dass man sich selbst bejahen muss und erzählte auch die Geschichte des Chinesen in New York. Verunglückt war

*) vgl.: Köther, Ilka / Gnamm, Else; Altenpflege in Ausbildung und Praxis, Thieme Verlag, Stuttgart – New York, 3. Auflage, 1995, S. 33 und S. 40f.

**) vgl.: Seel, Mechthild; Die Pflege des alten Menschen, Brigitte Kunz Verlag, Hagen 1994, S. 309

er mit seinem Auto, auf einen unbeleuchtet abgestellten LKW prallte er und verletzte dabei seine Schwester, die neben ihm saß, so schwer, dass sie bei uns im Krankenhaus ihren Verletzungen erlag. Ich berichtete, wie er unter diesem schweren Schock zusammenbrach, nicht mehr sprechen konnte, seine Beine nicht mehr zu bewegen vermochte. Wir mussten ihn stationär aufnehmen, zumal er die Nahrung verweigerte und wir ihn mit einer Sonde ernährten. Stuhl und Wasser ließ er unter sich gehen. Dem Publikum erklärte ich, dass er von einer Sekunde zur anderen wieder zu einem Baby wurde. Seine Seele hat ihn geschützt, hat ihn zurückgenommen in die Kindheit, denn ein Baby kann weder Auto fahren noch die Schwester tödlich verletzen. Und wie ein Baby habe er sich verhalten: sprachlos, nicht mehr gehen können, und mit einer Art Nabelschnur ernährt. Ich erzählte auch, dass ich ihn nach geraumer Zeit zurückholte in die Welt der Erwachsenen, denn auf die Dauer dürfen wir nicht Baby sein. Allerdings gibt es Situationen, die so hart und grausam erscheinen, dass wir sie nicht bewältigen. Dann schützt uns die Seele (oder der liebe Gott) und lässt uns für Stunden oder ein paar Tage zurückfallen in die Zeit der Kindheit.

Nach meinem Vortrag war eigentlich keine Diskussion vorgesehen. Der Versammlungsleiter bedankte sich bei mir und wollte schon das Publikum zum Buffet einladen, das verlockend im Nebenraum aufgebaut war, da meldete sich ein alter Mann zu Wort. Auch er wolle sich bedanken – bei der Bank, die mich eingeladen habe und bei mir. Das Herz sei ihm aufgegangen bei meinen Worten. Und dann begann er zu erzählen: Von seiner schweren Krankheit erzählte er und dass ihm genau dasselbe geschehen sei wie meinem chinesischen Patienten in New York. Auch er wäre zum Baby geworden; alles sei genau so gewesen wie ich es geschildert habe. Immer erzählte er von seinem »Rückfall« und von dem Wunder der Genesung, minutenlang. Das

Publikum wurde unruhig. Alle warteten darauf, dass er endlich aufhörte (schließlich lockte das Buffet) oder dass der Versammlungsleiter ihm das Wort abschneide (aber die Leute aus dem Oberbergischen sind freundlich und höflich) oder dass ich etwas unternehme. Ich wollte nicht, dass die Zuhörer die Rede des alten Mannes, der sozusagen ein Co-Referat zu meinem gehalten hatte, lächerlich machen. Ich bedankte mich in einer Sprechpause und sagte ihm und allen anderen:

»Manchmal muss etwas gesagt werden manchmal sogar wieder und wieder. Es muss in aller Öffentlichkeit gesagt werden. Heute war ein solcher Tag für Sie (ich blickte den Mann an). Sie hatten Hunger danach, Ihre Geschichte allen zu erzählen. Sie taten es, weil Sie so froh über Ihre Heilung waren und weil Sie anderen, die in eine solche Situation kommen können, Mut machen wollten, nicht aufzugeben, auch wenn ein Rückfall wie ein Rückschlag aussehen mag. Ich danke Ihnen. Und jetzt wollen wir den anderen Hunger am Buffet stillen«.

Alte Menschen erzählen oft Geschichten. Manche haben so oft gehört, dass wir sie schier gar nicht mehr ertragen können. Aber wir dürfen nicht vergessen: Reden hilft, erzählen verbindet, eine Aussprache macht frei. Die Geschichten von alten Leuten sind versteckte Botschaften an uns. Alte Menschen wollen uns damit vermitteln: ich habe euch etwas zu sagen. Oder: Dieses Ereignis war ein Schlüsselerlebnis meines Lebens – vielleicht hilft es euch auch. Vielleicht will uns der alte Mensch auch mitteilen: Bitte nimm mich wahr. Ich bin auch noch da, ich lebe noch.

Für die neunzigjährige Oma meiner Frau ist das Erzählen das Wichtigste. Ich kenne ihre Geschichten schon auswendig. Dennoch höre ich zu, frage nach, nicke, berühre sie am Arm. Das macht sie froh. Wie oft überlegen wir, was man alten Leuten schenken kann, weil sie ja schon alles haben oder nichts mehr brauchen. Doch: Zeit zum Zuhören können wir schenken – und dabei vielleicht sogar noch etwas gewinnen, denn ein langes

Leben birgt auch einen Schatz von Erfahrungen, die uns helfen können.
Zum guten Umgang mit alten Menschen gehört,
sie reden zu lassen und zuzuhören.
Noch jedesmal habe ich aus den Reden
gelernt und konnte auch Trost gewinnen.*

Gespräche in verschiedenen Situationen

Aus dem Vorangegangenen wurde bereits deutlich, dass Kommunikation mehr ist als nur das Gespräch und dass ein Gespräch mehr Faktoren beinhaltet als die Sprache. Im Folgenden werden wir uns nun verschiedenen Gesprächssituationen zuwenden. Wir führen – sofern wir viele Kontakte pflegen – tägliche eine Vielzahl von Gesprächen unterschiedlichster Art – erfreuliche und unerfreuliche, unterhaltsame und ernste, bedeutsame und belanglose. An dieser Stelle sollen uns im Wesentlichen die Gespräche interessieren, die Sie in Verbindung mit Ihrer Tätigkeit in der Altenpflege führen. Und da gibt es bereits eine Reihe von Möglichkeiten.

Kontakte pflegen

Zunächst einmal zu den GesprächspartnerInnen. Sie führen bei Ihrer Arbeit sowohl Gespräche mit Einzelpersonen, unter vier Augen, als auch Gespräche mit kleineren oder größeren Gruppen. Bei Gruppen können die einzelnen Mitglieder weitgehend einheitlich sein in ihren Interessen und Fähigkeiten, sie können sich aber auch in diesen Punkten deutlich voneinander unterscheiden (siehe dazu auch: homogene und heterogene Gruppen, S. 123 f.).

Gruppengespräche

Bei Gruppengesprächen kann es sich z.B. um eine Teambesprechung mit Kolleginnen und Kollegen handeln oder vielleicht um eine Betriebsversammlung, bei der MitarbeiterInnen aus allen Arbeitsbereichen und Hierarchiestufen der Einrichtung zusammenkommen.

*) aus: Dieter Strecker; Vom guten Umgang mit alten Menschen, Art & Grafik Verlag, Ettlingen 1991

Bei Gesprächen mit Einzelpersonen können Ihre PartnerInnen z.B. sein

Gespräche mit Einzelpersonen

- zu Pflegende,
- KollegInnen,
- Vorgesetzte,
- Angehörige der zu Pflegenden,
- Gäste,
- ÄrztInnen,
- Servicepersonal für technische Geräte etc.,
- JournalistInnen,
- Persönlichkeiten des öffentlichen Lebens,
- ...

Die Gespräche mit den verschiedenen PartnerInnen unterscheiden sich in Charakter, Inhalt, Zielsetzung usw. stark voneinander. Ihre Beziehung zu einem/einer BewohnerIn, mit dem/der Sie täglich umgehen, ist völlig anders als die zu einem Techniker der Computerfirma, der Ihre Anlage für die Pflege-Dokumentation wartet und den Sie zum ersten Mal sehen. Mit Ihren Vorgesetzten wird ein Gespräch anders verlaufen als mit einer Journalistin, die einen Artikel über den Tag der offenen Tür in Ihrem Haus oder über den 100. Geburtstag eines Bewohners schreibt. Das Gespräch mit Angehörigen, denen Sie eine Todesnachricht überbringen müssen, hat einen anderen Charakter als der Small Talk mit einem Gast, mit dem Sie im Vorübergehen ein paar Worte wechseln. So ließe sich die Reihe fortsetzen.

Nicht allen Gesprächen messen wir die gleiche Bedeutung zu, nicht allen widmen wir das gleiche Maß an Aufmerksamkeit.

Professionalität

Eines gilt jedoch für alle Gesprächssituationen in der Pflege: ausgebildete Pflegekräfte sollten ihrer Professionalität auch durch Sprache Ausdruck verleihen. Der angemessene Einsatz von Fachvokabular hat nichts mit übertriebenem Geltungsbedürfnis zu tun, wie noch manche glauben. Im Gegenteil, hat sprachliche Exaktheit viele weitere Funktionen.

»Die exakte sprachliche Bezeichnung einer Pflegesituation hat eine Bedeutung über das Sichtbar-Machen und Verständigen hinaus: Sie ist ein wichtiger Schritt zur geistigen Bewältigung. Immer, wenn es schwierig ist, etwas zu benennen, gibt es inhaltliche oder emotionale Probleme damit. Als verantwortlich Handelnde in der Pflege haben wir die wichtige Aufgabe, Teams zu motivieren, ihre Beobachtungen und ihr Tun in Sprache zu fassen. Sprechen und Schreiben wirken entlastend, besonders wenn es in einem stützenden, auf Zukunft und Sinn orientierten Zusammenhang geschieht. In Einzelgesprächen und Übergaben können wir – auch in Vorbildfunktion – dazu beitragen, die Sprachkultur im Sinn einer positiven Verarbeitung von belastenden Erlebnissen und fachlicher Exaktheit weiterzuentwickeln. Unfachliche Sprache schadet der Berufsentwicklung und den BewohnerInnen. ... Fachliche Akzeptanz setzt zwingend fachliche Verständigung voraus.«*

Die hier dargestellte Gesprächssituation bezieht sich zunächst auf ein Zweier-Gespräch. Einige Faktoren lassen sich aber übertragen auf Gespräche im größeren Kreis.

Modell einer Gesprächssituation

Das Modell einer Gesprächssituation zeigt, welche Faktoren dazu gehören.

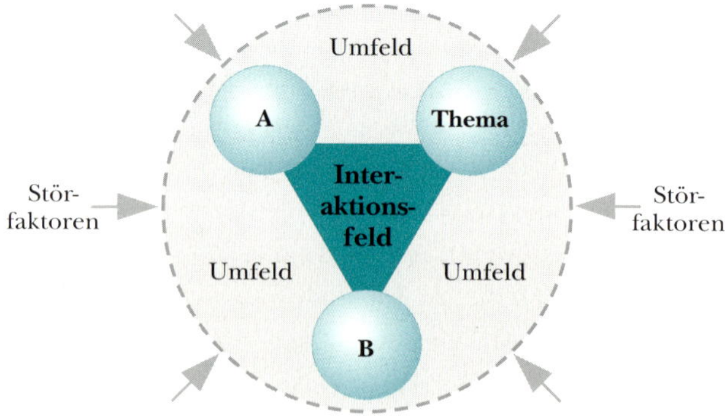

*) aus: Kämmer, Karla;Heraus mit der Sprache! in: Altenpflege, Nr. 04/1999, S. 31

Mindestens zwei PartnerInnen A und B sind erforderlich, um ein Gespräch entstehen zu lassen. Außerdem ist das Vorhandensein eines Themas unumgänglich. Wie aus dem Schema ersichtlich, besteht zwischen A, B und dem Thema ein so genanntes Interaktionsfeld. Die Beziehung zwischen den Beteiligten sorgt für gegenseitig bedingtes, einander beeinflussendes Handeln bzw. Verhalten. Das Umfeld – gemeint sind hier sowohl räumliche als auch atmosphärische und organisatorische Rahmenbedingungen – wirkt sich auch auf die Gesprächssituation in ihrer Gesamtheit aus. In angenehmer Atmosphäre bei einem guten Glas Wein redet es sich in der Regel leichter und besser als auf dem Rummelplatz. Weiterhin können von außen Störfaktoren verschiedenster Art einwirken, z.B. Unterbrechungen, Geräuschkulisse, ...

Formen des Gesprächs

Unterschiedliche Ziele

Gespräche in verschiedenen Situationen können sehr unterschiedliche Ziele verfolgen. Es kann der reinen Information dienen, kann Auseinandersetzung sein und zur Lösung von Konflikten eingesetzt werden, kann beratenden Charakter haben, kann seelsorgerliche Ziele verfolgen, Trost spenden und Hilfe geben. Ebenso kann Gespräch dem reinen Zeitvertreib gewidmet sein, Unterhaltung als einzigen Gesprächszweck verfolgen. Die Pflege von Kontakten kann bei der Gesprächsführung im Mittelpunkt stehen, das Umgehen mit anderen Menschen. Das Stillen des Mitteilungsbedürfnisses ist Hintergrund vieler Gespräche im Alltag. So manches Gespräch ist ein reiner Akt der Höflichkeit. Es gibt eigentlich nichts zu sagen, aber Menschen tauschen aus Höflichkeit Informationen oder oft bloße Floskeln miteinander aus.

Bei Gesprächen im Rahmen der Arbeit in der Altenpflege können alle diese Gründe in der einen oder anderen Situation eine Rolle spielen. Oft ist hier auch die Aktivierung alter Menschen Hintergrund von Gesprächen, die durch Pflegekräfte initiiert werden. Gespräch ist geistige Aktivierung, bildet Ausgleich zum Reizmangel, der die Lebenssituation vieler alter Menschen bestimmt.

Gesprächsformen

Verschiedene Gesprächsformen werden – je nach Situation und Begleitumständen – unterschieden, z.B.

- Informationsgespräch,
- Beratungsgespräch,
- partnerzentriertes Gespräch,
- Gruppengespräch,
- Konfliktgespräch,
- ...

Abhängig vom dahinterstehenden Ziel und den Rahmenbedingungen kann ein Gespräch in unterschiedlicher Form ablaufen. Es handelt sich um Dialoge, also Gespräche zwischen zwei Personen, oder Gruppengespräche, bei denen mehr als zwei beteiligt sind. Der Monolog – das Selbstgespräch, das Sprechen einer Person ohne Austausch mit anderen – hat zwar in der Literatur und im Theater seine Bedeutung, ist aber für die Kommunikation mit anderen Menschen im Alltag eher unangebracht. Ihm fehlt der Austausch, und ihm fehlt das Gegenüber, der/die GesprächspartnerIn.

Rede und Gegenrede

Gespräche bestehen in der Regel aus Rede und Gegenrede, aus Frage und Antwort bzw. Aussage. Dabei sollte das System von Fragen und Antworten nicht dazu führen, dass jemand ausgefragt wird,

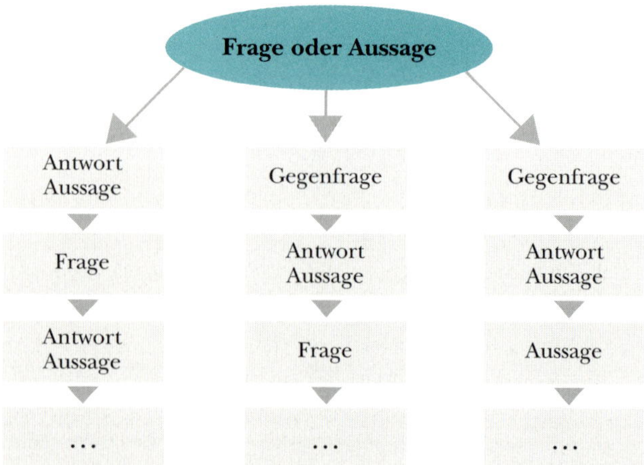

während andere nichts von sich preisgeben. Das folgende Schema zeigt, wie z.B. ein Gespräch verlaufen kann.

Hier entwickelt sich das Gespräch durch Aussagen und Fragen bzw. Gegenfragen. Die einzelnen Schritte – also Aussagen, Fragen und Gegenfragen – sollten sich jeweils aufeinander beziehen. Nur dann kann es zu einem echten Austausch und zu einem Aufeinander-Eingehen kommen.

Eine Frage ist nicht immer eine Frage

Fragen sind für den Verlauf eines Gesprächs besonders wichtig, wenn ein bestimmtes inhaltliches Ziel verfolgt wird, wenn das Gespräch eine Entwicklung in Gang, etwas weiterbringen soll.

Im Alltag benutzen wir eine Vielzahl von Fragen. Aber nicht immer steht wirklich der Wunsch nach einer Antwort dahinter. Oft ist eine Frage nur die äußere Form, in die wir tatsächlich eine Aussage verpacken. Deshalb sollen im Folgenden einige Arten von Fragen aufgeführt und unterschieden werden.

Aussage

Informatorische Frage Hier steht das echte Bedürfnis nach Information dahinter. Wer fragt, erwartet eine konkrete Antwort, eine greifbare Information. Sie hat sachlichen Charakter.
Beispiele: Wie war denn das ...?, Woran ist das zu erkennen ...? usw.

Orientierungs-Frage Sie dient der persönlichen Orientierung des bzw. der Fragenden, vor allen Dingen im Hinblick auf den derzeitigen Gesprächsverlauf.
Beispiele: Hast du noch eine Frage ...?, Habe ich mich verständlich ausgedrückt ...?, Möchtest du etwas sagen ...? usw.

Kontroll-Frage Sie dient im Wesentlichen der Meinungsabfrage, ermöglicht dem bzw. der Fragenden, sich ein Bild über die Einstellung des Gegenübers hinsichtlich konkreter Diskussionspunkte zu machen. Sie kann einen Meinungsaustausch voran bringen.
Beispiele: Nun ...?, Was meinst du dazu ...?, Ist das nicht eine gute Sache ...? usw.

Alternativ-Frage Sie bieten immer eine Auswahlmöglichkeit, meist ausgedrückt durch oder. Der bzw. die Fragende erwartet in der Regel eine Entscheidung des Gegenübers.
Beispiele: Möchtest du Kaffee oder Tee trinken?, Sollen wir jetzt weiterreden oder später? usw.

Sokratische Frage Mit ihr zwingt der bzw. die Fragende das Gegenüber fast zur Bejahung. Wer so fragt, versucht Einfluss auf den/die GesprächspartnerIn zu nehmen.
Beispiele: Du wirst mir sicherlich zustimmen, dass ...?, Du bist sicher mit mir der Meinung, dass ...?, Du willst doch sicherlich auch, dass ...? usw.

Rhetorische Frage Sie hat nur äußerlich die Form einer Frage. Niemand erwartet ernsthaft eine Antwort darauf.
Beispiele: Willst du etwa wagen zu behaupten, dass ...?, Du wirst bestimmt nicht ernsthaft wollen, dass ..., oder? usw.

Offensiv-Frage Mit ihr startet der bzw. die Fragende einen Angriff auf das Gegenüber, indem er bzw. sie ihm etwas unterstellt. Sie leitet in der Regel eine Auseinandersetzung ein.
Beispiele: Warum hast du kein Vertrauen mehr zu mir?, Gibt es einen Grund dafür, dass du so misstrauisch bist? usw.

Öffnende Frage Sie schafft positive Atmosphäre in der Gesprächssituation. Sie kann dem gegenseitigen Abtasten und Einschätzen der GesprächspartnerInnen dienen.
Beispiele: Sollten wir nicht zuerst ... ansprechen?, Ist es dir recht, wenn ...?, Was denkst du, wie wir anfangen sollten ...? usw.

Reflektierende Frage Sie soll Ursachen klären. Was hat zu der jetzigen Situation geführt?
Beispiel: Wie erklärst du dir das?

Gegenwartsorientierte Frage Sie bezieht sich auf die aktuelle Situation, das Jetzt und Hier.
Beispiel: Was, denkst du, sollten wir jetzt im Moment tun?

Zukunftsorientierte Frage Sie geht auf die Perspektiven ein, hat ein konkretes greifbares Ziel zum Inhalt und hat handlungsorientierenden Charakter.
Beispiel: Wie, denkst du, können wir das in Zukunft besser machen?

Dies sind nur einige Beispiele für Frage-Kategorien. Es wird deutlich, dass die Formulierung einer Frage für den Gesprächsverlauf von entscheidender Bedeutung ist. Will ich ein offenes und klärendes Gespräch in einer beliebigen Angelegenheit führen und beginne gleich mit einer Offensiv-Frage, d.h. mit einer Unterstellung an mein Gegenüber, ist von dem/der GesprächspartnerIn zu erwarten, dass eine Verteidigungshaltung angenommen wird. Es entstehen Fronten. Es beginnt eine Auseinandersetzung. So hat sich die ursprünglich neutrale Ausgangssituation sehr schnell in eine Kampf-Situation verwandelt.

Frage-Kategorien

Daher sollten Fragen beim Gespräch in ihrer Formulierung wohl überlegt sein.

Verbalisieren als Grundtechnik im helfenden Gespräch

Das Verbalisieren, das In-Worte-Fassen eines Inhalts, vor allen Dingen von Gefühlen, ist in der Altenpflege wichtiges Instrument der Gesprächsführung. Solche beratenden oder helfenden Gespräche ergeben sich z.B. im Zusammenhang mit dem Einzug in ein Heim, mit schwerer Krankheit, mit Sterben und Tod.

In-Worte-Fassen

Die Pflegekraft als in diesem Fall beratende Person vermeidet dabei jede Art von Erklärung, Hinweis oder Deuten. Sie ist quasi DolmetscherIn und überträgt das vom Gegenüber Übermittelte – möglichst ohne eigene Ergänzung oder Deutung – in (andere) Worte. Die Pflegeperson teilt ihrem Gegenüber mit, was sie verstanden hat. So kann er oder sie rückwirkend beurteilen, ob die beim Empfänger angekommene Nachricht dem entspricht, was gesendet werden sollte, was eigentlich gemeint war.

Die Dolmetscherfunktion soll die Verständigung vereinfachen und Missverständnisse vermeiden helfen. Es ist aber darauf zu achten, dass nicht durch Echo-Antworten beim Gegenüber Misstrauen entsteht. Meistens werden Verbalisierungen eingeleitet mit Formulierungen wie

Dolmetscherfunktion

- Sie finden, dass ...
- Mit anderen Worten ...

- Sie spüren ...
- Wenn ich Sie richtig verstanden habe, ...
- Darf ich einmal zusammenfassen, was wir bisher ...

Dabei können längere Teile eines Gesprächs zusammengefasst und wesentliche Aspekte herausgestellt werden. Unstrukturierte Aussagen lassen sich in eine logische und überschaubare Folge bringen.

Interpretationen sind unbedingt zu vermeiden!

Regeln zur Verständlichkeit

Regeln für die sprachliche Verständigung

Kommunikation wird oft durch Missverständnisse erschwert. Deshalb sollten Sie versuchen, sich stets so verständlich wie möglich auszudrücken. Besonders wichtig ist dies vor allen Dingen im Umgang mit dementen Menschen. Hier gelten besondere Regeln für die sprachliche Verständigung.

Sie sollten die Merkspanne Ihres Gegenübers nicht überschreiten. Textteile, die sich aufeinander beziehen, sollten innerhalb weniger Sekunden zusammenhängend ausgesprochen werden. Die Sätze sollten kurz und überschaubar sein, möglichst keine oder wenige Einschübe enthalten. Ein Satz sollte jeweils nur einen Gedanken enthalten und nicht mehrere miteinander verknüpfen. Die Sprechgeschwindigkeit sollte 2,5 Wörter pro Sekunde nicht überschreiten. Ein Satz sollte nicht länger als fünf Sekunden sein.

Es ist sinnvoll, Fremdwörter und Fachausdrücke zu vermeiden. Stattdessen ist Umgangssprache, möglichst aus dem Sprachgebrauch der GesprächspartnerInnen zu bevorzugen. Das Ausdrücken mit Verben (Tätigkeitswörtern) und Hilfsverben wird in der Regel leichter verstanden als substantivierte (zu Hauptwörtern gemachte) Sprache.

Ein Beispiel kann das Verständnis erleichtern. Aber zu viele Ausschmückungen und Beispiele können das Gegenteil bewirken.

Wichtiges sollte an den Anfang oder an den Schluss gesetzt und so besonders betont werden.

Verständnis kontrollieren

Wird ein Dialog in Gang gebracht, lässt sich das Verständnis beim Gegenüber kontrollieren. Eine Wiederholung kann dazu ebenfalls hilfreich sein. Ebenso können hier Kontrollfragen eingesetzt werden. Günstig ist, selbst nur kurze Informationen zu geben und jeweils im Wechsel den/die GesprächspartnerIn zu Wort kommen zu lassen.

Reizaussagen

Das Einstreuen von Reizaussagen kann bewusst und gezielt Äußerungen des Gegenübers hervorrufen.

Die Darbietung der Information für verschiedene Sinne, z.B. sprachlich und bildlich, kann die Verständigung unterstützen.

Am Ende eines Gesprächs sollten nicht mehr als drei konkrete Abmachungen stehen, z.B. »Wir gehen spazieren. Ziehen Sie einen Mantel an. Ich hole Sie ab.«

So können in puncto Verständlichkeit verschiedene qualitative Stufen des Dialogs erreicht werden.

Qualitative Stufen des Dialogs

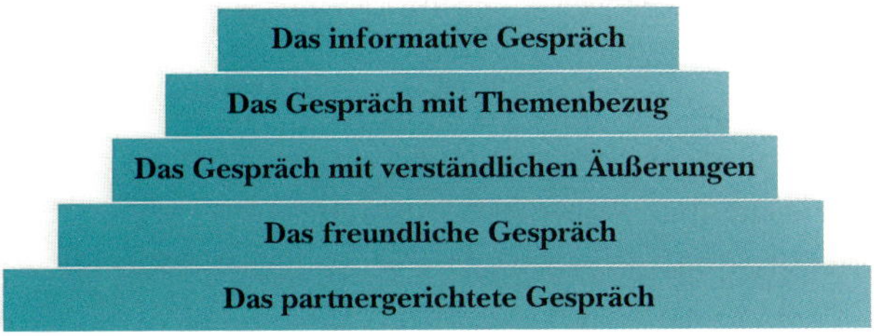

Die Grundhaltung beeinflusst das Gespräch

Die Haltung der GesprächspartnerInnen zueinander bzw. die Beziehung zwischen den Beteiligten spielt eine große Rolle. Es wird symbolisch vom Kommunikations-Kreis gesprochen.

Kommunikations-Kreis

Vor allen Dingen die Bedeutung der Gleichwertigkeit der PartnerInnen kommt hier zum Ausdruck. Ein für alle Beteiligten zufriedenstellendes Gespräch kann nur zustande kommen, wenn die Beziehung zwischen den GesprächspartnerInnen stimmt.

Der Kreis
kennt keine ersten
und letzten Plätze!

Du bist neben mir,
ich bin neben dir,
wir sind uns nahe gerückt –

und schauen gemeinsam
auf das Thema!

Beziehungsfördernde Grundhaltung

Dazu lässt sich durch beziehungsfördernde Grundhaltung viel beitragen. Die Pflegekraft bringt sich dabei als Mensch, als Persönlichkeit, in das Gespräch ein und wird damit selbst zum wichtigsten Instrument ihrer Arbeit.

Die folgenden Leitsätze zur beziehungsfördernden Grundhaltung erklären, was gemeint ist.

- Ich nehme den Menschen an wie er ist.
- Ich bin offen für das Anliegen des Menschen.
- Ich gehe auf den Menschen zu und zeige Bereitschaft dazu.
- Ich lasse den Menschen aussprechen.
- Ich verzichte ausdrücklich auf Diskutieren und Argumentieren.
- Ich versuche nicht, den Menschen zu beeinflussen.
- Ich akzeptiere die Empfindungen des Menschen (was nicht zwangsläufig das Akzeptieren des Verhaltens beinhaltet!).
- Ich prüfe die Gefühle, die der Mensch in mir auslöst.
- Ich versuche, die Empfindungen des Menschen zu verstehen bzw. vermittle die Absicht, dies zu tun.
- Ich versuche, mich in den Menschen hineinzuversetzen, mich einzufühlen, um ihn zu verstehen (Empathie).
- Ich zeige dem Menschen gegenüber Geduld.
- Ich beurteile den Menschen nicht nach meinen Wertmaßstäben.
- Ich versuche, den Menschen aus seiner Entwicklung und Umwelt heraus zu verstehen und zu akzeptieren.

- Ich orientiere mich an dem, was der Mensch jetzt braucht.
- Ich sehe in dem Menschen eine(n) PartnerIn, kein Objekt.
- ...

Es gibt Reaktionen, die ein Gespräch fördern und solche, die den Gesprächsverlauf behindern. Beispiele dafür sind im Folgenden aufgelistet.

Fördernde Reaktionen

- Aktives, akzeptierendes Zuhören
- Wiederholen des Inhalts mit eigenen Worten
- Verbalisieren der gefühlsmäßigen Inhalte
- Wahrnehmungskontrolle (z.B.: » ... ich habe den Eindruck, dass Sie jetzt aufgeregt sind ...«)
- Mitteilen eigener Gefühle (z.B.: » ... ich bin mir jetzt unsicher ...«)
- Informationssuche
- ...

Hemmende Reaktionen

- Themawechsel ohne Erklärung
- Beenden des Blickkontakts
- Interpretationen
- Ratschläge und Überredung (Belehren) (z.B.: » ...Sie sollten es am besten so machen ...«)
- Verneinung der Gefühle (z.B.: » ... Sie haben gar keinen Grund ...«)
- Bagatellisierung (z.B.: » ... es ist doch nur ...«)
- Emotionale Verpflichtung (z.B.: » ... wo wir doch alle nur Ihr Bestes wollen ...«)
- Partneräußerungen als Kampfmittel (z.B.: »... aber Sie haben doch damals gesagt ...«)
- ...

Nach all diesen Auflistungen von Haltungen und Reaktionen, die ein Gespräch fördern oder beeinträchtigen können, hier zu guter

Letzt noch ein Laster-Katalog, eine Zusammenstellung von Verhaltensweisen, die Sie vermeiden sollten, wenn Sie ein gutes Gespräch führen wollen.

Laster-Katalog der Gesprächsführung

Dirigieren Ratschläge, Mahnungen oder Befehle aussprechen, fertige Lösungen anbieten, zur Überredung und Manipulation greifen.

Debattieren Streitgespräche führen, rechthaberisch den eigenen Standpunkt vertreten (oft wird hier die Redewendung benutzt: ... ja, aber ...).

Dogmatisieren Aussagen von nicht nachfragbarer Autorität verbreiten, Lehrsätze aus Theologie, Psychologie, Soziologie, Lebenserfahrung oder Volksweisheit.

Diagnostizieren In einseitiger Weise, schnell und verallgemeinernd und endgültig eine Diagnose aussprechen, so dass der/die GesprächspartnerIn seine bzw. ihre individuelle Freiheit in Frage gestellt sieht und außerdem geschockt wird.

Interpretieren In einseitiger Weise, eigenwillig und subjektiv auslegen, Dinge hineintragen oder herauslesen, die nicht wirklich gesprochen sind.

Generalisieren Ein allgemeines Schema anwenden und so die Allgemeinheit gegen den Einzelnen ausspielen; zu unzulässigen Verallgemeinerungen greifen (z.B. Wörter benutzen wie alles, immer, nie ...).

Bagatellisieren Ein Problem oder Gefühl des/der GesprächspartnerIn herunterspielen und als geringfügig einordnen.

Moralisieren Negative oder positive Werturteile aussprechen.

Emigrieren Innerlich oder äußerlich auswandern, d.h. abschalten, abwehren, gleichgültig sein.

Monologisieren Viel und langatmig reden und dabei den/die GesprächspartnerIn aus den Augen verlieren.

Rationalisieren In einseitiger Weise logisch-intellektuell vorgehen und dabei die Gefühlswelt der anderen Person missachten.

Projizieren Eigene Erfahrungen, Gedanken und Gefühle auf den/die GesprächspartnerIn übertragen, von eigenen Erfahrungen auf den anderen bzw. die andere schließen.

Sich identifizieren In der Welt des/der GesprächspartnerIn aufgehen, die nötige Distanz und die Selbstkontrolle verlieren.

Sich fixieren Sich selbst auf bestimmte Rollen festlegen oder sich von dem/der GesprächspartnerIn in eine feste Rolle schieben lassen (z.B. die Rolle der allwissenden Beratungsperson, des Züngleins an der Waage, der trostreichen Mutterfigur ...).

Was im Zusammenhang mit Wertschätzung unbedingt zu vermeiden ist, ist Babysprache im Umgang mit alten Menschen. Sie ist ein Ausdruck mangelnder Wertschätzung, ist aber – wie eine Studie der Sprachwissenschaftlerin Svenja Sachweh an der Universität Freiburg zeigte – dennoch in der Pflege durchaus verbreitet. »Opfer des kindischen Umgangstons sind danach vor allem stark pflegebedürftige und verwirrte Bewohner, die sich nicht mehr klar mitteilen können. Da werde das Mittagessen schon mal Happi-Happi, die Spritze Pieks-Pieks und die Bettruhe Heia genannt. Oft würden die Pflegebedürftigen auch geduzt und mit Schätzchen oder Frollein angeredet.«*

Babysprache ist Ausdruck mangelnder Wertschätzung

Viele Faktoren beeinflussen ein Gespräch

Bisher haben Sie schon zahlreiche Faktoren kennen gelernt, die ein Gespräch beeinflussen können. Sie wissen, dass im Gespräch mehr steckt als nur Worte. Das folgende Schema – das jedoch organisatorische Rahmenbedingungen und Störfaktoren aus dem Umfeld nicht berücksichtigt – gibt noch einmal eine Übersicht .

Einflussfaktoren beim Gespräch

Äußere Einflussfaktoren

Die äußeren Einflussfaktoren beinhalten die Punkte, die bereits im Zusammenhang mit den Kommunikationskanälen aufgeführt waren. Die inneren Einflussfaktoren zeigen, dass auch sachliche und persönliche Faktoren beteiligt sind. Bei den sachlichen geht es vor allen Dingen um die Struktur des Gesprächs, um seinen logischen Aufbau, seine Gliederung usw. Die persönlichen Faktoren berück-

*) aus: Badische Neueste Nachrichten, 29./30.4. / 1.5.2000

Einflussfaktoren beim Gespräch		
äußere Faktoren	**optische**	**akustische**
	• Mimik • Gestik • Erscheinung • Haltung • Blick • …	• Modulation • Tempo • Rhythmik • Lautstärke • Pausen • …
innere Faktoren	**sachliche**	**persönliche**
	• Inhalt • Logik • Argumente • Aufbau • Systematik • …	• Bilder • Vergleiche • Gefühl • Sympathie • Pathos (übertriebene Gefühlsäußerung, Gefühlsüberschwang) • …

sichtigen mehr die Gefühlsebene. Bilder, die ein(e) GesprächspartnerIn mit dem Gesagten verbindet, Vergleiche, die ihm bzw. ihr mit ähnlichen Situationen oder Personen in Erinnerung sind und die jetzt wachgerufen werden. Die für uns alle kaum auszuschaltende Sympathie oder Antipathie machen sich hier bemerkbar.

Die Grenzen der Zuständigkeit

Gespräche sind aus dem Alltag eines/einer AltenpflegerIn nicht wegzudenken. Sie machen einen wesentlichen Teil der Arbeit aus. Trotzdem gibt es Grenzen. Eine konkrete Zuständigkeit für Gespräche lässt sich nirgends ableiten. Trotzdem sind Gespräche in manchen Tätigkeitsbereichen und Berufsgruppen der Altenarbeit in den Stellenbeschreibungen als eines der Tätigkeitsmerkmale aufgeführt. Für AltenpflegerInnen ist das in der Regel nicht der Fall. Sie sind keine TherapeutInnen.

Tätigkeitsmerkmale

Die bisherigen Ausführungen zum Thema Kommunikation haben vielleicht deutlich gemacht, wie umfangreich das Gebiet ist und wie viele Möglichkeiten, Chancen und Gefahren, in der Kommunikation stecken. Es gibt Berufsgruppen, die in diesem Feld eine komplette Ausbildung absolvieren. Wer gelernt hat, mit diesem Instrumentarium umzugehen, ist für schwierige Situationen meist besser vorbereitet als jemand, der das Thema bei der eigenen Ausbildung nur als einen Teilbereich behandelt hat.

Kein(e) AltenpflegerIn sollte sich scheuen, Gespräche zu führen! Sie sind wesentliches Instrument auch Ihrer Arbeit! Behalten Sie aber Ihre eigenen Grenzen im Auge und überfordern Sie sich nicht. Entstehen bei Gesprächen Situationen, denen Sie sich nicht gewachsen fühlen, suchen Sie unbedingt den Austausch im Pflegeteam. Besprechen Sie dort weitere Schritte. Wenden Sie sich gegebenenfalls an Vorgesetzte und nutzen Sie die Möglichkeiten, die spezielle Beratungsangebote darstellen. Fühlen Sie sich nicht für alles zuständig!

Spezielle Beratungsangebote

Fast überall gibt es bei verschiedensten Trägern Beratungsstellen und Gesprächsgruppen mit professionellen und ehrenamtlichen Mitarbeiterinnen und Mitarbeitern, die für solche Aufgaben besonders geschult sind. Informationen dazu gibt es bei kommunalen Stellen, bei Wohlfahrtsverbänden und in der Presse.

Alte Menschen und Kommunikation

Für die Kommunikation mit alten Menschen bzw. alter Menschen untereinander gelten alle bisher beschriebenen Regeln und Gesetzmäßigkeiten genauso wie für andere Generationen. Dennoch gilt es im Umgang mit alten Menschen, einige Besonderheiten zu berücksichtigen.

Die Bedeutung der Kommunikation wurde in dem entsprechenden vorangegangenen Abschnitt bereits behandelt. Ihr ist jedoch bei alten Menschen erhöhte Aufmerksamkeit zu widmen. Oft haben jüngere Menschen mehr Kontakte, sind durch ihre Lebenssituation beinahe automatisch zum Umgang mit anderen Menschen, und damit zur Kommunikation, gezwungen. Wer einer beruflichen Arbeit nachgeht, kommt ohne Verständigung mit anderen nicht aus. Anders dagegen ist die Situation für manche Menschen nach Ende der Berufstätigkeit, wenn sie keinen Ausgleich für abbrechende Kontakte geschaffen haben. Für viele alte Menschen ist ihre Lebenssituation von Isolation und Einsamkeit geprägt. Austausch mit anderen Menschen ist häufig auf ein Minimum begrenzt.

Gerade in der Altenpflege kommen Pflegekräfte mit Menschen in solchen Lebenssituationen zusammen. Sei es, dass sie allein in ihrer Wohnung leben und durch einen ambulanten Dienst versorgt werden, sei es, dass sie in einem Heim leben und trotzdem die MitbewohnerInnen oft kaum kennen. Pflegekräfte sind für diese Menschen oft die einzigen KommunikationspartnerInnen.

Mitteilungs- und Kommunikationsbedürfnis

Das Mitteilungs- und Kommunikationsbedürfnis, das in einem gewissen Umfang jeder Mensch hat, richtet sich dann oft ausschließlich auf die Pflegepersonen, die den Wünschen schon aus Zeitmangel meist kaum gerecht werden können.

Um so wichtiger ist es, dass AltenpflegerInnen ihre Aufgabe auch darin sehen, gezielt Kontakte alter Menschen untereinander herzustellen und deren Kommunikation miteinander zu fördern. Die BewohnerInnen eines Wohnbereichs miteinander bekannt zu machen, ist das Mindeste, aber meist reicht das nicht.

Alte Menschen brauchen oft Hilfe, um kommunizieren zu können. Körperliche Einschränkungen und Veränderungen der geistigen Leistungsfähigkeit sind ebenso Begründungen dafür wie verschiedenste Arten von Hemmungen. Sprachstörungen, Hörprobleme, Demenzen etc. seien hier beispielhaft genannt.

AltenpflegerIn als InitiatorIn

Manchmal reicht es, wenn ein(e) AltenpflegerIn als InitiatorIn auftritt, einfach den Anfang macht, einen Gesprächsanfang herstellt. Eine Runde alter Menschen sitzt schweigend beisammen, aber niemand traut sich anzufangen. Wer will denn schon hören, was ich zu erzählen habe? Ich kenne hier ja niemanden richtig! Über was soll ich denn sprechen – hier geschieht ja immer nur dasselbe. Mich hört ja niemand, ich kann nur leise sprechen! Wieso soll denn gerade ich anfangen, es sind doch genügend andere da! Die verstehen mich alle sowieso nicht. Solche und ähnliche Gedanken verhindern viele Gespräche. Ist aber der Anfang gemacht, entwickelt sich so manche angenehme Unterhaltung, manchmal auch ein intensiverer dauerhafter Kontakt.

Spezielle Maßnahmen zur Aktivierung, Zusammenkünfte in kleinen Gruppen von ca. fünf Personen mit einem/einer AltenpflegerIn, bei denen Gespräche über ein bestimmtes Thema im Mittelpunkt stehen, trainieren das Gesprächsverhalten alter Menschen. Sie sind geistige Aktivierung. Sie üben den Wortschatz und das Orientieren an Spielregeln für das Gespräch. Sie zeigen – mit Hilfe und nach Vorbereitung durch die Pflegekraft – dass alte Menschen trotz subjektiv empfundener oder objektiv vorhandener Kommunikationsprobleme eine Menge zu sagen haben. Sie geben Selbstvertrauen. Sie steigern das Selbstwertgefühl. Sie geben mehr Sicherheit und Kompetenz im Alltag.

Das Gruppengespräch oder: wie leite ich eine Teambesprechung?

Gruppengespräche leiten

Bei Ihrer Arbeit in der Altenpflege kommen Sie immer wieder in die Situation, Gruppengespräche leiten zu müssen. Das kann die Kleingruppe von BewohnerInnen sein, mit der Sie Maßnahmen zu Aktivierung durchführen wollen. Das kann ebenso das Übergabe-Gespräch im Pflegeteam, die Zusammenkunft zur Planung eines Festes oder eine vergleichbare Situation sein. Sind Sie die Person, die für die Zusammenkunft verantwortlich zeichnet, werden andere Erwartungen an Sie gestellt als wenn Sie nur TeilnehmerIn sind. Ein Gruppengespräch, das ein bestimmtes Ziel verfolgt, entwickelt sich selten von allein. Das heißt jemand aus der Runde muss die Gesprächsleitung, die Moderation, übernehmen. Fühlt sich niemand dafür zuständig, kann es sein, dass die Zusammenkunft sich zwar durchaus zu einer gemütlichen Erzähl- oder Kaffeerunde entwickelt, aber der eigentliche Grund des Treffens wird möglicherweise aus den Augen verloren, das Ziel nicht erreicht.

Moderation

Die hier aufgeführten Regeln beziehen sich nicht auf private Gesprächsrunden zum Erzählen, Klönen, Schwatzen, sondern auf Gruppengespräche, die ein bestimmtes Ziel verfolgen, z.B. die Aktivierung von alten Menschen oder die Absprachen über dienstliche Angelegenheiten im Pflegeteam. Hier ist die so genannte Moderation gefragt, die in der Regel eine Person aus der Runde verantwortlich übernimmt.

Moderation ist eine Methode, die definierte Arbeitsergebnisse erzielen soll. Dabei wird die Leitung einer Gruppe durch bestimmte Vorgehensweisen gekennzeichnet:

- die Grundhaltung des/der ModeratorIn,
- die Arbeit mit bestimmten Methoden,
- die Arbeit nach bestimmten Regeln,
- gegebenenfalls die Verwendung spezieller Materialien.

Bei solchen Gesprächsrunden sollte keine Hierarchie aufgebaut werden, weder in Bezug auf die TeilnehmerInnen noch in Bezug auf die Gedanken. Nach Möglichkeit sollten nicht mehr als 12 Personen beteiligt sein. Sind es mehr, ist ein effektives Arbeiten kaum möglich. Der/die ModeratorIn verhält sich im Idealfall neutral, äußert selbst möglichst keine Meinung, bezieht keine Position.

Die Einführung in ein solches Gruppengespräch sollte kurz sein, maximal fünf Minuten dauern, und einen Überblick über die Ausgangssituation geben sowie einen Ausblick auf die Art der erwarteten Gesprächsinhalte bzw. -ergebnisse.

Zeitrahmen

Der Zeitrahmen ist zu Beginn festzulegen. Die einzelnen Redebeiträge sind zeitlich zu begrenzen, möglichst auf 30, maximal 60 Sekunden.

Für das Gespräch selbst sollten klare Regeln festgelegt werden. Alle sollen zu Wort kommen, alle sich äußern. Geschieht dies nicht, ist es Aufgabe des/der ModeratorIn, Äußerungen bzw. Meinungen herauszufordern. Schweigen bedeutet nicht immer Zustimmung. Meinungsverschiedenheiten können in der Sache weiterbringen, sind Informationsquellen und nicht von vornherein Störquellen, sofern sie richtig kanalisiert und nicht auf persönlicher, auf der Beziehungs-Ebene ausgetragen werden.

Informationen, Meinungen, Sichtweisen werden zunächst gesammelt, wenn möglich auch optisch sichtbar gemacht, z.B. an einer Tafel, einem Flip chart, einer Pinnwand o.Ä. Als nächster Schritt folgt das Sichten des gesammelten Materials. Danach die Auswahl der wesentlichen, der brauchbaren, der umsetzbaren Informationen und Gedanken. Schließlich werden diese geordnet und zu einem Ergebnis zusammengefasst.

Sind Sie verantwortlich für die Planung, Organisation und Durchführung einer Teambesprechung, sollten Sie im Vorfeld 12 Fragen klären.

1. **Warum überhaupt?** Nur weil sie auf dem Terminplan steht? Gibt es einen konkreten Grund für die Zusammenkunft? So manche Teambesprechung wird nur durchgeführt, weil sie eben in regelmäßigem Rhythmus stattfindet!
2. **Welche Zielsetzung?** Eine klare Zielvorgabe erhöht die Effektivität und beschleunigt die Durchführung.
3. **Wie lautet das Thema?** Eine knappe und präzise Themen-Formulierung trägt zu konkret themenbezogener Diskussion bei. Nicht zu viele Themen für eine Zusammenkunft ansetzen!
4. **Wieviele TeilnehmerInnen?** Die Anzahl sollte auf ein Minimum begrenzt werden. Bei mehr als 12 kommt nicht mehr jeder zu Wort, es können nicht alle aktiv mitarbeiten, und die Gruppe wird unüberschaubar.
5. **Wer nimmt teil?** In Verbindung mit dem Thema sollte genau überlegt werden, wer bei der Besprechung dabei sein muss. Es ist sinnvoll, zu Beginn in der Gruppe zu klären, ob niemand vergessen wurde, der oder die für die anstehende Thematik Wichtiges beitragen könnte.
6. **Wo findet sie statt?** Dieser Punkt mag unwesentlich erscheinen, ist aber ein nicht zu unterschätzender Faktor. Es sollte genügend Platz vorhanden sein für alle Beteiligten. Der Raum sollte vorbereitet sein, so dass alle Beteiligten sich willkommen und erwartet fühlen.
7. **Wann findet sie statt?** Der richtige Zeitpunkt kann über Erfolg oder Misserfolg mitentscheiden. Eine Abstimmung mit der Arbeitsorganisation des Hauses ist zwingend, damit alle von Anfang bis Ende dabei sein können und nicht in wechselnder Besetzung getagt wird.

8. **Wie lange?** Die zeitliche Begrenzung sollte bereits im Vorfeld bekanntgegeben werden. Dann können sich alle darauf einstellen und auch ihre Mitarbeit an dieser Zeitvorgabe orientieren.
9. **Was ist zu organisieren?** Alle organisatorischen Fragen sollten bereits im Vorfeld geklärt sein, so dass zum festgesetzten Zeitpunkt tatsächlich begonnen werden kann. Es entsteht Missstimmung, wenn alle Beteiligten bereits anwesend sind und dann erst jemand feststellt, dass benötigte Gerätschaften o.Ä. nicht vorhanden sind.
10. **Welche Spielregeln?** Die Regeln wie Redezeitbegrenzung etc. sollten am Anfang bekanntgegeben werden. Wichtig ist, tatsächlich auf deren Einhaltung zu achten und sich auch als ModeratorIn daran zu halten.
11. **Wie ist der Ablauf?** Nach einem auflockernden Einstieg, der möglichst positive Atmosphäre verbreiten sollte, ist es zweckmäßig, Organisatorisches bekanntzugeben. Danach kann der Einstieg in die Thematik erfolgen. Nach Feststellung der Ergebnisse ist es wichtig, konkret zu benennen, wer was bis wann tut und wann die nächste Teambesprechung stattfindet. Am Ende sollte ein Schlusswort stehen, so dass die Besprechung harmonisch zu Ende geht.
12. **Wer führt Protokoll?** Absprachen und Beschlüsse sollten immer schriftlich kurz festgehalten werden, damit auch morgen noch klar ist, was heute entschieden wurde. Nur so – und mit entsprechendem anschließenden Überprüfen – lässt sich das Einhalten und Umsetzen von Ergebnissen und Beschlüssen sicherstellen.

Klären Sie all diese Fragen im Vorfeld der von Ihnen zu leitenden Besprechung, sind Sie gut vorbereitet und können sich während der Zusammenkunft tatsächlich auf das aktuelle Geschehen konzentrieren.

Wichtig

- Kommunikation heißt so viel wie in Verbindung stehen und ist in der Regel eine wechselseitige Verständigung.
- Die Kommunikation dient der Aufnahme und Aufrechterhaltung zwischenmenschlicher Beziehungen.
- Zur Kommunikation gehören immer ein Sender, eine Nachricht bzw. Information und ein Empfänger.
- Neben der verbalen Sprache gibt es zahlreiche andere Kommunikationsmittel oder Werkzeuge, die zur Verständigung eingesetzt werden, z.B. Gestik, Mimik, Körpersprache usw.
- Es werden zwei Kommunikationsebenen unterschieden: die Inhaltsebene oder rationale Ebene und die Beziehungsebene oder emotionale Ebene. Beide schwingen in jeder Form der Kommunikation mit, vermitteln aber nicht immer dieselbe Botschaft.
- Eine Nachricht beinhaltet neben ihrem Sachinhalt als weitere Aspekte die Selbstoffenbarung, die Beziehung und den Appell.
- Das Kommunizieren ist menschliches Grundbedürfnis und gehört zu den Aktivitäten des täglichen Lebens.
- Zu jeder Gesprächssituation gehören als wesentliche Faktoren die beteiligten GesprächspartnerInnen sowie ein Thema. Zwischen diesen entsteht ein Interaktionsfeld. Das direkte Umfeld sowie gegebenenfalls Störfaktoren von außen wirken auf die Situation ein.
- Dialog und Gruppengespräch sind die gebräuchlichen Formen des Gesprächs. Der Monolog ist für

die Kommunikation mit anderen Menschen im Alltag eher unangebracht.

- Ein Gespräch entwickelt sich in der Regel aus Rede und Gegenrede, aus Frage und Antwort bzw. Aussage.
- Fragen können sehr unterschiedlichen Charakter haben. Nicht immer steht die Erwartung einer Antwort bzw. einer Information dahinter.
- Besondere Regeln zur Verständlichkeit sollten vor allen Dingen in der Kommunikation mit dementen Menschen eingehalten werden.
- Eine beziehungsfördernde Grundhaltung der GesprächspartnerInnen zueinander verbessert die Gesprächssituation und trägt erheblich zum Gelingen des Gesprächs bei.
- AltenpflegerInnen sollten in Gesprächssituationen klar ihre Grenzen kennen und einschätzen. Es gibt eine Vielzahl von Berufsgruppen und Beratungsstellen, deren Hilfe angefordert werden kann.
- Bei alten Menschen ist häufig die Kommunikationsfähigkeit eingeschränkt. Sie brauchen dann die Hilfe von Pflegekräften, um Kontakte aufnehmen und sich mit anderen Menschen austauschen zu können.
- Soll eine Teambesprechung oder ein anderes Gruppengespräch konkrete Ergebnisse bringen, ein bestimmtes Ziel erreichen, muss es gut geplant, vorbereitet und organisiert sowie nach speziellen Regeln durchgeführt werden.

Übungen

1. Suchen Sie sich eine(n) GesprächspartnerIn. Führen Sie mit ihm/ihr ca. 3-5 Minuten lang ein Gespräch über das Wetter! Treten Sie in diesem Gespräch bewusst als der bzw. die Fragende(r) auf. Benutzen Sie bewusst alle Kategorien von Fragen, die Sie bisher kennengelernt haben. Achten Sie darauf, wie die einzelnen Fragen-Arten den Gesprächsverlauf beeinflussen! Besprechen Sie anschließend Ihre Eindrücke mit dem/der GesprächspartnerIn.
2. Führen Sie ca. 3 Minuten lang mit einem/einer GesprächspartnerIn ein Gespräch über ein gemeinsames Erlebnis, z.B. einen Kinobesuch, einen Ausflug, einen Vortragsabend o.Ä. Versuchen Sie dabei, die Aussagen Ihres Gegenübers zu verbalisieren. Besprechen Sie anschließend die Eindrücke mit dem/der GesprächspartnerIn.
3. Suchen Sie eine beliebige Gesprächssituation im Rahmen Ihrer Arbeit in der Altenpflege. Beobachten Sie die Situation genau, merken Sie sich so viele Einzelheiten wie möglich. Schreiben Sie diese Einzelheiten anschließend stichwortartig auf. Überlegen Sie dann, ob dieses Gespräch aus Ihrer Sicht erfolgreich oder eher misslungen war. Analysieren Sie, welche Faktoren zum Ge- oder Misslingen geführt haben könnten.

Wiederholungsfragen

1. Was ist unter einem so genannten »feed back« zu verstehen? In welchem Zusammenhang ist es wichtig?
2. Was ist nonverbale Kommunikation? Erläutern Sie ausführlich ihre Ausdrucksformen und deren Einsatzmöglichkeiten!
3. Welche unterschiedlichen Ziele kann ein Gespräch verfolgen? Erläutern Sie dies an Hand einiger Beispiele!
4. Was ist unter so genannter »direkter« Kommunikation zu verstehen?

5. Welches sind die Ebenen der Kommunikation, und wie stehen sie zueinander?
6. Was bedeutet »Verbalisieren«? Nennen Sie Beispiele, wie Verbalisierungen formuliert werden können!
7. Welche Arten von Fragen kennen Sie? Was kennzeichnet die einzelnen Kategorien?
8. Was ist Kommunikation? Was kennzeichnet sie? Welche wesentlichen Bestandteile gehören dazu?
9. Suchen Sie sich einen beliebigen Satz, eine Nachricht, aus Ihrem Pflegealltag. Konstruieren Sie die verschiedenen Aspekte dieser Nachricht und versuchen Sie, mit den vier Ohren des Empfängers zu hören! Was kommt dort an?
10. Zeichnen Sie in einem einfachen Schema ein Modell der Kommunikation auf, in dem ihre wesentlichen Elemente enthalten sind!
11. Was bedeutet »Empathie«?
12. Welche Faktoren werden in einer Gesprächssituation wirksam?
13. Wozu dient die Kommunikation dem Menschen?
14. Nennen und erläutern Sie die qualitativen Stufen des Dialogs!
15. Stellen Sie sich vor, Sie sollen eine Teambesprechung planen, vorbereiten und durchführen. Woran müssen Sie denken?
16. Erklären Sie den Begriff »indirekte Kommunikation«!
17. Welche Kommunikationsmittel oder -kanäle zum Einsatz für die »direkte Kommunikation« kennen Sie? Nennen Sie Beispiele und erläutern Sie diese!
18. Was macht für Sie ein gutes Gespräch aus? Beschreiben Sie dies genau, gegebenenfalls mit Beispielen!
19. Was bedeutet »Moderation« und in welchen Zusammenhängen wird sie eingesetzt?

20. Was ist unter »inneren und äußeren Einflussfaktoren« beim Gespräch zu verstehen? Nennen Sie zu jeder Kategorie einige Beispiele!
21. Welches sind die vier Aspekte einer Nachricht? Was ist unter den einzelnen zu verstehen?
22. Was sind die Merkmale einer beziehungsfördernden Grundhaltung?

Literatur

Egan, Gerard; Helfen durch Gespräch. Ein Trainingsbuch für helfende Berufe, Beltz Verlag, Weinheim – Basel, 3. Auflage 1996

Kämmer, Karla;Heraus mit der Sprache! in: Altenpflege, Nr. 04/1999, S. 31

Kirchner, H.; Gespräche im Pflegeteam, Thieme Verlag, Stuttgart 1990

Köther, Ilka / Gnamm, Else; Altenpflege in Ausbildung und Praxis, Thieme Verlag, Stuttgart – New York, 3. Auflage, 1995

Michalke, Cornelia; Sprache – die unterschätzte Kraft, in: Altenpflege Forum, Nr. 4/97, S. 8f.

Kämmer, Karla; Karrieretips: Mehr als ein Kaffeeklatsch. Gut strukturierte Besprechungen sind eine echte Chance zur Verbesserung der Dienstleistung »Pflege«, in: Altenpflege Nr. 6/97, S. 52

Reimann, Helga + Reimann, Horst; Das Alter, Enke Verlag, Stuttgart, 3. neu bearbeitete Auflage, 1994

Rogers, Carl R.; Die nicht-direktive Beratung, Kindler Verlag, München 1976

Sachweh, Svenja; Ist Babysprache bäh? in: Altenpflege Nr. 4/2002

Sachweh, Svenja; »Schätzle, hinsitze!«, Kommunikation in der Altenpflege, 2. Aufl., Peter Lang Verlag, Frankfurt 2000

Sachweh, Svenja; »Noch ein Löffelchen?«, Kommunikation in der Altenpflege, Verlag Hans Huber, Bern 2002

Seel, Mechthild; Die Pflege des alten Menschen, Brigitte Kunz Verlag, Hagen 1994

Vincentz Verlag (Hrsg.); Altenpflege-Forum, Titelthema: Sprachpflege – Pflegesprache, 4. Jahrgang, Nr. 4, Dezember 1996, Vincentz Verlag, Hannover

Willig, Wolfgang / Ebel, Thomas / Erben, Monika / Pulvermüller, Gerhard; Psychologie – Soziologie – Gesprächsführung in der Altenpflege, Balingen, 4. überarbeitete Auflage, 1996

Wirsing, Kurt; Psychologisches Grundwissen für Altenpflegeberufe, Psychologie Verlags Union, München – Weinheim, 3. Auflage 1987

Leben bis zum letzten Atemzug

Das Ziel ist,

- → *Sterben als Bestandteil des Lebens zu begreifen,*
- → *Bedeutung der Sterbebegleitung in der Altenpflege zu realisieren,*
- → *die Phasen des Sterbens erkennen,*
- → *die Bedürfnisse Sterbender zu verstehen,*
- → *Vorsorgemöglichkeiten zu kennen,*
- → *sich mit Sterbehilfe und Euthanasie auseinanderzusetzen,*
- → *die Grundgedanken der Hospizbewegung zu kennen.*

DAS ZIEL IST...

Sterben und Tod in der Altenpflege

Sterben gehört zum Leben

Wenn das menschliche Leben eine Entwicklung und das Altern ein Prozess ist, der von der Geburt bis zum Tod währt, dann gehört das Sterben als ein Bestandteil dazu. Die Psychiaterin Elisabeth Kübler-Ross, weltbekannte Pionierin der Sterbeforschung *(Thanatologie = Wissenschaft von Sterben und Tod)*, betrachtet das Sterben als das letzte Stadium menschlichen Reifens.

»Nachdem ich über drei Jahrzehnte lang das Sterben und das Leben danach untersucht habe, stehe ich jetzt im Alter von 70 Jahren an der Schwelle zu einem neuen Lebensabschnitt – auf einem Weg zur schönsten Erfahrung, die ein Mensch haben kann, den Tod.«

Elisabeth Kübler-Ross*

Hoffnung und Erwartung

Für sie, die sich fast ein Leben lang mit Sterben und Tod befasste, scheint beides eher von Hoffnung und Erwartung als von Angst und Schrecken gekennzeichnet zu sein.

Die Mehrheit in unserer Gesellschaft dagegen verdrängt Sterben und Tod eher aus dem Leben, macht es zu einem Tabu.

Der Tod als Alterstod hat sich verändert. Er zeigt andere charakteristische Merkmale als früher.

Das Sterben hat sich im Durchschnitt verlängert, bedingt durch längere Krankheitsprozesse und Morbiditätswandel. Kurze Krankheit – schneller Tod, das war das Merkmal des Sterbens früherer Generationen. Heute dauert diese Phase bedeutend länger.

Sterben und Tod wurden institutionalisiert. Die Menschen sterben in der Regel nicht mehr zu Hause, sondern in Krankenhäusern und Pflegeeinrichtungen. Damit wird beides auch abhängiger von

*) aus: Kübler-Ross, Elisabeth; Autobiographie: Das Rad des Lebens, Droemer Knaur, München 1997

institutionellen Entscheidungen. Wann man Menschen sterben lässt, wird angesichts medizinischer Fortschritte der Lebenserhaltung und Apparatemedizin immer häufiger entscheidungsabhängig. Noch nie in der Geschichte der Menschheit gab es solche Entscheidungen in diesem Ausmaß.

Institutionalisierung von Sterben und Tod

Die Institutionalisierung von Sterben und Tod führt dazu, dass jüngere Menschen beides in ihrem Umfeld seltener erfahren bzw. direkt mit erleben.

Tod und Sterben finden permanent in den Medien statt, sind dauerhaft präsent – aber auf Distanz, ohne persönliche und direkte Betroffenheit.

Traditionelle Normen, Rituale

Der Umgang mit Tod und Sterben ist für uns heute seltener und damit schwieriger geworden als für frühere Generationen, weil er stärker individualisiert wird. Traditionelle Normen, Rituale und Umgangsformen mit Sterben und Tod werden zunehmend aufgelöst. Über solche Rituale verliehen frühere Gesellschaften dem Tod einen Sinn, nahmen ihm seinen Schrecken und sicherten den Toten einen Platz innerhalb ihres sozialen Bezugssystems. Heute bleiben betroffene Individuen weitgehend allein mit der Bewältigung von Problemen um Sterben und Tod, Trauer und Abschied.*

So sehr die Gesellschaft Sterben und Tod aus ihrem Umfeld verdrängt, so sehr gerät beides in den Erlebens- und Erfahrungsbereich von AltenpflegerInnen.

Je älter ein Mensch wird, desto näher rücken für ihn Sterben und Tod. Das Sterben von Freunden, Bekannten, Geschwistern wird allgegenwärtig. Das Studium der Todesanzeigen in der Zeitung ist wichtige Lektüre alter Menschen. Auch wer Gedanken an den Tod zeitlebens vermied, wird spätestens angesichts von zunehmendem Alter und Pflegebedürftigkeit – im Pflegeheim auch bei MitbewohnerInnen – zunehmend mit Sterben und Tod konfrontiert. Eine Studie ermittelte fünf Menschentypen, die unterschiedlich mit ihrem Tod umgehen:

---

*) vgl.: Reimann, Helga + Reimann, Horst; Das Alter, Enke Verlag, Stuttgart, 3. neu bearbeitete Auflage, 1994, S. 67f.

- »Menschen, die Sterben und Tod akzeptieren, die gleichzeitig nach den verbliebenen Möglichkeiten des Lebens suchen,
- Menschen, die zunehmend resignieren, verbittern und das Leben als Last empfinden,
- Menschen, die ihre Todesangst überwinden, indem sie einen neuen Lebenssinn (z.B. die Religion) finden,
- Menschen, die sich bemühen, ihr Leben nicht als Zentrum des Universums zu erleben,
- Menschen, die ihre tiefe Depression mit Hilfe von Angehörigen und Freunden überwinden und sich ins Unvermeidbare fügen.«

Es zeigt sich auch, dass nur Menschen, die auf ein erfülltes und zufriedenes Leben zurück blicken, keine Angst vor dem Sterben haben.*

Sterbende begleiten, ihnen zur Seite stehen

In der Pflege alter Menschen ist der Tod stets gegenwärtig. Altenpflege ist oftmals auch ein Stück weit Sterbebegleitung – Begleitung von unterschiedlichen Menschen mit verschiedenen Biografien, Persönlichkeiten und Einstellungen zur Endlichkeit des Lebens. »Einen Sterbenden begleiten heißt, ihm zur Seite zu stehen, so dass er seinem Sterben die ihm gemäße Form geben kann. Wie er dabei mit der Wahrheit des Todes umgeht, seine letzten Angelegenheiten regelt und sich mit dem auseinander setzt, was nach dem Tod kommt, ist seine Sache. Wir sind nur Begleiter, spielen die zweite Geige in einem Stück, in dem der Sterbende die Hauptstimme übernommen hat. Er bestimmt das Stück, die Tonart, die Melodie. Unsere

Freiraum verschaffen

Aufgabe ist es, ihm den nötigen Freiraum zu verschaffen, in dem er sich entfalten kann. Wir müssen genau hinhören, um unseren Einsatz nicht zu verpassen; wir müssen mitgehen, ihm zuspielen und Mut machen. Es ist aber nicht nötig, dass wir wissen, wie das Stück weiter geht; wir sind nicht verantwortlich für das, was der andere aus seiner Rolle macht. Sterbebegleitung – richtig verstanden – ist

*) aus: Brauchbar, Mathis / Heer, Heinz; Zukunft Alter. Herausforderung und Chance, Reinbek 1995, S. 155f.

der Inbegriff einer personenzentrierten Fürsorge, die sich an den Wünschen und Bedürfnissen des Betreuten orientiert in dem Bestreben, ihm die Verantwortung für sein Leben und Sterben nicht aus der Hand zu nehmen, sondern erträglich zu machen.«*

Verantwortung für sein Leben und Sterben

Eine angemessene Sterbebegleitung wird für professionelle AltenpflegerInnen zum Problem. Nicht nur, dass gerade junge Menschen, die oft noch keine Erfahrungen im Umgang mit Sterbenden besitzen, sich überfordert fühlen, sondern auch für berufserfahrene Pflegekräfte wird die Entscheidung schwierig, wo die Grenze von der Lebens- zur Sterbebegleitung liegt.

Die meisten alten Menschen haben bei ihrem Eintritt in die stationäre Pflege bereits das achtzigste oder fünfundachtzigste Lebensjahr überschritten. Sie kommen zum Teil wegen einer notwendigen grundpflegerischen und hauswirtschaftlichen Rundumversorgung, zum Teil wegen der Auswirkungen einer Akuterkrankung, um bis zu ihrem absehbaren Tod versorgt zu werden. Viele kommen, weil sie wegen einer fortschreitenden Demenz nicht mehr allein leben können.

Psychosoziale Betreuung

Für manche steht bei der Pflege die psychosoziale Betreuung im Mittelpunkt, bei anderen geht es um Schmerzlinderung, intensive pflegerische und soziale Betreuung. Von Pflegekräften wird erwartet, dass sie sich im Umgang mit all diesen Menschen richtig verhalten, dass sie spüren, bis zu welchem Zeitpunkt sie die Lebensbegleitung als ihre Aufgabe sehen und ab wann sie von Sterbebegleitung sprechen dürfen.**

»Sterben kann grundsätzlich in vier Formen auftreten:

- als langsam fortschreitendes, qualvolles Leiden bei vollem Bewusstsein;
- als Leiden mit einer allmählich einsetzenden Bewusstseinstrübung, die dadurch zu einer Linderung der körperlichen Beschwerden führt;

---

*) aus: Hirsch, Anna Maria; Psychologie für Altenpfleger, Band I, Probleme des Alterns, 2. aktualisierte Aufl., München, 2001, S. 162 f.

**) vgl.: Böhm, Claus; Fließende Grenzen, in: Altenpflege Nr. 11/2000, S. 26f.

- als irreversible Bewusstlosigkeit ohne subjektives Leiden;
- als Sekundentod ohne zusätzlich erkennbares Leiden.«*

Phasen des Sterbens nach Kübler-Ross

Sterben ist individuell, verläuft bei jedem Menschen unterschiedlich. Niemand weiß genau, wie es sich vollzieht, und auch Berichte von Reanimierten können nur Vermutungen liefern.

Mehrfaches Wechseln zwischen den Phasen

Die Sterbeforscherin Elisabeth Kübler-Ross entwickelte aus ihrer Arbeit, die Erfahrungen aus unzähligen Gesprächen mit Sterbenden zusammenträgt, ein Phasen-Modell des Sterbens. Nach Kübler-Ross verarbeitet der Mensch in den einzelnen Phasen sein Wissen um den bevorstehenden Tod. Doch nicht alle Sterbenden erleben diese Phasen so und in dieser Reihenfolge. Ein mehrfaches Wechseln zwischen den Phasen ist möglich. Der Verlauf ist nicht immer gerade und logisch, sondern eher individuell verschlungen und von Umwegen gekennzeichnet.

Zwar erfolgt mit dieser Einteilung eine gewisse Verallgemeinerung, aber das Wissen über den möglichen Verlauf des Prozesses ermöglicht ein besseres Verstehen des sterbenden Menschen und seines Verhaltens.

- **Phase 1 – Schock und Verleugnung:**
  Die Diagnose einer schweren oder unheilbaren Erkrankung, die Erkenntnis vom bevorstehenden Tod, löst bei der betroffenen Person zunächst einen Schock aus. Die Welt bricht scheinbar zusammen, das Verhalten gerät außer Kontrolle. Der Mensch will es nicht wahrhaben. Verleugnung, die Suche nach Rettungsankern, nach möglichen Verwechslungen oder falsch gestellter Diagnose gibt dem Menschen Zeit, Kraft zu sammeln, um sich mit der Wahrheit auseinander zu setzen.

- **Phase 2 – Wut und Auflehnung:**
  Der/ die Betroffene hat die Unausweichlichkeit des Bevorstehenden akzeptiert, lehnt sich aber in seiner Verzweiflung dage-

*) aus: Böhm, Claus; a.a.O.

gen auf, entwickelt negative Gefühle. Diese entladen sich häufig gegenüber den anderen, die noch leben dürfen. Nörgeln und Kritisieren an allem, was dazu Anlass bietet, gehört dazu. AltenpflegerInnen sollten eventuelle Beschuldigungen oder aggressive Äußerungen des sterbenden Menschen nicht persönlich nehmen und versuchen, trotzdem Zuwendung und Geduld zu zeigen. Maßnahmen der Psychohygiene sollten begleitend allerdings nicht vergessen werden.

- **Phase 3 – Verhandeln:**
  Obwohl das Unvermeidbare anerkannt wird, kämpft der Mensch um mehr Zeit, um einen Aufschub. Angehörige, Pflegende – und auch Gott – können zu VerhandlungspartnerInnen werden, um eine Verlängerung der Lebenszeit zu erreichen. Noch eine weitere Therapie versuchen, Verhaltensmaßregeln bereitwillig einhalten usw., alles, um einen bestimmten Termin oder ein Ereignis noch mitzuerleben, Angelegenheiten noch regeln zu können usw.
  AltenpflegerInnen sollten sich in dieser Zeit davor hüten, sich zu unrealistischen Versprechungen hinreißen zu lassen.

- **Phase 4 – Depression:**
  Starke Verlustängste, Trauer und Abschiedsgedanken bewegen den Menschen. Unverarbeitetes und Schuldgefühle können an die Oberfläche kommen. Das Bedürfnis, Angelegenheiten zum Abschluss zu bringen, sich aus Bindungen zu lösen, kann mit geäußerter Trauer und Weinen verbunden sein.
  AltenpflegerInnen sollten den/die Sterbende(n) beim Regeln wichtiger Angelegenheiten unterstützen und Äußerungen von Trauer zulassen.

- **Phase 5 – Zustimmung und Annahme:**
  Der Mensch akzeptiert den Tod und erwartet ihn. Das muss nicht immer bewusst und versöhnlich geschehen. Dabei können depressive Momente auftauchen, oft gepaart mit dem

Wunsch nach Schutz und Geborgenheit. Der Mensch wird ruhig, müde, schläft viel und will nicht mehr gestört werden.

AltenpflegerInnen sollten in dieser Zeit individuelle Bedürfnisse berücksichtigen, letzte Wünsche nach Möglichkeit erfüllen und den sterbenden Menschen Nähe spüren lassen.*

Bedürfnisse Sterbender

Wünsche und Erwartungen

Die Bedürfnisse Sterbender sind zwar individuell verschieden, aber es kann als Grundlage von einigen allgemeinen Wünschen und Erwartungen ausgegangen werden:

- »Schmerzfreiheit und körperliche Grundversorgung,
- Sicherheit und Verlässlichkeit der Bezugspersonen,
- Kontakt/Nähe und persönlicher Austausch,
- ehrliche Antworten und hinreichende Information auf Fragen,
- Zeit für sich und einen privaten Raum,
- noch unerledigte Dinge zu erledigen,
- sich mit dem eigenen Leben zu versöhnen,
- Selbstbestätigung und Selbstverwirklichung,
- Würde,
- Religiosität, Spiritualität.«**

Klassische Sterbeinstitution

Die große Mehrheit der Menschen in Deutschland stirbt in Institutionen. Klassische Sterbeinstitution moderner westlicher Gesellschaften ist heute das Krankenhaus, gefolgt vom Altenpflegeheim.*** Dort erfüllen sich die o.a. Wünsche und Erwartungen keineswegs immer. Im Gegenteil. Das Sterben vollzieht sich hier oftmals unter unwürdigen Bedingungen. Noch immer gibt es Heime,

---

*) vgl.: Kübler-Ross, Elisabeth

**) aus: Stracke-Mertes, Ansgar; Soziologie. Der Blick auf soziale Beziehungen, 2. vollständig überarbeitete und erweiterte Auflage, Vincentz Verlag, Hannover 1998, S. 280

***) a. a. O. S. 277

in denen verstorbene BewohnerInnen rasch bei Dunkelheit durch den Kellerausgang geschoben, im Bad versteckt oder im Kühlraum neben den Lebensmittelvorräten abgestellt werden.

Als Ort des Sterbens wünschen sich die meisten Menschen die eigenen vier Wände – Sterben im Kreis Nahestehender. Die Realität ist anders.

Ängste

Im Umgang mit ihren Ängsten

- vor möglichen Umständen des Sterbens,
- vor dem Persönlichkeitsverlust,
- anderen im Sterben zur Last zu fallen,
- im Sterben allein zu sein,
- vor der Wertlosigkeit und Schuldhaftigkeit des Lebens*

werden Sterbende oft allein gelassen. »Viele Menschen bleiben einem Sterbenden fern, weil sie nicht an den eigenen Tod erinnert werden wollen. Es sind häufig die Lebenden, die den Tod fürchten, nicht die Sterbenden.«**

Wir Lebenden sind oft unsicher im Umgang mit einem sterbenden Menschen, stellen oft erst angesichts des nahenden Abschieds fest, wie wenig wir über einen geliebten oder geschätzten Menschen wissen. Fragen, die für uns kaum einzuschätzen sind, wären für den sterbenden Menschen oft einfach zu beantworten:

- »Wie möchten Sie sterben? Möchten Sie in ein Einzelzimmer?
- Wer soll bei Ihnen sein?
- Möchten Sie, dass ein Pfarrer Sie besucht?
- Wer soll ihn benachrichtigen und wann?
- Haben Sie Wünsche zu Ihrer Beerdigung?
- Soll es eine Trauerfeier im Haus geben?
- usw.«***

---

*) vgl.: Rest, Franco; Leben können bis zuletzt, in: AltenPflegerin + AltenPfleger Nr. 9-12/1997, S. 165

**) aus: Böhm, Claus; a.a.O., S. 27

***) aus: Hoppe, Birgit; Lehrbuch Altenpflege: Psychologie. Verstehen lernen, Vincentz Verlag, Hannover 1997, S. 118

Der soziale Tod

Vier Kommunikationsmuster

Anstelle eines offenen Gesprächs üben wir Lebenden uns eher im Rückzug, lassen den sterbenden Menschen schon vor seinem biologischen Tod einen sozialen Tod sterben. »Das Konzept vom sozialen Tod beschreibt die soziale und insbesondere die kommunikative Situation zwischen Sterbenden und ihren Kontaktpartnern. Insgesamt kann man diesem Konzept zufolge vier Kommunikationsmuster unterscheiden:

- der Sterbende weiß nichts über seinen bevorstehenden Tod, wohl aber die anderen,
- der Sterbende vermutet, dass andere über seinen lebensbedrohenden Zustand wissen und will dies verifizieren *(lat. verus = wahr)* oder falsifizieren *(lat. falsus = falsch, unwahr)*,
- der Sterbende und die anderen wissen um den bevorstehenden Tod, es wird aber nicht darüber gesprochen, und
- alle Beteiligten wissen um den bevorstehenden Tod und sprechen darüber.

Gerade die ersten drei der aufgezählten vier Kommunikationsmuster begünstigen die soziale Isolierung und die Vereinsamung sterbender Menschen. Sie können dazu führen, dass der soziale Tod lange vor dem biologischen Tod eintritt.«* Oftmals meiden Angehörige ebenso wie ÄrztInnen und Pflegende aus eigener Unsicherheit Situationen, in denen ein Gespräch stattfinden könnte. Sie meiden den Kontakt so weit wie möglich und beschränken die Kommunikation auf Belanglosigkeiten oder Beschwichtigungen.

Der soziale Tod ist gekennzeichnet von

- Verlust der sozialen Identität – das soziale Umfeld bricht Beziehungen ab, weicht Kommunikation und Interaktion aus;
- Verlust der persönlichen Identität – Sterbende verlieren Gestaltungsfreiräume für Raum und Zeit, werden zum Objekt medizinisch-pflegerischer Interventionen;

*) aus: Schmitz-Scherzer, Reinhard; Angst und Unsicherheit, in: Altenpflege Nr. 9/1998, S. 23

- Verlust der Würde – das soziale Umfeld entmündigt und infantilisiert den sterbenden Menschen, spricht nicht mehr mit ihm, sondern über ihn;
- Verlust der dinglichen Identität – der sterbende Mensch verliert die Verfügungsgewalt über sein Eigentum und die Gestaltungsfreiheit seiner unmittelbaren Umgebung.*

Die Patientenverfügung

Eine Möglichkeit, um als (alter) Mensch Vorsorge zu treffen und eigene Wünsche zu äußern, sind die in Deutschland seit den siebziger Jahren existierenden Patientenverfügungen (fälschlicherweise oft Patiententestamente genannt). Hier können Wünsche geäußert werden für bestimmte medizinische Situationen, z.B. der Einsatz aller denkbaren schmerzstillenden Mittel oder der ausdrückliche Verzicht auf künstlich lebensverlängernde Maßnahmen.

Entscheidungen von Betroffenen

ÄrztInnen sind – den Grundsätzen der Bundesärztekammer von 1998 entsprechend – verpflichtet, sich nach Entscheidungen von Betroffenen zu richten, solange diese in der Lage sind, geplante Diagnose- oder Therapiemaßnahmen zuzustimmen oder sie abzulehnen. Dies gilt auch, wenn sich dieser Wille nicht mit den aus ärztlicher Sicht gebotenen Diagnose- und Therapiemaßnahmen deckt.

Kann ein Mensch, z.B. auf Grund von Bewusstlosigkeit oder fortgeschrittener dementieller Erkrankung, seinen Willen nicht mehr bekunden, müssen ÄrztInnen oder RichterInnen sich am mutmaßlichen Willen der betreffenden Person orientieren.

Verbindlichkeit

Patientenverfügungen bieten die Gelegenheit, den eigenen Willen unmissverständlich zu äußern, dies zu einem Zeitpunkt an dem das noch ohne Einschränkung und unzweifelhaft möglich ist. War die Verbindlichkeit von Patientenverfügungen in der Anfangszeit ihres Bestehens noch relativ gering, so hat sie inzwischen deutlich an Bedeutung gewonnen und ist nach den Grundsätzen der Bundesärztekammer verbindlich, sofern sie sich auf eine konkrete

*) vgl.: Rest, Franco in: Stracke-Mertes, a.a.O., S. 279

Behandlungssituation beziehen und keine Umstände erkennbar sind, dass der/ die PatientIn sie bei Eintreten der Situation nicht mehr gelten lassen würde.

»Bei der Fülle der Patiententestamente [Patientenverfügungen], die inzwischen auf dem Markt sind, ist es für den juristischen Laien schwierig, wenn nicht unmöglich, die richtige Wahl zu treffen. Um zu gewährleisten, dass die Verfügung im Ernstfall auch berücksichtigt wird, ist es sinnvoll, sich im Vorfeld kundig zu machen und sich nur an Formulierungsvorschriften zu orientieren, die von erfahrenen Organisationen herausgegeben werden.

Je persönlicher und detaillierter die Verfügung ist, um so hilfreicher ist sie für die Entscheidungsfindung des Arztes oder Richters. Daher ist eine handschriftliche Abfassung einem vorgedruckten Formular, das nur unterschrieben wird, auf jeden Fall vorzuziehen, zumal dadurch auch die Ernsthaftigkeit der Auseinandersetzung bekundet wird.«*

Betreuungsverfügung

Weitere Möglichkeiten bietet eine Betreuungsverfügung oder eine Vollmacht, mit der eine Vertrauensperson bevollmächtigt wird, den eigenen Willen des/der PatientIn zu vertreten.

Sterbehilfe und Euthanasie

Ethische Prinzipien

Der Begriff Euthanasie *(gr. = leichtes Sterben, Sterbeerleichterung)* ist in Deutschland noch stark negativ besetzt aus der Zeit des Dritten Reiches (1933 bis 1945), als die Nationalsozialisten vermeintlich lebensunwertes Leben auf menschenverachtende Weise vernichteten. Hier zeigte sich die Gefahr, wie schnell ethische Prinzipien umgedeutet und missbraucht werden können.

So ist in Deutschland heute jede Diskussion über Sterbehilfe geschichtlich vorbelastet und bis heute nahezu tabuisiert.

Die Rechtsordnung der Bundesrepublik Deutschland hält heute grundsätzlich jedes Leben für schützenswert, unabhängig von irgendwelchen Einschränkungen. »Sie stützt sich dabei auf

*) aus: Humanistischer Verband Deutschlands; Patienten- und Betreuungsverfügungen, in: BAGSO-Nachrichten Nr. 1/1999, S. 21

- die christliche Ethik (5. Gebot Du sollst nicht töten),
- die Medizinethik (Eid des Hippokrates),
- Menschen- und Grundrechte (Recht auf Leben und körperliche Unversehrtheit).«*

Unter passiver Sterbehilfe wird der Verzicht auf lebensverlängernde Maßnahmen verstanden mit dem Ziel Leiden zu mindern. Die Anwendung schmerzlindernder Medikamente ist dabei möglich, auch wenn unvermeidbare Nebenwirkungen das Leben des Menschen verkürzen.

Passive Form der Sterbehilfe

Diese passive Form der Sterbehilfe ist in Deutschland grundsätzlich erlaubt, vorausgesetzt, der Tod eines Menschen würde ohnehin in absehbarer Zeit eintreten und lebensverlängernde Maßnahmen würden unzumutbare Verlängerung des Leidens bedeuten. Entscheidungen darüber können jedoch nur im Einzelfall getroffen werden und müssen den Willen des/der Sterbenden mit seinen/ihren persönlichen und religiösen Wertvorstellungen berücksichtigen.

Mit dem Problem der passiven Sterbehilfe werden AltenpflegerInnen häufig konfrontiert, wenn BewohnerInnen Nahrungsaufnahme oder Medikamenteneinnahme verweigern. Diese ethische Entscheidung zwischen Lebenserhaltung um jeden Preis einerseits und Lebensqualität andererseits muss jede(r) individuell unter Berücksichtigung rechtlicher Festlegungen treffen. AltenpflegerInnen sollten im Fall von Verweigerung bei BewohnerInnen keinesfalls physische oder psychische Gewalt anwenden. Sie können die Entscheidung des/der Sterbenden respektieren, aber sie bleiben verpflichtet, lebenserhaltende Maßnahmen weiterhin anzubieten – der/die BewohnerIn könnte die Meinung noch einmal ändern.**

Aktive Sterbehilfe

Aktive Sterbehilfe liegt in Maßnahmen, die den Tod eines Menschen direkt herbeiführen. In Deutschland wird dies als Tötung auf Verlangen – und damit als eine strafbare Handlung – eingestuft. In einzelnen anderen europäischen Nationen ist aktive Sterbehilfe

*) aus: Stanjek, Karl (Hrg.); Altenpflege konkret: Sozialwissenschaften, Gustav Fischer Verlag, Lübeck, Stuttgart, Ulm, Jena 1998, S. 245

**) vgl.: Stanjek, Karl (Hrg.); a.a.O. S. 245f.

keine Straftat. In den letzten zehn Jahren flammt auch in Deutschland – trotz aller Tabuisierung – immer wieder die Diskussion zu diesem Thema auf. BefürworterInnen pochen auf das Selbstbestimmungsrecht des Menschen, das ihn auch Zeitpunkt und Art und Weise seines Sterbens bestimmen lassen müsste, GegnerInnen befürchten einen Rückfall in die Ideen des Nationalsozialismus mit entsprechendem Missbrauch der dann geschaffenen Möglichkeiten. Im Rahmen eines Forschungsprojekts wurden 1994 AltenpflegerInnen nach ihrer Position zur aktiven Sterbehilfe befragt. Dabei sprachen sich 45 Prozent für eine Legalisierung aus, 22 Prozent waren unentschieden, und 33 Prozent lehnten sie ab. 16 Prozent äußerten, dass sie bereit wären, aktive Sterbehilfe selbst zu praktizieren, wenn sie legal wäre. Auffallend war, dass mit zunehmendem Alter der Befragten die Ablehnung der Legalisierung signifikant häufiger war.[*]

Die Haltung der Pflegenden zur aktiven Sterbehilfe steht in engem Zusammenhang mit der eigenen Berufszufriedenheit. »Je unzufriedener eine Person mit ihrer derzeitigen beruflichen Situation ist, desto eher befürwortet sie prinzipiell die aktive Sterbehilfe und deren Legalisierung. Es existiert also offensichtlich eine Verbindung mit der eigenen beruflichen Unzufriedenheit und der Bereitschaft, die aktive Sterbehilfe zu befürworten.«[**]

Die Hospizbewegung

AnhängerInnen der Hospizbewegung lehnen aktive Sterbehilfe strikt ab. Ihr Ziel ist dagegen, das Sterben in unserer Gesellschaft

Würde

wieder in Würde möglich wird. Hospize *(lat. hospitium = gastfreundliches Haus, Herberge, gastfreundliche Aufnahme)* haben ihren Ursprung in Großbritannien, obwohl der Begriff aus dem Lateinischen kommt und die Wurzeln des Gedankens bis ins Mittelalter zurück gehen – Hospiz als ein Ort für Hilflose und Obdachlose. Die Hospizbewegung orientiert sich in ihrer Arbeit eng an Erfahrungen

---

*) vgl: Beine, Karl; Leben oder Tod; in: Altenpflege Forum Nr. 3/1997, S. 4f.

**) aus: Beine, Karl; a.a.O., S. 7

und Erkenntnissen von Elisabeth Kübler-Ross. Es geht den AnhängerInnen der Bewegung um die Würde sterbender Menschen und ihrer Angehörigen.

Hospiz ist nicht unbedingt ein Gebäude, sondern steht zunächst für eine Idee. Basierend auf den Grundgedanken der Hospizbewegung, gibt es Häuser, die Sterbenden ein zu Hause geben, vor allem aber Teams zur ambulanten Sterbebegleitung. Solche Teams bestehen aus interdisziplinär arbeitenden Gruppe von Fachleuten wie ÄrztInnen, Alten- und KrankenpflegerInnen, SozialarbeiterInnen und SeelsorgerInnen. Haupt- und ehrenamtliche MitarbeiterInnen arbeiten in der Hospizbewegung eng zusammen.

Humanes Sterben

Die Bewegung setzt sich intensiv für humanes Sterben ein und berücksichtigt die folgenden Bedürfnisse und Dimensionen des Lebens und Sterbens:

- **das soziale Bedürfnis** – über 90 Prozent der Menschen wünschen sich, in vertrauter Umgebung zu sterben; deshalb wird die Umgebung so häuslich und persönlich wie möglich gestaltet;
- **das physische Bedürfnis** – vor allem die Angst vor unerträglichen Schmerzen; deshalb werden einfache und auch ambulant gut durchführbare Methoden der Schmerzbehandlung praktiziert;
- **das psychische Bedürfnis** – vor allem das Bedürfnis, Unerledigtes zu regeln; deshalb wird dabei Hilfestellung angeboten;
- **das spirituelle Bedürfnis** – hier geht es darum, die Sinnfrage für sich zu klären und Fragen für das Danach zu beantworten; deshalb werden MitarbeiterInnen zu mitfühlenden GefährtInnen.

Angehörige

Hospiz-Teams arbeiten nach Möglichkeit eng mit Angehörigen zusammen, fördern die Präsenz von Angehörigen beim Sterbeprozess und treten ergänzend in die Sterbebegleitung ein. Sie gewährleisten Kontinuität in ihrer Betreuung, d.h. eine rund-um-die-Uhr-Betreuung für den/die Sterbende(n). Außerdem endet die Fürsorge für die Familie nicht mit dem Tod des geliebten Menschen, sondern die Angehörigen werden vom Hospiz-Team auch durch die Phase der Trauer begleitet.*

Sterbebegleitung im Pflegeheim – hohe Anforderung für AltenpflegerInnen

Würdiges Sterben

Die Umsetzung des Hospizgedankens ist auch im Pflegeheim möglich. Ambulant arbeitende Teams engagieren sich für humanes Sterben im stationären Bereich. Ehrenamtliche Sitzwachenkreise und andere Gruppen unterstützen Pflegekräfte und Angehörige dabei, auch im Heim Möglichkeiten für würdiges Sterben zu schaffen. Immer mehr Heime richten spezielle Abschiedszimmer ein, in denen MitbewohnerInnen, Angehörige und Pflegekräfte sich von Verstorbenen in Ruhe und in würdiger Umgebung verabschieden können.

Doch organisatorische Maßnahmen allein reichen nicht aus. Wichtig ist vor allem ein emotionales Trainingsangebot für AltenpflegerInnen.

Die Begleitung von schwerkranken und sterbenden Menschen ist für AltenpflegerInnen eine ständige Herausforderung, die unbedingt Auseinandersetzung mit persönlichen Vorstellungen und Ängsten vor der eigenen Endlichkeit des Daseins erfordert.

Grenzen eigener Unterstützungsmöglichkeiten

Das Erleben von langem Leiden, von Ängsten und Auflehnung gegen den bevorstehenden Tod ist für Pflegekräfte eine starke Belastung. Sterbebegleitung stellt nicht nur hohe emotionale Anforderungen und braucht permanente Empathie, sondern es konfrontiert auch mit den Grenzen eigener Unterstützungsmöglichkeiten. Daraus entstehen nicht selten Schuld- und Versagensgefühle. Pflegende erleben Grenzsituationen des Lebens als Berufsalltag. Da wird der Gedanke an den eigenen Tod und den von Angehörigen und Freunden allgegenwärtig.

Von AltenpflegerInnen wird Professionalität im Umgang mit Sterben und Tod erwartet. Das kann sie zusätzlich zu den ohnehin

---

*) vgl.: Schesselmann, Elke; Trost und Zuflucht, in: Altenpflege Nr. 3/97, S. 32
vgl.: Kostrzewa, Stephan; Humanes Sterben, in: Altenpflege Nr. 11/2000, S. 22f.

schon gegebenen Belastungen unter Druck setzen. Die Belastung, die AltenpflegerInnen durch die Konfrontation mit Sterben und Tod empfinden, äußert sich in Trauer, Unsicherheit, Schmerz, Angst und Wut. Ihre Intensität ist abhängig von der Häufigkeit des Kontaktes mit diesem Prozess. Wünsche der Pflegekräfte sind verstärkte Berücksichtigung des Themas während der Ausbildung und damit bessere Vorbereitung für die Praxis und Möglichkeiten zur Auseinandersetzung mit Sterben und Tod am Arbeitsplatz, im Pflegeteam. Darüber hinaus können angemessene Bedingungen, z.B. genügend Zeit für Sterbebegleitung, psychisch entlastend wirken.*

Sterbebegleitung verlangt Unterstützung im Team. Fehlt diese, liegen Hilflosigkeit und Überforderung nahe. Das Team muss untereinander Entlastung und Bewältigungs- bzw. Trauerarbeit gewährleisten. Fehlt diese, wird professionelles Handeln unmöglich, und der Teufelskreis, der sich aus beruflichen Belastungen in der Altenpflege ergibt, kann beginnen.

AltenpflegerInnen sollten in diesem Zusammenhang unbedingt Maßnahmen der Psychohygiene (siehe Kapitel »Traumberuf Altenpflege: heute Feuer und Flamme und morgen ausgebrannt?«, S. 501) anwenden.

Wichtig

- **Sterben und Tod werden von der Mehrheit in unserer Gesellschaft weitgehend aus dem Leben verdrängt und tabuisiert.**
- **Der Prozess des Sterbens hat sich im Durchschnitt verlängert, bedingt durch längere Krankheitsprozesse und Morbiditätswandel.**
- **Sterben hat sich in westlichen Gesellschaften zunehmend institutionalisiert. Die große Mehrheit der Deutschen stirbt im Krankenhaus, gefolgt vom Altenpflegeheim.**

*) vgl.: Hans-Weinberger-Akademie; Sterben und Tod im Berufsalltag, in: Altenpflege Forum Nr. 1/1994, S. 11f.

- **Durch Auflösung traditioneller Normen und Rituale machen Sterben und Tod für junge Menschen immer seltener erfahr- bzw. erlebbar.**
- **Altenpflege ist immer auch ein Stück Sterbebegleitung. Die Grenze zwischen Lebens- und Sterbebegleitung zu finden, stellt AltenpflegerInnen oft vor ein schwieriges Problem.**
- **Elisabeth Kübler-Ross entwickelte das Phasen-Modell des Sterbens. Danach ist das Sterben ein wichtiger Bestandteil im Prozess der Reifung des Menschen.**
- **Bedürfnisse und Wünsche von Sterbenden werden heute in Institutionen keineswegs immer erfüllt.**
- **Oftmals stirbt ein Mensch vor seinem biologischen Tod einen anderen – den sozialen Tod.**
- **Die so genannten Patientenverfügung ist ein Instrument, um rechtswirksam den eigenen Willen zu erklären, vorbeugend für den Fall eigener Unfähigkeit, dies zu tun.**
- **Aktive Sterbehilfe wird in Deutschland als Tötung auf Verlagen – und damit als strafbare Handlung – eingestuft.**
- **Die Hospizbewegung setzt sich für menschenwürdiges Sterben ein und engagiert sich aktiv bei der Sterbebegleitung.**
- **Sterbebegleitung stellt hohe Anforderungen an AltenpflegerInnen und erfordert unbedingt die Bearbeitung der damit verbundenen Probleme und Belastungen im Team sowie zusätzliche Maßnahmen der Psychohygiene.**

Übungen

1. Fragen Sie Menschen in Ihrem Umfeld nach ihnen bekannten Ritualen im Umgang mit Sterben und Tod! Was wissen Sie und andere über solche Rituale in anderen Kulturen?
2. Überlegen Sie sich, welche Wünsche Sie an Ihr eigenes Sterben, Ihren eigenen Tod haben! Schreiben Sie diese auf.
3. Lassen Sie sich von einer Person, die schon Sterbende begleitet hat, genau ihre Beobachtungen, Erlebnisse und Empfindungen beschreiben bzw. – wenn Sie selbst bereits eine solche Erfahrung gemacht haben – gehen Sie sie in Gedanken in allen Einzelheiten durch.
4. Lesen Sie in der Zeitung Todesanzeigen. Welche Gefühle den Toten gegenüber werden dort ausgedrückt? Was geben die Hinterbliebenen von sich preis?
5. Stellen Sie eine Liste von Möglichkeiten zusammen, was Sie ganz persönlich bei Ihrer Arbeit tun können, um einem sterbenden Menschen beizustehen!

Wiederholungsfragen

1. Welche fünf Menschentypen im Hinblick auf den Umgang mit dem Tod wurden ermittelt?
2. Welche Bedürfnisse haben Sterbende allgemein?
3. In welchen vier Formen kann Sterben grundsätzlich auftreten?
4. Was ist die Hospizbewegung?
5. Was ist eine Patientenverfügung?
6. Warum haben wir in unserer Gesellschaft zunehmend Probleme im Umgang mit Sterben und Tod?
7. Mit welchen Ängsten müssen Sterbende umgehen?

8. An welche Regeln sollten sich Menschen halten, die Sterbende begleiten?
9. Was ist der soziale Tod?
10. Schildern Sie die Sterbe-Phasen nach Kübler-Ross!
11. Warum wird von Institutionalisierung des Sterbens gesprochen?
12. Was ist Sterbehilfe, und wie ist die Position dazu in Deutschland?

Literatur

Aeternitas; Den Weg aus der Welt bewusst gestalten, in: BAGSO-Nachrichten Nr. 1/1999, S. 18f.

Beine, Karl; Leben oder Tod; in: Altenpflege Forum Nr. 3/1997, S. 1f.

Berga, Joachim; Sterben und Tod, in: AltenPflegerin + AltenPfleger Nr. 1+2/1994, S. 5f.

Böhm, Claus; Fließende Grenzen, in: Altenpflege Nr. 11/2000, S. 26f.

Brauchbar, Mathis / Heer, Heinz; Zukunft Alter. Herausforderung und Chance, Reinbek 1995

Conrad, Astrid; Umgang mit Sterbenden, in: Heilberufe Nr. 10/1999, S. 18f.

Daneke, Sigrid/ Wilkeniing, Karin; Ehrenamtliche besser integrieren, in: Altenpflege Nr. 11/2000, S. 28

Dunker, Britta C.; Todesstern, Roman. Books on demand, 2001

Dürr, Matthias/ Bodamer, Detlef; Ein Herzstück der Arbeit, in: Altenpflege Nr. 9/1998, S. 29f.

Ferner, Ralf-Hagen; Sterben ist nicht gleich Sterben, in: Altenpflege Forum Nr. 3/1997, S. 17f.

Flemming, Daniela; Wartestand. Erzählung, in: Altenpflege Nr. 10./1995, S. 685

Gaßmann, Raphael/ Wienand, Anne; Sterbebegleitung als Bildungsgegenstand im Gesundheitswesen, in: Altenpflege Forum Nr. 3/1997, S. 10f.

Gesterkamp, Harald; Fluch oder Segen, in: Altenpflege Nr. 11/2000, S. 29f.

Görgen, Frank; Der letzte Countdown, in: Altenpflege Nr. 11/2000, S. 25f.

Gösken, Eva; Trauern – einen heilsamen Umgang mit Trennungen, Verlusten und Abschieden finden, in: BAGSO-Nachrichten Nr. 1/1999, S. 13f.

Groß, Katrin; Sterben als Teil des Lebens, in: BAGSO-Nachrichten Nr. 1/1999, S. 11f.

Grüneberg, Lutz / Hauser, Paul; Gerontologie für Altenpflegeberufe, Stam Verlag, Köln 1997

Hans-Weinberger-Akademie; Sterben und Tod im Berufsalltag, in: Altenpflege Forum Nr. 1/1994, S. 6f.

Herzog, Franz; Wenn es zu Ende geht, in: BAGSO-Nachrichten Nr. 1/1999, S. 4f.

Hirsch, Anna Maria; Psychologie für Altenpfleger, Band I, Probleme des Alterns, 2. aktualisierte Aufl., München, 2001

Hoppe, Birgit; Lehrbuch Altenpflege: Psychologie. Verstehen lernen, Vincentz Verlag, Hannover 1997

Humanistischer Verband Deutschlands; Patienten- und Betreuungsverfügungen, in: BAGSO-Nachrichten Nr. 1/1999, S. 20f.

Kauffeldt, Silvia/Kühnert, Sabine/Wittrahm, Andreas; Deutsches Rotes Kreuz (Hrsg.), Psychologische Grundlagen der Altenarbeit. Gerontologische Grundlagen, Handlungskonzepte, aktuelle Spannungsfelder, Dümmler Verlag, Bonn 1994

Kostrzewa, Stephan; Humanes Sterben, in: Altenpflege Nr. 11/2000, S. 22f.

Kübler-Ross, Elisabeth; On Death and Dying, Macmillan Company, New York 1969

Kübler-Ross, Elisabeth; Death – The final stage of growth, Spectrum 1975

Kübler-Ross, Elisabeth; Questions and Answers on Death and Dying, Ross Medical Associates, New York 1974

Kübler-Ross, Elisabeth; Autobiographie: Das Rad des Lebens, Droemer Knaur, München 1997

Lehr, Ursula; Psychologie des Alterns, Heidelberg 1977

Lenz, Ursula/ Nauck, Friedemann; Interview: Leben bis zuletzt, in: BAGSO-Nachrichten Nr. 1/1999, S. 6f.

Markus, Katrin; Problemfragen der Sterbehilfe, in: Altenpflege Nr. 12/1992, S. 776

Ministerium für Frauen, Jugend, Familie und Gesundheit des Landes Nordrhein-Westfalen; Hospizbewegung und Sterbebegleitung, 3. überarbeitete Auflage, Bad Salzuflen 1998

Reimann, Helga + Reimann, Horst; Das Alter, Enke Verlag, Stuttgart, 3. neu bearbeitete Auflage, 1994

Rest, Franco; Leben können bis zuletzt, in: AltenPflegerin + AltenPfleger Nr. 9-12/1997, S. 163

Reyle, Ulla; Hoffnung für Sterbende und Lebende, in: Altenpflege Nr. 3/1997, S. 28f.

Schesselmann, Elke; Trost und Zuflucht, in: Altenpflege Nr. 3/97, S. 32

Schmitz-Scherzer, Reinhard; Angst und Unsicherheit, in: Altenpflege Nr. 9/1998, S. 22f.

Skiba, Alexander; Ein guter Tod, in: Altenpflege Nr. 9/1998, S. 25f.

Stanjek, Karl (Hrg.); Altenpflege konkret: Sozialwissenschaften, Gustav Fischer Verlag, Lübeck, Stuttgart, Ulm, Jena 1998

Stracke-Mertes, Ansgar; Soziologie. Der Blick auf soziale Beziehungen, 2. vollständig überarbeitete und erweiterte Auflage, Vincentz Verlag, Hannover 1998

Strecker, Dieter; Vom guten Umgang mit Sterbenden, Art & Grafik Verlag, Ettlingen 1991

Student, Johann-Christoph; Sterbebegleitung im Pflegeheim, in: Altenpflege Forum Nr. 4/1998, S. 19f.

Wilken, Hedwig; Jeder Abschied ist ein kleiner Tod, in: Altenpflege Nr. 3/1997, S. 26f.

Willig, Wolfgang / Ebel, Thomas / Erben, Monika / Pulvermüller, Gerhard; Psychologie – Soziologie – Gesprächsführung in der Altenpflege, Balingen, 4. überarbeitete Auflage, 1996

Wirsing, Kurt; Psychologisches Grundwissen für Altenpflegeberufe. Ein praktisches Lehrbuch, Weinheim 1987

Traumberuf Altenpflege: heute Feuer und Flamme – morgen ausgebrannt?

DAS ZIEL IST ...

Das Ziel ist,

- *die Gefahren im Zusammenhang mit beruflicher Belastung zu erkennen,*
- *Maßnahmen der Psychohygiene zu kennen und die Eigenverantwortlichkeit für ihre Anwendung zu erfassen,*
- *Initiativen zur Bewältigung beruflicher Belastungen zu kennen und zu unterscheiden,*
- *die Bedeutung von Aus-, Fort- und Weiterbildung realisieren,*
- *Möglichkeiten von Selbstpflege und Selbstmanagement zu kennen und möglichst zum Teil auszuprobieren.*

Arbeitsbelastungen und Möglichkeiten der Bewältigung

Berufsflucht (wichtig)

Erfüllende Tätigkeit

Für viele Menschen ist die Ausbildung zum/zur AltenpflegerIn ein Traum, zumindest in dem Moment, in dem sie sich dafür entscheiden. Viele wählen den Beruf erst im fortgeschrittenen Erwachsenenalter, zum Teil nach Kinder- und Familienpause, zum Teil als zweite oder dritte Ausbildung nach anderen Erfahrungen im Berufsleben auf dem zweiten Bildungsweg, zum Teil nach langjähriger Tätigkeit ohne Ausbildung. Endlich mit Menschen arbeiten, endlich etwas Sinnvolles tun, endlich eine erfüllende Tätigkeit finden – das sind Gedanken, die Untersuchungen zu Folge vielfach zu der Entscheidung für eine Altenpflegeausbildung führen.

In der Altenpflegeausbildung fällt ein mit 34 Jahren hohes Durchschnittsalter im Vergleich zu anderen Auszubildenden auf Berufsfachschulen des so genannten Dualen Systems auf. Fast jede(r) vierte SchülerIn beginnt die Ausbildung nach dem 40. Lebensjahr.*

Doch, was bleibt, ist bei der Mehrheit anscheinend mehr Frust als Lust, denn bereits fünf Jahre nach Abschluss der Ausbildung sind mehr als 80 Prozent der AltenpflegerInnen wieder ausgestiegen. Nur noch 18 Prozent eines Ausbildungsjahrgangs arbeiten fünf Jahre nach ihrer Examensfeier noch im erlernten Beruf. Das ist das Ergebnis einer auf fünf Jahre angelegten Längsschnittstudie Berufseinmündung und Berufsverbleib von Altenpflegekräften, die das Bundesinstitut für Berufsbildung in der Zeit von 1992 bis 1997 durchführte.

Etwa ein Viertel der examinierten AltenpflegerInnen stieg schon im ersten Jahr aus dem gerade erst erlernten Beruf aus.** Bereits

---

*) vgl.: Zimber, Andreas; Der Frust sitzt tief. Wegen Unzufriedenheit immer mehr Ausbildungs-Abbrüche, in: Altenpflege Nr. 2/1998, S. 27

**) vgl.: Becker, Wolfgang/ Nakielski, Hans; Alarmierende Berufsflucht von AltenpflegerInnen, in: Pro Alter Nr. 4/1997, S. 22

während der Ausbildung ist die Quote der AbbrecherInnen mit mehr als 20 Prozent hoch, wie die bereits erwähnte Studie zeigte.*

Auf Grund dieser Tatsachen wird inzwischen von der so genannten Berufsflucht gesprochen. Diese Entwicklung ist das alarmierende Ergebnis einer verbreiteten Berufsunzufriedenheit. Sie zeigt aber auch: »Altenpflege wird immer häufiger zu einer beruflichen Erstausbildung, nur ein knappes Drittel der examinierten Fachkräfte sieht in der Altenpflege einen Beruf für's Leben.«**

Mehr Frust als Lust

Ungenügende Vorbereitung

Unzufriedenheit mit der Ausbildung wegen ungenügender Vorbereitung auf praktische Tätigkeitsanforderungen und Krisenbewältigungen waren wesentliche Begründungszusammenhänge, die von 60 Prozent der Befragten in der o.a. Studie genannt wurden.

Fehlende Zeit war ein weiterer Kritikpunkt. 70 Prozent gaben an, zu wenig Zeit für die Pflegearbeit zur Verfügung zu haben und damit den Ansprüchen an eine ganzheitlich verstandene Pflege nicht genügen zu können.

Arbeitszeiten

Als zusätzlicher Belastungsfaktor wurden die Arbeitszeiten mit Schicht-, Wochenend- und Ersatzdiensten sowie ständigen Bereitschaftsanforderungen genannt. Dadurch fühlten sich mehr als 80 Prozent der Befragten in ihrem Privatleben massiv beeinträchtigt.***

Hohe Belastungen

Hohe Belastungen sind nachweislich mit der professionellen Tätigkeit in der Altenpflege verbunden. Große körperliche Belastungen, die sich aus Schichtarbeit ergeben, sind unbestritten, und auch die eigentliche pflegerische Arbeit ist körperlich anstrengend. »Der körperliche Energieaufwand beim Anlegen bzw. Abnehmen von Stützstrümpfen liegt nur knapp unter dem beim Mauern einer Wand.«° Zusätzlich ist die psychische Anspannung enorm. Der

*) vgl.: Zimber, Andreas; a.a.O., S. 29

**) aus: Bundesarbeitsgemeinschaft der Senioren-Organisationen (BAGSO); Pressemitteilung Nr. 2/1998

***) vgl.: Becker, Wolfgang/ Nakielski, Hans; a.a.O., S. 23

°) aus: Paul-Lempp-Stiftung; Schwerarbeit in der Pflege, in: Altenpflege Nr. 10/1999, S. 13

Umgang mit dementen alten Menschen, die tägliche Konfrontation mit chronischen Krankheiten, Leiden, Sterben und Tod macht AltenpflegerInnen zu schaffen. Rollenkonflikte und die Unmöglichkeit, allen Erwartungen und Anforderungen gerecht zu werden, tun ein übriges. Die Kluft zwischen Anspruch und Realität erscheint unüberwindlich. Die Kostensituation in der Altenpflege mit Einsparungen überall, niedrigen Personalschlüsseln und mangelnder Teamarbeit schafft bei Pflegenden Unzufriedenheit und Versagensängste. Hohe Verantwortung lastet auf Pflegekräften, denen gleichzeitig mit schlanken Organisationsstrukturen und drückender Hierarchie wenig Mitsprache und Mitgestaltungsmöglichkeit eingeräumt wird.[*]

Berufsfremde Personen

»Die deutsche Altenpflege wird zu 90 Prozent von berufsfremden Personen gesteuert. Wie die Münsterländische Volkszeitung berichtet, werden sozialpflegerische Aufgaben damit zum Anhängsel einer alles dominierenden wirtschaftlichen Sichtweise. Die ungünstigen Bedingungen für das Altenpflegepersonal werden nach einer Bielefelder Untersuchung (Abba) auch durch die Einführung der zweiten Stufe der Pflegeversicherung in keiner Weise verbessert.«[**] In einer Umfrage, welche Aspekte Pflegekräfte bei ihrer Arbeit als belastend erleben, wurden die folgenden Punkte (in der Reihenfolge ihrer Häufigkeit) genannt:

- mangelnde gesellschaftliche Anerkennung,
- hoher Zeitdruck,
- für (zu)viele BewohnerInnen zuständig,
- Kommunikation mit Verwirrten,
- Sterben und Tod,
- Probleme, BewohnerInnen zu aktivieren,
- fehlende Anerkennung der Angehörigen und BewohnerInnen,
- schlechte Behandlung von BewohnerInnen durch KollegInnen.[***]

---

*) vgl.: Grüneberg, Lutz / Hauser, Paul; Gerontologie für Altenpflegeberufe, Stam Verlag, Köln 1997, S. 122f.

**) aus: Altenpflege Nr. 10/1997, S. 7

***) vgl.: Altenpflege Nr. 10/1997, S. 7

Trotz allen Frusts gibt es eine Reihe von AltenpflegerInnen, die ein (Berufs-)Leben lang mit Freude und Engagement kompetent professionell alte Menschen pflegen. Bei ihnen kann davon ausgegangen werden, dass sie parallel zu ihrer Tätigkeit entweder bewusst gezielt oder unbewusst unspezifisch Maßnahmen der Psychohygiene angewandt haben.

Psychohygiene

Da die Belastungen der Altenpflege und die damit verbundenen möglichen Auswirkungen heute bekannt sind, sollten AltenpflegeschülerInnen die Chance nutzen, die sich daraus ergibt und entsprechende Maßnahmen bereits während der Ausbildung ergreifen.

Maßnahmen der Psychohygiene bleiben meist den AltenpflegerInnen selbst überlassen. Entsprechende Angebote der Trägerorganisationen sind eine Rarität.

→ Psychohygiene

»seelische Hygiene, Aufgabenbereich der Angewandten Psychologie, der sich auf die Erhaltung und Förderung der seelischen Gesundheit erstreckt. Die Aufgabe der Psychohygiene besteht im Wesentlichen in der Feststellung der Ursachen seelischer Krankheiten (z.B. Vererbung, soziale, kulturelle Gegebenheiten) und in der möglichst frühzeitigen Erfassung psychischer Störungen sowie dem Umgang mit Betroffenen ...«*

Sich um die eigene Gesundheit – sowohl körperlich als auch psychisch – zu kümmern, bleibt weitgehend private Verantwortung und Aufgabe der Pflegekräfte selbst. Viel zu spät bemerken sie meist die Auswirkungen von Stress, Mobbing, Helfersyndrom etc. Vor allem jungen Menschen, die vermehrt in die Altenpflege eintreten, trifft der Praxisschock besonders hart, zumal viele von ihnen in ihrem bisherigen Leben noch wenig belastende Erfahrungen machen mussten. Hohe Ansprüche an sich selbst und die zu leistende Pflege führen oft dazu, dass Belastungen zunächst verdrängt und erst dann realisiert werden, wenn sie sich in massiven körperlichen und psy-

Praxisschock

*) aus: Meyers Lexikonredaktion (Hg.); Schüler-Duden: Die Psychologie, Bibliographisches Institut & F. A. Brockhaus, Mannheim 1996, S. 312

chischen Belastungen sowie chronischen Erkrankungen niederschlagen.*

Rückenschmerz

Die Arbeitsbedingungen in der Altenpflege machen Pflegende krank, führen zu immer größeren physischen und psychischen Belastungen – zu diesem Ergebnis kam eine Untersuchung der Berufsgenossenschaft für Gesundheits- und Wohlfahrtspflege.** Weitere Untersuchungen kommen zu ähnlichen Ergebnissen. »Eine Zunahme körperlicher und psychischer Beschwerden sowie chronischer Erkrankungen bei Arbeitnehmern hat das Fraunhofer-Insitut für Arbeitswissenschaft festgestellt. Danach ist die Berufskrankheit Nummer Eins in der Altenpflege der Rückenschmerz, zugleich auch die am häufigsten genannte Gesundheitsbelastung von Arbeitnehmern aller Branchen. Unter Stress leidet mehr als ein Viertel der europaweit Befragten, und jeder fünfte Arbeitnehmer klagt über allgemeine Erschöpfung. Auch von Allergien, Hautproblemen und Angstzuständen ist mittlerweile mehr als jeder Zwanzigste betroffen.«***

Ursachen und Begründungszusammenhänge für die belastende Situation von AltenpflegerInnen sind vielschichtig und wurden bereits erwähnt. Einzelne Aspekte sollen im Folgenden genauer betrachtet werden.

Das Helfersyndrom

Das Helfersyndrom ist ein Phänomen, das bei Menschen in sozialen Berufen auftaucht. Ihre Berufsmotivation wird mit lebensgeschichtlichen Hintergründen erklärt. Der Psychoanalytiker Wolfgang Schmidbauer brachte 1977 mit seinem Buch »Die hilflosen Helfer« die Diskussion über dieses Thema in Gang. Darin erklärt er das von Aufopferung für die pflegebedürftige Person geprägte Verhalten, das er auch als Helfererkrankung bezeichnet, mit Hilfe des Freud'schen Schichtenmodells (siehe Seite 280 f.) aus der Sicht der Tiefenpsychologie.

---

*) vgl.: Grüneberg, Lutz / Hauser, Paul; a.a.O., S. 125f.

**) vgl.: dpa, 20.07.1999

***)aus: Altenpflege Nr. 11/2000, S. 6

→ Helfersyndrom-Persönlichkeit

»eine an einem hohen, starren Ich-Ideal orientierte soziale Fassade, deren Funktionieren vom Über-Ich überwacht wird. Eigene Schwäche und Hilfsbedürftigkeit werden oft verleugnet. Die Unfähigkeit, eigene Gefühle und Bedürfnisse zu äußern, verbunden mit einer scheinbar unangreifbaren Fassade psychosozialen Engagements wird zur charakterisierenden Persönlichkeitsstruktur. ...«*

Persönlichkeitsstruktur

Als prägendes Merkmal des Helfersyndroms wird beschrieben, dass jemand sich für eine andere Person aufopfert, dies in Erwartung einer seelischen Belohnung in Form von Zuwendung, Liebe, Dankbarkeit oder Anerkennung.**

Der Beginn einer solchen Entwicklung liegt meist bereits in der Kindheit. Betroffene wurden dann schon als Kinder wegen ihrer angepassten Verhaltensweisen geliebt anstatt auf Grund ihrer persönlichen Gefühle und Eigenschaften. Die Anpassung erfolgte so an idealisierte Vorstellungen einer Bezugsperson.

Narzisstische Kränkung

Dahinter steckt der Erklärungszusammenhang einer narzisstischen Kränkung *(Narzissmus = Eigenliebe, Selbstliebe)*, denn die betroffene Person glaubt, nur für das geliebt zu werden, was sie tut, nicht wer bzw. wie sie ist.

In einer helfenden Beziehung strebt eine vom Helfersyndrom geprägte Persönlichkeit eine Aufwertung ihres Selbstwertgefühls an. Für den Aufbau solcher Beziehungen eignen sich Hilfsbedürftige in besonderem Maß, denn sie haben allen Grund, der helfenden Person Dankbarkeit, Anerkennung und Zuneigung entgegen zu bringen.

Ein(e) Helfersyndrom-HelferIn gibt oft alles für andere und leidet darunter, unbarmherzig gegen sich selbst zu sein. Eine solche Person geht in ihrem zwanghaften Helfen oft selbstzerstörerisch mit sich um.

*) aus: Schmidbauer nach Wirsing, Kurt; Psychologisches Grundwissen für Altenpflegeberufe. Ein praktisches Lehrbuch, Weinheim 1987, S. 201

**) vgl.: Grüneberg, Lutz / Hauser, Paul; a.a.O., S. 125f.

Im Hinblick auf die eigene Gesundheit und die Situation der zu Pflegenden sollte ein(e) AltenpflegerIn sich selbstkritisch immer wieder fragen

- wie helfe ich?
- wann helfe ich wirklich dem anderen?
- warum helfe ich?

Die Auseinandersetzung mit dem Helfersyndrom ist Hilfe zur Selbsthilfe, um das Auftreten dieses Phänomens zu vermeiden.*

Als warnende Leitsätze können dabei die folgenden gelten:

- »Wer in seiner Kindheit wenig Zuwendung erhielt, sucht sie oft ein ganzes Leben lang.
- Für Menschen in helfenden Berufen gilt: Wer immer nur Lob und Anerkennung sucht, tut oftmals das professionell Falsche.
- Wer sich selbst im Beruf aufopfert, neigt oft dazu, andere unter Druck zu setzen – sie sollen ihn mit Anerkennung belohnen.«**

Stress – ein populäres Konzept

Fast alle Lebensbereiche

In den letzten zwei Jahrzehnten wurde der Stressbegriff regelrecht popularisiert. Er erfuhr eine Aufwertung wie kaum ein anderer Begriff der Humanwissenschaften. Jede(r) ist davon betroffen. Fast alle Lebensbereiche werden damit in Verbindung gebracht. Ich bin gestresst ist die stereotype Antwort vieler Menschen auf die Frage nach ihrem Befinden. Wir assoziieren Stress mit dem Straßenverkehr, dem Arbeitsplatz, der Schule, dem Kindergarten, wir denken an Leistungs-, Beziehungs- und Freizeitstress, selbst der Urlaub stresst manche. Mit Stress liefern wir uns und anderen eine Erklärung für die unterschiedlichsten Beeinträchtigungen des körperlichen und seelischen Wohlbefindens. Dabei verstehen wir häufig den Stress als einseitiges äußeres Übel, dem wir quasi als hilflose Opfer ausgesetzt sind. Der Hinweis »ich bin im Stress« dient vielfach dazu, eigenes

*) vgl.: Müller, Sigrid; Das Helfersyndrom, in: Altenpflege Nr. 7/1995, S. 471f.

**) aus: Müller, Sigrid; a.a.O., S. 473

Fehlverhalten sich selbst oder anderen gegenüber zu entschuldigen oder einer kritischen Auseinandersetzung mit sich und anderen aus dem Weg zu gehen. Nicht selten ist das Bekenntnis »ich bin im Stress« gemischt mit einem Unterton von Stolz, lässt der Stress doch im Sinn eines Statussymbols die Bedeutsamkeit der eigenen Person erkennen und verspricht Anerkennung in unserer Leistungsgesellschaft. Stress ist somit populär.

Stressauslösende Bedingungen

Der alltägliche Sprachgebrauch ist jedoch nicht eindeutig. Hier wird der Stressbegriff für zweierlei benutzt – die Beschreibung stressauslösender Bedingungen (die Frühschicht war heute mal wieder ein einziger Stress) und die Darstellung einer Befindlichkeit (ich fühle mich gestresst). Beide Aspekte sind jedoch klar voneinander zu unterscheiden: die stressauslösenden Bedingungen, die Stressoren, einerseits und die bei der betroffenen Person ablaufenden Prozesse als Stressreaktion andererseits. Stress bezeichnet also eigentlich den Zustand, in dem der Mensch sich befindet, nicht die Ursache, die ihn auslöst.

Nicht jeder Stress ist negativ!

Verteidigungsmechanismus

Stress ist zunächst ein lebenswichtiger Vorgang und ein völlig natürlicher Verteidigungsmechanismus. Es ist die angeborene und erworbene Reaktion auf Stressoren.

Um das nachzuvollziehen, stellen Sie sich die folgende Situation vor:

»Ein Urzeit-Jäger sitzt am Waldrand und ruht sich aus. Plötzlich knackt es hinter ihm. Was passiert?

1. **Orientierung –** Das Ohr leitet den Reiz (Knacken) ans Gehirn. Der Jäger dreht den Kopf, um zu sehen, woher das Geräusch kommt. Er sieht einen Säbelzahntiger auf sich zukommen.
2. **Aktivierung –** Blitzschnell wird im Gehirn entschieden, ob der Reiz lebenswichtig und bedrohlich ist; wenn ja, erfolgt die Alarmreaktion, die den Jäger optimal auf Angriff oder Flucht vorbereitet. Seine Wahrnehmung engt sich auf stressrelevante Wahrnehmung ein, er sieht einen Stock, den er als Waffe ver-

wenden kann oder das dichte Gebüsch, in das er fliehen kann, nicht aber die im Hintergrund blühenden Blumen. Sein vegetatives Nervensystem arbeitet auf höchster Stufe. Seine Muskeln sind angespannt, um ihn optimal für Angriff oder Flucht zu programmieren.

3. **Anpassung –** Solange die Bedrohungssituation besteht, bleibt sein Körper auf dem Sprung – optimal ausgerüstet, den Säbelzahntiger kraftvoll anzugreifen oder für das sofortige und ausdauernde Fliehen, z.B. durch Wegrennen, auf Bäume klettern, zur Seite springen. All das gelingt dem Urmenschen jetzt sehr viel besser als in neutralen, entspannten Situationen.
4. **Erholung –** Hat der Urmensch die Situation bewältigt (konnte er fliehen oder den Säbelzahntiger erlegen), kann er sich erholen.
5. **Überforderung –** Gelingt ihm die Anpassungsleistung nicht (mehr) oder wird er aufs Neue gefordert, ohne sich ausreichend erholt zu haben, schaltet sein Körper auf Daueralarm – er reagiert so, als ob er ständig von Raubtieren umgeben wäre.
6. **Erschöpfung –** Dauert dieser Zustand zu lange an, erschöpft sich die Widerstandskraft, und der Mensch ist nicht mehr fähig, sich in ähnlichen Situationen angemessen zu verhalten.«*

Ungenutzte Energien

Diese für den Urzeit-Jäger völlig normalen Vorgänge vollziehen sich in vergleichbarer Weise auch bei den Menschen heutiger Zeit. Doch wir müssen in der Regel weder fliehen noch körperlich kämpfen, d.h. die aufgebauten Energien, die uns in Alarm versetzt haben, bleiben ungenutzt. Solch ungenutzte Energien, ausgelöst durch unterschiedliche Stressoren, müssen auf andere Weise abgebaut werden, denn andernfalls können sie sich gegen den eigenen Körper richten.

*) aus: Wagner-Link, Angelika; Techniker Krankenkasse (Hrsg.), Der Stress, Hamburg 1993, S. 7f.

→ Stressor

»Als Stressoren werden alle inneren und äußeren Anforderungen bezeichnet. Der Organismus teilt die auf ihn einwirkenden Reize in positive und negative ein. Alles was nützlich, angenehm, befriedigend ist, wird positiv gewertet; alles was unangenehm, bedrohlich oder überfordernd ist, negativ als Stressor. Das können durchaus auch positive Reize sein, die zu plötzlich, zu massiert oder zu intensiv auftreten und mit denen der Mensch im Moment nicht umgehen kann bzw. das zumindest glaubt.«*

Positive Reize

Die folgende Auflistung gibt Beispiele für mögliche Stressoren:

- Termindruck
- Zeitnot, Hetze
- ungenaue Anweisungen und Vorgaben
- Verantwortung
- Aufstiegswettbewerb/ Konkurrenzkampf
- Konflikte mit KollegInnen
- Ärger mit Vorgesetzten
- Ärger mit BewohnerInnen
- Ärger mit Angehörigen
- ungerechtfertigte Kritik
- dauerndes Klingeln von BewohnerInnen
- dauerndes Telefon-Klingeln
- Informationsüberflutung
- neuer Verantwortungsbereich
- Schwierigkeiten bei Kontaktaufnahme
- unerfreuliche Nachrichten
- Misserfolge
- eigenes Fehlverhalten
- Lärm
- zu wenig Schlaf
- Konflikte in Partnerschaft und Familie
- Streitereien

*) aus: Wagner-Link, Angelika; Techniker Krankenkasse (Hrsg.), Der Stress, Hamburg 1993, S. 7f.

- Hausarbeit
- Einkaufen in der Stoßzeit
- hohe laufende Kosten
- Rauchen
- Alkoholgenuss
- übermäßige Kalorienzufuhr
- Bewegungsmangel
- ...

→ Stress

»eine unspezifische Alarmreaktion des Organismus, die bei starken Umweltbelastungen durch Einsetzen innersekretorischer Leistungen die Reaktions- und Widerstandsfähigkeit des Organismus gewährleistet. Den Begriff Stress für dieses generelle Reaktionsmuster des Menschen wie auch der Tiere prägte 1936 der österreichisch-kanadische Biochemiker Hans Seyle.

Beanspruchungsfaktoren

Die Beanspruchungsfaktoren (Stressoren) können außer physikalischer oder chemischer Art (z.B. Kälte, Hitze, Lärm, Drogen) auch krankheitsbedingt (z.B. Fieber) oder psychisch bedingt sein (z.B. Hektik, Isolation, Belastungen in der Partnerbeziehung, in Familie, Schule, Berufswelt, vor allem aber starke Angst bzw. Furcht).«*

Ursprünglich kommt der Begriff aus dem englischen Sprachraum, hier speziell aus der Materialprüfung. Dabei bedeutet Stress die Anspannung und Verzerrung von Metallen oder Glas.

→ Eustress

»... positiven, anregenden und abhärtenden Stress nennt man Eustress. Ein gewisses Maß an Eustress ist nicht nur ungefährlich, sondern durchaus angenehm und darüber hinaus leistungs- und lebensnotwendig.«**

---

*) aus: Meyers Lexikonredaktion, Bibliographisches Institut & F. A. Brockhaus (Hg.); a.a.O., S. 394

**) aus: Meyers Lexikonredaktion, Bibliographisches Institut & F. A. Brockhaus (Hg.); a.a.O., S. 394

→ Distress

»... Ein Übermaß an Belastungen und Anforderungen bzw. lang andauernder starker Stress kann jedoch gesundheitliche Schäden vielfältiger Art verursachen, beispielsweise Magengeschwüre oder Bluthochdruck bis hin zum Herzinfarkt.«*

Was negativer Stress auf Dauer anrichtet ...

Was negativer Stress auf Dauer anrichtet ...

Auswirkungen	kurzfristig	langfristig
... auf den Körper	• Puls • Blutdruck • Adrenalin-ausschüttung	• Kopfschmerzen • Magenschmerzen • Gefahr koronarer Herzerkrankungen
... auf die Psyche	• starke Anspannung • oft frustriert • schnell verärgert • immer müde	• Unzufriedenheit ⇑ • Depressionsrisiko ⇑ • Zerschlagenheit • Selbstwertgefühl ⇓
... auf die Leistung	• große Schwankungen • mangelnde Konzentration • verstärkte Vergesslichkeit, Fehlerhäufigkeit	• Gefahr: Arbeitssucht • Alkoholkonsum ⇑ • Nikotinabhängigkeit • Beruhigungsmittel-konsum und Schmerzmittel-gebrauch ⇑
... auf Konflikte	• Aggressivität • Verschlossenheit	• Konflikte • resignativer Rückzug

mod. aus: »Fit for fun, 4/97, zit. nach: Altenpflege Nr. 7/1997, S. 43

Es kommt also auf die richtige Dosis an. Die Stressdosis wird bestimmt durch

Dosis

- Häufigkeit,
- Vielfalt,
- Dauer,

*) aus: Meyers Lexikonredaktion, Bibliographisches Institut & F. A. Brockhaus (Hg.); a.a.O., S. 394

- Intensität,

mit der Stressoren auf den Organismus einwirken, aber auch auf die

- individuelle Bewertung.

Unterforderung

Anzeichen für Unterforderung sind z.B.:
Der Mensch

- fühlt sich häufig unwohl,
- ist gelangweilt und wenig motiviert,
- bringt schlechte Leistungen,
- macht Leichtsinnsfehler,
- läuft quasi untertourig.

Gesunde Stressdosis

Anzeichen für mittlere – also gesunde – Stressdosis sind z.B.:
Der Mensch

- fühlt sich wohl,
- hat Spaß an Arbeit und Freizeit,
- zeigt nur wenige Stressreaktionen,
- fühlt sich angespannt,
- zeigt gute Arbeitsergebnisse.

Überforderung

Anzeichen für Überforderung sind z.B.:
Der Mensch

- fühlt sich überfordert,
- zeigt zunehmend Stressreaktionen,
- ist planlos aktiv oder resigniert,
- erbringt immer schlechtere Leistungen,
- macht immer mehr Fehler,
- wird zunehmend anfällig für Krankheiten.*

Reaktionen auf Stressoren können in vier Ebenen erfolgen

1. kognitiv
2. emotional

---

*) vgl.: Wagner-Link, Angelika; Techniker Krankenkasse (Hrsg.), Der Stress, Hamburg 1993, S. 10f.

3. vegetativ-hormonell
4. muskulär.

1. Kognitiv

Hier wird die Wahrnehmung eingeengt auf stressrelevante Reize. Gleichzeitig erfolgen gedankliche Bewertungen ... das geht schief ...

Reaktionen können sein

- Gedanken wie »pass auf, das schaffe ich nie, auch das noch ...«
- Leere im Kopf (blackout),
- Konzentrationsmangel,
- Denkblockaden,
- Gedankenkreisel.

Überforderungs-Reaktionen können sein

- Konzentrationsstörungen,
- Tagträume,
- Gedächtnisstörungen,
- Leistungsstörungen,
- Scheuklappeneffekt – Rigidität,
- Realitätsflucht,
- Wahrnehmungsverschiebungen,
- Alpträume.

2. Emotional

Hier entstehen unterschiedliche Gefühle aus dem Grundmuster Angst/ Aggression, Flucht/ Angst oder Hilflosigkeit.

Reaktionen können sein

- Angst, Schreck, Panik,
- Nervosität, Verunsicherung,
- Gefühlsstau,
- Ärger, Wut,
- Gereiztheit.

Überforderungs-Reaktionen können sein

- Aggressionsbereitschaft,
- Angstgefühle,
- Unsicherheit,

- Unzufriedenheit, Gereiztheit
- Unausgeglichenheit, Gefühlsschwankungen,
- Nervosität,
- Depressionen,
- Apathie,
- Hypochondrie.

3. Vegetativ-hormonell

Es erfolgt eine vegetative und hormonelle Aktivierung. Stresshormone werden ausgeschüttet.

Reaktionen können sein

- trockener Mund,
- Kloß im Hals,
- Herzklopfen, Herzstiche,
- flaues Gefühl im Magen,
- Schwitzen,
- Erröten,
- Kurzatmigkeit,
- Tränen,
- weiche Knie,
- Adern treten hervor,
- Engegefühl in der Brust.

Überforderungs-Reaktionen können sein

- Herz-Kreislauf-Beschwerden,
- Magen- und Darmgeschwüre,
- Verdauungsbeschwerden,
- Schlafstörungen,
- chronische Müdigkeit,
- Anfälligkeit für Infektionen,
- Verschiebung des Hormonhaushalts,
- Zyklusstörungen bei der Frau,
- Verminderung der Samenproduktion beim Mann,
- sexuelle Funktionsstörungen,
- Hautveränderungen,
- übermäßiges Schwitzen,

- Schwindelanfälle,
- Atembeschwerden,
- Migräne.

4. Muskulär

Die gesamte Skelettmuskulatur ist gespannt, der Körper sprungbereit, auf Flucht oder Angriff optimal eingestellt.

Reaktionen können sein

- starre Mimik,
- Fingertrommeln,
- Zittern,
- Zähneknirschen,
- Wippen mit dem Fuß,
- Zucken,
- Spannungskopfschmerz,
- Rückenbeschwerden,
- Faustballen,
- Stottern,
- verzerrtes Gesicht,
- nervöse Gestik.

Überforderungs-Reaktionen können sein

- allgemeine Verspanntheit,
- Krampfneigung,
- Muskelzittern,
- Entspannungsunfähigkeit,
- Rücken-, Kopfschmerzen.*

Reaktionen

Menschen reagieren völlig unterschiedlich auf Stressoren. Erhalten z.B. zwei frisch examinierte AltenpflegerInnen plötzlich dieselbe Aufgabe – vertretungsweise die Schichtleitung auf ihrem Wohnbereich für einen Tag zu übernehmen – so kann es sein, dass die Reaktionen auf diese Anforderung sehr verschieden sind, obwohl beide über die gleiche fachliche Qualifikation verfügen. Der eine ist unsi-

*) vgl.: Wagner-Link, Angelika; Techniker Krankenkasse (Hrsg.), Der Stress, Hamburg 1993, S. 15f.

cher, traut sich nichts zu, und ihm graut vor der Aufgabe. Er wartet ständig darauf, dass die KollegInnen ihn kritisieren, dass irgend etwas schief geht. Die andere dagegen nimmt die Situation als Herausforderung an, freut sich, ihr Können unter Beweis stellen zu dürfen. Sie traut sich zu, den an sie gestellten Erwartungen gerecht zu werden.

Auf Grund ihrer sich unterscheidenden Persönlichkeiten bewerten beide die Situation verschieden. Stress ist daher oft selbst gemacht!

Analyse eigenen Verhaltens

Im Umgang mit Stress ist es wichtig, zunächst eine genaue Analyse eigenen Verhaltens vorzunehmen, auf deren Basis anschließend gezielt neue Handlungsmuster aufzubauen. Fragen wie: Welches sind die Stressoren? Welches sind meine persönlichen Bewältigungsmöglichkeiten, die ich gegenüber der Belastungssituation mitbringe? Wie reagiere ich auf die jeweilige Belastungssituation? helfen, um sich eine Übersicht zu verschaffen.

Stress-Bewältigung

Eine effektive Stress-Bewältigung kann ansetzen

1. Bei den Stressoren – die Umwelt verändern,
   d.h. die Summe der Stressoren (Stressdosis) verringern, indem einzelne Stressoren verändert werden durch
   – Ausschalten,
   – Reduzieren,
   – Vermeiden.
2. Beim Menschen selbst – sich selbst verändern,
   d.h. durch langfristige Stress-Bewältigung stressstabiler werden, indem der Mensch
   – Belastbarkeit durch aktive Entspannung erhöht,
   – positives Verhalten (Fertigkeiten) aufbaut,
   – die Bewertung von Stresssituationen verändert.
3. Bei der Stresssituation – die Erregung drosseln,
   d.h. Stressreaktionen beeinflussen, so dass Erregungsspitzen gekappt und Aufschaukeln verhindert wird, außerdem die Situation selbst verändern, konkret durch
   – völliges Ausschalten, z.B. Klingel abstellen,

– Entschärfen, z.B. lautes Radio leiser stellen,
– Vermeiden, z.B. andere Arbeitszeiten vereinbaren.

Mobbing – Psychoterror am Arbeitsplatz

Der Begriff Mobbing *(engl. to mob = pöbeln, belästigen)* kommt aus dem Englischen und bedeutet soviel wie anpöbeln, attackieren, angreifen. Erst in den letzten Jahren auch im deutschen Sprachraum verwendet, werden mit dem Ausdruck wiederholte schikanöse Handlungen einer oder mehrerer Personen bezeichnet, die sich gegen eine Einzelperson oder eine Personengruppe richten können. Ziel solcher Handlungen ist, das bzw. die Opfer im Ansehen zu schädigen oder aus seiner bzw. ihrer Position zu vertreiben.*

Coping-Strategien

Mobbing ist der heute verwendete Modebegriff für einen Tatbestand, der bereits seit Jahren aus der Stress- und Konfliktforschung bekannt ist. Mobbing gehört danach zu den so genannten Coping-Strategien (Bewältigungs-Strategien), die zur Konfliktbewältigung eingesetzt werden. »Den Mobbern geht es dabei um die Durchsetzung der eigenen Interessen, wenn notwendig, auch mit unlauteren Methoden. Dabei versuchen sie oftmals, Solidarität mit Kollegen herzustellen. Eine weitere Strategie ist es, dem Konfliktgegner die alleinige Schuld am Konflikt unkritisch zuzuschieben, so dass zuletzt eine tatsächliche Berechtigung entsteht, dass der Konfliktpartner die soziale Gemeinschaft verlässt. Für den Mobbing-Betroffenen bedeutet das, chronischem Stress ausgeliefert zu sein.«**

Lebenskrise

Für Betroffene kann Mobbing zu einer Lebenskrise führen, denn die Palette beobachteter Folgen reicht von freiwilliger oder unfreiwilliger Kündigung über psychosomatische Störungen und depressive Erkrankungen bis – in Einzelfällen – zum Suizid.

Typische Verhaltensweisen bzw. Handlungen von MobberInnen sind z.B.

- üble Nachrede,

*) vgl.: Pflegeheitschrift (Hrsg.); Mobbing, Pflegezeitschrift Nr. 4/1998, S. 271

**) aus: Falk, Juliane/ Kerres, Andrea; Es ist nicht mehr auszuhalten ..., in: Altenpflege Nr. 9/1995, S. 595

- Verdächtigungen,
- persönliche Angriffe,
- Drohungen,
- lächerlich machen,
- Kontaktverweigerung,
- Isolieren.

Ursachen

Als Ursachen für Mobbing werden strukturelle und individuelle Dispositionen genannt.

Die Mobbing-Opfer werden meist völlig unerwartet von der Situation getroffen. Arbeitsbereiche mit stark kommunikativen Anteilen sind besonders stark betroffen. Mobbing ist wie ein Gerücht – es verbreitet sich wie ein Lauffeuer in Windeseile, und der bzw. die UrheberInnen sind nur schwierig auszumachen. Es verläuft meist in Phasen:

»**Phase 1 –** einzelne Übergriffe, Unverschämtheiten und Gemeinheiten. Ständiger Konflikt am Arbeitsplatz;

Phase 2 – Die Übergriffe gehen nicht mehr nur von einzelnen MitarbeiterInnen aus. Fast alle KollegInnen beteiligen sich. Der Konflikt verschärft sich;

Phase 3 – ChefIn bzw. die Personalabteilung wird in das Mobbing einbezogen. Es kommt zu unbegründeten arbeitsrechtlichen Maßnahmen und Benachteiligungen;

Phase 4 – Der betroffene Arbeitsnehmer wird z.B. an einen isolierten, minder qualifizierten Arbeitsplatz abgeschoben, mehrmals hintereinander versetzt oder ihm wird mit einer Abfindung gekündigt. Häufig gehen die Mobbing-Opfer selbst. Sie gehen frühzeitig in Rente, lassen sich dauerhaft krank schreiben oder kündigen im beiderseitigen Einvernehmen.«*

Mobbing ist überall verbreitet – nicht nur in solchen Berufszweigen, die von Konkurrenzkampf geprägt sind, sondern auch in Einrich-

*) aus: Stanjek, Karl (Hrg.); Altenpflege konkret: Sozialwissenschaften, Gustav Fischer Verlag, Lübeck, Stuttgart, Ulm, Jena 1998, S. 78

tungen und Berufen, in denen Rivalität, Neid und Wettbewerb keine eigentlich wichtige Rolle spielen.

Spezielle Beratungsstellen

Hilfe für Mobbing-Opfer bieten spezielle Beratungsstellen von Gewerkschaften, Selbsthilfegruppen, aber auch die Betriebs- und Personalräte der jeweiligen Arbeitgeber. Externe Hilfe ist oft notwendig, um sich zu wehren und dem Druck zu widerstehen. Falls alles keinen Erfolg hat, ist eine Kündigung als letzte Alternative besser als endloses Leiden.

Sissi-Syndrom

Depressive Störungen

Umfangreiche Belastungen in der Pflege können dazu führen, dass ein(e) AltenpflegerIn aus der Balance gerät. Das kann sich äußern in latent depressiven Stimmungen, Schlafstörungen, diffusen Ängsten und körperlichen Beschwerden. Dem so genannten Sissi-Syndrom, benannt nach der berühmten Kaiserin Elisabeth von Österreich, wird heute ein Drittel aller depressiven Störungen zugeordnet. Die ängstlich-depressiven Störungen, die von der Kaiserin beschrieben werden und gegen die sie zeitlebens mit exzessivem Sport, Diäten, fanatischem Schönheitskult und rastlosem Reisen ankämpfte, passt auch in die heutige Zeit. Da Kaiserin Elisabeth von Österreich, Sissi, sich immer wieder aktiv gegen ihre Krankheit wehrte, wird heute diese Ausprägung der Depression auch als Sissi-Syndrom bezeichnet.

Als wesentliche Symptome werden beschrieben:

- Unrast – viele sprunghafte und intensive Aktivitäten wie Sport und Reisen,
- geheime, nicht geäußerte Ängste und Sorgen,
- schnelle Stimmungswechsel,
- intensive Selbstheilungsversuche.*

*) vgl.: Voll, Barbara; Das Sisi-Syndrom, Droemer Knaur Verlag, München 1998

Burnout-Syndrom Prüfung

Der Begriff Burnout-Syndrom *(engl. to burn = brennen, ausbrennen)* hat seinen Ursprung in der Sucht- und Drogenszene und wurde hier für TherapeutInnen in diesem Bereich beschrieben. Heute wird er weiter gefasst und auf weitere Berufsgruppen ausgedehnt, die Umgang mit Menschen haben.

Die Definitionen des Burnout-Syndroms sind nicht eindeutig und nicht übereinstimmend. Sie hängen ab von unterschiedlichen Aspekten der Betrachtung. Es werden immer wieder Beschreibungen und Umrisse eines Zustands in der Literatur dargestellt, der sich in totaler psychischer und physischer Erschöpfung als Reaktion auf tätigkeitsspezifische Belastungen äußert.*

Ursachen und Entstehungsbedingungen

Ursachen und Entstehungsbedingungen liegen in persönlichen Voraussetzungen, beruflichen Belastungen und institutionellen Bedingungen.

Die Gefährdung für eine Betroffenheit vom Burnout-Syndrom wird als zunehmend beurteilt, je höher der Anteil an gebender und je niedriger der an nehmender Aktivität in der jeweiligen Berufsgruppe ist. Nach dieser Einschätzung sind AltenpflegerInnen in jedem Fall gefährdet.

Die Entstehung eines Burnout-Syndroms vollzieht sich schrittweise in fünf bis sechs Phasen. Die Einteilung wird jedoch nicht immer einheitlich beschrieben. Die Symptome eines Burnout-Symptoms verändern sich mit den Phasen.

Ein Beispiel einer Einteilung

Phase 1 – Idealistische Begeisterung:

gekennzeichnet von hoher Berufsmotivation, hohem Zeitaufwand für die Arbeit, hoher Identifikation mit Bedürfnissen alter und pflegebedürftiger Menschen, starker Überzeugung von der eigenen persönlichen und fachlichen Kompetenz;

*) vgl.: Löser, Angela; Hilfe – ich brenne!, in: Pflegezeitschrift Nr. 9/1998, S. 681f.

Phase 2 – Agitation:

gekennzeichnet von vermehrter Anstrengung im Kampf gegen Überforderung, Enttäuschung über Misserfolge, zunehmendem moralischen Stress wegen notwendiger Kompromisse hinsichtlich der Arbeitsbedingungen und verstärkte Erschöpfung emotionaler und körperlicher Ressourcen;

Phase 3 – Regression:

gekennzeichnet von weiterer Erschöpfung emotionaler und körperlicher Ressourcen, Infrage-Stellen eigener Kompetenz, Verunsicherung hinsichtlich der eigenen Identität, sozialem und emotionalem Rückzug, Neigung zu Missbrauch von Suchtmitteln;

Phase 4 – Defensive Bewältigung:

gekennzeichnet von schwindendem Selbstwertgefühl, Depression, Resignation, Rigidität, Betriebsblindheit und Ablehnung von Innovation;

Phase 5 – Restitution *(lat. restitutio = Wiederherstellung)* oder Maligne Dekompensation *(lat. decompensatio = versagender Ausgleich; malignus = schlecht, boshaft, missgünstig):*

gekennzeichnet von Entwickeln einer professionellen Haltung mit Gleichgewicht von Anspannung und Entspannung und Ergreifen beruflicher Alternativen wie Berufswechel o.Ä. – oder Abbauen angestauter Aggression und sadistischer Impulse vornehmlich gegen alte und pflegebedürftige Menschen, aber auch gegen KollegInnen, PartnerIn oder Familie.*

Hinweise für eine Pflegekraft auf ein Burnout-Syndrom können u.a. die folgenden Symptome geben:

- täglich mit großem Widerstand zur Arbeit gehen,
- Schuldgefühle, nicht genug, nicht alles getan zu haben, was möglich gewesen wäre,
- große Müdigkeit nach der Arbeit,

*) vgl.: Schwerdt, Ruth; Ausgebrannt, in: Altenpflege Forum Nr. 4/1994, S. 110f.

- täglich Gefühle von Müdigkeit und Erschöpfung,
- häufig Erkältungskrankheiten,
- Starre im Denken und Widerstand gegen Veränderungen.*

Symptome des Burnout-Syndroms

Die Symptome des Burnout-Syndroms können sich auf drei Ebenen äußern und jeweils in unterschiedlichen Kombinationen und Abstufungen auftreten.

Körperliche Ebene:
- Müdigkeit, Abgeschlagenheit, Erschöpfung
- Schlafstörungen,
- Kopfschmerzen,
- Störung der Immunabwehr, dadurch gehäuft Erkältungskrankheiten,
- psychosomatische Erkrankungen;

Psychische Ebene:
- Selbstzweifel, Resignation
- Verzweiflung,
- Depression,
- Aggression, z.B. Wutausbrüche,
- emotionale Härte gegenüber Pflegebedürftigen,
- Suchtmittel-Missbrauch;

Soziale Ebene:
- Rückzug
- keine Zeit für Pflegebedürftige,
- Misstrauen und Einsamkeit.**

Präventive Maßnahmen gegen das Burnout-Syndrom sind alle Aktivitäten zur Selbstpflege und zum Selbstmanagement (siehe S. 531 ff.). Bei bereits bestehendem Burnout-Syndrom ist unbedingt pro-

---

*) vgl.: Segel, Gerhard; Supervision in der Altenpflege, in: AltenPflegerin + AlternPfleger Nr. 9-10/1993, S. 46

**) vgl.: Stanjek, Karl (Hrg.); a.a.O., S. 79

fessionelle Hilfe (Supervision, Psychotherapie ...) zu suchen. Gelegentlich kann auch der Berufsausstieg die einzig effektive Lösung sein.

Initiativen zur Bewältigung

Initiativen zur Bewältigung berufsbedingter Belastungen in der Altenpflege können und müssen von beiden Seiten ausgehen – von den AltenpflegerInnen selbst wie vom Arbeitgeber.

Auseinandersetzung mit Gefahren und Problemen, Entwickeln von Gesundheitsbewusstsein und Umsetzen eines gesunden Lebensstils im Sinn von Prävention sind ganz sicher Aufgaben, die jede(r) für sich persönlich übernehmen muss.

Institutionen können allgemein durch Schaffen gesunder Arbeitsbedingungen und durch gezielte Gesundheitsförderung einen Beitrag zur Gesunderhaltung ihrer MitarbeiterInnen leisten.

Gesundheitsförderung

Einige Möglichkeiten und Maßnahmen der Psychohygiene werden im Folgenden vorgestellt.

Supervision – eine Maßnahme zur Psychohygiene

Die Supervision hat ihren Ursprung in der Aus- und Weiterbildung von PsychotherapeutInnen. Dort diente sie dem Ziel, an Hand von Beratungsprotokollen und Videos konkrete Fälle aufzuarbeiten und dabei – falls vorhanden – methodische Fehler in der Therapie oder Beratung aufzudecken.

Seit vielen Jahren wird sie auch als sinnvolles Instrument der Personalentwicklung in der Altenpflege entdeckt. Dennoch ist sie für die Mehrheit der in der Altenpflege Beschäftigten noch immer angstbesetztes Neuland.*

→ Supervision

»Supervision bezeichnet eine Methode, mit der Menschen in Bezug auf Probleme im Beruf bzw. auf die Verbesserung ihrer persönlichen

*) vgl.: Ehmer, Susanne; Notwendiges Übel?, in: Altenpflege Nr. 1/2001, S. 34

Kompetenzen im Beruf fachlich beraten werden. Supervision stellt dabei den Oberbegriff für die Methode dar. Wie bei der Psychotherapie gibt es auch hier je nach theoretischem Zugang unterschiedliche methodische Ausrichtungen. Die Hauptströmungen in den Supervisionsmethoden entstammen den gängigen Methoden der Psychotherapie. Supervision als Teil der beruflichen Reflexion eigenen Handelns wird als besonders wichtig für Angehörige von Berufen erachtet, die mit Menschen in Problemlagen zu tun haben.«*

Supervision ist ein Verfahren, bei dem Einzelpersonen, Teams, Gruppen oder Organisationen mit Hilfe eines/einer SupervisorIn arbeitsbezogene Problemstellungen in Verbindung mit der Team- oder Organisationsdynamik reflektieren.

Ziele

Ziele sind dabei

- das Wiedergewinnen von Ressourcen im Arbeitsfeld einer Einzelperson oder eines Teams,
- die Unterstützung bei immer komplexer werdenden Situationen in Organisationen sowie
- die Unterstützung im Bereich des Lernens und Leitens.**

Supervision ist eine Maßnahme zur Qualitätssicherung. »Die Interessen der Leitung liegen hier primär in einer Verbesserung der Einstellung der Mitarbeiter gegenüber den alten Menschen, der Organisierung reibungsloserer Arbeitsabläufe, einer stärkeren Eigenverantwortlichkeit und nicht zuletzt im Angebot einer Entlastungsmöglichkeit.«***

Verschiedene Ansätze der Supervision

Die verschiedenen Ansätze der Supervision sind

Einzelsupervision Lernprozess, der eine Erweiterung und Übung sozialer Fertigkeiten im Umgang mit anderen Menschen beinhaltet. Der/die

*) aus: Hoppe, Birgit; Lehrbuch Altenpflege: Psychologie. Verstehen lernen, Vincentz Verlag, Hannover 1997, S. 239f.

**) vgl.: Segel, Gerhard; a.a.O.

***) aus: Ehmer, Susanne; a.a.O., S. 33

SupervisandIn steht mit seiner/ihrer Persönlichkeit im Mittelpunkt der Betrachtung.

Teamsupervision Bezieht sich auf Personen, die gemeinsam in einem Arbeitsfeld eingesetzt sind. Das Team steht im Mittelpunkt der Betrachtung. Im Team auftretende Probleme werden angesprochen, ausgesprochen und auf konstruktive Weise gelöst.

Gruppensupervision Erfolgt gemeinsam für Pflegekräfte aus unterschiedlichen Arbeitsfeldern und Einrichtungen. Sowohl persönliche Schwierigkeiten als auch Probleme, die sich aus der Arbeit ergeben, werden angesprochen.*

Coaching LeiterInnen-Supervision, die sich an Führungskräfte im Managementbereich richtet (hier wird selten mit dem Begriff Supervision gearbeitet, weil er Assoziationen mit helfenden Berufen – also einer anderen Berufskultur – aufkommen lässt).**

Der Supervisionsprozess dauert in der Regel ca. 30 bis 40 Sitzungen mit einer Dauer von je 60 Minuten bei Einzel- und 90 Minuten bei Team- und Gruppensupervisionen. Der Sitzungsrhythmus ist unterschiedlich.

In den Sitzungen soll vertrauensvolles Klima herrschen. Es geht darum, das jeweils behandelte Thema, die Situation oder den Fall zu verstehen. Hintergründe bisherigen beruflichen Handelns sollen aufgedeckt und erklärt werden. Alternative Formen beruflichen Handelns werden erarbeitet. Außerdem geht es darum, professionelle Distanz aufzubauen.

Berufliche und persönliche Probleme

Verwicklungen von beruflichen und persönlichen Problemen werden offen angesprochen. Dabei gilt für alle Beteiligten ein Schweigegebot; die einzige Ausnahme bildet der bzw. die SupervisorIn, da in dieser Funktion die Möglichkeit bestehen muss, Probleme in Kontrollsupervisionen einzubringen, dies jedoch mit Sicherstellung der Anonymität von SupervisandInnen.

*) vgl.: Segel, Gerhard; a.a.O.

**) aus: Erben, Monika; in: Jenrich, Holger; Interview mit Monika Erben – Supervision sichert Qualität, in: Altenpflege Nr. 1/2001, S. 38

Die Themen werden mit verschiedenen Techniken bearbeitet, u.a. Gespräch, Rollenspiel, Psychodrama, kreative Techniken wie Malen oder andere Darstellungsformen.

SupervisorInnen sind Fachleute für Kommunikation und Gesprächsgeschehen in Gruppen und Institutionen, keine Über-AltenpflegerInnen, die Rezepte und Ratschläge erteilen. Ein(e) SupervisorIn ist verantwortlich für den Supervisionsprozess, die SupervisandInnen bleiben verantwortliche für ihre berufliche Arbeit.*

»Und wenn der Heimleiter sagt: Ist mir zu teuer, bringt doch eh nichts, machen wir nicht!?« Auf diese Frage antwortet Monika Erben, Supervisorin, »ich persönlich würde in einer solchen Situation empfehlen, sich mit mehreren anderen Interssenten zu einer Gruppensupervision zusammenzufinden, sich einen Supervisor zu suchen und das Ganze selbst zu zahlen. Die Kosten werden dann anteilig auf die Teilnehmer umgelegt. Das ist durchaus bezahlbar. Die eigene Psychohygiene sollte einem schon etwas wert sein.«**

Eine neue, noch wenig bekannte, Variante zur Unterstützung von MitarbeiterInnen in der Altenpflege ist die Intervision.

→ Intervision

Selbsthilfe-Beratung

kollegiale oder professionelle Selbsthilfe-Beratung, bei der die klassische Supervision mit vielfältigen Möglichkeiten der Fort- und Weiterbildung kombiniert wird.
Im Unterschied zur Supervision beruht sie nicht auf einem hierarchischen Beziehungsverhältnis und erfordert keine zusätzlichen finanziellen Mittel.

Das Ziel der Intervision ist, Teams zu befähigen, nach einem Vorbereitungsseminar fallbezogene kollegiale Supervision selbstständig durchzuführen, gegebenenfalls ergänzt durch eine oder mehrere professionelle Supervisionssitzungen.

---

*) vgl.: Segel, Gerhard; a.a.O.

**) aus: Jenrich, Holger; Interview mit Monika Erben – Supervision sichert Qualität, in: Altenpflege Nr. 1/2001, S. 38

Das Konzept sieht eine konsequente Fallbearbeitung in Sitzungen von je 90 bis 120 Minuten Dauer vor. Für die gemeinsame Arbeit wird allen Teilnehmenden eine schriftliche Fallschilderung vorgelegt, die dann im interdisziplinären Team bearbeitet wird.

Fallbearbeitung

Das Vorgehen gliedert sich in fünf Phasen der Fallbearbeitung:

1. Stillarbeit aller Teammitglieder einzeln (zehn Minuten)
2. Bildgestaltung als Informationssammlung über den dargestellten Fall, damit alle sich ein Bild machen können (30 bis 40 Minuten)
3. Spinnerphase, in der fantasievolle und kreative Vorschläge erwünscht und erlaubt sind (20 Minuten)
4. Auswahl und Bewertung favorisierter Lösungsvorschläge (20 Minuten)
5. Umsetzung und Durchführung, d.h. Erarbeiten von Teilschritten zur Realisierung des favorisierten Lösungsvorschlages (20 bis 30 Minuten).*

Aus-, Fort- und Weiterbildung sind unerlässlich

Große Belastung entsteht für AltenpflegerInnen – wie bereits beschrieben – aus dem (oft zu) hohen Anspruch an die Qualität ihrer Pflege unter den gegebenen Rahmenbedingungen. Wer den eigenen und den Ansprüchen anderer nicht Stand hält, gerät unter Druck, fühlt sich gestresst.

Anspruch an die Qualität

Je besser die fachliche Qualifikation, desto sicherer kann ein(e) AltenpflegerIn im Umgang mit alltäglichen berufsbezogenen Problemen umgehen, desto weniger Grund gibt es, die Aufgaben als Stressoren zu empfinden.

Deshalb sind zur Prävention gegen alle Gefahren, die in der Belastung durch die Altenpflege liegen, Aus-, Fort- und Weiterbildung von eminenter Bedeutung.

Prävention

»Insbesondere Fort- und Weiterbildung können dazu befähigen, die eigene Arbeit unter einer veränderten Perspektive zu

*) vgl.: Reyle, Ulla; Eine Chance zum Austausch, in: Altenpflege Nr. 3/1998, S. 31f.

betrachten, sich Räume zu schaffen für die Entwicklung anderer Ansätze, sich selbst im Verbund mit KollegInnen zu erleben und damit auch zu erfahren, dass das Scheitern an bestimmten Situationen kein persönliches ist.«*

»*Es passiert mir, dass meine Arbeit zur Routine wird; durch Fortbildung wird man wieder zum Nachdenken angeregt und geht mit neuen Ideen und neuer Kraft an die Arbeit. Und dann finde ich meinen Beruf wieder toll!* begründet eine Altenpflegerin aus Hostenbach die Wichtigkeit regelmäßiger Fortbildung. *Nicht nur, um sich auf den neuesten Wissensstand zu bringen, sondern auch dem Austausch mit anderen KollegInnen dienen Fortbildungen,* schreibt ein Altenpfleger aus Wuppertal.«**

→ Fortbildung

Ausbildungsniveau

Angebote zur Fortbildung dienen dazu, sich auf dem vorhandenen Ausbildungsniveau auf dem Laufenden zu halten über aktuelle Entwicklungen und Neuerungen. Im Rahmen von Fortbildung können auch spezielle Themen des Berufsfeldes weiter vertieft werden, z.B. Gewalt, Umgang mit Sterben und Tod, Validation usw.

→ Weiterbildung

Mit diesem Begriff werden solche Bildungsmaßnahmen bezeichnet, die zu einer zusätzlichen oder höheren Qualifikation als der bisherigen führen, z.B. Weiterbildung zum/zur MentorIn in der Altenpflege, zum/zur PflegedienstleiterIn, zum/zur HeimleiterIn, zum/zur LehrerIn für Pflegeberufe usw.

MitarbeiterInnen in der Altenpflege, an die immer höhere Anforderungen gestellt werden, brauchen Hilfestellung für die persönliche Entwicklung, um damit klar zu kommen, was Pflegen heute bedeutet, um in neuen Strukturen mit immer weniger Fachkräften

*) aus: Hoppe, Birgit; a.a.O., S. 221

**) aus: Altenpflege; Umfrage: Bestes Mittel gegen Betriebsblindheit, in: Altenpflege Nr. 1/1994, S. 27

immer mehr Aufgaben erfüllen zu können. Teamentwicklung, Umgang mit BewohnerInnen, Führungsqualifikationen und Zeitmanagement sind besonders gefragte Fortbildungsthemen.*

Fort- und Weiterbildung sind auch strategische Instrumente, um die Ziele eines Betriebes im Hinblick auf Innovation umzusetzen.

Entsprechende Angebote finden AltenpflegerInnen bei ihren Trägerorganisationen, bei Wohlfahrtsverbänden, Berufsverbänden und Gewerkschaften, bei privaten und kommerziellen Bildungsakademien und Instituten. Außerdem stehen – je nach Vorbildung – Pflegekräften die Hochschulen und Universitäten mit unterschiedlichen Studiengängen offen.

In Balance bleiben

Um sich nicht der Gefahr auszusetzen, unter den beruflichen Belastungen der Altenpflege in den Sog von Stress und Burnout, Sucht und Suizid, Aggression und Gewalt zu geraten, ist es für den bzw. die einzelne(n) AltenpflegerIn wichtig, in Balance zu bleiben. Das heißt es gilt, für ein ausgeglichenes Verhältnis von Anspannung und Entspannung zu sorgen und das persönliche Wohlbefinden nicht dem Zufall zu überlassen. Dazu gehört ein gewisses Maß an Selbstpflege und Selbstmanagement.

Anspannung und Entspannung

Am Anfang steht dabei der Genuss. Ohne Genuss gibt es kein Wohlbefinden, denn Genuss ist das Verhalten, das zum Wohlbefinden führt. Das hat mit Lust, mit bewusstem Wahrnehmen, mit Auswählen und positivem Bewerten zu tun. Genuss braucht Zeit. Hier unterscheidet er sich deutlich von der Sucht, bei der eine Befriedigung sofort und unmittelbar herbeigeführt wird und Zeit zum Genießen nicht bleibt.

Genuss

Unter dem Begriff Wellness gibt es heute eine Vielzahl von Angeboten, die dem bewussten Wahrnehmen der eigenen Person und dem Wohlfühlen pur gewidmet sind.

Wellness

*) vgl.: Mamerow, Ruth; Hunger nach Bildung, in: Altenpflege Nr. 2/1998, S. 36f.

Zum guten Umgang mit sich selbst gehört es, die eigene Widerstandsfähigkeit zu erhöhen durch den Aufbau von physischen und psychischen Ressourcen.

Physische Ressourcen

(körperliche) Gesundheit

Ein gesunder Mensch ist im Normalfall belastbarer als jemand, der durch Krankheit geschwächt ist.

Fitness

Je besser die körperliche Kondition eines Menschen, desto widerstandsfähiger ist er gegen Belastungen von außen. Regelmäßiges Fitnesstraining hilft außerdem, Stress abzubauen.

Erholungszeit

Ein ausgeglichenes Verhältnis von aktivierenden und entspannenden Betätigungen gibt dem Körper die Möglichkeit, sich zu regenerieren.

Ernährung

Eine gesunde und vielseitige Ernährung (wenig Zucker, Kochsalz, Fett; täglich frisches Obst, Gemüse, Vollkornprodukte; schonende Zubereitung) und ein bewusster Umgang mit Alkohol sorgen für einen widerstandsfähigen Körper. Wichtig ist auch, das Körpergewicht im Normalbereich zu halten, denn Übergewicht bedeutet ständige Zusatzbelastung.

Psychische Ressourcen

Zufriedenheit

Ein Mensch, der sich in seiner Haut wohl fühlt, mit sich und dem Leben zufrieden ist, hat in belastenden Situationen mehr Energie zur Verfügung als andere.

Emotionale Stabilität

Ein innerlich ausgeglichener Mensch kann in belastenden Situationen gelassener bleiben als jemand, der schnell die Kontrolle verliert.

Positives Denken

Wer eine positive Grundhaltung zum Leben und zu sich selbst hat, zuerst die positiven Aspekte an Situationen sucht anstatt der negativen, arbeitet nicht nur lösungsorientiert, sondern mindert deutlich die subjektiv erlebte Belastung einer Situation.

Selbstverantwortung

Wer aktiv die Verantwortung für sich selbst übernimmt, sich konkret damit beschäftigt, was er bzw. sie selbst tun kann, um Situationen zu bewältigen, hat meist mehr Erfolgserlebnisse als eine Person, die alles laufen lässt, permanent auf Initiativen anderer wartet.

Aktiv entspannen

Qualität der Erholung

»Es sind lieb gewordene Gewohnheiten im beruflichen/pflegerischen Alltag, die vermeintlich eine Qualität der Erholung, Entspannung und Erleichterung bieten, tatsächlich aber gesundheitsschädlich wirken. Natürlich ist es einfacher, sich in einer Pause mal im nächsten Sessel hängen zu lassen, den Fahrstuhl statt die Treppe und das Auto statt das Fahrrad zu benutzen, in der Pause grundsätzlich zu rauchen und starken Kaffee zu trinken.«*

Kurzfristig ist das oben beschriebene Verhalten bequem. Langfristig steigt das Wohlbefinden, wenn aktiv für Entspannung und Erholung gesorgt wird. Manchmal reichen dazu schon kleine Verhaltensänderungen.

Kurze Unterbrechungen

Zum Beispiel sollte der normale Arbeitstag nicht nur durch die üblichen Frühstücks- und Mittagspausen (oder Zigarettenpausen) unterbrochen werden, sondern durch weitere kurze Unterbrechungen. Schon zwei bis drei Minuten, in denen die Augen geschlossen werden, können mit Träumen erstaunliche Verbesserungen bringen.

Nach anstrengender Arbeit ist – heutiger Pausenforschung zu Folge – absolutes Nichtstun über längere Zeit wenig zweckmäßig. Stattdessen sollten solche Zeiten durch leichte Aktivität erfüllt sein

*) aus: Behr, Thomas; Gesundheitsförderung für Pflegekräfte, in: Altenpflege Forum Nr. 1/2000, S. 7

– ein kurzer Spaziergang, Musik hören, in einer Zeitschrift blättern …

Ausgleich

AltenpflegerInnen sollten immer bewusst einen Ausgleich zur belastenden beruflichen Tätigkeit suchen. Hobbies pflegen, etwas mit Familie und FreundInnen unternehmen, Musik hören, Spazierengehen, Sport treiben, Kultur genießen, Lesen usw. sind Möglichkeiten, die zu einer ausgleichenden Freizeitgestaltung gehören können. Darüber hinaus ist es empfehlenswert, gezielte Entspannungstechniken zu erlernen und anzuwenden, z.B.

- Progressive Muskelentspannung (nach Edmund Jacobsen) – eine leicht zu erlernende und wirksame Methode, die auf der systematischen Anspannung und Entspannung der gesamten Muskulatur beruht; für EinsteigerInnen besonders geeignet,
- Autogenes Training,
- Yoga,
- Qi Gong,
- Tai-Chi,
- Atemgymnastik,
- Feldenkrais-Methode,
- …

Entsprechende Kurse oder regelmäßige Gruppenangebote sind bei Turn- und Sportvereinen, Volkshochschulen, Krankenkassen oder in Fitnessstudios zu finden.

Wichtig

- **Fünf Jahre nach der Ausbildung sind nur noch 18 Prozent der AbsolventInnen als AltenpflegerInnen tätig. Der Ausstieg aus dem Beruf in so großem Umfang wird auch als Berufsflucht bezeichnet.**
- **Für die alarmierende Berufsflucht werden die hohen körperlichen und psychischen Belastungen in der Altenpflege verantwortlich gemacht, außerdem vor allem die Schichtarbeit, die sich erheblich**

auf Privat- bzw. Familienleben und soziale Kontakte auswirkt.

- Pflegekräfte fühlen sich durch die Ausbildung oft nicht ausreichend auf die Anforderungen der praktischen Arbeit vorbereitet; viele erleiden den so genannten Praxisschock.
- Mit dem Begriff Psychohygiene werden solche Maßnahmen beschrieben, die der Prävention bzw. dem frühzeitigen Erkennen und Bekämpfen psychischer Störungen und Erkrankungen dienen.
- Das Helfersyndrom ist ein Phänomen, das bei Menschen in sozialen Berufen auftauchen kann. Es erklärt deren Berufsmotivation aus tiefenpsychologischer Sicht mit lebensgeschichtlichen Hintergründen. Personen mit Helfersyndrom gehen in ihrem zwanghaften Helfen oft selbstzerstörerisch mit sich um.
- Stress ist ein lebenswichtiger Vorgang und ein völlig natürlicher Verteidigungsmechanismus. Erst eine überhöhte Dosis lässt ihn negativ werden.
- Stress ist die angeborene und erworbene Reaktion auf Stressoren.
- Positiver, anregender Stress wird als Eustress bezeichnet – negativer, der auf lange Sicht gesundheitliche Schäden verursachen kann, heißt Distress.
- Reaktionen auf Stressoren können kognitiv, emotional, vegetativ-hormonell und muskulär erfolgen.
- Menschen reagieren unterschiedlich auf Stressoren. Auf Grund ihrer sich unterscheidenden Persönlichkeiten und Erfahrungen bewerten sie Situationen verschieden.

- Als Mobbing werden wiederholte schikanöse Handlungen einer oder mehrerer Personen bezeichnet, die sich gegen eine Einzelperson oder eine Personengruppe richten. Für die Betroffenen kann Mobbing zu einer Lebenskrise führen.
- Strukturelle Probleme am Arbeitsplatz können ebenso Ursachen von Mobbing sein wie individuelle Gründe in der Person des Täters bzw. der Täterin oder des Opfers.
- Mit dem Begriff Sissi-Syndrom wird eine bestimmte Ausprägung der Depression bezeichnet, die auch bei aus der Balance geratenen AltenpflegerInnen auftreten kann.
- Das Burnout-Syndrom, ein Zustand völliger psychischer und physischer Erschöpfung, bei dem sich die Betroffenen völlig ausgebrannt fühlen, bedeutet eine große Gefährdung für AltenpflegerInnen, die mit idealistischer Begeisterung an ihre Arbeit gehen.
- Der Entstehung eines Burnout-Syndroms kann mit Selbstpflege und Selbstmanagement, mit bewusstem Umgang mit sich selbst, entgegen gewirkt werden.
- Supervision ist eine spezielle Methode zur Bearbeitung berufsbezogener Probleme mit Hilfe ausgebildeter SupervisorInnen. Es gibt verschiedene Ausprägungsformen der Supervision. Sie ist eine Maßnahme zur Qualitätssicherung.
- Aus-, Fort- und Weiterbildung sind wichtige Instrumente, um den Belastungen in der Altenpflege wirksam zu begegnen.
- Für AltenpflegerInnen ist es wichtig, in Balance zu bleiben, d.h. einen Ausgleich zu den Belastungen

des Berufs zu finden. Aktive Freizeitgestaltung und das Praktizieren gezielter Entspannungsmethoden tragen zum allgemeinen Wohlfühlen bei und erhöhen die Widerstandskraft gegen die Anforderungen des Berufs.

Übungen

1. Beobachten Sie Ihre KollegInnen im Hinblick auf Hinweise für Stress- und Burnout-Symptome! Fragen Sie im Team, was die Einzelnen zum Ausgleich gegen berufliche Belastungen tun.
2. Nehmen Sie sich ein Blatt Papier und teilen Sie es in zwei Hälften. Überlegen Sie sich dann eine beliebige Arbeitssituation, bei der Ihnen automatisch negative Gedanken in den Sinn kommen (unangenehme Person, Misserfolgserlebnis, Konflikt ...). Schreiben Sie dann auf die linke Seite des Papiers alle negativen Gedanken, die Ihnen durch den Kopf gehen. Lassen Sie nichts weg, auch wenn die Liste lang wird.
   Versuchen Sie anschließend, auf der rechten Seite positive Gegenstücke zu sammeln. Seien Sie dabei ehrlich zu sich selbst und benutzen Sie keine Formulierungen mit nicht und kein!
   Trennen Sie zum Schluss die linke Seite des Papiers ab und werfen Sie sie weg. Lesen Sie die rechte Seite mit den positiven Aspekten immer wieder durch und versuchen Sie, sich an das Positive als neues Denkmuster zu gewöhnen.
3. Graben Sie in Ihrer Lebensgeschichte. Was genau hat dazu beigetragen, dass Sie sich für die Ausbildung zum/zur AltenpflegerIn entschieden haben. Sammeln Sie möglichst viele Aspekte als kleine Mosaiksteinchen für Ihre Motivation zum Einstieg in diesen Beruf.
4. Nehmen Sie sich vor, Ihren nächsten freien Tag oder das nächste freie Wochenende einmal ganz bewusst zu gestalten. Machen Sie einen Plan – natürlich nicht zu detailliert, er soll nicht zum Zwang werden – was Sie

alles tun möchten. Versuchen Sie, ihn umzusetzen. Ziehen Sie anschließend Bilanz, wie Ihnen die gestaltete freie Zeit gefallen, was sie bei Ihnen bewirkt hat.

5. Informieren Sie sich genau, welche Angebote zur aktiven Entspannung es in Ihrem Einzugsgebiet gibt, wann und wo sie stattfinden und was die Teilnahme kostet. Beschäftigen Sie sich genauer mit der Methode, die Ihnen auf Anhieb am meisten zusagt. Besorgen Sie sich dazu Broschüren, ein Buch aus der Stadtbibliothek oder leihen Sie sich Material von KollegInnen.

Wiederholungsfragen

1. Wie entsteht ein Helfersyndrom und was sind seine Symptome?
2. Welches sind typische Verhaltensweisen bzw. Handlungen von MobberInnen?
3. Welchen besonderen Belastungen sind AltenpflegerInnen ausgesetzt?
4. Wie kann sich negativer Stress auf Dauer auswirken?
5. Was unterscheidet »Stress« im umgangssprachlichen Gebrauch von seiner tatsächlichen Bedeutung?
6. Bei welchen drei Faktoren kann effektive Stressbewältigung ansetzen?
7. Erläutern Sie den Begriff »Sissi-Syndrom«!
8. Was bedeutet der Begriff »Psychohygiene«?
9. Was beschreiben die Begriffe »Eustress« und »Disstress«?
10. Nennen Sie einige Beispiele für gezielte Entspannungsmethoden!
11. Was ist »Supervision« und welche Ausprägungsformen dieser Methode kennen Sie?
12. Warum ist Aus-, Fort- und Weiterbildung für die Arbeit in der Altenpflege unerlässlich?

13. Welches Phänomen beschreibt der Begriff »Berufsflucht«?
14. Was ist unter dem »Burnout-Syndrom« zu verstehen?
15. Auf welchen vier Ebenen können Reaktionen auf Stressoren erfolgen?
16. Warum erleiden viele AltenpflegerInnen einen Praxisschock?
17. Nennen Sie Beispiele für Stressoren!

Literatur

Altenpflege; Umfrage: Bestes Mittel gegen Betriebsblindheit, in: Altenpflege Nr. 1/1994, S. 27f.

Becker, Wolfgang/ Nakielski, Hans; Alarmierende Berufsflucht von AltenpflegerInnen, in: Pro Alter Nr. 4/1997, S. 22f.

Behr, Thomas; Gesundheitsförderung für Pflegekräfte, in: Altenpflege Forum Nr. 1/2000, S. 1f.

Bergmann, Wolfgang; Warum sind so viele Helfer hilflos?, in: Altenpflege Nr. 7/1995, S. 474f.

Bergmann, Wolfgang; Schikane und Bosheit, in: Altenpflege Nr. 9/1995, S. 599f.

Büchner, Anne-Bianca; Der Kutscher kennt den Weg, in: Altenpflege Nr. 1/2001, S. 40f.

Buhmann, Regine; Vollkommen fix und fertig, in: Altenpflege Nr. 1/2000, S. 42f.

Büker, Heinz-Joachim; Altenpflege als Beruf, 3. überarbeitete und erweiterte Auflage, Vincentz Verlag, Hannover 1995

Ehmer, Susanne; Notwendiges Übel?, in: Altenpflege Nr. 1/2001, S. 33f.

Falk, Juliane/ Kerres, Andrea; Es ist nicht mehr auszuhalten ..., in: Altenpflege Nr. 9/1995, S. 595

Falk, Juliane/ Kämmer, Karla; Pro und Contra: Pflicht zur Fortbildung?, in: Altenpflege Nr. 7/97, S. 40

Glinski-Krause, Beate; Altenpflege in Lebensgefahr?, in: Altenpflege Nr. 11/1997, S. 16

Grüneberg, Lutz / Hauser, Paul; Gerontologie für Altenpflegeberufe, Stam Verlag, Köln 1997

Heuel, Guido; Das magische Dreieck, in: Altenpflege Nr. 1/2001, S. 36f.

Hirsch, Anna Maria; Psychologie für Altenpfleger, Band I, Probleme des Alterns, 2. aktualisierte Aufl., München, 2001

Hoffmann, Monika; Der Helfer als Opfer, in: Altenpflege Nr. 7/1995, S. 472

Hoppe, Birgit; Lehrbuch Altenpflege: Psychologie. Verstehen lernen, Vincentz Verlag, Hannover 1997

Kämmer, Karla; Das Sissi-Syndrom, in: Altenpflege Nr. 5/1999, S. 30

Kämmer, Karla; Stress, lass nach!, in: Altenpflege Nr. 7/1997, S. 43

Kämmer, Karla; Nicht jeder Stress ist negativ, in: Altenpflege Nr. 6/1999, S. 30

Kämmer, Karla; Wie ein Rudel Wölfe, in: Altenpflege Nr. 9/1999, S. 31

Kämmer, Karla; Wissensdurst und Bildungshunger, in: Altenpflege Nr. 6/2000, S. 22f.

Langmeier, Sofie; Ziel: Aussteigen auf Zeit, in: Altenpflege Nr. 2/1994, S. 118f.

Löser, Angela; Gebrannte Kinder, in: Altenpflege Nr. 5/1998, S. 36f.

Löser, Angela; Hilfe – ich brenne!, in: Pflegezeitschrift Nr. 9/1998, S. 681f.

Lufthansa; Wenn der Stress zur Ruhe kommt, in: Lufthansa Magazin Nr. 10/1999

Mamerow, Ruth; Hunger nach Bildung, in: Altenpflege Nr. 2/1998, S. 36f.

Meifort, Barbara/ Becker, Wolfgang; Ein Beruf fürs Leben?, in: Mabuse Jan./Feb. 1998, S. 41f.

Mertens, Mechthild; Hebammen und Schiedsmänner, in: Altenpflege Nr. 1/2001, S. 42f.

Moll, Anne; Terror am Arbeitsplatz, in: Pflege-Leicht Nr. 2/1998, S. 14f.

Müller, Sigrid; Das Helfersyndrom, in: Altenpflege Nr. 7/1995, S. 471f.

Noack, Margarete; Hauptsache Arbeit?, in: Altenpflege Nr. 5/1998, S. 40f.

Paul-Lempp-Stiftung; Schwerarbeit in der Pflege – Neue Studie zum Energieaufwand, in: Altenpflege Nr. 10/1999, S. 13

Pflegezeitschrift (Hrsg.); Mobbing, Pflegezeitschrift Nr. 4/1998, S. 271

Reyle, Ulla; Eine Chance zum Austausch, in: Altenpflege 3/1998, S. 31f.

Samson, Elisabeth von; Altenpflege – nur ein Beruf auf Zeit, in: Pflegezeitschrift Nr. 9/1997, S. 512f.

Schwerdt, Ruth; Ausgebrannt, in: Altenpflege Forum Nr. 4/1994, S. 110f.

Segel, Gerhard; Supervision in der Altenpflege, in: AltenPflegerin + AlternPfleger Nr. 9-10/1993, S. 45f.

Sowinski, Christine; Lust und Frust in der Altenpflege, in: Altenpflege Forum Nr. 4/1994, S. 97f.

Stanjek, Karl (Hrg.); Altenpflege konkret: Sozialwissenschaften, Gustav Fischer Verlag, Lübeck, Stuttgart, Ulm, Jena 1998

Voll, Barbara; Das Sisi-Syndrom, Droemer Knaur Verlag, München 1998

Wagner-Link, Angelika; Techniker Krankenkasse (Hrsg.), Der Stress, Hamburg 1993

Will, Karl-Heinz; Erst Feuer und Flamme, dann ausgebrannt, in. Altenpflege Nr. 3/1995, S. 159f.

Willig, Wolfgang / Ebel, Thomas / Erben, Monika / Pulvermüller, Gerhard; Psychologie – Soziologie – Gesprächsführung in der Altenpflege, Balingen, 4. überarbeitete Auflage, 1996

Wimmer, Heinz; Vorsorgen und verhüten, in: Altenpflege Nr. 12/1997, S. 44f.

Wirsing, Kurt; Psychologisches Grundwissen für Altenpflegeberufe. Ein praktisches Lehrbuch, Weinheim 1987

Zimber, Andreas; Auch Helfer brauchen Hilfe, in: Altenpflege Forum Nr. 4/1997, S. 18f.

Zimber, Andreas; Der Frust sitzt tief. Wegen Unzufriedenheit immer mehr Ausbildungs-Abbrüche, in: Altenpflege Nr. 2/1998, S. 26f.

Stichwortverzeichnis